IRENE PIETSCH

HEIKLE FREUNDSCHAFTEN

Mit den Putins Rußland erleben

Irene Pietsch

HEIKLE FREUNDSCHAFTEN

Mit den Putins Rußland erleben

MOLDEN VERLAG WIEN

Die deutsche Bibliothek – CIP-Einheitsaufnahme
Pietsch, Irene:
Heikle Freundschaften – Mit den Putins Rußland erleben/
Irene Pietsch – Wien:
Molden Verlag, 2001
ISBN 3-85485-059-X

© 2001 by Molden Verlag GmbH, Wien
http://www.molden.at/
Umschlagentwurf: Veronika Molden
Lektorat: Veronika Doblhammer
Herstellung: Die Druckdenker, Wien
Druck: Wiener Verlag, Himberg
ISBN 3-85485-059-X
Alle Rechte vorbehalten, auch der auszugsweisen
Wiedergabe in Print- oder elektronischen Medien

Für Matthias

Inhalt

Der Vorhang hebt sich	11
GALINA	13
Ein Abendessen mit Folgen	15
Aller Anfang ist leicht	20
Erste Lehrstunden	25
Unruhe	35
Eine unerwartete Wende	37
Drei mal zwei Meter siebzig mit Inhalt	39
Enfernungen	42
Erstes Wiedersehen	45
Zweites Wiedersehen	55
Ein Student der englischen Sprache	72
Hochkarätiges	78
Schwierige Gefälligkeiten	84
Die zweite Front	89
Das Kirschblütenfest	96
Ein Versuch der Versuchung	103
Verräterisches	111
Offene Fragen	120
Eine Woche und danach	125
TATIANA	133
Noch einmal: Ein Abendessen mit Folgen	135
Eine besondere Stimme	138
Im Wonnemonat Mai	140
Ganz offiziell	145

Der alte Tiger	148
Das erste Gebot	150
Crescendo	152
Stille	157
En passant	159
Angriff	163
Stürmisches Frühjahr	166
Trotzdem	169
Wie gehabt	173
Unter Beobachtung	179
Ballgeflüster	183
Familienbilder	186
Neue Aufgaben	189
Der Doyen	192
Basar	195
In Moskau?	200
LJUDMILA	203
Die Frau des stellvertretenden Bürgermeisters	205
Klappt es?	210
Zwischen den Zeiten	214
Allerlei Seltsames	221
Die Uhr wird angehalten	230
Nichts ist so schlecht, als daß es nicht für etwas gut wäre	234
Sie sind da	240
Entdeckungen	245
Spurensuche	252
Hauskonzert mit Dissonanzen	257
Das Schweigen wird gebrochen	264
Feldpost	270
Fehlstart	275
Lektionen	281
Unplanmäßig	287

Wunschtraum oder Ahnung?	292
Alltag	297
KGB und CO.	303
Handel	308
Bis bald	315
In Eile	320
Archangelskoje	325
Ideen oder Programm?	331
Der erste Kreis	337
Pflicht und Kür	344
Mehr als nur Besichtigungen	349
Ausklang	355
Warten	361
Zugvögel	368
Hilferuf	377
Die Entscheidung	382
Epilog	392
Eine ander Zeit	396

DER VORHANG HEBT SICH

Mein Interesse für Rußland war mir vom Elternhaus mitgegeben worden, mein Engagement hingegen beruhte auf einem Mißverständnis, das Irrungen und Verwirrungen auslöste. Erst im nachhinein erkannte ich es als etwas, das die Schwierigkeiten im Ringen um ein Verständnis von Russen, ihrem Land und ihrer Kultur, in seiner teilweise dramatischen Entwicklung nicht authentischer hätte inszenieren können.

Der eiserne Vorhang hob sich. Das hörte sich nach Aufbruch, nach heller Zuversicht an. Ich hatte mir einen Theatervorhang vorgestellt, der sich heben würde, um ein umfassendes, mit Leben erfülltes Bild Rußlands freizugeben, das ich aus den minutiösen Beschreibungen großer russischer Klassiker kannte. Ich stürmte also auf die Bühne, um genau dieses Bild bestätigt zu bekommen und fand mich überhaupt nicht zurecht. Es herrschte dort Chaos. Ich brauchte dringend Menschen, die mich führen konnten.

Gleich darauf lernte ich Galina und Viktor kennen. Ich meinte, der Zufall habe mir auf Anhieb die Freundschaft mit einer Russin beschert, die sich meine Bereitschaft zum intensiven Kennenlernen und Respekt vor den jeweils anderen persönlichen und nationalen sowie mentalitätsbedingten Besonderheiten zu eigen machen würde, damit es ein schöpferischer Akt werden könnte, Andersartigkeit als Gewinn zu begreifen. Vergangene Ideologien als Spiritus rector sollten nicht mehr ins Gewicht fallen.

Es dauerte nicht lange, daß ich die Tücken des eisernen Vorhangs zu spüren bekam. Er war rostig und natürlich auch nicht gewartet, denn er sollte ja eigentlich nie hochgehen. Ab und an fiel er wieder herunter und traf mich schmerzhaft. Die Russinnen und Russen, die ich kennenlernte, Galina und Viktor ebenso wie später Dmitrij und

Tatiana, waren gefangen in der Technik dieses Vorhangs und konnten sich daraus selber nicht oder nur schwer befreien. Sie befanden sich genauso wie ich auf der freien und dennoch vom Durcheinander verstellten Bühne. Auch sie waren orientierungslos. Ich selber stand aber erst am Anfang des Lernprozesses und konnte diese Erwägungen nicht mit auf die Waagschale legen, als mir Galina, und später auch Tatiana, auf unterschiedliche Weise übel mitspielten.

Die Freundschaft zu Ljudmila Putina wäre deswegen fast nicht zustande gekommen. Zu diesem Zeitpunkt konnte ich nicht mehr ergriffen dem schwermütigen Locken eines Liedes der Wolgaschiffer und anderem Russischen folgen, um ihm vielleicht gar zu verfallen. Ich war müde davon, hinzuhören und mich hineinzufühlen, ohne ein Echo zu bekommen, als ich das Glück hatte, die Bekanntschaft Ljudmila Putinas zu machen. Schon in den ersten Stunden fand ein ehrlicher Austausch von Meinungen statt, und Monate und Jahre aufwühlender Gespräche zwischen uns und zunehmend auch ihrem Mann Wladimir, der von Familie und Freunden Wolodja genannt wird, dem jetzigen Präsidenten Rußlands, sollten folgen. Idealistische Vorstellungen, die bedrängen und einengen, weil sie letztendlich nur etwas einzufordern beabsichtigen, was für das eigene Wohlbefinden unerläßlich scheint, wurden von Pragmatismus abgelöst. Durch Ljudmila fand ich die Machbarkeit des Verständnisses von Rußland und Russen, indem wir immer wieder Unterschiede aufdeckten und sie entweder als Wertzuwachs im eigenen Verhältnis zu Verhaltensstrukturen aufzunehmen, oder doch als nur bekömmlich für die Angehörigen des jeweils anderen Volkes zu respektieren lernten.

Wenn ich dieses Buch, ungeachtet der eher schlechten Erfahrungen mit Galina und Tatiana, geschrieben habe, um an meine Landsleute und die Menschen im Westen überhaupt zu appellieren, eine größere Bereitschaft zum Verständnis für Rußland und Russen aufzubringen, so ist das Ljudmila als dem weiblichen Teil der Politik zu verdanken. Ich wünschte, jeder, der sich auf das großartige Erlebnis einlassen möchte, sich mit dem Thema Rußland zu befassen, würde das Glück haben, seiner Ljudmila zu begegnen.

GALINA

EIN ABENDESSEN MIT FOLGEN

Harro war Idealist. Zumindest war er es gewesen, als er vor mehr als fünfundzwanzig Jahren, in einer Zeit, als Berichte über die damalige Sowjetunion sich eher wie eine Kriegsberichterstattung lasen und sowohl hüben als auch drüben gute Kontakte unbedingt den Verdacht des vaterländischen Verrates auf sich zogen, die Gesellschaft Bundesrepublik Deutschland-Sowjetunion e.V. mitgründete, deren Name genauso schwerfällig klang wie die Beziehungen es waren: juristisch und politisch vorsichtig ausgeklügelt. Aber eben das wurde zu der Zeit dem Zustand genau gerecht. Menschen, Organisationen, Ministerien trugen Bezeichnungen und Titel, die einerseits den sowohl umständlich und penibel beschreibenden als auch genau dadurch wiederum kaum verständlichen Charakter von Gebrauchsanweisungen für Dilettanten hatten, was oft genug Verschleierung als Teil des taktischen kalten Krieges war, und andererseits völlig offen ließen, welchen praktischen Inhalt diese Bezeichnungen und Titel wirklich hatten.

Harro war erster Stellvertreter des Vorstandsvorsitzenden dieses von vielen mißtrauisch beäugten und gar ungeliebten Versuches geworden, eine Brücke zwischen ehemaligen Kriegsgegnern zu bauen und das mißtrauische Beharren auf Ansprüchen aus unterschiedlichen Systemen zu überwinden. Rund dreißig Jahre nach Kriegsende fanden Erblindungen und Verblendungen gemäß weitverbreiteter politischer Diagnostik noch immer ausschließlich linksseitig statt, während eine rechtsseitige Erkrankung allgemein als überstanden oder zumindest für nicht erwähnenswert gehalten wurde, oder aber man sprach einfach nicht darüber, wie man es bei hochinfektiösen Krankheiten zu tun pflegt, von denen man meint, daß ihr – selbstverständlich unverschuldeter – Erwerb Rückschlüsse auf Lebenswandel oder gar Charakter zuläßt.

Ich gestand Harro, daß ich enttäuscht sei. Ich habe in der Gesellschaft Russen kennenlernen wollen, aber sämtliche Kontakte würden von mir geradezu ferngehalten. Mir schien es, als ob der Vorstandsvorsitzende ausschließlich die interessantesten Kontakte für sich reservierte, für seinen ersten Stellvertreter gerade noch die zweite Garnitur übrig blieb und für mich als Schatzmeisterin keiner mehr. Harro verstand dieses Defizit und lud mich und meinen Mann ein paar Tage nach Weihnachten zusammen mit dem russischen Konsul und seiner Frau, Viktor und Galina, zu sich nach Hause ein.

Ich war mehr aufgeregt als gespannt, hatte Lampenfieber wie vor einer Premiere. Ich wußte genau, daß ich die Russen mögen würde. Ich wußte es, weil ich es mir fest vorgenommen hatte. Ich wollte Verständnis bis zur Selbstverleugnung haben, Rücksicht nehmen auf geschichtliche Empfindlichkeiten, russische Gepflogenheiten, wollte sie in Schutz nehmen vor Unverständnis und Beleidigungen und hoffte nur inständig, daß ich angenommen werden würde. Wie stark ich mir das wünschte, nützlich zu sein im vermittelnden Bemühen um Verständnis zwischen Russen und Deutschen, einen Hinweis zu erhalten, daß ich dafür geradezu gebraucht würde, wesentlich wäre für die Verständigung! Ich träumte. Ich träumte den Traum von der Verbesserung der Menschen und vom Frieden auf Erden und dieser Traum war gar nicht so unähnlich dem Traum, den die Menschen in Rußland, nachdem sie ihn über siebzig Jahre geträumt hatten, gründlich satt hatten.

Galina und Viktor kamen verspätet, nicht sehr, aber an meiner eigenen Ungeduld gemessen, waren es Stunden. Nein, es waren natürlich nur wenige Viertelstunden, eine durchaus passable Leistung an Pünktlichkeit unter Berücksichtigung der Tatsache, daß es in Rußland nicht unüblich ist, überhaupt nicht zu erscheinen. Das wußte ich damals noch nicht, auch nicht, daß ich russische Diplomaten kennenlernen sollte, die auf die Sekunde pünktlich waren und auch bei ihren Frauen keine noch so kapriziöse Unpünktlichkeit zuließen. Aber auch das wußte ich noch nicht, daß der Einfluß der Frauen in Rußland sehr groß ist, und daß dort etwas kapriziös genannt wird, was ich niemals mit diesem Wort in Verbindung bringen würde. Ich wußte so vieles noch nicht, eigentlich fast gar nichts. Aber ich würde lernen. Das hatte ich mir ganz fest vorgenommen. Ich mußte lernen.

Galina und Viktor schienen wunderbare Menschen zu sein. Etwas wenig exotisch vielleicht im Aussehen und Auftreten. Galinas westlicher Schick war nicht durch verwirrend ideenreiche Dekorwut an Haaren, Gesicht und sonstigen Körperteilen in jene schrille Aufmachung gewandelt, die drastische Geschmacksäußerungen als Demonstration aggressiver Sexualität und roher Vulgarität hervorbringen, und die ausschließlich sexuellen Anreizen dienen, denen andere wesentliche Komponenten erotisch-liebevoller Beziehungen kompromißlos geopfert zu werden scheinen. Noch ungeübt im Aufspüren russischer Eigenschaften und Eigenarten, versuchte ich, mit meinen Sinnen zu erfassen, was wohl russisch an den beiden sein könnte oder zumindest, was ich für russisch hielt. So fand ich Viktors bäuerlich gesund gefärbtes Gesicht mit kleinen, keineswegs flinken, sondern ruhigen, blauen Augen unter starken Brauen, die über der Nasenwurzel einer großen, knolligen, blau-rötlichen Nase in zwei steile, strenge Falten übergingen, nicht in erster Linie unattraktiv, sondern eine angenehm aufregende Entdeckung. Sein Ausdruck war ernst, geradezu etwas mürrisch und von einer fast stoischen Zuverlässigkeit, was unterstrichen wurde durch ein rechtes Haargebirge aus dichtem, drahtigen, grauen Haar, aus dem sich über aus büschelgleich angeordneten, wie zu kleinen Hörnern gedrehte Locken einzelne widerspenstig entfernt hatten, andrerseits aber auch dadurch sich ein ernstzunehmender, fast starrsinniger Durchsetzungswille hinter der Stirn vermuten oder zumindest vorstellen ließ. Viktor sah in seiner korrekten, aber schon etwas schäbigen, ganzjährig und rund um die Uhr tragbaren Kombination wie ein sparsamer Beamter aus, der es kurz vor seiner Pensionierung noch zu einer angesehenen, jedoch nicht glänzenden Position bringt, weil Zuverlässigkeit eben nicht besonders glänzt und deshalb oft kaum in gebührendem Maße zur Kenntnis genommen, somit auch nicht entsprechend honoriert wird; eine Eigenschaft, die so ruhig etwas bewegt, daß man sie meistens erst im Rückblick bemerkt, wenn sie abhanden gekommen ist.

Auch die Unterhaltung war von herzlicher Übereinstimmung geprägt, sogar die Sternzeichen stimmten. Galinas Entzücken darüber war dermaßen ansteckend, daß ich mich so sehr ins Gespräch mit ihr vertiefte und aus Versehen, gegen meine Überzeugung, von Harros selbst zubereitetem Wildschweinbraten aß. Als ich meinen Fehler bemerkte, mußte ich mir eingestehen, daß der Geschmack gar nicht mal schlecht war.

Atemlos, wie gebannt, hörte ich Galina reden, betrachtete dabei ihren schmalen, aber mit intensivem Rot etwas voller geschminkten Mund, ihre Gesichtszüge, deren Unbeweglichkeit – als ob ein starkes Make-up nicht beschädigt werden sollte – in merkwürdigem Kontrast zu der lebhaften Sprache stand. Ich sah dieses Gesicht mit den Wangen, die durch feine, aber deutlich sichtbare Äderchen die Farbe von Viktors Knollennase hatten und Galinas schmale, leicht nach unten geschwungene Nase ganz dicht und groß vor mir, näher als es mir sonst lieb gewesen wäre, und ich spürte, daß dadurch eine fast körperliche Intensität entstand, die mich geradezu angenehm zwang, jedes an mich gerichtete Wort überdeutlich, unüberhörbar einprägsam wahrzunehmen und ihm eine eindringliche Wichtigkeit zu geben. Ich war fasziniert, wobei mich – allerdings völlig unbewußt – sicher die Person Galina nicht so sehr faszinierte als die Tatsache, daß ich neben einer Russin saß, von der ich allem Anschein nach gemocht wurde.

Galina war Hobbysängerin und begleitete ihre russischen Romanzen selber mit der Gitarre. Sie hatte schon ein paar Vorstellungen absolviert, bis ein Konflikt mit dem Generalkonsul dermaßen eskaliert war, daß er ihre Auftritte verboten hatte. Der Generalkonsul war aber nun abgelöst worden, der Nachfolger – politisch in Übereinstimmung mit Viktor und Galina – war inzwischen in Hamburg eingetroffen und hatte schon in Moskau mit Abscheu von den Machenschaften seines Vorgängers Kenntnis genommen. Jetzt doch noch ein Konzert! Das war Galinas Herzenswunsch, die Heilung ihrer Wunden durch die Demütigung des Auftrittverbotes. Genau, das war es! Hier war meine Tatkraft gefragt, mein Organisationstalent. Harro hatte es richtig eingefädelt

Wir verabschiedeten uns wie Verschworene. Jedem schien ein Herzenswunsch in Erfüllung zu gehen, doch Eile war geboten, denn Galina und Viktor erwarteten jeden Tag die Nachricht, wann sie nach Moskau zurückkehren müßten. Wenn aber die Nachricht da war, blieb in der Regel nur noch Zeit, die Rückkehr durch wirklich oder vermeintlich unerlässliche Einkäufe vorzubereiten und Abschied zu nehmen – beides in aller Ausführlichkeit, versteht sich. Vorsichtshalber, so meinte Galina, sollte das Konzert doch noch im Januar stattfinden, spätestens aber im Februar. Gleich nach Neujahr sollte man sich deswegen treffen. Viktor, Harro und mein Mann wurden zu Beratern ernannt, womit in erster Linie russischen, aber auch deutschen Gepflogenheiten Genüge getan wurde.

ALLER ANFANG IST LEICHT

Nie waren mir die langen, dunklen Stunden der Januar- und Februartage so kurz und hell erschienen. Sie waren hell und farbig und prall gefüllt mit neuen, aufregenden Eindrücken. Alles machte mir Spaß, nichts war mir zuviel. Es schien überhaupt gar nichts zu geben, was ich mit dieser Energie nicht hätte meistern können, deren Quelle Galina hieß.

Wir telefonierten häufig, und ich genoß die manchmal langen Telefonate, obwohl ich eigentlich Telefonieren haßte. Ich mißtraute dieser Pseudointimität des direkt ins Ohr Gesprochenen, ohne das Gesicht dabei zu sehen: nichts als Schallwellen, die durch die Ohrschnecke Gehirn und Gefühl Impulse geben. Dementsprechend fiel es mir meistens schwer, Gesprächspartnern, und deren gesprochenem Wort, Glauben zu schenken und zu vertrauen, daß Wort, Gedanke und Gefühl sich in aufrichtiger Übereinstimmung befänden und die Stimme nicht losgelöst von der Person ein Eigenleben führte. Um mich davon überzeugen zu können, hätte ich Gesicht, Mimik und Gebärden in Einklang mit dem Inhalt der Worte und der Farbe der Stimme bringen können müssen und das, obwohl ich ein – ärztlich bescheinigt und von einigen gefürchtet – ganz ausgezeichnetes Gehör habe. Ich hatte nie recht gelernt wegzuhören, dafür aber mit dem Gehörten geschickter, und für mich weniger schädlich, umzugehen.

Galinas zwitschernde Kopfstimme und das gurrende Lachen, die schlagfertigen Bemerkungen waren mir hingegen ein ungeschmälertes Vergnügen, und es reichte mir, die Stimme zu hören, um eine angenehme, vertrauensvolle Wärme menschlicher Nähe zu spüren. Oft schrieb ich nach den Telefonaten noch Briefe, Karten oder einfach Zettel mit Anmerkungen zu dem Gesagten, fielen mir witzige oder ernste Assoziationen ein. Galina animierte mich dazu. Es gab Menschen, mit denen ich in ständigem gedanklichen und gefühlsmäßigen Kontakt stand, die in mir Gedanken und Gefühle auslösten, die ich mitteilen wollte und mußte, wenn ich nicht tagelang von ihnen okkupiert und blockiert werden wollte. Die Briefe und Notizen waren sichtbar gewordene, zwischenmenschliche Beziehungen. Manchmal schämte ich mich insgeheim und hoffte fast, keine Antwort zu bekommen, um mich nicht noch einmal mit diesen geschriebenen Offenbarungen identifizieren zu müssen. Ich öffnete mich, aber wünschte gleichzeitig, daß man nicht in mich hineingucken möge, oder wenn man geguckt hatte, zumindest so tun würde, als ob man es nicht zur Kenntnis genommen hätte. Ich fand es verzweifelnd, in mich selber hineinzusehen und erleichternd, wenn ich es getan und geschrieben hatte, aber dann sollte es damit erledigt sein. Und Galina hatte ein Gespür dafür. Sie kommentierte die Briefe genau nur so viel, daß mir klar war, sie waren verstanden und akzeptiert worden. Sie fragte auch bei einigen Sachverhalten nach, und das war genau so gut und richtig, weil es Interesse bezeugte und ich nicht hilflos und allein zurückgelassen wurde mit der Befürchtung, ich hätte jemanden mit meinen Äußerungen belästigt.

Telefonate und Briefe ersetzten zunächst perfekt den persönlichen Kontakt mit Galina und es störte mich überhaupt nicht, daß meine Briefe wahrscheinlich kontrolliert wurden. „Laß sie", dachte ich sogar ein wenig amüsiert, „es kann ohnehin nur Galina das verstehen", und ich stellte mir vor, nicht ohne die angenehme Aufregung einer nervenanspannenden Situation, aus der man schließlich als Sieger hervorgeht, wie der zuständige Sicherheitsoffizier, der geheimdienstliche Mitarbeiter des russischen Generalkonsulats, über meinen Briefen saß und genauso verbissen wie erfolglos versuchte, meine eigenwillige, schwer leserliche Handschrift und den camouflierten Inhalt zu dechiffrieren. Ich überschätzte und unterschätzte die Fähigkeiten nicht. Ich kannte sie gar nicht, aber ich schrieb mit Absicht nichts, was Galina und Viktor hätte in Schwierigkeiten bringen können. Das war natürlich eine ziemlich blauäugige Vorstellung und legte davon Zeugnis ab, wie unerfahren ich im Umgang mit Russen war: was für mich nichts war, konnte sich überraschend zu sehr viel entwickeln und sei es durch auch nur im erträglichen Maße ausgespielte Intrigen, die unter normalen Umständen sogar langweilig wären. Nur: in Rußland und im Umgang mit Russen gibt es keine – nach westeuropäischen Maßstäben – normalen Umstände. Russen leben in einem permanenten, anstrengenden Ausnahmezustand, und kaum etwas ist verdächtiger als „nichts", und Schweigen bedeutet nicht Unkenntnis, sondern Geheimnis, Geheimnis aber Verrat. Aber was wußte ich damals schon davon.

Viktor hatte ich ein paar Tage nach dem Abendessen bei Harro anläßlich der Eröffnung einer Veranstaltungswoche der Deutsch-Russischen Gesellschaft gesehen, die eigentlich hatte zum russisch-orthodoxen Weihnachtsfest beginnen sollen, aber nach Organisationslage – mal wieder – nicht termingerecht hatte stattfinden können. Einige der deutschen Visa für die aus St. Petersburg mitgereisten russischen Gäste waren nicht rechtzeitig ausgestellt worden, wiederum andere der Vielseitigkeitskünstler, die an der anspruchslosen Gestaltung der Abende durch Herstellung russischer Speisen mit deutschen Zutaten und Darbietung folkloristischer Unterhaltung hatten mitwirken sollen, um der Veranstaltung russisches Kolorit zu verleihen, waren aus unerfindlichen Gründen nicht zur Abreise erschienen und hatten nur durch russische Straßenkünstler ersetzt werden können, die im Winter, und besonders nach Weihnachten, auf Hamburgs Straßen nicht mehr ihr Auskommen ersingen und erspielen konnten. Es gab immer Schwierigkeiten, und in solchen Situationen war es schon sehr hilfreich, daß der Vorstandsvorsitzende gleichzeitig Geschäftsführer eines Reisebüros war, das seit Gründung der Gesellschaft Bundesrepublik Deutschland-Sowjetunion e.V. auf UdSSR-Reisen spezialisiert und auch noch in den ersten Jahren der Perestroika der Reiseveranstalter für Rußlandreisen mit den größten Erfahrungen war.

Viktor als vorübergehend ranghöchster Diplomat, da der neue Generalkonsul noch nicht das Exequatur erteilt bekommen hatte und diplomatischen Gepflogenheiten zufolge nicht offiziell auftrat, hatte das russische Generalkonsulat repräsentiert und Grüße und Wünsche überbracht, von denen nur ein bescheidener Teil auf Trinksprüche entfallen war, was eindeutig eine ungünstige Auswirkung auf Viktors Redefluß hatte. Ich hatte mich ein wenig geschämt, daß Viktor ein so schlechter Redner war, wie man sich für andere schämt, denen man nahesteht und von Herzen wünscht, daß sie einen guten Eindruck hinterlassen, als ob man es selber wäre, der einen guten Eindruck hinterlassen müßte. Ich hätte mich nicht geschämt, wenn man ihn aufgrund seiner bescheidenen Kleidung für geringer geachtet hätte. Ich hatte mich geschämt, daß er weniger intelligent wirkte, als er es wirklich war.

Viktor hatte mich und meinen Mann herzlich begrüßt, was mich glücklich und stolz gemacht hatte. Ich war so glücklich und stolz gewesen, daß ich gerne die Frage des Vorstandsvorsitzenden beantwortet hatte, ob ich Viktor kenne und war fast ein wenig enttäuscht gewesen, daß er nicht mehr hinterfragt hatte. Wahrscheinlich wog Viktors Wichtigkeit immer noch nicht schwer genug, um das Gewicht des alten Generalkonsuls in der Waagschale auch nur ausgleichen zu können. Die Beziehungen zu ihm brachten eindeutig mehr Gewicht auf die Waage und gaben dem Vorstandsvorsitzenden eine Selbstsicherheit, die mich ärgerte. Schließlich kannte er weder die Einstellung des neuen Generalkonsuls zu dessen Vorgänger noch zu Viktor noch zu den Beziehungen zwischen altem Generalkonsul und ihm als Vorstandsvorsitzenden. Es hatte Verachtung für Viktor in dieser beiläufigen Frage gelegen, die durch die offiziös nichtssagend freundliche Begrüßung des Vorstandsvorsitzenden eher offensichtlicher geworden war, als daß sie die Wahrheit auch nur schlecht getarnt gehabt hätte, und gleichermaßen hatte auch ich Geringschätzung durch das mäßige Interesse an meiner Bekanntschaft mit Viktor empfunden. Ich hätte mir gewünscht gehabt, in meinem Glück und Stolz mehr beachtet zu werden, was zu der inneren Bewegung den äußeren attraktiven Rahmen geschaffen hätte. Aber der Anfang war gemacht worden.

Galina hatte sich entschuldigen lassen wegen ihres Geburtstages, der genau auf diesen Tag gefallen war, und Viktor hatte sich dementsprechend früh verabschiedet, nachdem er – offenbar sogar mit Genuß – die russischen Vorspeisen gegessen hatte, von denen ich gemeint hatte, daß sie einen ebenso bedenklich durch Wodka getrübten Blick wie einen robusten Magen voraussetzten. Ich war jedoch seitdem in einer Stimmung der Superlative, in der „nie", „alles" oder „immer" nur in positivem Zusammenhang gebraucht wurden, die aus miserabel zubereitetem Essen Köstlichkeiten machte und aus den Lügen von Trinksprüchen zukunftsweisende Wahrheiten. Ich dachte daran, daß gleich nach der Veranstaltungswoche Gelegenheit sein würde, mit den Vorbereitungen für das Konzert zu beginnen. Galina und ich hatten ein Ziel: eine perfekt organisierte, erfolgreiche Veranstaltung. Mir oblag die perfekte Organisation, Galina aber trug die schwere Verantwortung dafür, dem in diesen Wintermonaten grassierenden Virus zu widerstehen, der sich ausgerechnet in langwierigen Stimmbandentzündungen niederschlug, einem Feind, der an Tücke und katastrophalen Folgen für das Konzert eventuelle Pannen bei den an mich gestellten organisatorischen Anforderungen bei weitem übertraf. Die Organisation konnte noch so perfekt sein, der Erfolg würde sich nur mit einer gut konditionierten Sängerin einstellen. Es war nicht kleinliche Rache, die uns in unserem Vorhaben vereinte, eher hatten wir beide den brennenden Wunsch, Genugtuung für uns persönlich angetane Demütigungen und Ungerechtigkeiten durch zwangsläufige Anerkennung unserer Leistung zu erfahren. Persönliche Gründe und politische Fakten verschmolzen in den agierenden Personen. Wie immer in Rußland mußte man Partei ergreifen und alles, was man tat, stand im Zusammenhang damit, wurde zum Synonym für eine politisch-gesellschaftliche Richtung.

Ich hatte mich entschieden.

ERSTE LEHRSTUNDEN

Seine blassen, müden Greisenaugen, die älter aussahen als er wirklich an Jahren zählte und tief hinter wohl verdienten dunklen Augenringen verschwanden, bekamen einen starren Ausdruck, den die Brillengläser so stark zu reflektieren schienen, daß ich Mühe hatte, ihm ins Gesicht zu schauen, als er mich wie eine lästige Straßengöre herunterputzte: „Was sitzt du hier herum wie Falschgeld?" herrschte er mich an, und unausgesprochen klang mit, daß ich ungerechtfertigterweise sowohl Platz als auch Luft wegnähme. Seine hohe Falsettstimme, die ich störend unpassend fand zu seiner massigen Statur, wurde brüchig vor Wut. Ich sah in sein graues Gesicht, dieses unangenehme Gesicht mit den wabbeligen Backen, die sich in einem schlaffen Kinn und Hautlappen am Hals fortsetzten, und mit dem oft zu einem süßlich ironischen Lächeln der Besserwisserei verzogenen Mündchen, dessen Grad der Kräuselung mehr ausdrückte als seine Augen es je vermochten.

Mein kühler Blick erreichte seine Augen hinter der Brille, und was ich sah, war blanker Haß. Ich hatte die Reaktion unterschätzt, als ich mit Hilfe der Schriftführerin der Gesellschaft, die auch Prokuristin in dem auf Rußlandreisen spezialisierten Reisebüro war, den Raum für das Konzert in Abwesenheit des Vorstandsvorsitzenden reserviert hatte. Ich saß äußerlich gelassen da, sah ihm gerade ins Gesicht – wie ich es verabscheute, dieses Gesicht anzusehen! – und antwortete ruhig, geradezu herausfordernd ruhig. „Ich warte", sagte ich pointiert langsam und deutlich und sah in seine fast farblosen, ausdruckstoten Augen, während ich in mir die kräftezehrende Anstrengung verspürte, die ich aufbrachte, um so auf seine spürbare Feindseligkeit zu reagieren.

Ich wandte mich von ihm ab und versuchte, mich auf die Veranstaltung zu konzentrieren. Die Stühle hatte ich Galinas Wunsch entsprechend im Halbkreis um einen kleinen Bühnenausschnitt aufgestellt, was den Raum optisch wieder in die ursprünglichen zwei Salons teilte, die durch eine Flügeltür getrennt wurden. Die so angeordneten Stühle hatten den Charakter einer geräumigen Loge, und die anderen, auf denen Besucher im zweiten Zimmer Platz nehmen sollten, waren größtenteils Hörplätze, so daß schon aus diesem Arrangement hätten Rückschlüsse gezogen werden können, wer vom Publikum welches Ansehen bei Galina, in der Deutsch-Russischen Gesellschaft und in Hamburg allgemein genoß.

An der Saaltür war ein unübersehbar großes Rauchverbotsschild angebracht worden. Galina hatte darauf bestanden, obwohl ich versucht hatte, ihr zu erklären, daß in Deutschland in Konzertsälen sowieso nicht geraucht würde, aber schließlich hatte ich nachgegeben, weil ich gemerkt hatte, daß es Galina Freude machte, möglichst viele Einzelwünsche zu haben, daß dies offenbar ihre eigene und die Wichtigkeit des Konzertes hob. Seit der Termin für das Konzert feststand, schien die Menge der Aufgaben hauptsächlich dadurch verdoppelt und verdreifacht zu werden.

Ich fand Galinas nach außen gekehrtes, herausforderndes Selbstbewußtsein schon fast peinlich überzogen und in der damit einhergehenden Rücksichtslosigkeit auch etwas ärgerlich. Galina hatte kritisiert, daß in einer großen Hamburger Tageszeitung nur eine kleine Ankündigung des Konzertes statt eines beeindruckend langen Artikels mit Überschrift in fetten Lettern gestanden hatte, und wenn er schon nicht gerade auf der Titelseite erschienen war, so hätte er doch auf die erste Seite der Lokalnachrichten gehört. Und wie stolz war ich gewesen, daß ich es überhaupt geschafft hatte, eine Ankündigung des Konzertes in die Zeitung zu bekommen!

Aber immer, wenn ich nach solcherlei Mißlichkeiten mit Galina telefoniert hatte, um ihr den letzten Stand der Dinge mitzuteilen, war die anwachsende Bürde von mir abgefallen, hatte ich das Gefühl, mit Galina zusammen und nicht allein mit schwerem Gepäck die Zeit zu durcheilen, obwohl tatsächlich ausschließlich ich es gewesen war, die an dem Zustandekommen des Konzertes gezimmert und gefeilt hatte und mit jedem Telefonat neue Aufträge empfangen hatte.

Ich lehnte mich zurück und verbot mir ein Gefühl der Enttäuschung oder auch nur leisen Mißmuts. Ich wollte nicht aus den Augen verlieren, was ich erreichen wollte, und während ich an die Blumensträuße dachte, deren Farbe und Größe ich sorgfältig der Bedeutung der Personen angemessen ausgewählt hatte, sah ich an mir herunter. Das Kleid! Galina hatte sehr viel Wert darauf gelegt, daß die Frage der Kleider zwischen uns beiden und der Theaterschauspielerin, die Galina als Vortragende der ins Deutsche übersetzten, ausgewählten Romanzen unbedingt erforderlich gefunden hatte, abgestimmt wurde. Ich sang nicht, ich rezitierte nicht, ich hatte lediglich den Ablauf zu organisieren.

Entgegen Galinas geradezu aufgeregt eindringlichem Begehren hatte ich der Kleiderfrage nur mangelhafte Wichtigkeit zugemessen, allerdings hatte ich auch deshalb versucht, mich nicht festlegen zu müssen, weil Kleidung bei mir Stimmungssache war. Für mich galt immer noch, daß ich verstehen und *Gründe* für Verhaltensweisen finden *wollte,* und so ließ ich mich trotz starker Abneigung gegen dergleichen Absprachen darauf ein, um Galina vermeintliche oder wirkliche Ängste zu nehmen, ihr Kleid könne in den Schatten gestellt werden und sie somit auf der Bühne optisch degradieren. Ein schlichtes Kleid wolle ich anziehen, hatte ich Galina versprochen und so hatte ich mich für ein schwarzes Jackenkleid aus Wolljersey mit vielen kleinen kugeligen Messingknöpfen entschieden, dessen langer schmaler Rock meine kurze Taille und etwas barocken Hüften, wie ich meinte, günstig ausglich. Als ich schon angezogen war, hatte mich jedoch eine kleine listige Boshaftigkeit überfallen, der Frauen gelegentlich regelrecht wehrlos erliegen. So wählte ich noch aus meinem reichen Fundus an Seidentüchern ein Prachtexemplar aus tiefschwarz glänzender, schwerer Seide mit großen bunten Tupfen in silbernen und goldenen Lamékreisen, das sich anschmiegsam schmeichelnd um Hals und Schultern legte. Das Carré war nicht nur auffällig, sondern auch schön, so auffällig und so schön, daß alle, die daraus schließen würden, es sei auch teuer gewesen, durchaus Recht hätten. Ich selbst hätte weder mir noch anderen die Frage beantworten können, ob es mein schönstes oder mein teuerstes Tuch war.

Jetzt erst wurde mir bewußt, daß ich Galina betrogen hatte. Ich trug zwar ein schlichtes Kleid, aber das Tuch gab ihm die Wirkung eines extravaganten Modellkleides. Ich schwankte, ob ich das Tuch abnehmen sollte, zögerte, und ließ meine Eitelkeit gewinnen. In etwa einer Stunde würde ich ja Galina bei der Generalprobe sehen und es notfalls, aber wirklich nur notfalls, noch abnehmen können. Ich lachte ein wenig in mich hinein, als ich an die Generalprobe dachte. Wie sehr hatte es auf Messers Schneide gestanden, daß Galina bei Stimme war! Viktor war wirklich an diesem fatalen Virus erkrankt gewesen, und es hatte zu befürchten gestanden, daß Galina sich anstecken würde, zumal die kleine Zweieinhalb-Zimmer-Wohnung, die ihnen vom russischen Staat als Dienstwohnung zugewiesen worden war, keine Möglichkeit bot, sich aus dem Weg zu gehen, um eine Ansteckung zu vermeiden. Galina hatte aber Viktors Krankheit zum Anlaß genommen, sich offiziell auch krank zu melden und ihrer halbtägigen Beschäftigung im russischen Generalkonsulat fernzubleiben, um Gitarre zu üben.

Sogar die schwierige Frage der Übersetzungen war gelöst worden. Galina hatte mich und die Schauspielerin zu einer Besprechung ins russische Generalkonsulat eingeladen. Ich war noch nie zuvor dort gewesen und hatte ein Gefühl von beklemmender Feierlichkeit verspürt, als sich mit einem leisen Summen das hohe, eiserne Tor für mich geöffnet hatte, das in eine ebenso hohe, eiserne Palisade eingefügt war. Es gab dem schmucklosen Konsulatsgebäude, das in einer der schönsten Gegenden Hamburgs, an einem lauschigen Teich gelegen war, den Charakter einer entmutigend uneinnehmbaren Festung, was noch durch winterlich kahle Bäume und das wilde Gestrüpp verstärkt wurde, die es wie Türme umstanden. Die trostlos kahlen Fenster waren in das fahle Weißlich-Grau des Klinkerbaus wie unbewohnte Augen von freudlosen Gesichtern eingelassen, das der müden Hautfarbe der ewig ähnlichen Gesichter glich, von denen ich so viele in den Straßen russischer Großstädte gesehen hatte. Sie hatten schon vor Jahrhunderten den schlechten Atem von kleinen und großen Revolutionen, großen und kleinen Diktaturen und anderen russischen Wechselfällen ertragen müssen, und immer schon die Hauptlast der Geschichte erlitten. Ich war zögerlich langsam, mit unnötig großer Vorsicht den Weg zur Eingangstür gegangen. Gerade als ich gehört hatte, daß sich das Tor mit einem kaum hörbaren Klick hinter mir geschlossen hatte, als ob es kein Zurück gäbe, hatte ich Galinas ermunterndes Lächeln entdeckt. Wie eine ausgestreckte, helfende Hand war dieses Lächeln gewesen, das mir entgegen gekommen war. Sie hatte mich erwartet und mit herzlichen Küssen willkommen geheißen, was meine innere Sicherheit nachhaltiger belebt hatte als die sanft souveränen Instruktionen zur Bewältigung der Anmeldeformalitäten zu einer geheimnisvoll bedrohlich anmutenden Welt und der zwar entspannend heiße, aber dünne schwarze Tee im Besprechungszimmer.

Wir waren die deutsche Übersetzung und die überleitenden Texte zu den Romanzen durchgegangen, die Galina singen würde. Eine seit mehreren Jahren in Hamburg lebende Russin, mit der Galina befreundet war, hatte sich zu einem früheren Konzert vor dem Auftrittsverbot daran versucht und einen Text zustande gebracht, der nachsichtiges Lächeln und angestrengtes Bemühen um Verständnis bei sprachlich gewandten Deutschen hervorrufen würde und wahrscheinlich schon hervorgerufen hatte. „Nicht gerade gut, aber auch nicht dramatisch schlecht", hatte ich anfangs gedacht und dem russischen Deutsch sogar einen liebenswerten Charme abgewonnen, so daß ich keinen Grund gesehen hatte, eine Korrektur vorzuschlagen. Wir hatten uns schon fast bis zum Schluß vorgearbeitet, als ich gemeint hatte, einer dieser typischen, sinnentstellenden Übersetzungsmißgriffe hätte sich eingeschlichen, die auftreten, wenn eine Sprache nicht von der Denkweise her beherrscht wird. „Warum duzen wir uns?", klang es guttural und mit dramatisch gerolltem „r" von der Kassette und hörte sich so schicksalhaft an wie die Anklage vor einem Geschworenengericht, wobei die Stimme von Galinas Freundin zu der eines jungen Mädchens paßte wie das betuliche, monotone Gurren einer Taube zum kapriziös melodischen Gezwitscher einer Nachtigall.

„Warum duzen wir uns?", und dieses vertrauliche Du schien verderbnisbringend zwischen dem Mädchen und seinem Geliebten zu stehen. Ich hatte das genauso wenig verstanden wie die Schauspielerin. Warum sollten Liebende darüber klagen, daß sie sich duzen? Unser deutsches Verständnis und Verständnis von Deutsch hatte kollektiv versagt. Wir hatten lange darüber diskutiert, und genauso lange darüber aneinander vorbei geredet. Galina hatte erklärt, daß Russen es nicht passend fänden, wenn man sich duzt. „Aber wir duzen uns doch auch", hatte ich eingewandt und mir verkniffen, darauf hinzuweisen, daß Galina und Viktor mich sogar zuerst geduzt hatten. Galina hatte zwar, wie auch jetzt, Englisch gesprochen, aber keiner hatte sich darüber Gedanken gemacht, zumal Viktor sich der deutschen Sprache bedient und von der Duzform Gebrauch gemacht hatte, und ich davon ausgegangen war, daß Galina dann ebenso „Du" gemeint hatte und diese Form der Anrede natürlich nicht unpassend gefunden hatte. Ich hatte das „Du" eigentlich sogar erwartet.

Meine Vorstellung war, daß in ehemals – und fast immer machte es mir Schwierigkeiten, wegen der Kürze der Vergangenheit in diesem „ehemals" einen wirklich abgeschlossenen Prozeß zu sehen – sozialistischen Staaten ein ebenso visionäres wie einer irrealen Gemeinschaft Gleicher verpflichtendes Du üblich war, das gleicher macht als das hierarchiegebundene Sie, dessen Gebrauch untereinander streng zwischen Vertrautheit und Vertraulichkeit unterscheidet, und facettenreicher in Anwendung und Ausdruck ist als das die persönlichen Möglichkeiten häufig nur scheinbar erweiternde Du. Das wäre etwas anderes, hatte Galina knapp erwidert und offen gelassen, was daran so anders war. Ich hatte gefühlt, daß ich einen Punkt erreicht hatte, wo ich verstehen wollte, aber an Grenzen stieß. Ich hatte mit der schamlos neugierigen Ungeduld einer Anfängerin gesucht und gefragt, und hatte meine Wißbegierde durch schnelle, präzise Antworten befriedigen wollen, ohne mir dessen bewußt zu sein, daß es noch einen Schritt hinter dem „Warum" und dem „Wollen" gibt, der so schwer ist wie glauben. Lesen könne sie es ja, hatte die Schauspielerin gemeint. Allerdings würde sich „geduzt" nicht so sehr nach dem „du" in „verdutzt" wie auf der Kassette anhören, sondern das ausgeprägte „u" eines wirklichen „Du" sein, in dem der lange dunkle Vokal eine gewisse Intimität vermuten lasse. Galina wurde ungeduldig. Sie hatte dem Deutsch der Freundin vertraut. Ihr mißfiel die Debatte und das deutsche Gelächter über das „verdutzt" im „du". Sie brach das Gespräch gereizt ab.

Bedingungsloses Bemühen nicht um Verstehen, sondern ausgrenzende Eigenwilligkeit durch verbindende Gegenseitigkeit im Verständnis zu ersetzen, war gefordert gewesen und hatte schließlich zu einer Lösung geführt. In ihrer einfachen Zufälligkeit aus der Intuition von drei sich fremden Menschen unterschiedlichster Herkunft war sie faszinierend. Die Übersetzung fand schließlich Galinas Zustimmung und war auch für das deutsche Empfinden nachvollziehbar.

Ich sah auf die Uhr. Es war Zeit, nicht mehr erleichtert zurückzuschauen, sondern die noch vor mir liegenden Aufgaben genauso zu meistern.

Galina hatte ein dezent gemustertes Kleid in beige-grauen Farbtönen an, die gut zu dem weich fließenden, seidig schimmernden Material paßten, und dessen Schnitt so raffiniert war, daß der sehr weibliche Busen, die dazu passenden Hüften und ein sanftes, weich ausladendes Gesäß attraktiv verhüllt und betont wurden. „Galina hat abgenommen", stellte ich eifersüchtig kritisch fest, „oder der Schnitt des Kleides ist wirklich über alle Maßen vorteilhaft", obwohl ich mich bis dahin in meinem eigenen Kleid sehr wohl gefühlt hatte. In dem gepflegten, üppigen Dekolleté ruhte ein auffällig großes, goldenes Collier, das zusammen mit dem dazu passenden Ohrgehänge sehr festlich dekorativ aussah. „Also auch Galina", stellte ich für mich amüsiert fest, aber die Überraschung war nicht so sehr der weibliche Coup als die Tatsache, daß eine Russin solchen Schmuck trug. Einmal mehr dachte ich stereotyp und ahnungslos in vermeintlich sozialistischen Kategorien, und dazu gehörte kein Schmuck, und wenn überhaupt: klein, unauffällig und häßlich oder nur groß und sonst unbeschreiblich, aber auf keinen Fall groß, auffällig und bildschön, und auch nichts, was nach Geld aussah. Hatte denn überhaupt jemand Geld im Sozialismus außer dem Staat? Und der Staat waren höchste und hohe Beamte und andere Vasallen, aber auch Viktor?

Galina mußte mich ebenfalls blitzschnell gemustert haben. Sie kam strahlend auf mich zu und küßte mich vorsichtig auf das Make-up. „Das ist das schönste Tuch, was ich je gesehen habe", schmeichelte sie ohne zu zögern und glaubhaft, indem sie zu verstehen gab, daß sie sich genau so ein Tuch schon immer gewünscht habe. Da sie es nun bei mir gesehen habe, werde der Wunsch umso dringender. Ich wiederum könne mir keinen geschmackvolleren und prächtigeren Schmuck vorstellen als Galinas, beeilte ich mich lobend zu antworten, um meinerseits die Stachel der List zu brechen. Die Unwägsamkeit der Situation hatte sich durch überraschend ehrliche Komplimente in gute Laune aufgelöst. Die Probe konnte beginnen.

Galina war in blendender Verfassung. Viktor war stolz auf sie, man sah es ihm richtig an. Er war stolz bis zur Ergebenheit. Er betete sie förmlich an, ließ sich von ihr hin- und herscheuchen, um diese Kleinigkeit und noch eine andere Kleinigkeit von schier nicht enden wollenden Kleinigkeiten so oder so zu richten, aber auf jeden Fall nicht anders als so oder so, um es doch wieder in die Ursprungsfassung oder -stellung zurückgebracht, und eine neue Kleinigkeit einer Kleinigkeit geändert haben zu wollen. Sein gelockter Haarberg über der Stirn bebte, und sein Gesicht war jetzt von entschieden intensiverer Farbgebung als Galinas von Bläulichrot in mattes, reines Rot geschickt rougierte Wangen. Es war rührend und für mich mit Abstand der anstrengendste Teil der Generalprobe. Ich war mehr Sachlichkeit gewöhnt.

Das Konzert wurde ein Riesenerfolg, dennoch umschloß mich

unbestimmte, furchtbare Einsamkeit. Ich spürte diese schwindelerregende Leere immer, wenn ich unter großer Anstrengung etwas erfolgreich zu Ende geführt hatte, nachdem ich alles gegeben hatte.

Ich hatte mir einen Platz nahe der Saaltür gesucht, um rechtzeitig die Blumen holen zu können und war ganz weit weg gewesen, hatte aus der Ferne wahrgenommen, daß alles genau wie von mir geplant und organisiert ablief. „Stenka Rasin" hatte ich wie benommen unverhältnismäßig leise gesagt, als Galina mich als Geste des Dankes nach einem Lied gefragt hatte, das ich gerne hören würde, und kaum gewußt, daß ich es war, die das Lied gewünscht hatte, noch daß das Konzert vorbei war. Es *war* vorbei.

Wir saßen noch zusammen und feierten mit Wodka und Wein den Erfolg. Viktor schwieg vor Glück und Galina lachte und sang. Später fragte Galina mich, warum ich das alles für sie getan habe, obwohl ich sie doch kaum gekannt hätte, noch nie vorher hätte singen hören. Mir kam es vor, als ob ich wegen einer Nachlässigkeit getadelt würde. Galina hatte in einem merkwürdig herausfordernden Ton gefragt. Ich war müde und rang mit mir, meine Gedanken und Gefühle, die mich seit meinem ersten Zusammentreffen mit Galina nicht nur begleitet hatten, sondern stetige Triebkraft für mich gewesen waren, und von denen ich geglaubt hatte, daß Galina sie längst verstanden habe, so komprimiert und für Galina verständlich wie möglich in Worte zu fassen. Meiner Meinung nach, so sagte ich, müsse man sowohl an die Fähigkeit anderer glauben als auch an die Qualität einer Sache, und beides zusammen genommen mit dem Glauben an sich selber, daran, überhaupt erfolgreich sein zu können, machte Ziele erreichbar.

Ich hatte an Galinas Fähigkeiten geglaubt, weil ich Galinas Kraft und Willen verspürt hatte, Genugtuung für die Demütigungen durch den Vertreter des alten Regimes haben zu wollen. Selbst wenn ihr Gesang nur dreistes Mittelmaß gewesen wäre, hätten allein diese Kraft und dieser Wille ausgereicht, ihn zu einem tiefen Erlebnis werden zu lassen. Das hätte mich überzeugt. Ich selber hätte es als Gelegenheit erkannt, dadurch unabhängig vom Vorstandsvorsitzenden und der Deutsch-Russischen Gesellschaft Zugang zum neuen Rußland und Russen zu finden. „Der Wille zum Erfolg ist selten völlig uneigennützig und bedarf in der Regel einiger Brücken dahin", schloß ich nachdenklich entschuldigend, als ob ich des Verständnisses für meinen Weg nicht ganz sicher wäre.

Galina war zufrieden mit meiner Antwort, wie sie leichthin sagte, aber genau die leichte, selbstgefällige Art der Zufriedenheit in Tonfall und Mienenspiel ließ mich aufhorchen. Diese Zufriedenheit war ein Mißverständnis und trennte uns. Zutiefst enttäuscht mußte ich mir eingestehen, daß mir nur ein sehr einsamer Erfolg geblieben war, der eher verzagt machte.

UNRUHE

Galina ließ mir kaum Zeit zum Luft holen. Ich befand mich in einem unangenehm rauschhaften Zustand der Ereignisse, wie in einem Strudel, und versuchte einfach nur noch, nicht darin unterzugehen. Ich hätte viel darum gegeben, mich ein paar Tage zurückziehen zu können um nachzudenken. Ich hätte für mich prüfen wollen, ob der von mir eingeschlagene Weg richtig war, und *warum* er richtig war oder auch nicht. Ich hätte nach allem Geschehen, nach Galinas mich so bitter enttäuschender Reaktion im Anschluß an das Konzert, für mich gerne herausgefunden, ob ich wirklich noch Russen kennenlernen *wollte*, sie verstehen *wollte*. Wie weit war meine Enttäuschung vielleicht einfach Ausfluß subjektiver Empfindung, die sich auflöst, wenn Wille zu verstehen und Zulassen von Verständnis zusammentreffen, und dadurch bedrückend abgrenzendes Unvermögen durch einseitige Kenntnis hell und spürbar weit wird?

Mir schien es, daß Galina nichts, aber auch gar nichts mehr in größeren Dimensionen gesehen hatte. Es war allein ihr persönlicher Erfolg gewesen, und eher hatte es so ausgesehen, als ob ich Galina hätte dankbar sein müssen für den Schatten des Glanzes, der von der Vorstellung mit auf mich gefallen war. Der Glanz und die Bewunderung waren für mich eine Sache, die Motivation, das fast unerreichbar Scheinende doch zum Erfolg zu führen, eine andere. Hatte Galina denn vergessen, daß es das alte Regime war, das sie bis genau zu diesem Veranstaltungstag in der ersten Märzwoche wegen ihrer und Viktors Überzeugung hatte um die Freude an einem viel beklatschten Erfolg bringen wollen und der Erfolg nicht so sehr für sie persönlich als für das neue Rußland, geschützt vor allen subversiven Machenschaften, gemeinsam erarbeitet worden war? Wenn Galina das russische Gedächtnis schlechthin war, konnte es mir bange werden!

Galina hatte noch einen De-luxe-Wunsch, der zunächst die komplizierte Frage aufwarf, wie viel Zeit man in vier Wochen hat, wenn vier Monate dafür knapp bemessen wären. Sie wollte in einem Tonstudio das Konzert noch einmal tonträgerfähig simuliert haben.

Das Selbstverständnis, mit dem sie ihren Wunsch vortrug, machte ihn eher zu einer unverrückbaren Feststellung, zu einer Aufgabe, die noch zu erledigen war, unter Ausschluß eines individuellen Willens, als zu einer Frage nach der Möglichkeit. Dabei wurde klar, daß Galinas Vorstellung ganz ausgeprägt die Botschaft enthielt, daß sie die Aufnahme wünschte, aber nicht an die Kosten dachte, die von ihr nicht getragen werden würden.

Es bedurfte keinen Moment der Überlegung. Das war alt. Ich selber war sicher, daß ich zwar in der Lage, aber eben genausowenig Willens war, die vollen Kosten für eine Studioaufnahme zu übernehmen. Das war neu. Es blieb mir also nichts anderes übrig, als die Kartographie meiner Verbindungen und Beziehungen daraufhin zu studieren, ob sich jemand mit Kontakten zu einem Tonstudio finden ließe, das die Aufnahme schnell und günstig herstellen würde.

Galina hatte inzwischen angefangen, für ihre Rückkehr nach Moskau zu packen und offenbar ihre für die verbleibenden Wochen in Hamburg noch verfügbare Kleidung so weit reduziert, daß sie seit dem Konzert, wenn wir uns trafen, jedesmal in demselben geschmacklosen Bauernrock erschien, der genau das Gegenteil von dem Kleid war, das sie bei dem Konzert getragen hatte und das Verhältnis von Figur zu Schnitt zurechtrückte. Sie hatte nicht abgenommen, und der Schnitt war darüber hinaus ungünstig. Es war überhaupt kein Schnitt. Alles war rund und bunt und nach dem beißenden Schweißgeruch zu urteilen, hatte sie die dazu passende Bluse nicht nur bei den Treffen getragen, sondern fast ausschließlich.

Ob die Ausdünstungen so desillusionierend wirkten oder die Erschöpfung mich ungeduldig machte – ich war nicht mehr so bedingungslos hingerissen, und wenn ich genau hinhörte, fand ich Galinas Stimme nur noch selten zwitschernd.

EINE UNERWARTETE WENDE

Drei Wochen nach dem Konzert fand die Probe für die Aufnahme statt, vier Wochen nach dem Konzert war die Matrix fertig.

Der Stammbaum der Beziehungen, durch die ich an das Studio geraten war, hatte merkwürdige Verästelungen und gab Veranlassung zu heimlichen Bedenken wegen Lage und Ausstattung des Studios. Fast hatte ich befürchtet, daß Galina es ablehnen würde, dort zu singen und mich auffordern würde, etwas Repräsentativeres zu finden, aber Galina war bester Stimmung. Sie war ganz offensichtlich zufrieden in dieser bescheidenen Umgebung, die trotz aller Behelfsmäßigkeit die Aura des Professionellen ausstrahlte, was unbeabsichtigt noch dadurch unterstrichen wurde, daß Galinas Vortrag der Romanzen von einem Sexualpsychologen beurteilt wurde, der die Zufallskrone des Stammbaumes bildete. Sogar für Claqueure hatte ich gesorgt, damit es sich nach einer Liveaufnahme anhörte und sie mit alkoholischen und nichtalkoholischen Getränken versorgt, um Lippen sich besser zum Pfeifen spitzen zu lassen und Kehlen für lautstarke Bravorufe ausreichend zu befeuchten. Wie bei dem Konzert hatte ich hinterher – dieses Mal bei mir zu Hause – eine kleine Feier mit allen an diesem Freundschaftsdienst beteiligten Akteuren organisiert. Ich hatte hervorragend funktioniert, allen Forderungen und Anforderungen in dieser atemlosen Zeit Genüge getan. Mir selbst schien diese schreckliche Zeit nichts gegeben zu haben, in der mir aufmunternde, entscheidungsstützende Anregungen wie Sauerstoff für ausgepumpte Lungen und mattes, überstrapaziertes Denkvermögen gefehlt hatten. Alles schien immer nur genommen worden zu sein.

Ich hatte mich wenig mit Galina unterhalten. Die Telefonate waren nur kurze Informationsaustausche gewesen, meine Zettelchen Wegweiser, meine Briefe, die ich frühmorgens schrieb, schienen nur

Ausrufezeichen als stete Mahner des Kurzzeitgedächtnisses zu enthalten, und waren dennoch Selbstgespräche ohne brückenschlagende Fragezeichen, die ich mir nicht erlaubte, weil ich die erwartungsvoll gespannte Einsamkeit fürchtete, mit unbeantworteten Fragen leben zu müssen.

Noch eine Woche blieb, bis Galina und Viktor gehen würden. Ich selber hatte meine Kraft in der Gegenwart für die Möglichkeit einer Zukunft erschöpft. Jetzt war es an Galina und Viktor, diese Woche zu nutzen, um Weichen zu stellen, damit ihrerseits der Abschied ein Versprechen für kommende Zeiten würde. In diesem Behälter war mehr als genügend Platz für alles Wichtige. Nur ein wenig hoffnungsvolle Erwartung bedeckte den Boden des noch leeren Inhalts. Ich hatte Zweifel, ob er gehaltvoller werden würde.

Es wurde die folgenschwerste Woche überhaupt! Wie bedeutsam, würde ich erst Jahre später begreifen können, und die Weichen, die für meinen Zug gestellt wurden, führten so weit in die Zukunft, daß ich nie anzukommen schien.

Plötzlich war es wieder da: dieses Gefühl des Verstehens und der innersten Verständigung, und ich hätte nicht sagen können, woher es kam. Es holte mich gerade am Schnittpunkt der Zweifel an mir selber und Verzweiflung an den Umständen ein und erlöste mich von der Unruhe, die mich wie eine pochende Entzündung gequält und mich wochenlang um erholsamen Schlaf gebracht hatte.

Die Erinnerung an die Feier nach dem Konzert, die wie eine sich gleichzeitig sowohl verstärkende als auch vernichtende, ständig sich erneuernde Manipulation meiner Gefühle und Meinungen sich tückisch in mir eingenistet und mehr und mehr Besitz von mir ergriffen hatte, hinderte mich daran, mich erleichtert fühlen zu können. Es war die Geburt von Zwillingen gewesen, von Enttäuschung und Mißtrauen, zwei traurig häßlichen Kindern, die nur gemeinsam lebensfähig sind. Und so starb das Mißtrauen, als Galina nicht vergaß.

Galina hatte mir eine wichtige Tür aufgestoßen. Auf ihre Initiative hin lud der neue Generalkonsul den geschäftsführenden Vorstand der Deutsch-Russischen Gesellschaft zum Abendessen ein.

DREI MAL ZWEI METER SIEBZIG MIT INHALT

Galina versuchte, unter nur einen ihrer eher kurzen Arme geklemmt, eine sogar für ihre gesamte Körperlänge viel zu lange und beträchtlich dicke Rolle im Gleichgewicht zu halten. Auf den Treppenabsätzen in der Kurve geriet sie leicht ins Schwanken, wodurch die Rolle wie eine Waffe die kalte Treppenhausluft mähte. Viktor schleppte sich währenddessen an einer Kollektion von Flaschen mit russischen Alkoholika ab. „Vorsicht", rief Galina übermütig und zwängte sich und das Ungetüm gar nicht vorsichtig durch die Wohnungstür. „Ich brauche viel Platz", lachte sie und zeigte auf die geheimnisvolle Rolle. „Nehmt alle Möbel zur Seite!" Aber bevor dieser Befehl hätte ausgeführt werden können, war sie schon in einem anderen Zimmer verschwunden. „Wunderbar", rief sie überschwenglich und so laut wie möglich, was ihre Kopfstimme nicht voluminöser, sondern klein und piepsig machte. „Kommt alle her, hier paßt es hin!" Und mit Schwung entrollte sie ein sehr großes Bild. Sehr groß, so groß und so ungewöhnlich auf den ersten Blick, daß außer einem vieldeutigen „Oh" kein Kommentar kam.

„Drei mal zwei Meter siebzig", gab Galina strahlend Auskunft. Man konnte ihr förmlich die Begeisterung über diese ungewöhnlichen Ausmaße ansehen. Wie ein Herold verkündete sie: „Europa wird ausgegraben", und es war, als ob Galina mit der Preisgabe des Titels das Bild sichtbar gemacht, ihm Leben eingeflößt hätte.

Wie Schemen arbeiten sich menschenförmige Wesen durch eine graue, rötlich-braune Dämmerung. Oder war es Morgenröte? Einige der Figuren sind noch roh, unfertig, wie aus Holz gesägt, geisterhaft bleich. Einige rotbraun, wie von Erde, und liegend. Es ist ein Bild der großen Möglichkeiten, ein Wiedererstehen von Toten. Oder ist es das Erwachen von Scheintoten, die schon zu Grabe getragen wurden?

Man hatte Male gesetzt, deren Epitaphe nach zwei Weltkriegen ausgelöscht wurden, Grabmale ohne Erinnerungswert, ohne Ehre, wie nicht gelebtes Leben. Sinn- und namenlos. Trostlos. Neue Europäer würden sie neu schreiben müssen, würden sie der anonymen Gleichheit auf Erden entreißen, der Erinnerung zurückgeben. Auferstehung könnte das Bild auch heißen, meinte ich. Jetzt, da sie auferstanden waren, Kraft gesammelt hatten und sich freischaufelten, würde man sie neu bewerten müssen.

Die Aussagekraft des Bildes bewegte mich stark. Ich bedankte mich. Einfach so mit einem Wort, als ob ich meine eigene Sprache nicht beherrschte und fügte es sicherheitshalber noch einmal auf russisch hinzu. Keine Ansammlung von Wörtern war intensiv genug, um auszudrücken, wie überwältigt ich war. Ich sah so viel Zukunft in dem Bild, eine Brücke zwischen meinem Europa und Galinas Rußland.

Ich hätte mir kaum etwas Sinnvolleres zu diesem Anlaß vorstellen können und übersah vor lauter Freude das zerstörerische Element. Sie graben Europa aus, um es irgendwann wieder fast tödlich zu verwunden. Es ist völlig ungewiß, wer da gräbt, und ob es vielleicht diejenigen sind, die es tödlich verwunden könnten, ob nicht jeder Spatenstich schon eine Verwundung ist.

Galina wies auf eine in kyrillischer Schrift geschriebene Widmung neben dem Titel in der linken unteren Ecke des Bildes hin, aus der selbst ich Galinas und Viktors Namen entziffern konnte, obwohl ich nur magere, aus dem Griechischen abgeleitete Kenntnisse besaß und von Zeit zu Zeit wünschte, Kyrillos und Methodios hätten auf ihrer langen Wanderschaft zu den Slawen nicht soviel von ihrer Muttersprache vergessen. Die Tradition der Hochachtung vor Künstlern, Musikern und Poeten hatte Repressalien von Regimen unterschiedlichster Couleur standgehalten. Mit großem Mut und risikoreichem, persönlichen Einsatz hatten sich zu jeder Zeit und immer wieder allen Schwierigkeiten zum Trotz Politiker und Diplomaten für diese Gruppe hilfreich verwendet.

Der Einfluß dieser schöpferischen Menschen auf das gesellschaftliche und, ungeachtet aller selbstschützenden Apathie, oft sogar physisch vernichtende, hochpolitische Leben Rußlands ist deshalb stets so groß, weil sie sich nicht von außen danach drängen, als ob es um eine Machtergreifung geht, sondern weil sie wie Hefe im Teig mit und in der Gesellschaft leben. Diese wiederum anerkennt sie als Autorität, eine Aufgabe, deren sie sich annehmen, und eine Bürde, die sie aufrecht und mit Stolz bis zu einem für manchen erschreckend bitteren Ende tragen.

In letzter Zeit hatte ich allerdings gemeint befürchten zu müssen, diese Autorität werde von der schrillen Kakophonie des vorübergehenden, kurzatmigen Zeitgeschehens erstickt, das wie ein gigantischer Spielautomat von immer denselben, wenigen Süchtigen gefüttert und manipuliert wird. Künstler, Schriftsteller und auch Musiker ertrugen, waren stumm geworden. In Zeiten großer Not, sagte ich mir – und es klang manchmal wie Singen im Walde – würden sie die wahren Führer des Volkes sein, die Verantwortung erst recht auf sich nehmen. Sie würden wieder da sein. Laut und deutlich. Vordenker zum Nachdenken. Und ungeduldig verwundert wartete ich, wann diese Zeit so großer Not anbrechen werde.

ENTFERNUNGEN

Wir machten uns auf den Weg in ein nahe gelegenes Restaurant, um in gefühlsneutraler Umgebung uns zum Abschied all das noch zu sagen, was vermeintlich wichtig ist, um eine Trennung zu ertragen. „Komm recht bald nach Moskau und besuche mich" war Galinas Beitrag dazu. Es war die Einleitung zum zeitlich und räumlich meßbaren Abschied. Mir wurde schwer ums Herz. Morgen um diese Zeit würden Galina und Viktor schon in Moskau sein. Unvorstellbar! Ich beeilte mich zu sagen, daß ich mich darauf freue, und wie ein abgetrotztes Geständnis brach es aus mir hervor: „Weißt du, ich hasse es, jemanden am Bahnhof, am Flughafen, irgendwo zu verabschieden, jemanden verschwinden zu sehen", und leise fügte ich noch hinzu: „Ich habe Angst davor, daß es endgültig sein könnte."

Meine Augen schwammen, so daß ich schnell den Kopf in den Nacken legte und suchend an die Decke starrte, als ob ich einen Erinnerungsstern auswählen wollte, wie es Liebende tun, um sich mit ihren Gedanken zu einer bestimmten Zeit dort zu treffen, während ich hoffte und wartete, daß meine Tränen dahin zurückflössen, wo immer sie herkamen. „Gut", klang es nun wieder fester, als ich schon anfing, Pläne zu machen. „Ich komme im Herbst. – Bis dahin werden wir Briefe schreiben", schlug ich schnell und energisch eine Brücke über die Vorstellung von sicherer Trennung bis zum beabsichtigten Wiedersehen, um meine Traurigkeit zu überlisten. Ein paar Monate, sehr viele Tage und eine geradezu entmutigend große Anzahl an Stunden und Minuten würde es dauern. Der Gedanke drohte mir das Herz schwer zu machen wie alles sehnsüchtig oder ängstlich Erwartete, das am Anfang eines vorgegebenen, wehmütig langen Zeitmaßes wie der anhaltend klagende Ton einer Klarinette steht. Unendlich, fast nicht mehr erreichbar weit weg, scheint es da.

Galina nickte eifrig zustimmend und mit blinzelnd lächelnden Augen erkundigte sie sich so beiläufig „Hast du eine Schreibmaschine?", daß die unvermutete Frage nicht in die inzwischen allgemein melancholische, beklommene Abschiedsstimmung unangemessen einbrach. Ich war zwar etwas verwirrt dadurch, weil mir Galinas Absicht nicht klar war, vermutete aber einen Wunsch. Nicht gerade ein neues Konzert oder eine Bandaufnahme, aber eben aus einem noch unerfindlichen Grund eine Schreibmaschine, und in diesem Moment des bedrohlich nahenden Abschieds hätte ich Galina fast keine Bitte abschlagen können. Ich bejahte mit freudigem Eifer. „Aber keine mit kyrillischen Typen", fügte ich kleinlaut und sorgenvoll hinzu und hoffte – mal wieder – von Herzen, Galina trotzdem helfen zu können. Ein befreiendes Lachen wechselte Galinas blinzelndes Lächeln ab: „Du hilfst mir am meisten, wenn du in Zukunft mit der Schreibmaschine schreibst. Ich kann deine Handschrift nicht lesen."

Ich prallte vor so viel ungeschminkter Ehrlichkeit zurück. In meinem Kopf lief ein Film all dessen ab, was ich geschrieben hatte, aller Gedanken und Gefühle, von denen ich gemeint hatte, Galina müsse sie kennen, um mit mir zusammen den Weg der deutsch-russischen Verständigung zu gehen. Umsonst? Alles umsonst? Wieso aber hatte Galina auf meine zahlreichen Briefe antworten können? Mir war auch ein wenig unheimlich zumute. Zwar hatten die Antworten nie ganz genau die Inhalte getroffen, aber ich hatte immer gemeint zu fühlen, daß ich verstanden worden war. Ich hatte die tiefe Überzeugung gewonnen, daß der Umgang miteinander durch und durch von dem Verständnis geprägt war, zu dem der Zugang eben die Briefe waren. Dabei hatte Galina die Briefe kaum entziffern können! Die Antworten, das dahinter vermutete Verständnis – alles durch geschickte Wortwahl vorgegaukelt? Warum hatte Galina mir nicht früher die Schwierigkeiten mit der Handschrift gebeichtet? Und ich selber? Warum hatte ich überhaupt nicht früher solche Schwierigkeiten in Erwägung gezogen? Galina mußte ja nicht nur das Kunststück fertig bringen, eine fremde Handschrift zu lesen, sondern darüber hinaus eine, die auch noch in einer fremden Sprache mit fremden Buchstaben geschrieben war. Erst jetzt dachte ich daran. Ich ahnte, daß der Weg zur Verständigung mit Unmengen solcher scheinbar kleinen, alltäglichen Unterschiedlichkeiten gepflastert war, die ich kennenlernen und bedenken mußte. Ich fragte mich, ob das Verständnis wirklich je da gewesen war. Hatte es überhaupt existieren können, oder war es lediglich meine Interpretation von Gesten und Blicken, Nuancen der Intonation, Schwingungen der Gefühle, Wärme der Nähe gewesen? Hatte ich mir eine Illusion aufgebaut, und hatte ich mich dann selber darum betrogen, hatte ich Galina Unrecht getan, wenn die erwünschte, erhoffte Reaktion mal ausgeblieben war? Ich hatte jedesmal viel zu viel darüber gegrübelt.

Es war so einfach! Galina hatte schlicht meine Handschrift nicht lesen können! „Ich werde also mit der Schreibmaschine schreiben", versuchte ich nun ein wenig schief lachend, von der Wahrheit benommen und durch zögernd gedehnte Sprache eher als gequält bemüht erkennbar, Unbefangenheit gegenüber Galinas Eröffnung zu signalisieren. Als ob mir ein Gefühl sagen würde, ich müßte aber einen Punkt auf jeden Fall trotzdem persönlich und nicht mit der Schreibmaschine klären, merkte ich noch ganz unmißverständlich an: „Ich werde in Moskau in einem Hotel wohnen." Galina wurde sehr ernst und schaute mich jetzt ungläubig forschend an. Es war nicht auszumachen, was in ihrem Kopf vor sich ging. „Wenn du Russen kennenlernen willst, mußt du zu ihnen nach Hause kommen." Ihr Ton war überraschend sanft und dadurch besonders eindringlich. Galina hatte nicht nur nicht, sondern nichts vergessen.

Wir verabredeten uns in Moskau – zu Hause bei Galina.

ERSTES WIEDERSEHEN
(Moskau im November 1993)

Drei volle Tage, An- und Abreisetage ausgenommen, wollte ich versuchsweise bei Galina zu Hause in Moskau bleiben, hatte ich beschlossen, und erleichtert hatte ich gemeint herauszuhören, daß Galina nicht beleidigt war über die Kürze des geplanten Besuches. Sie hatte noch erwähnt, wenn ich käme, würden sie allerdings kein warmes Wasser haben und mir eindringlich geschildert, wie *kalt* kaltes Wasser im Winter bei ihnen in Moskau sei, aber da war es schon zu spät gewesen, den Termin noch zu ändern. Wahrscheinlich gehörte das auch dazu, russischen Alltag zu erleben, obwohl ich einen Härtetest nicht gerade anstrebte. Ich hatte damals noch nicht genügend Erfahrung, um zu wissen, daß es sowieso in Rußland und im Umgang mit Russen selten etwas gibt, was man absichtlich und geplant umgehen kann. Ich würde mich noch lange dazwischen und dem meiner deutschen Mentalität entsprechenden Verständnis von Absicht zerreiben. Während meine Absicht immer einen Plan enthielt, für dessen Ausführung ich erhebliche Anstrengungen unternahm, verstanden meine russischen Bekannten und Freunde darunter ideenreiche, phantasievolle Absichten, und wirklich nichts anderes als Absichten, die mit wahrhaftiger, entflammter Begeisterung überzeugend vorgetragen wurden, und damit leicht, überschwenglich und gläubig, lobenden Applaus errangen. In der Regel erfreute das nicht nur den Gedankengeber, die Ideenträumer, sondern versetzte sie und ihr Publikum, das ihnen durch das erregende Gefühl der Vorstellung verbunden war, Großes und Ruhmreiches zu erleben, in gemeinsame, lustvolle Genugtuung. Offenbar genügte meistens diese allein schon, um es bei den Ankündigungen von Absichten zu belassen, und sie als Erfolg an sich zu werten, ohne jemals den Versuch unternommen zu haben, auch nur einen kleinen, bescheidenen

Teil davon annähernd planmäßig in die Tat umzusetzen, ansatzweise in Konturen verschwommene Pläne auch nur geringfügig klarer zu zeichnen.

Genauso inbrünstig wie die russischen Freunde und Bekannten immer wieder schöpferische Absichten kundtaten, kämpfte ich mit all meiner deutschen Planmäßigkeit gegen die Besetzung des Feldes von Willen und Energie durch dergleichen raumgreifende Unplanmäßigkeit, die mit solch einem Elan betrieben wurde, daß meine eigenen, konkreten Pläne zum Spielball wurden und schon nach wenigen Zügen, ohne jegliche Torchance, meistens für lange Zeit oder für immer im Aus landeten.

Trotzdem wollte ich meine Fähigkeit testen, mich mit nicht ausschließlich verstandesbetontem Interesse für das Fremde, Andersartige in den alltäglichen Gegebenheiten zurechtzufinden, mich soweit wie möglich anzupassen, keinen durch unangemessenes Verhalten zu kränken.

Nie wollte ich Verletzlichkeiten außer acht lassen, die durch Beschädigungen aus deutscher Einwirkung in der Vergangenheit hervorgerufen worden waren. Sie waren präsent und müssen es bleiben, obwohl sie immer häufiger gerne schon der Geschichte zugeordnet werden, was verdächtig nach menschlich und zeitlich großer Distanz klingt.

Ich wollte mir russischer Empfindlichkeiten bewußt bleiben, die in dem demütigenden Vergleich wurzeln, groß und siegreich, eine Nation mit Fortschrittsglauben ohne Rücksicht auf Verluste, politisch mächtig und gefürchtet gewesen zu sein und jetzt als Schuldnerin dazustehen, die eine Rechnung begleichen soll, deren Inhalt sie nicht versteht. Die Höhe der Rechnung überschreitet ihre Möglichkeiten auf viele und lange Jahre bei weitem und wirft bei einem Großteil der Bevölkerung die mißtrauische Frage auf, wer überhaupt was wofür in Rechnung stellt, und woher das Recht dazu kommt.

Ich hatte mir viel vorgenommen und hoffte, daß ich das Maß dafür erkennen oder Galina es mir nennen würde, dieses erste Mal, das ich alleine und ohne den Schutz einer Gruppe nach Rußland reisen würde, ohne die Geborgenheit des Trostes der gemeinsam gesprochenen und empfundenen Sprache, die die Tage der Eindrücke erträglicher machte, die Hilflosigkeit gegenüber der Güte des Verzeihens von ehemaligen Kriegsgegnern, die mich bis zu emotionaler Erschöpfung berührte, weil *keine* Vorwürfe gemacht wurden, die zum Alptraum hätten werden können.

„Kindchen" hatte einmal eine aufrechte Veteranin, eine arme, alte Babuschka in breitem, langsamen, aber dafür fast fehlerfreiem Deutsch zu mir gesagt und mich dabei eindringlich mit ruhigen, graublauen Äuglein betrachtet. Grausame Ewigkeiten von Jahren der Geschichte und Geschichten waren ihnen auf die Netzhaut gebrannt, Augen wie von Elefanten, die alles aus undenkbar langen Zeiten für undenkbar lange Zukunft zu kennen und alles zu wissen scheinen.

„Wissen Sie Kindchen", hatte sie sanft gesagt, und mir war die seltsam scheinende Wahl der Worte sehr bewußt geworden. Mit „Kindchen" und „Sie" war ich angesprochen worden. „Stalin war noch schlimmer als Hitler. Lesen Sie ‚Hundeherz' von Bulgakow", hatte sie mir geraten, und die kleinen Greisenaugen waren durch Hoffnung, Glauben und Sehnsucht lebendig geworden.

Diese Zuversicht, daß Deutsche verstehen würden, Deutsche Freunde wären, hatte bei mir ungläubige Verwirrung ausgelöst, und ich hatte mich durch und durch klein und unerfahren gefühlt. „Kindchen" war treffend gewesen, und nur das „Sie" hatte mich erwachsen gemacht.

Galina und ich hatten die Monate genutzt und häufig Briefe ausgetauscht, kleine Geschenke hin- und hergeschickt, wobei mir schnell klar geworden war, daß die Einführung der Nachfolger den Sinn und Zweck hatte, eine vertrauenswürdig tragfähige Brücke nach Moskau zu finden, daß ohne Kontakte und immer wieder Kontakte das Leben in Rußland und eben auch mit Russen und Rußland fast unmöglich war. Private Gäste der Nachfolger oder offizielle Konsulatsbesucher nahmen die Post mit oder brachten sie. Es war eine Kette von Informationen, wer wann wohin fährt und was befördern kann, die reibungslos und zuverlässig funktionierte. „Wenn du kommst …" – „Wenn ich in Moskau bin…", hatte es wie eine Beschwörungsformel in jedem Brief mehrmals geheißen und Willen, Wünsche und Möglichkeiten stets mit der Zukunft verknüpft. Wir hatten auch gelegentlich, besonders aber in den letzten Wochen vor meinem Abflug, telefoniert, um uns gegenseitig über den letzten Stand der Dinge auf dem laufenden zu halten, letzte Instruktionen zu geben und zu erhalten, wobei fast ausschließlich ich aufmerksame und dankbare Empfängerin war, während Galina sich wie selbstverständlich durch Erfindung stets neuer Gebrauchsanweisungen für mich ruhmreich hervortat. „Bring elegante Kleidung mit", hatte Galina befohlen. „Wir werden ins Bolschoi und ins Stanislawsky-Theater gehen und: „Nur Touristen kleiden sich lässig", hatte Galina wieder mit dem angewiderten, verächtlichen Ton gesagt, der die gerümpfte Nase und den einen nach unten gezogenen Mundwinkel nach sich ziehen würde, und offenbar jene Lässigkeit gemeint, deren gesteigerte Schlichtheit durch eine Präposition nicht immer negativ verstanden wird. *Nach*lässigkeit war eine Geisteshaltung, von der einige jedoch hofften, daß sie nicht zu lange anhielt und bleibende Schäden weder hervorrufen noch hinterlassen würde. Nur so konnte ich Galinas Zusatz verstehen, man solle doch schließlich nicht glauben, ihre Freundin sei Touristin. Nein, das wollte ich eigentlich nicht, jedenfalls nicht *so* eine Touristin. Ich war Touristin, was sonst? Oder war es ein Übergangszustand für etwas anderes?

Ich liebte die kosmopolitische Atmosphäre auf Flughäfen und die nahe Möglichkeit, Grenzen überschreiten zu können. Heute war es allerdings die Plage des Reisefiebers, die mich trieb, lange vor der sowieso gegenüber anderen Fluglinien länger bemessenen Eincheckzeit am Aeroflotschalter aufzutauchen. Tücke der Zeit! Gerade jetzt hatte ich zu viel davon! Die Minuten tröpfelten so langsam, wie um mich zu foltern, während die Anspannung kongruent dazu wuchs. Wieder und wieder überprüfte ich meine Reisepapiere, das Ticket, das kostbare Visum, dessen Beschaffung sie so viel Energie gekostet hatte!

Mit mir warteten an diesem trüben, auch für Norddeutschland ungewöhnlich kalten Mittag der letzten Novemberwoche viele Russen und einige Deutsche auf den Aufruf der Aeroflotmaschine nach Moskau, und keiner schien die Reisepapiere so oft auf Vollständigkeit und Richtigkeit hin zu kontrollieren oder so oft dem Drang zur Toilette nachgeben zu müssen wie ich. Man hätte glauben sollen, dieses sei meine erste Auslandsflugreise überhaupt in meinem nach Anzahl der Jahre und auch nach deutschem Verständnis reifen Lebensabschnitt.

„Besser abfliegen als warten", dachte ich, weil immer alles besser zu sein scheint als der Zustand, den man zur gegenwärtigen Zeit als unangenehm empfindet, und als ob jemand meinen Wunsch erhört hätte, wurde zur Abfertigung gerufen. Ich meinte, ich hätte einen Blasenkatarrh, ein Gedanke, der mich geradezu panisch stimmte, weil ich die hygienischen Verhältnisse in Rußland, besonders bei sanitären Einrichtungen in öffentlichen Gebäuden, Restaurants und auch Flugzeugen, nur zu gut kannte. Gerade das, und das zu diesem Zeitpunkt! Ich war unentschlossen, ob ich es schaffen würde, noch einmal dem Harndrang nachgeben zu können, bis der letzte Passagier am Abfertigungsschalter vorbei zum Bus gegangen wäre. Ich würde es, würde es nicht…Ich wartete. Der Letzte war durch. Ich ging zum Schalter und fragte, ob ich noch eben auf die Toilette gehen könne und lächelte dabei verlegen entschuldigend. „Gehen Sie nur", nickte die Stewardess mit verständnisvollem Zwinkern „Sie brauchen sich nicht zu beeilen. Wir warten."

Das war gut! Das war so gut, so menschlich, so undeutsch. Meine hypernervöse Angst verflog. Ich hätte gleich passieren können, aber um mich nicht unglaubwürdig zu machen, mir nicht den Anschein einer dieser schrecklich unentschlossenen Frauen mit ständig wechselnden Meinungen und Befindlichkeiten zu geben, die ich selber stets mit geradezu aggressiver Mißbilligung bestenfalls ertrug, und um die nette Stewardess in ihrer verständnisvollen Großzügigkeit nicht zu enttäuschen, beeilte ich mich sehr bald zurückzukehren.

Später, als ich nach meiner Rückkehr dem Nachfolger und dem Generalkonsul die Geschichte erzählte, weil ich noch immer von dem russischen Verständnis für menschliche Unzulänglichkeiten beeindruckt war, wurde diese Vorstellung abrupt zunichte gemacht. Beide lachten herzhaft über meine Gutgläubigkeit, und mit etwas listigem Unterton wurde ich über die Wirklichkeit belehrt: „Manchmal warten sie auch nicht, wenn sie sagen, daß sie warten" war der lapidare Kommentar gewesen, und die anschließende, ausgelassene Belustigung über meine Enttäuschung hatte meinen guten Willen zum reinen, empfundenen Verständnis für russisches Verhalten beleidigt.

Ich sah aus dem Fenster, und wie das erste Mal, als ich nach Rußland geflogen und einen vagen Begriff von den endlosen, schneebedeckten Weiten des Landes bekommen hatte, überkam mich Traurigkeit. Ich hatte viel über den Krieg gelesen, Betroffene erzählen gehört, Dokumentarfilme und Reportagen gesehen. Es hatte mich sehr beschäftigt, wie Deutsche über Russen dachten, Deutsche, die in dieses Land eingefallen waren, um es plündernd und mordend zu erobern. Ich hatte es als große Gerechtigkeit empfunden, daß sie bitter dafür im russischen Winter büßen mußten.

Und dann hatte ich diesen ersten Eindruck davon bekommen, was „russischer Winter" heißt, von der Einsamkeit und Grausamkeit der geographischen Größe, von der unberechenbaren Schönheit dieses Landes, und hatte mich später wiederholt gefragt, ob und wie weit die geographische Lage, Größe und geologische Beschaffenheit eines Landes Eigenarten, Denkart, Gefühle und Handlungsweisen der dort lebenden Menschen beeinflußt.

Ich hatte mir den Kampf der deutschen Soldaten gegen die tückische Stille des Schnees vorgestellt und diese Soldaten als Menschen gesehen, verzweifelt und allein, und mir war der Krieg noch sinnloser vorgekommen als zuvor. Zum ersten Mal hatte ich so etwas wie Mitgefühl für die Menschen in Uniform empfunden, die einem Befehl gehorchend sich in dieser erschreckenden Endlosigkeit tödlich verloren hatten. Wir überflogen lange Zeit das falsch lockende, Leichenblässe überdeckende, glitzernde Weiß winterlicher Landschaft, von der meine melancholischen Gedanken aufgesogen wurden, bis ich traumlos tief eingeschlafen war und erst aufschreckte, als über den quäkenden Lautsprecher eine russische Ansage tönte, aus der ich mit angestrengter Phantasie meinte entnehmen zu können, der Anflug auf Moskau habe begonnen.

Eben noch nicht enden wollendes, verschneites Land und jetzt schon Moskau! Mit dem Flugzeug war es doch überraschend viel näher, als ich zuvor bei der Vorstellung von Fußmärschen noch gedacht hatte! Dankbar atmete ich tief durch. Wie würde ich Galina und Viktor vorfinden? Würden sie wirklich am Flughafen sein? Viel zu früh holte ich meinen Daunenmantel aus der Gepäckablage, den ich noch gekauft hatte, als Galina mir gesagt hatte, sie hätten 20 bis 25 Minusgrade, und es mir geschienen hatte, daß es kaum ein Kleidungsstück in Deutschland gäbe, das solchen Temperaturen standhalten könnte.

Aus der hintersten Ecke eines Mantelspezialgeschäfts hatte ich diesen Daunenmantel hervorgeholt, der dort die Mode von vor fünf Jahren überdauert und offenbar darauf gewartet hatte, seinen zweiten Modefrühling nach weiteren fünf Jahren zu erleben. Nun saß ich schon seit mindestens zwanzig Minuten in dem Mantel über zwei Pullovern, dem T-Shirt, dem Angoraleibchen, den dicksten wollenen Strumpfhosen, die ich hatte auftreiben können und die nicht gerade leuchtend violett oder matt spinatgrün waren, unter feuchtigkeitsabweisenden Winterjeans wie in einem Steckkissen auf meinem Fensterplatz.

Mit zusammengekniffenen Augen starrte ich auf die dürftige Beleuchtung des spätnachmittaglichen Moskau, das sich unter mir ausbreitete, und tastete nach den Beruhigungstabletten in der einen Manteltasche und den Dextropurtäfelchen in der anderen, zwei Utensilien, auf die ich – als seien es Maskottchen – auf Rußlandreisen nicht verzichten mochte, und als ob beides eine geheimnisvolle, äußerliche Wirkung durch die Verpackung hindurch hätte, fühlte ich mich schon gleich sicherer.

Mit klopfendem, erwartungsfrohem Herzen, die Erfüllung der Vorstellung vom Wiedersehen spürbar nah, nur noch zu lösen durch wirkliche, durch körperliche Berührung, hielt ich nach Galina und Viktor Ausschau. Da! Gleich ganz vorne, in einem mehrreihigen Kordon aus stummer, grauer Menge und Masse, hinter einer Absperrung, die eher hätte vermuten lassen können, es handle sich um eine Demonstration gegen fremde Einreisende, entdeckte ich zwei wild wedelnde, zottige Waschbärarme, die zu Galina gehörten und auf der rechten Seite eine kleine, rote Hand freigaben, die einen rührenden Blumenstrauß aus einigen ebenso roten und lila, schon etwas müden Astern – wie man sie oft in spitzen Vasen auf Gräbern findet – schwenkte. Ich sah nur Galina, die sich deutlich aus der dunklen Mehrheit abhob, Galina, die sich *bewegte*, deren Gesicht *lebendig* war und deren Augen *sprachen*.

Ich war da! Angekommen! „Hallo", und „Hi", rief ich Galina in frohem Erkennen zu und winkte meinerseits heftig mit beiden Armen, während ich mit den Spitzen meiner weichen, dicken Winterstiefel den Koffer und die Reisetasche in Richtung Absperrung bugsierte. Galina hatte flink eine Lücke gefunden, durch die sie sich zwängte, um mich gleich darauf herzhaft dreifach zu küssen. Wir lagen uns laut lachend und sinnlos schwatzend in den Armen, und auch Viktor, der inzwischen nicht ganz so auffällig hinzugekommen war, wurde von der Wiedersehensfreude überwältigt.

Unser weißer Atem vereinte sich in der kalten Luft, als ob wir eine Lunge hätten, wir sprachen im Dreiklang mit einer Stimme, und ein riesengroßes, gemeinsames Herz floß über vor wunderbarster, unaussprechlicher Gefühle. Die Gesichter waren glühend rot, der Atem heiß und schnell vor aberwitziger Eile, alles in den ersten Minuten des Wiedersehens erzählen zu wollen, was wir in den vorangegangenen Monate erlebt, erahnt, gedacht hatten und wir uns wohl schon geschrieben oder am Telefon berichtet hatten, aber was nun eine neue Qualität bekam, indem wir uns ansahen und mit den Augen fühlten.

Angekommen? Ein Stein brach aus der bedrohlich finsteren Mauer: eine dicke Frau mit buntem Kopftuch stürzte sich keifend auf Galina und erschlug die Freude mit dem Gewicht ihrer lauten Schimpfkanonade. „Ob Krieg ausgebrochen sei, daß wir so lärmen", übersetzte Galina kurz, viel kürzer als der Wortschwall der Frau gewesen war, und wandte sich verärgert von dem Weibsbild ab. Die Ablehnung, die mir und Galina entgegenschlug, war so vital, daß ich ohne die schützende, wärmende Hülle der gemeinsamen, strahlenden Freude wie nackt und frierend dastand, und ohne deren blendenden Glanz plötzlich sah, daß die Mauer Gesichter hatte: dumpfe, mürrische Gesichter, die mich gleichzeitig mit unverschämter Neugier und unverhohlener Abneigung aus genauso haßerfüllten Augen musterten wie die dicke, ärmlich gekleidete Frau, die noch nicht alt genug war, als daß ihr Haß sie schon verzehrt hätte, sondern sie noch eher jünger aussehen ließ, als sie wahrscheinlich war.

Ich war vor Scham über die Zurechtweisung und das Bewußtsein, anders zu sein, wie gelähmt und fühlte mich jetzt furchtbar angestrengt und allein. Ich bemerkte, daß Galina und Viktor sich dem Druck der Menschen beugten und ihre Stimmen dämpften. *Ich* hatte meine Freunde in diese Situation gebracht, die nur auf mein Verhalten reagiert hatten. Ursächlich hatte *ich* die aufgebrachte Stimmung hervorgerufen. Ich *war* anders. Ich hatte eine frische Hautfarbe, ein offenes Gesicht, ich liebte es zu lachen, ich trug wie selbstverständlich auffällig helle Kleidung, und keine Gebirge von Tüten umgaben mich, keine Pakete und andere, eher große als kleine Behältnisse, die alles verpackt enthielten, was es angeblich oder wirklich in Rußland nicht gab und was angeblich oder wirklich wichtig für ein einigermaßen erträgliches Leben war, was der oder die Koffer nicht mehr hatten fassen können. Alles an mir sah offenbar verdächtig, neiderregend luxuriös aus.

Würde ich es ertragen, meine häufig explosionsartig hervorbrechende Freude, mein Lachen zu unterdrücken und ständig ängstlich darauf bedacht sein zu müssen, keinen neidisch zu machen? In diesem Land besaß ein Großteil der Bevölkerung sehr wenig, und Unzählige vegetierten gerade am Rande des Existenzminimums. Ob Galina mich und andere vor meinen Unbedachtsamkeiten schützen würde?

Es war ein deprimierender Fehlstart in eine Welt, die mir fremd war, in der ich mich nicht für immer einrichten wollte, als wäre es meine eigene, der ich aber mit so viel Bereitwilligkeit begegnete, daß gefühlsoffene Faszination mich gefangennehmen konnte. „Nein", dachte ich jetzt bei mir, *„das* muß ich nicht ertragen. Das ist ungerecht." Objektive Ungerechtigkeit war für mich immer schon aufreizend und aufwühlend gewesen, war Grund gewesen für heftige Kämpfe und innere Trennungen. „Diese Frau schreit ja selber und sieht auch nicht so aus, als ob sie sonst zu den sanftmütig Leisen gehörte."

Ich erinnerte mich mit Empörung an laute Dispute zwischen nüchternen und noch lauteren zwischen betrunkenen Russen. Das waren einfach menschlich niedrige Beweggründe! Der Versuch reizte mich, die Frau mit der bösen Zunge zur Einsicht zu bringen, ihr den Grund für das freudige Lärmen zu erklären, aber dazu hätte ich Galina oder Viktor als Dolmetscher gebraucht. Ganz offenbar wünschten sie keine Diskussion und erst recht keine Konfrontation und hakten mich jetzt rechts und links unter, so daß man hätte meinen können, ich und nicht die zänkische Frau müßte abgeführt werden und drängten mich ohne zu zögern zielstrebig zum Ausgang, wo ein Fahrer des Außenministeriums auf uns wartete, um uns über endlos lange, gewaltig breite Boulevards und Straßen durch eine Stadt von wuchtiger, düsterer Schönheit zum Andropov-Prospekt zu bringen. Dessen Bebauung demonstrierte ebensowenig schüchternen Fortschritt wie Mut zur Häßlichkeit, sondern schlichte Notwendigkeit, schnell relativ günstigen, relativ komfortablen Wohnraum für eine angesehene, mit Beziehungen gut, mit finanziellen Mitteln weniger reichlich ausgestattete Klasse zu schaffen. Hier wohnten Galina und Viktor.

ZWEITES WIEDERSEHEN
(Moskau im Mai 1994)

Kaum war ich aus Moskau zurückgekehrt, machten Galina und ich schon wieder Pläne für den nächsten Besuch. Wir hatten uns mit Kopf, Herz und Seele in denkbar großer Übereinstimmung befunden, deren pulsierende Schwingungen dynamisch und harmonisch ein Ganzes ergaben und uns vorwärts drängten. Ich hatte Heimweh nach Galina und Viktor.

Es waren genau die Russen, die ich gemeint hatte, als ich mich bei Harro über meinen Mangel an russischen Bekanntschaften beklagt hatte. Nicht die große Anzahl von flüchtigen Begegnungen hatte ich im Sinn gehabt, sondern hatte diejenigen gesucht und nun gefunden, die das heile, unantastbare Vertrauen aus der Menge der Möglichkeiten hervorhebt. Und das konnten nur wenige sein.

Galina und Viktor waren der Ursprung des Vertrauens zu Russen, der Anfang des Lernens über andere, die Türöffner für den Weg zum Verständnis einer fremden Wesensart, Denkart und Kultur. Verstehen und Verständnis wuchsen aus dieser kräftigen, gesunden Wurzel und würden weiter beständig zunehmen, Vertrautheit würde inniger und selbstverständlicher werden, bis irgendwann – so hoffte ich –, irgendwann vielleicht Vertrauen und Kennen zusammenwachsen, ineinander zu Liebe verschmelzen würden, von der ich wußte, daß sie Schmerzen verursachen könnte, aber nicht, wie erträglich oder auch heilbar diese sein würden.

Ich konnte ja noch nicht absehen, welches Ausmaß beglückender Übereinstimmung und erfahrungsgemäß auch manchmal bedenklich heftige Unstimmigkeiten mich noch erwarteten. Trotzdem bedeutete dieser Zustand der Gefühlsbewegungen für mich jedesmal intensives, vitales Glück, das mit seiner Größe sowohl berauschende Höhen als auch Abgründe der Tiefe erreichte, die mich vollständig umfaßten und ausfüllten. Diese Gefühle stellten sich in der Begegnung mit meinen russischen Freunden ein, obwohl ich nicht mehr mit der unbefangenen Reinheit eines Kindes den Menschen begegnete. Statt ausschließlich meinem Herzen zu folgen, brachte ich Fremden nur gutwillige Offenheit entgegen, gepaart mit Verstand, mit der ich zu ergründen suchte, ob schnell entdeckte Gemeinsamkeiten ausreichend waren, und trachtete Bereitwilligkeit zur Übernahme von Verantwortung für dieses Vertrauen aufzuspüren. Vertrauen sollte fortan, ungeachtet räumlicher oder zeitlicher Entfernung, die gemeinsame Behausung sein.

Durch Galina und Viktor verlor ich in zunehmendem Maße das kühl trennende Gefühl der Andersartigkeit gegenüber vielen Russen und ihrem mir noch immer eher unbekannten, riesigen Land. Durch sie fing ich an, Sinneswahrnehmungen und Gewohnheiten wie meine eigenen zu akzeptieren. Ich versuchte, aufrichtig und ganz bewußt, Galinas und Viktors Gefühle nachzuempfinden.

Es war schier unglaublich, was ich alles in drei Tagen an Eindrücken verschlungen hatte. Ich hatte gierig geschluckt, manchmal ohne auf Größe, Beschaffenheit und damit verbundene schwere Verdaulichkeit zu achten, so daß ich gelegentlich hatte würgen müssen, um so einen Brocken ganz in mich aufzunehmen. Gerüche waren es, die in ihrer markant unangenehmen Andersartigkeit sich auf meine Wahrnehmung am intensivsten auswirkten, die mich viel heftiger und eindringlicher als Bilder und Geräusche wie ein wehrloses Opfer überfielen.

Es half überhaupt nicht, mich angewidert abzuwenden. Gerüche machten mir deswegen hartnäckiger als alles andere zu schaffen. Nicht der Laut einer fremden Sprache, die Konturen einer fremden Architektur, braune, gelbe, schwarze Gesichter, sondern diese entsetzlichen Gerüche erzeugten in mir ein Fremdheitsgefühl. Auch später, als ich zu Hause alles traumverloren wiederkäuend und den Nachgeschmack wie nach einem köstlichen Festessen mit witzig geistreicher, animierender Unterhaltung künstlich durch immer wieder ventilierte Vorstellungen so lange wie möglich zu erhalten suchte, alles noch und noch sah und hörte, blieben diese Gerüche penetrant haften. Schamhaft und ein wenig verzagt kam bei mir die Ahnung auf, daß sich in meinem Weltbürgertum eventuell doch eine klitzekleine, touristische Nische befände, die ich zwar nie freiwillig betrat, in die ich aber immer wieder durch meine fast animalische Geruchsorientiertheit hineingestoßen wurde.

Ich konnte mich nicht erwehren.

Ich freute mich auf Galina, auch auf Viktor. Ich brauchte sie wie die Luft zum Atmen. Seit meiner Rückkehr im November hatte ich mir unzählige Male vorgestellt, wie ich ankommen würde und Galinas Wiedersehensfreude und Willkommensaufgeregtheit alle Absperrungen überwände. Auf gar keinen Fall würde ich wieder laut rufend und jauchzend meine Glückseligkeit zu erkennen geben, aber ich malte mir aus, daß Galina und ich uns nach heftigem, stummen Winken stürmisch, aber auch ein wenig ungläubig umarmen würden, daß so viele Stunden, Wochen vergangen waren – ach, es war nur ein halbes Jahr, aber es waren sechs Monate Ewigkeit – und selbstverständlich leise lachend – würden wir uns dreimal küssen und flüsternd schwören, daß wir das nächste Mal nicht so viel Zeit verstreichen lassen würden.

Ich sah schon jetzt den zum Verwechseln anonymen Plattenbau in unerschütterlich langweiliger, rechteckiger Form vor mir, einen von vielen, die in ordentlicher Reihe nebeneinander und hintereinander standen, und man hätte ihn noch nicht einmal dadurch unterscheiden können, daß er besonders gepflegt oder vernachlässigt gewesen wäre, so daß sich die Ecken vielleicht abgerundet hätten, das Viereck oval oder zumindest einfach unkontrolliert schief geworden wäre. Auch die wie nach einem mittelschweren Beben geborstenen und abgebrochenen Stufen zum Eingang waren durchaus nichts Besonderes und gaben dem Haus keine erkennbar persönliche Note.

Alle Häuser hatten diese unfallträchtigen Stufen, so daß man jedesmal einem Glücksumstand danken mußte, nicht noch mehr davon überwinden zu müssen, und die ganze Aufmerksamkeit nur auf diese wenigen konzentrieren konnte. Ich hatte einfach die Eingänge gezählt und mir die Zahl der für mich relevanten Tür gemerkt. Sogar auf die Babuschka freute ich mich, die hinter einem kleinen, roh zusammengezimmerten, wackeligen Tischchen über den Eingangsbereich gewacht hatte. Dem Besucher wurde dort die schwierige Entscheidung abverlangt, durch das karg erleuchtete, von langen, unheimlichen Schatten bewohnte Treppenhaus zu gehen, denen jeder noch so leise Windhauch, der sich durch die undichte Eingangstür schlich, zittriges Leben einhauchte, oder die Fahrstühle zu benutzen, denen man zwar von außen ihren inneren Zustand nicht ansah, die aber die ängstliche Vermutung nährten, daß sich die offensichtliche Brüchigkeit der Treppe draußen mit großer Wahrscheinlichkeit wie ansteckende Fäulnis dort drinnen fortsetzte. Es war mir wie die Wahl zwischen Skylla und Charybdis vorgekommen, bei der aber auch später Galina und Viktor stets und unerschütterlich für den Fahrstuhl votiert hatten, woraus ich – wohl nicht zu Unrecht – gemeint hatte schließen zu können, daß der Aufstieg durch das Treppenhaus noch unzuverlässiger und gefährdender wäre. Ich sah dieses runzelige, graue Gesicht mit einem einzigen, langen, gelblichen Zahn im schmallippigen und spröde aufgesprungenen Mund unter einer faserigen, topfförmigen Mütze, die dereinst aus Angora gewesen sein mochte, ganz lebendig vor mir.

Ich konnte mich nicht mehr genau erinnern, ob die Babuschka tatsächlich nur einen Zahn gehabt hatte, aber wann immer ich mir das Gesicht ins Gedächtnis rief, sah ich nur den einen Zahn, bis ich wußte, daß es mein *Eindruck* war, daß die Alte nach einem Zahn *ausgesehen* hatte.

Die ganze unförmige Frau, an der Körper und Lumpenhüllen sich zu einem graubraunen, erdigen Klumpen vereinten, hatte nach boshafter, zahnloser Armut ausgesehen. Sie hatte mich aus mißtrauischen Äuglein abschätzend angeblinzelt, so daß ich mich wie bei einem übereifrigen Portier in einem Luxushotel genötigt gesehen hatte, nach einem Geldschein zu suchen. Ich hatte den Handschuh der rechten Hand ausgezogen, als Galina mich ihr vorgestellt hatte und hatte dann mit der schon vor Kälte klammen Hand in meinem kleinen Rucksack aus leuchtend blauem Wildleder mit ebenso leuchtend blauem, glattledernen Zierbortenbesatz umständlich graben müssen. Durch die lange Wartezeit war mir die Geste peinlich vorgekommen, besonders auch wegen der mich umgebenden, gespannt erwartungsvollen, beobachtenden Stille. Als ich schließlich aus meiner noch gut gefüllten Geldbörse – ich war ja gerade erst angekommen – einen Zehnmarkschein gefingert hatte, war ich verunsichert gewesen, ob ich das Richtige getan hatte. Ich hatte dann versucht, Galina möglichst diskret den Zehnmarkschein zu geben, während die Hausmeisterin jede Bewegung von mir flink und gierig verfolgt hatte. Galina hatte, mit der einen Hand heftig abwehrend und weniger abwehrend „nein, nein" hüstelnd, mit der anderen Hand den Schein in ihre Tasche gesteckt und der Babuschka von irgendwo her ein paar Rubelscheine zugesteckt, die diese mit zänkisch geschürzten Lippen, ohne das geringste Zeichen von Dank, fast unzufrieden und gleichgültig unter eine der vielen Schichten abgerissener Kleidung hatte verschwinden lassen, in denen wohl nur sie selber sich zurecht fand und wirklich, auf für jeden anderen wundersame Weise, in ein Behältnis für das Geld gezielt hatte. Auch, als ich den erbarmungswürdigen Verschlag zwischen Fahrstuhl und Treppenhaus gesehen hatte, dessen einziger Komfort darin bestand, daß die Frau auf ihrem Müll- und Lumpenlager nicht direkt der kalten Zugluft ausgesetzt war, wenn sich die Haustür öffnete, hatte ich kein Mitleid empfunden.

Ich war von ihr als Eindringling betrachtet worden, und wie um diesen Eindruck zu festigen und deutlich zu machen, wohin sie diese Fremde wünschte, hatte das Großmütterchen schließlich einen Reisigbesen genommen und angefangen, energisch, mit viel Druck, provozierend penibel den Flur zu kehren.

Aber jetzt freute ich mich auf diese alte Hexe, weil sie zu den lebenswichtigen Nebensächlichkeiten, den erinnerungswerten, vertrauten Kleinigkeiten zählte. Sie, die mich hatte ausschließen wollen, gehörte nun zu denjenigen, die in mir ein wohliges Gefühl der Zugehörigkeit erzeugten. Ich würde noch einmal besonders genau darauf achten, wie es sich mit dem Zahn verhielt und versuchen, Galina und Viktor davon abzubringen, mich dem ächzenden, schüttelnden und – wie ich just am Morgen meiner Abreise erfahren hatte, was ich längst geahnt, aber dafür noch keinen Beweis hatte, ihn auch lieber schuldig geblieben wäre – also, mich unter keinen Umständen diesem frühzeitig gealterten, streikenden Fahrstuhl auszusetzen. Nie zuvor, hatten Viktor und Galina wie aus einem Munde gesagt und dabei ganz ernsthaft, aber nicht erschrocken ausgeschaut, nie zuvor sei so etwas passiert! Daraus hatte ich schließen können, daß der Fahrstuhl sich in der Ablehnung alles Fremden mit der Hausmeisterin verbündet hatte. Eigentlich hätte dieses Bündnis aber eine sehr schnelle Beförderung zeitigen müssen, um den lästigen Störenfried loszuwerden.

Und dann würden wir vor dieser merkwürdigen Wohnungstür stehen, die so normal aussah wie Millionen anderer Wohnungstüren auf der Erde, aber den verschiedenen Schlüsseln, Verschlußtechniken, Sicherheitsentriegelungen und Alarmanlagen nach zu urteilen, die Viktor ohne zögerndes Überlegen der Reihenfolge oder das geringste Anzeichen von Unsicherheit – er hätte es blind oder sturzbetrunken geschafft – zu handhaben verstanden hatte, als ob er eine mehrwöchige Schulung dafür absolviert hätte, eine Tür der Art, die in mir die Annahme hätte aufkeimen lassen können, es handele sich um den Eingang zu einem russischen Fort Knox, zu den Schatzkammern des Kreml etwa, oder zumindest würde das gleißende Licht aus millionenfach glitzernden Kristallen von Lüstern sich über eine kostbare Einrichtung ergießen.

Ich war neugierig gewesen, was ich gleich würde entdecken können. Die Tür hatte sich geöffnet, und – ich lachte in mich hinein, weil der Kontrast zu den aufwendigen Sicherheitsmaßnahmen so unglaublich komisch gewesen war – eine spärlich möblierte, schummrig wie eine Spelunke erleuchtete Diele hatte sich vor mir aufgetan. Wie ich später gerade diese sichere Grenze zwischen draußen und drinnen geliebt hatte! Wie ich es geliebt hatte, hierher zurückzukehren nach den ausgedehnten Besichtigungstouren in atemberaubender Kälte, die mein intensiv genutztes Taschentuch zu einem Eisklumpen in der Manteltasche hatte gefrieren lassen.

Innerlich hatte ich bei Viktor Abbitte leisten müssen, daß ich mich geekelt hatte, als er unter Umgehung eines Taschentuches, wie selbstverständlich, so ganz nebenbei, daß es an ein Kunststück gegrenzt hatte, durch einen geübten Griff an die knollige Nase mit kurzem und kräftigen Ausstoß, der Praktikabilität und Notwendigkeit gehorchend, sauber und gezielt aus den kleinen, kreisrunden Nasenlöchern auf die Straße gerotzt hatte.

Wir hatten dann die Welt des Übermaßes verlassen, eine Welt der Gigantomanie, der riesigen Gebäude, Boulevards und Plätze, der pompösen U-Bahnstationen, die wie keine anderen blitzsauber gefegt gewesen waren, aber durchdringend nach Urin und Wodkaausdünstungen gestunken hatten.

Keine U-Bahn – so war es mir vorgekommen – bohrte sich steiler in den Schlund der Erde, keine spie so viele bitter ernste und in der Menge so unwirklich schweigsame Menschen aus, um mehr und noch mürrischere, krankhaft blasse einzusaugen. Nirgendwo hatte ich so viele, so kleine Kinder, vermummt in winzigen Fell- und Pelzmäntelchen, gesehen. Die Ärmchen hatten steif und unbeweglich abgestanden, die Fell- und Pelzmützchen waren tief in die Stirn gedrückt und über die Ohren gezogen gewesen, so daß nur die kreglen Kinderaugen und rotgefrorene, feucht verschmierte Näschen zu sehen gewesen waren. Sie hatten sich wie aufgeplusterte Hummeln ausgenommen, deren Flügel steif vor Kälte waren, weil sie sich in der Jahreszeit geirrt hatten.

Selbst der Taxifahrer, der angehalten hatte, um sich eine weitere Flasche Wodka zu kaufen, war ungewöhnlicher, dramatisch betrunkener gewesen als alle Taxifahrer daheim und in all den vielen Ländern der Erde, die ich je bereist hatte, zusammengenommen. Eine leere Flasche hatte auf dem Beifahrersitz gelegen, und da es erst Mittag gewesen war, hatten Galina und ich gehofft, daß es erst die zweite Flasche wäre.

Der Gestank von unzähligen Wodkabesäufnissen aus längst und kürzlich vergangenen Zeiten, die ausgeschwitzt und getrocknet waren, vermischt mit Augen und Bronchien reizenden, rußenden Rauchwolken billiger Zigaretten und dem ekelerregenden dumpfen Geruch von wilden Tieren in Gefangenschaft, den die schwarze, schlecht gegerbte Nappalederjacke ausgeströmt hatte, war dann jedoch zwingender Anlaß für uns beide gewesen, schweren Herzens den Fahrer nach kurzer Strecke zu bezahlen und das Taxi aufzugeben, um uns noch einmal auf die mühselige Suche nach einem neuem zu begeben.

Die dicke, gesicherte Tür hatte uns eingelassen, der bescheidene, warme Flur hatte uns aufgenommen, wenn wir schließlich eindrucksmüde und in unserer Aufnahmefähigkeit erschöpft, keuchend und stöhnend angekommen waren. Wir hatten uns in stets bereitstehende, gemütlich gefütterte Hausschuhe hineingleiten lassen, um uns in der Küche unwählerisch auf etwas Eßbares zu stürzen. Wir hatten nie viel Zeit gehabt, uns auf den langen, noch vor uns liegenden Abend vorzubereiten. Natürlich hatte ich, Galinas Befehlen gehorchend, nicht ganz alltägliche Kleidung eingepackt. Galina hatte sich schließlich nicht sollen schämen müssen, zumal ich eine Delegation darstellt hatte, die von Galina begleitet wurde.

Eine Delegation käme und müsse ins Stanislawsky und Bolschoi-Theater ausgeführt werden, hatte Viktor im Außenministerium angegeben. Er leitete inzwischen, kurz vor seinem statistischen Lebensende, das für einen russische Mann vorgesehen war und raffiniert – fast wie von Gogol ersonnen – ein paar Jahre vor dem regulären Ausscheiden aus dem diplomatischen Dienst lag, die Kulturabteilung für Nordeuropa und betreute damit einen Aufgabenbereich, der es ihm ermöglichte, weiterhin ins Ausland zu reisen, Gäste zu empfangen und zu begleiten.

Galina war stolz auf mich gewesen! Ich war die eleganteste unter allen Ausländerinnen gewesen und Galina die eleganteste aller Russinnen. Wir hatten uns wie Pfaueninseln während der Pause in dem öden Allerlei der Besuchermenge treiben lassen und aus den Augenwinkeln beobachtet, wie die Leute sich tuschelnd nach uns umgedreht hatten. Gedacht hatte ich allerdings: „Wie zwei Fettaugen auf einer dünnen Suppe" und mich dabei nicht nur ein wenig undankbar und mokant an die in wässeriger Brühe schwimmenden Pelmeni erinnert, die Galinas Mutter in reichlicher Menge zubereitet hatte, und die ich höflich so sehr gelobt hatte, daß Viktor sich erboten hatte, sie abends schon erhitzt bereitzuhalten, damit wir gleich nach der Rückkehr aus dem Theater etwas Heißes zu essen hätten, ein Versprechen, das er auch eingehalten hatte. Protokollgerecht perfekt servierte er uns das Essen in feingeripptem Unterhemd und blauer Adidas-Hose aus Kunstfaser – ganz Proletarier mit Diplomatenlaufbahn – zusammen mit dem abendlichen Wodka.

Ich hatte auch bei meiner Betrachtung die zahlenmäßig bei weitem überwiegenden Russen gemeint, die in schäbiger, nachlässiger Kleidung erschienen waren und mit sträflich fetter Wurst belegte, mitgebrachte Butterbrote gekaut hatten, und die sich Äpfel schälend in postfeudalistischen Plüschsesseln geräkelt hatten. Die Ausländer im allgemeinen und die Touristen im besonderen, die fast alle ängstlich in Grüppchen und Gruppen zusammengestanden hatten, als ob sie sonst im Parkett zwischen Reihe eins und drei verlorengegangen wären, und die bei Buchung der Pauschalreise schon lange vorher teure Eintrittskarten erworben hatten, waren dagegen dem hohen Reisepreis und der Vorfreude entsprechend festlich elegant gekleidet gewesen.

Galina war erschrocken gewesen über diese Entwicklung zur ästhetischen Verrohung des russischen Publikums, die mangelnde Referenz an die Wichtigkeit und Größe des Ortes und der Darbietung, was etwas von Auflehnung gegen Staatsgewalt hatte, aber war dann – genau wie die von ihr begleitete Ein-Frau-Delegation – vollständig gefangengenommen worden von einem traumhaft tanzenden, wie ein Gemälde schönem Romeo und der etwas zickigen kleinen Elfe Julia mit einem ausgeprägt starrsinnigen, selbstverständlich blonden Köpfchen, die die Inkarnation einer kleinen Russin schlechthin hätte sein können. Sie hatten getanzt, getanzt, sich um ihr Leben getanzt, so daß man hätte glauben können, sie lägen wirklich tot auf der Bühne.

Galina und ich hatten gemeinsam anrührende Erinnerungen erlitten, hatten uns der Endgültigkeit von Vergangenem, der beißend nüchternen Trockenheit des Bewußtseins um Alter und Pflicht, nicht verschlossen, und hatten uns nicht voreinander geschämt, daß unaufhaltsam rinnende, ehrliche Tränen gedroht hatten, das sorgfältige Make-up wegzuwaschen. Jede war ein wenig Julia gewesen, und jede hatte irgendwann einen Romeo gehabt. Wir hatten es gewußt, ohne es auszusprechen – eine Seele in zwei Körpern – und als wir das Stanislawsky-Theater verlassen hatten, hatten wir nicht gewagt zu sprechen, damit der Traum einer Erinnerung uns im kalten Neonlicht des halbleeren, zugigen U-Bahnwagens bis vor die gepanzerte Wohnungstür ungestört hatte begleiten können.

Es war anstrengend gewesen. Viel anstrengender als „Mazeppa" im Bolschoi-Theater. Da hatte ich mich entspannt. Ich hatte die riesigen Ausmaße des Theaters zur Kenntnis genommen, aber nicht bewundert. Allein Größe zauberte etwas nicht schön, und die rein numerisch gewaltige Anzahl der Darbietenden auf der Bühne hatte die Vorstellung für meinen Geschmack nicht gelungen gemacht. Es war ein Historienschinken gewesen mit Schaubildern aus aufwendigen, bunten Kostümen, ein Querschnitt russischer Folklore, der genauso hätte in Hollywood produziert werden können, und dessen wunderbare Musik von Peter I. Tschaikowsky mich diesmal hatte nur mäßig begeistern können. Ich hatte eher amüsiert festgestellt, daß Hamburg wirklich eine zu kleine Bühne für ein so großes Ensemble hat.

Nicht lange vor meiner Reise hatte ich diese Oper als Gastspiel des Marinskij-Theaters aus St. Petersburg, das seit jeher bei Qualität und Größe in scharfem Konkurrenzkampf zum Bolschoi-Theater stand, in der Hamburger Staatsoper erlebt, wobei sich zwei Künstler in einer Szene mit ihren Waffen verletzt hatten, weil die Bühne so viel kleiner war als die in St. Petersburg, die einstudierten Schritte aller Beteiligten nicht mehr den örtlichen Gegebenheiten entsprochen hatten und somit zur Bewegungsfalle geworden waren. Hier im Bolschoi-Theater war das jedenfalls kein Problem gewesen.

Und Viktor hatte bei unserer Rückkehr wieder heiße Pelmeni im feingerippten Unterhemd mit blauer Adidashose perfekt protollgerecht serviert, und wieder war mir der Anblick zunächst unangenehm gewesen. Ich kannte keinen in meinem Freundes- und Bekanntenkreis, der sich so vor mir zeigen würde. Ich war mir vorgekommen, als ob ich unerlaubterweise am Intimleben anderer teilnehmen würde und Viktor sich demaskierte. Wie früher schon einmal hatte ich mich innerlich geschämt. Ich würde das keinem erzählen können, weil diese Art, sich am Abendbrottisch sich in Unterwäsche niederzulassen, sofort ein falsches Bild von Viktor ergeben hätte. Er war eben in erster Linie Russe, Russe aus einfachen, ärmlichen Verhältnissen, wo man Suppe von der Untertasse schlürfte – wie er selber bemerkt hatte -, und ich war stolz gewesen, daß er von seiner Familie erzählt hatte, was ganz offenbar ein Vertrauensbeweis war.

Zeitweise hatte ich unter dem Eindruck gestanden, erwachsene Russen hätten keine Eltern. Sie sprachen nicht über die Familie, über die Großeltern, die Eltern, Tanten, Onkel. Sie schienen einfach vom Himmel oder sonstwo her gefallen zu sein. Eher nicht vom Himmel, denn diese Überlegung hätte sich noch auf die sozialistische Ära bezogen, aber vielleicht linientreu anonym gezeugt. Und dann – wie eine Nebensächlichkeit – kamen manchmal in Bemerkungen die Eltern zutage. Wirklich fast nur als Erzeuger, und selten mit persönlichen Erlebnissen verbunden. Verhaltensweisen wurden nie mit dem Elternhaus verknüpft. Wünsche, Sehnsüchte, alles war für sie ganz offensichtlich nie eine Folge psychischer Entwicklung in der Kinder- und Jugendzeit, die von den Eltern, den Verwandten miterzeugt und begleitet worden war. Es war da – für die Betroffenen meistens nicht überdacht, sondern einfach zur Kenntnis genommen – neutrales, umfassendes, undefinierbares, lebensbestimmendes *Es* – und *Es* war alles: Familie, Partei, Schule, Militär – *Es* war einfach da.

Auch Galinas Mutter, die große Sibirierin, die vierfach verheiratet gewesene, herrische Frau, die ich sogar kennenlernen konnte, weil sie die Köchin der Pelmeni gewesen war. Sie hatte auch köstliche

Kekse gebacken, die übereinandergeschichtet wie ein Scheiterhaufen ausgesehen hatten, auf dem aber leider keine Kalorien verbrannten, sondern eher die Hoffnung, daß diese Kekse sich nicht auf den Hüften verewigen würden. Diese leibhaftige Mutter wurde von Galina nur im Zusammenhang mit einer rein chronologischen Aufzählung der verschiedenen Ehen erwähnt, dem harten Leben, was sie gehabt habe, ohne die Umstände zu beschreiben, so daß es im dunkeln blieb, ob die Ehen und deren unterschiedliche Beendigung, die daraus hervorgegangenen Kinder oder die politischen Umstände, unter denen die jeweiligen Ehemänner gewirkt hatten, die Probleme verursacht hatten.

Galinas Vater war Chefredakteur der TASS gewesen und Pole, woraus ich leicht eine lupenreine kommunistische Vergangenheit hatte ableiten können. Wahrscheinlich war es gerade diese lupenreine kommunistische Vergangenheit mit allen entsprechenden Einrichtungen, die kollektiv durchlaufen werden mußten, die die Existenz einer einzelnen Familie in den Hintergrund drückte und so starken Einfluß auf das Bewußtsein hinterließ, daß es nur ganz schwach ausgeprägte, von eigenen Erlebnissen gezeichnete Lebensläufe gab. Vielleicht fand ich deshalb die persönlichen, individuellen Geschichten so eintönig und leer. Im Grunde waren sie alle irgendwie ähnlich oder austauschbar.

Elternhaus, Kindheit und Jugend spielten keine Rolle, sondern vorrangig die Funktion in einem System. Sie erfüllten alle parteigerecht ihr Lebenssoll, und nichts hatte sich geändert. Wie hätte es denn auch können in so wenigen Jahren?

Als einziges Überbleibsel von der Angst der letzten Reise war das Dextropurtäfelchen in der einen und die Beruhigungstablette mit Turbowirkung in der anderen Manteltasche geblieben, aber der Flug war wunderbar ruhig gewesen, die Landung schnell und sanft. Alles schien mein Gefühl der neuen Vertrautheit zu bestätigen.

Zwar hatte ich angeblich das Deviseneinfuhrformular nicht vollständig ausgefüllt – die in Worten ausgeschriebenen Zahlen fehlten, wobei ich mich fragte, ob es für einen russischen Grenzer nachvollziehbar ist, daß beispielsweise die fünfunddreißig Buchstaben des Zahlwortes eintausenddreihundertvierundsiebzig mit dem in Ziffern angegebenen Betrag identisch sind. Ich nahm es gelassen, obwohl ich die Schlange, in der ich mich nach zeitraubendem Warten vorgearbeitet hatte, wieder verlassen und ein neues Formular ausfüllen hatte müssen. Unterdessen hatte sich ein noch viel längeres, dickeres Exemplar der Gattung dieser Reptilien aufgebaut. Einige Russen mit Karren voller Lederjacken, die sie einführen wollten, standen vor mir und mußten die Devisenkontrolle passieren.

Jetzt wurde mir allerdings angst und bange. Galina und Viktor würden bestimmt schon lange nach mir Ausschau halten! Ich sah prüfend auf die Uhr. Bereits eine halbe Stunde wartete ich, und dann noch die Lederjackenhändler vor mir!

Doch gerade als ich so finster von den nicht weniger finsteren Männern vor mir gedacht hatte, drehte einer von ihnen sich um und bedeutete mir mit Kopfnicken und zusätzlicher, unmißverständlicher Handbewegung, ich könne vorgehen. So viel Freundlichkeit und Zuvorkommenheit hätte ich nie erwartet. Was heißt erwartet? In diesem Moment meinte ich, ich hätte so etwas bei Russen überhaupt noch nicht erlebt! Dankbar nahm ich das generöse Angebot an und absolvierte im zweiten Anlauf die Kontrolle zur immer noch nur mäßigen Zufriedenheit des Beamten. Irgendetwas war schon wieder nicht in Ordnung, aber vielleicht hatten die Diensthabenden keine Lust, meine Papiere noch ein drittes Mal zu prüfen, so daß ich schließlich barsch durchgewunken wurde. Das war es! Drei Viertelstunden waren seit der Paßkontrolle vergangen! Und jetzt mußte ich noch das Gepäck holen!

Ich lief so schnell es mir die Menschenpulks erlaubten und reihte mich ein in den engen Halbkreis um das ratternde, quietschende und viel langsamere Förderband, als dem Lärm nach zu vermuten und der wartenden Menge nach zu verantworten gewesen wäre. Nach mehr als einer Stunde hatte ich es geschafft. Ich hatte mein Gepäck.

Die Zollkontrolle war – fast schon zu meiner Überraschung – reibungslos verlaufen, und nun versuchte ich, angestrengt mit zusammengekniffenen Augen und von der Mühe und Eile schwitzend, Galina und Viktor zu erspähen.

Alles war wie vor sechs Monaten. Die Absperrung und graue, mürrische Menschen, nur Galina und Viktor konnte ich dazwischen nicht entdecken. Barmherziger Gott, dachte ich, und bekam nun tatsächlich wildes Herzklopfen, es kann doch nicht sein, daß sie schon wieder weggefahren sind, weil sie geglaubt haben, ich sei nicht mit dieser Maschine gekommen! Die ursprüngliche Mauer Wartender war wirklich mit der Zeit dünn und brüchig geworden, und die paar Reisenden, die noch in die Halle tröpfelten und Ausschau nach jemandem hielten, fanden sich schnell und unaufgeregt leise mit ihnen zusammen. Ich wählte eine Position, von der aus ich so gut wie möglich den ganzen Eingangsbereich überblicken konnte. Den Koffer hatte ich eng neben mir, die Reisetasche – wie unter ein schützendes Dach – zwischen meine gegrätschten Beine gestellt, so daß ich immer in Tuchfühlung mit dem Gepäck war. Mit einer Hand tastete ich nach Dextropurtäfelchen und Beruhigungstablette, mit der anderen hielt ich, mehrfach um das Handgelenk geschlungen, den praktischen Rucksack.

Eine weitere halbe Stunde Wartezeit war vergangen. Taxifahrer, Männer mit verschlossenen, düsteren Gesichtern, hager und fett, groß und klein, fast alle mit den unvermeidlichen, stinkenden, schwarzen Nappalederjacken, fast alle unrasiert und mit speckigen Haaren, Zigarette rauchend, fingen an, mich wie mordlustige Haie zu umkreisen. Zunächst schauten sie nur mehr oder weniger verstohlen auf meinen Kofferanhänger, um herauszufinden, woher ich käme und ob ich wohl eine lohnende Fuhre wäre. Nach einer weiteren Viertelstunde drehten sie ganz ungeniert den Anhänger um und studierten angestrengt, die Stirn in unintelligente Falten legend, und in aller Gemütsruhe die lateinischen Buchstaben, um dann auch schon den Koffer anzuheben, und es schien eher nur pro forma, daß einer von ihnen mir in einer entfernt nach Englisch klingenden Sprache etwas sagte, aus dem ich schloß, daß er seine Dienste als Taxifahrer – vielleicht auch für etwas anderes – anbot. Ich machte das böseste und abweisendste Gesicht, was ich mir selber vorstellen konnte, und bellte ihm ein „Nein" entgegen, worauf ich noch einmal nach der Beruhigungstablette tastete – nicht mehr nach dem Dextropur – und sie nun wie einen Lebensretter fest in meiner angstkalten und feuchten Faust verschloß. Ich hielt mich an dieser winzigen Tablette fest wie an nichts anderem, seit ich eigentlich keine Hoffnung mehr hatte, daß Galina und Viktor noch kommen würden, und ich mich bald der Überlegung widmen müßte, was ich nun machen sollte.

Da! Ja, da kamen sie wirklich! Sie kamen gar nicht mal besonders schnell, von strahlender Wiedersehensfreude auf keinen Fall getrieben, mit ernsten, angestrengten Gesichtern. Galina hatte zwar einen Tulpenstrauß mit von der Art, wie die Astern es gewesen waren, aber wie sie ihn mir gab, als ob sie etwas Lästiges loswerden wollte, wie der dreifache Kuß flüchtig über die Wangen gehaucht wurde, – es war leeres Ritual, die ausdruckslosen Begrüßungsfloskeln überflüssig.

Ich hatte furchtbare Angst ausgestanden wegen einer für mich unbegreiflichen Verspätung. Die Straßen seien verstopft gewesen, säuselte Galina oberflächlich entschuldigend im gekünstelten Ton einer schlecht verbrämten Lüge, was von Viktors finsteren Blicken begleitet wurde, der diesmal selber gefahren war, aber dessen Miene sich nicht auf den Straßenzustand zu beziehen schien, sondern eher den Schluß zuließ, daß es einen handfesten Streit zwischen den beiden gegeben hatte, der sein vorläufiges Ende durch das Treffen mit mir gefunden hatte. Das war also das von mir seit sechs Monaten heiß herbeigesehnte Wiedersehen, zweieinhalb Stunden, nachdem ich wieder auf russischem Boden war, zweieinhalb Stunden nach der auch Galina bekannten Ankunftszeit!

Wir fuhren die gleiche Strecke wie im November. Die Bäume waren jetzt belaubt und glänzten im trüben Spätnachmittagslicht naßgrau. Wir passierten Plätze und Gebäude, die ich wiedererkannte, und deren Namen und Bezeichnungen ich kommentarlos aufsagte, ohne ausmalende Betonung, mit der bestimmten Stimme eines sich seiner Sache sicheren Prüflings, der sich die Richtigkeit seiner Aussagen nur zur Befriedigung seiner Eitelkeit bestätigen lassen möchte. Sonst sprachen wir nichts. Ich hielt die an schon weichen, gelblichen Stielen melancholisch hängenden Tulpenblüten auf dem Schoß, die eher danach aussahen, als ob sie für einen traurigen Abschied bestimmt wären. Ich versuchte, mich konzentriert und willentlich in Vorstellungen zu flüchten, wie das Haus und Galinas Wohnung jetzt aussehen, und was es zu essen geben würde. Ich kam nicht weit. Die feindselige Stille störte mich mehr als ohrenbetäubender Lärm.

Wie oft hatte ich mir das in Hamburg vorgestellt, als ich die Reise geplant hatte! Und jetzt? Ich hatte keine Vorstellung mehr. Der Schock der Angst, allein gelassen worden zu sein, und die Unaufrichtigkeit des Wiedersehens, hatten meine phantasievolle Vorstellungskraft und daraus gespeiste, intensive Wahrnehmung, die spontane, warme Intimität der gelebten Freundschaft erstickt.

Ich nahm zur Kenntnis, was ich sah: flache, unbewegliche Bilder und machte eine kühle, nüchterne Bestandsaufnahme der Veränderungen für mich auf: die Garstigkeit der Alten im Eingangsbereich des Hauses. Ich sah sie wie den verschlechterten Zustand der geborstenen Stufen. Ich gab ihr wieder einen Geldschein, allerdings unter Umgehung von Galina. Ein untauglicher Versuch, Erinnerung zum Leben zu erwecken. Die Alte segnete mich. Auch das war anders. Ich sah im Wohnzimmer die Fototapete mit dem hübschen Stückchen Natur hinter dem flimmernden Fernseher, die unsäglich kitschige Konstruktion aus billigem, grobem Kristall und Messing, das unter starker Oxydation hier und da matt gelblich statt golden durchschimmerte, die einen funktionierenden Tischspringbrunnen darstellte, die zerschlissene Polstergarnitur im Schick der fünfziger Jahre von praktischem, Schmutz tarnendem Bräunlich-Beige, das hier und da beige-bräunlich oder sogar grau-grünlich schimmerte, so daß im Zweifelsfall jede der Schattierungen einst die Originalfarbe hätte gewesen sein können.

Es war mir gleichgültig. Es war mir gleichgültig, daß Galinas Sohn sein Zimmer wieder zur Verfügung gestellt hatte. Ich fand das nett von ihm, so nett wie ich das Wort fand: undefinierbar in seiner Ausdruckskraft und Emotionalität, ein Wort ohne Persönlichkeit. Ich packte mechanisch den beachtlichen Berg von Geschenken aus, und war dann auch schnell mit dem Rest des Gepäcks fertig. Gleichgültig.

Ich trug die Mitbringsel in das Wohnzimmer und machte mich an die Verteilung. Gleichgültig. Gleichgültig auch, als Galina mäkelnd die rote Seidenbluse hoch hielt, sie schüttelte, als ob damit irgendwelche Defekte abfallen würden und mit dem Tonfall äußerster Kritik fragte, ob man die Bluse waschen und bügeln könne oder gar müsse. „Natürlich", antwortete ich, und in der mir eigenen Präzision gab ich ein paar Tips dafür, aber ich merkte schnell, daß Galina schon beschlossen hatte, die Bluse – so schön sie war – wegen der damit verbundenen Arbeit nicht zu mögen.

Viktors Geschenk nahm die treusorgende Mutter ihm sogleich mit der Begründung weg, der Sohn könne das Electronic Notebook besser gebrauchen, die große Flasche Cartier Eau de parfum für Galinas Mutter kam vorläufig neben das silbergerahmte Foto der Eheerfahrenen, das sie zusammen mit Galinas zwar nur Halb-, aber Vorzeige- und Lieblingsbruder zeigte, der Botschafter in Rom war, und bei dem die Mutter gerade weilte. Die teure Hautpflegecrème, von der ich Galina den größtmöglichen Tiegel mitgebracht hatte, auch sie war nicht der letzte Schrei und nicht in Galinas unbegreiflicher, schwankender Gunst.

Galina lief zum Kühlschrank und holte gleich zwei davon hervor. Sie habe sie sich selbst gekauft, und zwar viel billiger als zu dem Preis, den ich Galina auf deren Befragung hin wahrheitsgemäß genannt hatte. Alles war falsch!

Es wäre zum Lachen gewesen, wenn es nicht so traurig gewesen wäre. Zu traurig um wahr zu sein, dachte ich, und um mir selber Mut zu machen, zwang ich mich, zumindest auf den nächsten Tag neugierig zu sein, wenn man mir schon die Vorfreude darauf gründlich genommen hatte.

EIN STUDENT DER
ENGLISCHEN SPRACHE

Als ich dreizehn war, hatte Uncle Rex, zu dem ich und meine um ein Jahr ältere Schwester zur Vervollkommnung der englischen Sprache in ein feudales, südenglisches Seebad in Obhut gegeben worden waren, die beiden Nichten mit in ein Etablissement genommen, das sich „Ladies Club" nannte. Wahrscheinlich war ihm die Gelegenheit günstig erschienen, den Besuch der beiden sehr erwachsen ausschauenden Teenager unter dem Vorwand einer Stadtbesichtigung für ein Schäferstündchen in dem Edelpuff zu nutzen. Auf die verwegene Idee, daß er die beiden dort mit hinnehmen könnte, wäre selbst eine zutiefst mißtrauische Ehefrau nicht gekommen.

Von der wahren Nutzung der in rotem Plüsch möblierten Räumlichkeiten mit ihren in gleichem Rot gehaltenen, mit Gold verzierten Vorhängen und Dekors hatten die Geschwister erst Jahre später erfahren.

Meine Schwester und ich hatten uns richtig wohlgefühlt, hatten bequem in ungeheuer tiefen Sofas gesessen und uns mit wunderbar giftig grün und rosig gefärbten englischen Süßigkeiten verwöhnen lassen, die in Deutschland verpönt gewesen waren und gerade deshalb aber so heiße Begierde geweckt hatten. Sie waren verpönt gewesen wie unsere englischen Trenchcoats, die bei mir zu Hause auch nicht so geheißen hatten, sondern „Wettermäntel", was auf kuriose Art auch gleich beinhaltete, daß ihr Schick, sehr allgemeiner Natur war, aber sie hatten ein so sicheres, heimatliches Gefühl gegeben, daß wir auch im „Ladies Club" nicht hatten auf sie verzichten mögen und es abgelehnt hatten, sie auszuziehen.

Fünfunddreißig Jahre später saß ich wieder in so einem Etablissement, und wieder war ich in aller Unschuld dorthin gekommen, nur daß meine Lebenerfahrung den Blick für besondere Atmosphäre einer für mich doch ungewöhnlichen Umgebung, die eher durch ihre Gewöhnlichkeit ungewöhnlich war, geschärft hatte.

Ich befand mich irgendwo in Moskau, in einem Neubaugebiet mit Hochhäusern, die teilweise noch nicht fertiggestellt waren, teilweise nicht bewohnt wurden. Die Wege waren nicht gepflastert, wobei das ein Zustand mit langer Vergangenheit und unendlicher Zukunft sein und bleiben konnte, ein gesichtloser Stadtteil, den ich auch dann kaum wiederfände, wenn ich die Stadt gut kennte. Es war einer von diesen Stadtteilen, von denen berichtet wird, daß sie gerade wegen ihrer gesichtlosen Anonymität bevorzugt für Geschäfte genutzt werden, die eine solche Umgebung als Sicherheitstarnung benötigen. Es handelte sich um ein vietnamesisches Bordell, das mir allerdings als vietnamesisches Restaurant vorgestellt worden war, und zu dessen Wahl der Gastgeber sich deshalb sehr schnell entschlossen hatte, weil ich so großen Hunger hatte, daß ich schließlich einfach die Notwendigkeit gesehen hatte, von diesem Notstand in meinem Magen Mitteilung zu machen. Er hatte auf eine der unzähligen unbeschrifteten Klingeln des Hochhauses gedrückt, etwas für mich Unverständliches war gefragt worden, er hatte kurz und herrisch geantwortet, die Tür hatte sich daraufhin sofort geöffnet, und wir waren in irgendein höher gelegenes Stockwerk gefahren, wo mich ein ähnliches Ambiente erwartet hatte wie damals in England, nur vietnamesisch. Die „Ladies" hatten stark geschminkt und mit starrem Lächeln wie ein Spalier am Eingang gewartet und schienen etwas erstaunt über die Begleitung des männlichen Besuchers gewesen zu sein, den sie überaus höflich, fast ängstlich begrüßt hatten, und statt eines „Wettermantels" trug ich Designerjeans und -pullover, was sich aber in dieser Umgebung, die von einschmeichelndem, Sinne täuschenden, kitschig ostasiatischem Pomp beherrscht wurde, genauso lächerlich ausnahm.

Galina schien sich wohlzufühlen. Sie studierte die Speisekarte, die zweisprachig – Russisch und Englisch – war, während ich eigentlich nur schnell meinen Magen beruhigen wollte und in meiner gefürchteten, direkten Art mich auch nur genau nach dem Gericht erkundigte, das am schnellsten serviert werden könne und – etwas höflich wollte ich doch bleiben wegen der Atmosphäre im allgemeinen, und weil mich ein archaisches Gefühl der Dankbarkeit für denjenigen beschlich, der mir nun Nahrung zukommen lassen würde – noch die rein hypothetische Frage anschloß, ob das von mir gewählte Gericht eine Spezialität sei. Derweil Galina noch immer aussuchte und sich dabei intensiv vom Gastgeber beraten ließ, trank ich schon mal einen großen Wodka, um meinen Kreislauf wieder in Ordnung zu bringen.

Froschschenkel! Gegen Hunger! In Moskau! In einem vietnamesischen Edelpuff! Ich nahm alles viel deutlicher wahr, als ich gesättigt war. Die Komik der Situation, aber auch deren Merkwürdigkeit, und deren zweifelhafte Zusammenhänge. Meine Lebensgeister und damit meine Neugierde und Beobachtungsgabe waren zurückgekehrt. Dieser Mann mußte eindeutig sehr bekannt und auch gefürchtet sein, sowohl das Verhalten des Personals als auch sein eigenes ließen diesen Rückschluß zu, und er mußte sich hier wohl relativ häufig aufhalten, denn er besaß so etwas wie ein Kundenkonto.

Seine Stimme, die sonst angenehm weich und jugendlich klang und eine mittlere Stimmlage hatte, wurde tief, schneidend, jedes Wort ein Befehl, wobei es mich faszinierte, wie oft und wie schnell der Wechsel stattfand, denn kaum wandte er sich Galina oder mir zu, war er von der gleichen liebenswürdigen Höflichkeit wie zuvor.

Mir wurde klar, daß ich mich zwar unter seinem Schutz befand, aber daß gleichzeitig auch Gefährdung für mich von ihm ausging. Welche, wußte ich noch nicht, aber mein Bewußtsein dafür war geschärft.

Ich lehnte mich zurück und beobachtete aufmerksam mein Gegenüber. Galina und Alexej Nikolaijewitsch hatten ihr Essen noch nicht beendet und unterhielten sich auf russisch. Galina hatte ihn mir am Morgen bei sich zu Hause als ihren Studenten vorgestellt, der zwar in der Schule Englisch gelernt habe, aber nun ihre Nachhilfe brauche, um diese Kenntnisse für seine Geschäfte mit und im Ausland zu verbessern und anwenden zu können.

Für Rußland galt noch mehr als für mein Land, daß man viel

lernte, was man wenig anwenden konnte, und das galt besonders auch für Sprachen. Das System des Kommunismus hatte die meisten von ihnen in jeder Beziehung mundtot gemacht. Angeblich hatte Galina vergessen, den Sprachunterricht rechtzeitig abzusagen und so war er pünktlich vorbeigekommen. Er hatte keinen überraschten Eindruck gemacht, einen Gast aus Deutschland in der Küche vorzufinden und schien überhaupt ein aufgeschlossener, unkomplizierter junger Mann zu sein, der sich sofort als Fremdenführer angeboten hatte und mit Galina verabredet hatte, daß er den ganzen Tag mit uns verbringen wolle.

Zu dem Zeitpunkt hatte ich noch gedacht, die Sache mit den Geschäften sei eine der typisch russischen Prahlereien, die nicht so sehr deswegen so leicht und so oft über die Lippen gehen, weil man den anderen täuschen will, sondern in erster Linie, weil man sich selber so ungeheuer gut in der geschönten Selbstdarstellung gefällt. Wieso hatte er sonst so viel Zeit? Alexej Nikolaijewitsch, wie Galina ihn nannte, war darüber hinaus gut aussehend, von mittlerer Größe und eher von schmaler als athletischer Statur. Man nahm ihm den Studenten so rein äußerlich schon deshalb mehr ab als einen erfolgreichen Geschäftsmann, weil seine Kleidung ausgesucht geschmackvoll und unauffällig teuer war. Beide Attribute paßten nicht zu einem Russen, dessen meßbare Erfolge Dollarnoten in Plastiktüten sind, die nach Kilos gewogen werden, weil es zu beschwerlich wäre sie zu zählen.

Galina kokettierte, zupfte an ihm herum, gurrte und kicherte, nippte neckisch am Glas, um es gleich darauf mit dem Gesicht eines Kindes niederzusetzen, das zum ersten Mal vom Champagnerglas der Eltern kostet, um dann festzustellen, daß die Flüssigkeit nicht der erhoffte süße Trunk ist, sondern wie bittere Medizin schmeckt. Mir war diese schamlose Zurschaustellung peinlich, und es widerte mich an, wie Galina sich selber für die offenbar reizvolle Mischung von Sex und Geld demütigte, ohne kritisch in den Spiegel zu schauen, der ihr wahrheitsgetreu das ungepflegte Gesicht mit den bäuerlich geröteten Wangen, dem schlaffen, schmalen Mund, aus dem immer etwas Speichel floß, wenn sie mit geschürzten Lippen dieses werbende Gurren von sich gab, die hängenden Lidfalten, in die sich unregelmäßige Farblinien des nachlässig aufgetragenen Augenmake-ups gesetzt hatten, zeigen und warnen würde, daß weder Sex noch Geld und erst recht nicht beides zusammen so leicht zu haben sind.

Ich hatte genug gesehen und fing an, mich zu langweilen. Ausgeruht und vom Essen gestärkt wollte ich weiter, mehr sehen, mehr erleben. Ich räusperte mich und sprach ihn langsam und deutlich auf englisch an. Sofort wandte er sich mir zu, aber die Ansprache war wohl doch zu überraschend gekommen, und er hatte nicht verstanden, was ich gesagt hatte. Mit gerunzelter Stirn sah er Galina hilfesuchend an. „Oblomow!" herrschte sie ihn streng an in Anspielung auf Gontscharows trägen Titelhelden und piekste den lehrerhaft ausgestreckten Zeigefinger in seine Schulter. „Alexej Nikolaijewitsch macht nie seine Hausaufgaben und hat er sie einmal gemacht, vergißt er sofort alles wieder. Er wird nie Englisch lernen!" seufzte sie, und für einen Augenblick war ich nicht sicher, ob sie sich nicht wirklich in ihrer Rolle als Lehrerin eines erfolglosen Studenten bemitleidete, wobei ihr nie in den Sinn gekommen wäre, den Mißerfolg eines Studenten an die Erfolglosigkeit der Lehrkünste einer Lehrerin zu knüpfen.

Und schon glitten Galinas Gedanken und Wünsche wieder ab: „Alexej Nikolaijewitsch haßt es, wenn ich ihn so nenne! Er möchte, daß ich ihn nur ‚Alexej' nenne!" Galina hatte offenbar fest vor zu ignorieren, daß außer ihr und Alexej Nikolaijewitsch noch jemand am Tisch saß.

„Bloß nicht", dachte ich, „bloß nicht sie wieder anfangen lassen auf russisch zu reden. Dann kommen wir hier nie weg." Ich mußte einfach ein Gespräch anfangen, was mir instinktiv gelang, indem ich gegen die Bezeichnung „Oblomow" opponierte: „Das ist ungezogen, so etwas zu sagen, und darüber hinaus kann es einfach nicht wahr sein, daß Alexej Nikolaijewitsch wie Oblomow ist." Galina wurde aufgefordert zu übersetzen. Sie war wütend! „Weißt du überhaupt, wer Oblomow ist?" fragte sie arrogant herablassend, und es war ihr leicht anzumerken, daß sie sich in ihrer eigenen Unwissenheit ertappt fühlte und es deswegen keineswegs auf einen längeren Ausflug in die Interpretation von Gontscharows „Oblomow" im besonderen und die russische Literatur im allgemeinen ankommen lassen wollte. Warum ich meine, es sei eine Beleidigung, jemanden „Oblomow" zu nennen, verlangte er nun zu wissen. Seine Augen waren gerade auf mich gerichtet und schauten mich interessiert und neugierig an. Ich legte sachlich meine Gründe dar: „Viele russische Schriftsteller, Lermontow, Herzen, Gontscharow – um nur drei zu nennen – haben immer wieder die Eigenschaften und Eigenarten ihres Volkes detailliert beschrieben, haben sie zum Anlaß genommen, aus ihnen heraus Dramen der menschlichen Verstrickungen schriftstellerisch zu erarbeiten, die sich fast nie lösen. Die Erlösung von den schwer zu ertragenden Eigenschaften, Eigenschaften, die fast alle überall und immer zu behindern scheinen, findet im Grunde nie statt. Und Oblomow ist die Verkörperung solcher, sich selber und andere behindernder, Eigenschaften. Wenn Nichtrussen allein diese Schriftsteller lesen", meinte ich, „haben sie einen Leitfaden zum Verständnis durch das schier undurchdringliche, fast ausschließlich emotional bestimmt scheinende Dickicht russischer Verhaltensweisen." Eine intensive Unterhaltung über russische Literatur hatte sich entsponnen. Ich fand ihn sympathisch und intelligent, und jetzt gerade hätte ich mich gerne noch länger unterhalten, zumal Unterhaltung bei mir immer erste Priorität hat. Unterhaltung ist jedesmal einzigartig und auch unwiederholbar, aber Galina hatte genug. Sie forderte zum Aufbruch auf.

HOCHKARÄTIGES

Alexej Nikolaijewitsch hatte es plötzlich eilig, in seine Firma zu kommen. Er sagte, er wolle nur schnell etwas dort erledigen, dann könnten wir die Besichtigungstour fortsetzen.

Entweder fuhr er sehr schnell, oder der Weg von jenem Neubauviertel zu diesem war wirklich nicht sehr weit. Auch hier waren noch nicht alle Häuser fertig, aber der Gesamteindruck war durch Baumgruppen und kleine Birkenwäldchen freundlicher, nur war es schwer vorstellbar, und erst recht nicht erkennbar, wo hier wohl eine Firma sein sollte. Er hielt vor einem der Häuser und lud uns ein, ihm zu folgen. Wir könnten sich seine Firma ansehen, während er seine Erledigung machte.

Es ging eine kurze, sehr steile Treppe von außen in ein Kellergeschoß, das durch mehrere Panzertüren geschützt war. Die erste Tür war so niedrig, daß sie, gerade wegen ihres geringen Ausmaßes, von draußen nicht unbedingt als Tür erkannt werden konnte, und daher meine gesamte Körperlänge allenfalls gebückt hindurchzuzwängen war. Die beiden anderen Türen waren von normaler Höhe. Dadurch entstand eine geheimnisvolle Atmosphäre, und mit einiger Phantasie hätte man hinter diesen drei Türen vielleicht das Allerheiligste eines Tempels erwarten können, ein bißchen „Zauberflöte" in Moskau. Nicht Tempel, sondern Bunker war es, nicht Allerheiligstes, sondern ein großes Büro und von einem edlen Sarastro war keine Spur. Statt dessen stand ein kleines Aquarium auf einem ausladenden Schreibtisch, in dem einsam ein widerlich bläulich-durchsichtiger, amphibienähnlicher Fisch schwamm. Es handle sich um einen Thai-Kampffisch, der wegen seiner tödlichen Aggressivität nur einzeln gehalten werden könne, und stolz, mit hartem, entschlossenem Gesichtsausdruck fügte Alexej Nikolaijewitsch dieser Erklärung hinzu, daß eben dieser Fisch sein Firmenmaskottchen sei, und reichte mir seine Visitenkarte, die von dem schwimmenden Killer als Firmenemblem geziert wurde.

Dieser sympathische junge Mann mit den ausgezeichneten Tischmanieren und der auffallend guten Bildung war zweifelsohne durchaus in der Lage, alle diese positiven Eigenschaften zu vergessen und wie ein Kampffisch zu reagieren, der Konkurrenz in seinem Bassin bekommt. Und woher sollte ich wissen, wann dieser Zustand eintreten würde? Ich fühlte kalte Angst in mir hochkriechen. Mechanisch folgte ich Galina und Alexej Nikolaijewitsch durch verschiedene Räume, in denen hochwertige technische Geräte, die „aus zweiter Hand" kamen – wie mir erklärt wurde – bearbeitet wurden, damit sie „wie neu" den Bunker wieder verlassen konnten, und dann wohl auch einen Neupreis oder sogar mehr erzielen würden. Ich versuchte, meine ganze Konzentration auf meine eigene Handlungsweise zu lenken, keine Angst zu zeigen, kühl zu bleiben. Und, als ob Galina meine Gedanken erraten hätte, kam sie ganz dicht an mich heran und flüsterte mir in einem Augenblick, als er gerade einem der Mitarbeiter im harschen Befehlston eine Anweisung gab, beruhigend zu: „Du brauchst keine Angst zu haben. Ich weiß, daß er zur Mafia gehört, aber ich habe mich nie gefährdet gefühlt. Wenn ich Gefahr spürte, würde ich sofort den Unterricht abbrechen. Ich brauche ihn nicht."

Und dieses „Ich brauche ihn nicht" schien ihr besonders wichtig zu sein. Sie wiederholte es noch ein paarmal genauso nachdrücklich wie unglaubwürdig. Natürlich! Eben hatte ich noch gedacht, Galina sei naiv, aber tatsächlich dachte Galina genau das von mir! Es fiel mir wie Schuppen von den Augen! Ich hatte gleich gesehen, als ich jetzt nach einem halben Jahr zum zweiten Mal Galinas Wohnung betreten hatte, daß einige Gegenstände gefehlt hatten. Ich hatte mich in der Wohnung umgesehen und damit zeigen wollen, wie gut ich mich an alles erinnerte, eine Demonstration meines Wohlbefindens und Anerkennung der großen Gastfreundschaft beim vorherigen Besuch, nur als ich mich nach dem zweiten Fernsehgerät in der Küche erkundigt hatte, war Galina merklich nervös und unsicher geworden. Undeutlich, kaum verständlich, hatte sie etwas von dem guten Herzen ihres Sohnes gemurmelt, der das Gerät verschenkt habe, als ihm die unendliche, und in der Unendlichkeit unerträgliche Traurigkeit eines befreundeten Kollegen über die Tatsache aufgefallen war, daß dieser keinen Fernseher besaß und er, völlig überflüssig, zwei Apparate sein eigen nannte. Ich hatte dazu einfach geschwiegen, weil mir die Geschichte doch zu merkwürdig vorgekommen war, aber zunächst keine weiteren Gedanken darüber gemacht. Jetzt wußte ich es! Galina und Viktor waren in großen finanziellen Schwierigkeiten, und sie brauchten das Geld aus Galinas Unterrichtsstunden sogar dringend.

Viktor hatte zwar eine sehr angesehene Position, aber das Gehalt betrug nur fünfzig Dollar im Monat, falls er es überhaupt bekam. Das hatte er schon bei meinem letzten Besuch erzählt. Galina hatte damals gesagt, sie wolle Unterricht geben, allerdings für Mitglieder des Ministeriums. Wahrscheinlich war die Einkommenssituation bei diesen ähnlich gewesen wie bei Viktor, und sie hatte sich genötigt gesehen, sich nach wohlhabenden Privatstudenten umzusehen. Und wer war denn wohlhabend in dieser Zeit?

Natürlich habe ich keine Angst, entgegnete ich Galina entschlossen. Das sei alles sehr interessant, und im übrigen wäre ich ja auch nicht allein. Meine Freundin Galina wäre ja bei mir. Ich wollte sie moralisch in die Pflicht nehmen und sah doch gleich in Galinas ungerührten Augen, daß ich irrte. Ich *war* allein.

Er kam wieder zu uns zurück und fragte, ob wir bereit wären, weiter Moskaus Sehenswürdigkeiten zu besichtigen.

Wie froh ich war, dem Verlies zu entkommen! Hatte ich vorher die Atmosphäre geheimnisvoll gefunden, so fand ich jetzt alles nur noch beklemmend bedrohlich. Ich wußte zwar noch nichts Genaues, ahnte die Zusammenhänge erst schwach, aber es war trotzdem doch schon genug, daß ich wie in einem Krisenfall versuchte, alle Wahrnehmungen über den Kopf zu lenken, alles möglichst genau zu beobachten, nichts zu vergessen, keine Nuance im Tonfall zu überhören. Ich fühlte eine geradezu schmerzhafte Klarheit. Ich hörte in mir die Befehle, die ich mir gab: „Zeig keine Angst, zeig nicht, daß die Situation ungewöhnlich und irritierend ist, bleib freundlich, bleib bestimmt."

Es funktionierte. Kaum waren wir in die Hauptstraße nach Nowodewitschi eingebogen, reichte er mir ein in Lumpen gehülltes Päckchen herüber, ungefähr das Format einer Zigarrenkiste, aber viel, viel schwerer. Er forderte mich auf, mir den Inhalt anzusehen, und bevor ich ihn hatte begutachten können, erklärte er mir noch in leicht spöttischem Ton wie jemandem, der Milch lediglich aus Dosen und Edelsteine nur als Schmuck verarbeitet kennt, es sei ein Rohsmaragd aus Sibirien, und er nannte eine Karatzahl, die mir so unwahrscheinlich hoch vorkam, daß ich meinte, ich hätte nicht recht gehört. Oder hatte ich wegen meines wenig ausgeprägten Sinnes für alles Mathematische vergessen etwas umzurechnen? – So wie es beispielsweise bei Kilojoules und Kilokalorien gehandhabt werden müßte, wenn nicht die Umrechnung in den meisten Fällen schon vorgegeben wäre und man damit offenbar besonders den Protesten der mehrheitlich mathematisch nicht so versierten, aber die Angaben häufiger beachtenden Frauen als den zahlenverbundenen, dickbäuchigen, und sowohl Kalorien als auch Joule gegenüber resistenten Männern Rechnung getragen hatte.

In der Tat sah der Smaragd wenig attraktiv aus, und so wie er da auf ihrem Schoß lag, paßte das Lumpenkleid ganz gut zu ihm. Es gibt Situationen, die so unwahrscheinlich sind, und deshalb so starke Emotionen hervorrufen, daß sie einen zu ersticken drohen, wenn man sich nicht durch Weinen oder Lachen Luft verschaffen kann. Ich fühlte ein hysterisches Lachen in mir, fragte aber fast gleichgültig, was er gedenke, mit dem Stein zu machen.

Er sei Mitarbeiter am Mineralogischen Institut gewesen, fing er bereitwillig an zu erzählen. Es klang wie eine nüchterne Bestandsaufnahme seines jungen Lebens. Das Gehalt habe nicht mehr ausgereicht, um ihn und seine Familie zu ernähren und so habe er beschlossen, ein „Businessman" zu werden. „Businessman" sprach er mit stark russischem Akzent aus, der allein vom Klang her den „Businessman" recht unangenehm machte. Einen Teil seiner Firmengruppe hätte ich ja schon gesehen, der Handel mit Rohedelsteinen sei ein anderer. Er hätte gute Kenntnisse von der Materie, habe auch schon häufiger Diamanten in Antwerpen und Tel Aviv verkauft. Seine Beziehungen zu Schürfern in Sibirien seien hervorragend, weil er selber ab und an zu ihnen fahre, sie gut und pünktlich entlohne und die Steine dann direkt von dort nach Moskau bringe. Die Art der sachlichen Berichterstattung gab mir schon beinahe das Gefühl, daß es nichts Ungewöhnliches wäre, mit einem jungen Mafioso durch Moskau zu fahren und einen Rohsmaragd von Zigarrenkistengröße auf dem Schoß zu halten, der vielleicht bald, in viele größere und kleinere, wunderbar funkelnde Steine geschliffen, – hoffentlich schöne – Frauenhände und – hoffentlich schlanke, grazile – Hälse schmücken würde. „Ist der Verlust groß beim Schneiden des Steins?" fragte ich interessiert. Es interessierte mich wirklich, wobei ich mich gleichzeitig um einen distanziert kühlen Ton bemühte, um das Interesse nicht zu persönlich und wichtig erscheinen zu lassen. Nein, Smaragd sei ein, von der Konsistenz her, nicht zu trockener und gut zu schneidender Stein, ließ er seine Erklärung von Galina übersetzen, und es war nicht herauszufinden, was für einen Eindruck mein Verhalten auf ihn machte. Während wir uns über den Smaragd wie über einen ganz und gar gebräuchlichen Haushaltsgegenstand unterhielten, umfuhr er, schnell und vorsichtig, große und sehr große Schlaglöcher, die vom letzten Regenguß des ungewöhnlich schlechten Frühjahrswetters noch gut gefüllt waren.

Ein kurzes Schweigen entstand, als er konzentriert ein Ausweichmanöver schwierigeren Grades ausführte. Dann fragte er ruhig, ob ich den Stein bei meiner Ausreise nach Deutschland mitnehmen würde. Eigentlich hörte sich das gar nicht nach einer Frage an, deren Beantwortung höchst ungewiß ist, sondern nach einer Feststellung oder nach einem wohlwollenden Vorschlag. Nicht zwingend und barsch klang seine Stimme, sondern eher sanft und überaus freundlich. Ein wirklich angenehmer Mensch!

Ich sähe gewisse Schwierigkeiten, wandte ich ein, ohne mich festlegen zu wollen, wo ich diese genau sah: in der Tatsache, daß ich natürlich auf keinen Fall den Stein mitnehmen wollte oder in seiner Reaktion, wenn es ihm klar werden würde, daß ich ihn nicht mitnehmen wollte. Er mußte es von sich aus merken. Ich wollte es unter keinen Umständen direkt sagen. Ich dachte an den Kampffisch.

Wie er denn die anderen Steine ins Ausland befördert habe, wollte ich wissen. Er habe sie als synthetische Steine deklariert, antwortete er völlig ernsthaft, und wieder mußte ich mich innerlich gegen den kitzeligen Charme der Normalität dieser Unterhaltung über ein brisantes Thema wehren. „Woher weiß ich denn, ob es nicht wirklich ein synthetischer Stein ist, für den ich mich da in Gefahr bringen soll?" Ich fand mein Ablenkungsmanöver gelungen, aber er lächelte nur: „Das kann jeder Juwelier sofort feststellen." Wir schwiegen wieder. „Merkwürdig", dachte ich, „warum gerade ich? Ich kenne ihn erst seit heute morgen. Er mich auch. Er bietet im Grunde eine Rundfahrt durch Moskau, ein Essen in einem vietnamesischen Bordell und eine wirklich interessante Unterhaltung über russische Literatur gegen den illegalen Transport eines Riesenklunkers."

Und langsam wurde mir klar, daß Galina mich verkauft hatte. Ich gab den Berg Lumpen zurück und meinte, wir hätten ja noch ein paar Tage Zeit.

Gerade da tauchten die goldenen Türme von Nowodewitschi vor uns auf.

SCHWIERIGE GEFÄLLIGKEITEN

Ich tauchte ein in einen Traum von goldenen und leuchtend blauen Zwiebeltürmen, den ungewohnten, den süßen Geruch von Weihrauch und den sanft melancholisch klingenden, liturgischen Chorgesängen der Ostkirche, die machtvoll anschwellend, so ergreifend sind, daß mancher geneigt sein könnte zu glauben, eben *das* sei Rußland. Auch ich konnte mich nur schwer der Magie entziehen. Ich sah Alexej Nikolaijewitsch sich bekreuzigen und – nachdem er eine Kerze gestiftet hatte – vor einer Ikone kniend, völlig in sich versunken, ein Gebet verrichten, und es wäre mir an diesem Ort der barmherzigen Hoffnung nicht in den Sinn gekommen, daran zu zweifeln, daß er aufrichtig gläubig sei.

Alle gaben sich hin, die Gläubigen und die Ungläubigen, alle wurden bezwungen wie der Halbmond auf den Kuppeln, auf dem stolz das christliche Kreuz den Sieg über die Unterdrückung manifestiert, den blutigen Triumph des Abendlandes über das Morgenland. Gnädiges, betäubendes Vergessen der Gegenwart, Auferstehung der Vergangenheit!

Prächtige Grabmale für Helden. Verträumte, kostbar samten bemooste Grabstellen inmitten von uralten Bäumen, überwuchert von Efeu und schmutzig weißem Geißfuß. Erdig herbstlicher Geruch im Frühling. Gräber von Dichtern und Komponisten, auch von Unbekannten mit schlichten eisernen Kreuzen. Kloster Donskoi. Das Schweigen hielt an, die Stille füllte mich aus und heilte meine fiebrige Angespanntheit. Hier und da leuchtete das klare Rot und Gelb von ein paar frischen Tulpen auf dem dunkelgrünen Untergrund. Zwei Frauen saßen, eng aneinander geschmiegt, an der verwitterten Grabstelle eines Dichters, die Köpfe so tief über ein Liederbuch gesenkt, daß man nur die großen, bunten Kopftücher sehen konnte, und sangen mit den hohen, wehmütig klagenden Stimmen, die man so oft bei Frauen in Rußland hört. Rußlands Tote leben. Ihr Ansehen ist Trost für die Lebenden.

Alexej Nikolaijewitsch war ein guter Russe, der sein Land und dessen Geschichte nicht nur kannte, sondern so sehr liebte, daß seine Erklärungen – obwohl von Galina nur dürftig in mäßig gutes Englisch übersetzt – Empfindungen vermittelten, die meine eigenen noch verstärkten. Es war der Friede, der sich nach unendlichen Kämpfen über dieses Kloster gelegt hatte, der mich am meisten berührte, und die Hoffnung, daß er viel machtvoller sein würde als die prunkvollen Kuppeln von Nowodewitschi mit den herrischen Kreuzen.

Nach Stunden kehrten wir zurück in Galinas Wohnung. Ich hatte meinen vertrauten Platz auf der Küchenbank mit dem Rücken zu dem nun fehlenden zweiten Fernseher eingenommen, und indem ich mich in Abwartung, wie um Halt zu finden, zurücklehnte, versuchte ich zu verstehen, worüber Galina und Alexej Nikolaijewitsch sich unterhielten. Mein Notizbuchseitenlexikon schien eine Ansammlung von russischen Wortraritäten zu sein. Ich erkannte nichts wieder, kein Wort, keine Redewendung. Ich konnte weder Wort- oder Satzanfang noch deren Ende ausmachen, sondern nahm mit meinen Ohren wie eine an- und abschwellende Strömung eines nicht abreißenden Wortflusses nur ineinanderfließende Laute ohne Bedeutung wahr. Mit den Augen erkannte ich allerdings eine deutlich sichtbare Sprache, und deren Inhalt war offenbar eine Beratschlagung. Ob ich gute Juweliere in Hamburg kenne, ließ der attraktive Mafioso schließlich Galina übersetzen. Ich nickte, wobei die unverhohlene Absicht dieser derart dreisten Frage, die einzig und allein durch den honigsüßen Ton dürftig kaschiert wurde, höchste Alarmstufe bei mir auslöste. „Ja", sagte ich so einfach einsilbig wie widerwillig, „ja", und weiter gar nichts. Ich tat so, als sei das Thema damit für mich schon erledigt, aber natürlich hatte ich sofort den Zusammenhang mit dem Smaragden erkannt. „Er wird es wohl verstanden haben", freute ich mich erleichtert – zu früh.

Etwas unvermittelt fügte Alexej Nikolaijewitsch, nach einer kleinen Pause, nämlich hinzu, er wäre in nächster Zeit in Hamburg und nannte den Zeitraum seines geplanten Aufenthaltes. Ich stutzte. Sollte es wirklich der Zufall der Zufälle sein, daß er tatsächlich nur einen einzigen Tag nach meiner eigenen Rückkehr dort eintreffen wollte? Ich fühlte wieder diese entsetzliche Klarheit zurückkehren, nur daß ich jetzt viel viel müder war und die dringend notwendige Konzentration meine Kräfte fast überstieg.

Ich bat Galina rauchen zu dürfen, kramte umständlich meine Zigaretten aus der verblüffenden Tiefe meines unverzichtbaren kleinen Rucksacks, den ich auf Reisen statt einer Handtasche mit mir zu tragen pflegte, und verschaffte mir dadurch nicht nur Zeit, sondern auch das Gefühl einer normalen Unterhaltung. Das wäre eine hübsche Überraschung, sagte ich etwas zweideutig nach dem ersten Zug und mußte selber innerlich über diese Formulierung lächeln. Ich hätte dann ja Gelegenheit, mich für seine Gastfreundschaft zu bedanken. Natürlich würde ich ihm mit Vergnügen etwas von Hamburg zeigen, und wie ich das sagte, klang es, als sei es das Selbstverständlichste, daß er aus rein touristischen Gründen nach Hamburg kommen wollte. Er nehme mein Angebot gerne an, meinte Alexej Nikolaijewitsch freundlich und fügte mit fast schon nicht mehr erstaunlicher Unverfrorenheit hinzu, ich könnte ihn doch während seines Aufenthaltes auch zu den mir bekannten Juwelieren begleiten, aber da er gleich einen weiteren Wunsch äußerte, sah ich weder eine zwingende Notwendigkeit noch überhaupt die Möglichkeit, näher darauf einzugehen. Mit der Selbstverständlichkeit eines gut Informierten fragte er, ob mein Mann bei der Eröffnung eines Kontos in Hamburg behilflich sein könnte. „Das fehlt auch noch", dachte ich. „Eines Morgens lesen die Leute auf dem Wege zur Arbeit mit der U-Bahn in ihren Zeitungen" – und ich sah die sensationellen, skandalträchtigen, fetten Lettern geradezu vor mir – „Hamburger Bankvorstand hat Kontakte zur russischen Mafia", und vorsichtig abwiegelnd, ganz vage stellte ich in Aussicht, irgendwann mal mit meinem Mann darüber sprechen zu wollen, aber das könnte dauern. Wir wären furchtbar viel unterwegs, sowohl in Hamburg als auch auf Geschäftsreisen, also zeitlich wären wir ganz außerordentlich begrenzt.

Ich genoß es in diesem Augenblick geradezu, auch einmal von dem Zeitphänomen „Termin" Gebrauch machen zu können. Er ließ mich kaum ausreden, machte eine kleine ungeduldig wegwischende Handbewegung, die ich sowohl als leicht ärgerlich als auch als „nicht so wichtig" interpretierte. Galina wurde nervös. Offenbar liefen die Verhandlungen nicht nach ihrer Erwartung. Bisher war keine Zusage für irgendetwas gemacht worden, ganz im Gegenteil, es schien, daß diese Deutsche ein harter Brocken war. Vermutlich waren die zu verhandelnden Gefälligkeiten schon bezahlt und die Zeit drängte.

Eine Woche war nicht lang, wenn jemand erst mühselig überredet werden mußte und auch nicht jeden Tag dazu Zeit war, weil diese Ausländerin doch tatsächlich darauf bestand, etwas von Moskau zu sehen und außerdem mindestens das Wochenende ausfallen würde, weil Viktor Ausflüge machen wollte. Und so wunderte es mich nicht, daß Alexej Nikolaijewitsch, nachdem er mir mit seinem Feuerzeug, das er immer bei sich zu tragen schien, obwohl er Nichtraucher war – ganz aufmerksame Höflichkeit – Feuer gegeben hatte, noch einen Wunsch äußerte. Er meinte, ich könnte ihm sicher behilflich sein, einen Mercedes zu kaufen. Einen Mercedes! „Wahrscheinlich keinen in Größe einer Zigarrenkiste, wohl aber im Wert eines Gegenstandes dieses Formats", kam es mir spöttisch in den Sinn.

Das ist wirklich lächerlich! Ich behilflich sein, ein Auto zu kaufen, die an einem Auto in erster Linie die Farbe interessiert, und dann sogar erst, ob meine langen Beine darin genügend Platz haben! Ich, die vor Jahren aufgegeben hat, selber Auto zu fahren, weil ich schlicht Angst vor den anderen habe und den Verkehr auf der Straße eher als einen Kriegszustand betrachte! Beinahe verschluckte ich mich bei dem Gedanken und prustete in meinen Tee, um gleich darauf ein Hüsteln hinterher zu schicken, um von dem protokollwidrigen Malheur abzulenken.

Ja, natürlich könne ich das, beschied ich ihm fast heiter, und während ich etwas boshaft lächelte, dachte ich für mich: „Gerade das! Aber etwas muß ich endlich zugestehen." Ich wollte die ständige und bedrohlich wachsende, zur Aggressivität neigende Spannung aus dem Frage- und Antwortspiel herausnehmen. Es war gelungen. Er nickte zufrieden und wandte sich Galina zu, um den nächsten Tag zu besprechen.

Mittlerweile zog ich Bilanz: fast kein Juwelierbesuch, fast keine Kontoeröffnung, aber immerhin ein ganzer Mercedes. Natürlich auch keinen Transport eines Rohedelsteins. Beinahe hätte ich diesen nicht ganz unwesentlichen Wunsch vergessen. Hoffentlich war ihm klar geworden, daß es diesen Transport mit mir nicht geben würde, so daß er deshalb auf die Idee mit den Juwelieren verfallen war. Was den betraf, so müßte ich meine Ablehnung noch stärker, noch eindeutiger zum Ausdruck bringen, sonst könnte er unter Umständen doch der Annahme sein, ich fühle mich ihm verpflichtet und würde es peinlich finden, ihn hier oder später in Hamburg abzuweisen. Ich fand den Gedanken zwar abwegig, ihm verpflichtet sein zu müssen, aber in Rußland denkt und fühlt man anders, und jede Möglichkeit, die ich – nach meinem deutschen Empfinden – auch nur im Ansatz in den Bereich des Absurden verweisen würde, mußte ins Kalkül gezogen werden.

Alexej Nikolaijewitsch verabschiedete sich schließlich höflich. „Bis morgen" hatte es geheißen.

DIE ZWEITE FRONT

Die Erlebnisse des Vortages hatten ihre Wirkung getan. Ich hatte vor Erschöpfung so tief und traumlos geschlafen, daß ich mich nur mühsam orientieren konnte, als ich die Augen aufschlug. Das Stück Himmel, das ich vom Bett aus durch das Fenster erkannte, war dunkelgrau, die Regenwolken hingen tief. Irgendwo bimmelte eine Straßenbahn störend aufgeregt. Ich stand auf und schaute hinaus. Ein Moskauer Vorort an einem regnerischen, kalten Maimorgen sieht genauso trostlos aus wie überall auf der Welt, wo es im Mai regnerisch und kalt ist.

Ich sah auf die Uhr und stellte fest, daß ich weit länger geschlafen hatte, als ich es normalerweise tat. Es war schon 10.00 Uhr, und Viktor mußte schon lange im Ministerium sein, von Galina war nichts zu hören. Ich fröstelte und beschloß, mich der umständlichen Waschprozedur zu unterziehen. Es gab ja, wie bei meinem Besuch im vergangenen November, nur kaltes Wasser, aber obwohl ich das wußte, war es doch viel kälter, als ich, noch warm und schlaftrunken, mir „kalt" vorgestellt, und deshalb mutig beschlossen hatte aufzustehen, um mich, so gut oder so schlecht es ging, für den Tag zurechtzumachen.

Ich erinnerte mich, daß Alexej Nikolaijewitsch vorbeikommen wollte, aber ich wußte nicht wann und ärgerte mich, daß ich nicht gefragt hatte, um wieviel Uhr er kommen würde. Ich hätte noch im warmen Bett bleiben und lesen können, statt nun allein in der Küche zu sitzen und nicht zu wissen, was ich denn eigentlich frühstücken sollte. Ich machte mir einen Becher Pulverkaffee und tunkte eine der beiden zur Auswahl stehenden Weißbrotscheiben hinein, dabei dachte ich über die Ereignisse des Vortages nach. Alles schien mir so fantastisch und unglaublich, daß es mir vorkam, als hätte ich das alles schon vor Jahren erlebt oder hätte sogar vielleicht nur davon erzählen hören, daß jemandem so etwas passiert sei. Ich hatte mich ganz weit von mir entfernt und schaute mir selbst zu.

Jetzt hörte ich Galina, die gleich darauf ihren Kopf zur Küche hereinsteckte und fragte, ob ich schon und auch wirklich meine Beine gewaschen hätte. Ich war das bereits bei meinem letzten Besuch immer gefragt worden, ohne daß ich hätte herausfinden können, welche Bewandtnis es mit dieser Frage nach den zu reinigenden Beinen hatte.

Galina hatte schlechte Laune. Kaum, daß sie ihre ungepflegte Dauerwelle gebürstet und das notwendige Make-up aufgetragen hatte, um die Spuren eines nicht mehr jungen, rücksichtslos intensiven Lebens zu mildern, fuhr sie die unfreiwillig späte Frühaufsteherin an, sie habe vom Zigarettenqualm des gestrigen Abends schreckliche Kopfschmerzen. Die so gemaßregelte Raucherin ließ sich dazu hinreißen zu bemerken, sie habe vorher um Erlaubnis gefragt, und sie auch bekommen.

Eigentlich war ich immer ein ausgesprochener Morgenmensch gewesen, doch dieser Morgen war ganz und gar nicht nach meinem Geschmack. Galina schaute auf die Uhr. Es war bereits nach 11.00 Uhr und Alexej Nikolaijewitsch wollte um 11.00 Uhr kommen, hatte sie inzwischen verlauten lassen. Es wurde 12.00 Uhr, und noch immer gab es kein Zeichen von ihm. Galina wurde unruhig. Es war diese ängstliche Ungeduld, die Menschen mit großen Erwartungen überkommt, dieses Warten auf das Ungewisse, nicht Beherrschbare, das Verliebte oft erleiden. Die übellaunige, mutwillige Anschuldigung von vorhin war vergessen. Jetzt brauchte Galina dringend jemanden, vor dem sie meinte, ihre Gefühle nicht verstecken zu müssen, und so überlegte sie laut, ob sie versuchen sollte, ihn zu Hause anzurufen, verwarf aber den Gedanken gleich wieder mit dem Hinweis, seine Frau könnte eifersüchtig reagieren. Oder in der Firma anrufen? Sie verwarf auch diesen Gedanken.

Die Situation schien ausweglos. Sie mußte einfach tatenlos warten. Worauf? Mußte noch etwas Geschäftliches besprochen werden, oder hatte sie wirklich eine kleine, ebenso reizvolle wie profitable Affäre mit dem jungen Mann, die sie vorübergehend ihr Alter als auch ihre lästig beengende, finanzielle Lage vergessen ließ, mit ihrem Studenten der englischen Sprache, der morgens zum Unterricht kam, wenn Viktor ins Ministerium gegangen war? Welche Stunden bezahlte er? Mir war es im Grunde gleichgültig, wenn da nicht die Sache mit dem Smaragd, dem Juwelier, dem Konto wäre.

Und wie ich Galina so reden hörte und dabei beobachtete, meinte ich, daß sie wohl dreimal kassieren würde, doch gleich mußte ich mich korrigieren. Meine abwägenden Berechnungen wurden von Galinas Wutanfall unterbrochen. Er könne bleiben, wo der Pfeffer wächst, sie brauche ihn und seine Dollars überhaupt nicht und auch nicht die Bequemlichkeit, von ihm chauffiert zu werden. Schließlich habe sie noch einen anderen Studenten, einen Kaufmann aus Aserbeidschan, und mit dummem, überheblichen Lächeln fügte sie hinzu: „Und der hat einen Mercedes 500. Ich fühle mich dann wie eine Königin." Um das zu unterstreichen, saß sie plötzlich kerzengerade auf dem gar nicht thronähnlichen Küchenstuhl, aber durch den verfleckten, weißlich kunstseiden schimmernden Morgenmantel, der absichtlich oder unabsichtlich nur äußerst locker mit einer Kordel zusammengehalten wurde, sah sie selbst bei der Vorstellung, eine Königin zu sein, aufdringlich vulgär aus.

Gerade da klingelte es an der Wohnungstür. Galina schlitterte mit ihren Hausschuhen zur Tür. Das konnte nur er sein, er sollte und mußte es sein! Sie vergaß alle Vorsichtsmaßregeln, fragte erst gar nicht nach dem Namen und öffnete die gepolsterte, mehrfach gesicherte Tür. Und er war es. Alexej Nikolaijewitsch kam zu mir in die Küche. Er begrüßte die deutsche Besucherin überaus liebenswürdig, erst auf russisch, und versuchte es dann auf englisch, blieb aber stehen, und obwohl er genau da stand, wo er am Vorabend gestanden hatte, fühlte ich keine Beklemmung oder gar Angst. Meine innere Stimme schlief weiter und hatte noch nicht wieder zu einer Einheit mit mir zurückgefunden.

Ich fing an, ihm kurze, einfache, englische Sätze vorzusprechen, und anhand der in der Küche befindlichen Gegenstände zu veranschaulichen, welchen Inhalt sie haben. Alexej Nikolaijewitsch schien das große Freude zu machen. Er schaute mich aufmerksam an und wiederholte das von mir Vorgesprochene. Er hatte auch schnell das System dieses Sprachunterrichts erkannt, konstruierte eigene Sätze aus den gerade neu aufgenommenen und ihm schon bekannten Wörtern. So wie er da stand und konzentriert meinem Unterricht folgte, sah er wirklich ganz und gar wie ein eifriger Student aus.

Die Zeit verging mit den Übungen so schnell, daß wir beide überrascht waren, als Galina, nunmehr fertig angekleidet, in der Tür stand. Es war fast eine Stunde vergangen, und hätte ich nicht so viel Freude an dem Unterricht gehabt, wäre bei mir, wie so oft, die Frage aufgetaucht, warum manche Frauen so lange Zeit brauchen, um schließlich in Jeans und Hemdbluse zu erscheinen. Aber nun war die Dame des Hauses ja da, und ließ mich sofort wissen, daß seriöser Englischunterricht nicht Sache einer Gastlehrerin wäre, erst recht nicht – das war unüberseh- und unüberhörbar –, weil Alexej Nikolaijewitsch sich so überaus begeistert zeigte und meinte, auf diese Art viel besser und schneller lernen zu können.

Ja, ja, mir waren andere Aufgaben zugedacht als Englischunterricht, haderte ich mit der von mir erwarteten Rolle als Schmugglerin, und als ob Alexej Nikolaijewitsch meine Gedanken erraten hätte, wandte er sich nun Galina zu. Die Konzentration und das eifrige Glänzen der Augen waren aus dem jungenhaften Gesicht gewichen und hatten einer gleichmütigen, erwachsenen Miene Platz gemacht. Er ließ übersetzen, daß er sich für die Verspätung entschuldige, er habe noch einige Erledigungen wegen seiner Reise nach Hamburg machen müssen. Meine innere Stimme gähnte noch immer schlaftrunken. Um die Angelegenheit mit dem Konto brauchte ich mich nicht mehr zu bemühen, er hätte noch gestern abend mit einem Bankhaus in Zürich telefoniert und dort problemlos ein Konto eröffnen können.

Die innere Stimme war jetzt hellwach. Er hatte also gemerkt, daß dieser Punkt eine absolute Unmöglichkeit für mich darstellte, und offenbar hatte ich das auch deutlich genug gemacht. Was war mit den anderen Unmöglichkeiten? Nichts. Kein Wort. Er fuhr fort, er freue sich wirklich sehr auf ein erneutes Treffen in Hamburg. Heute morgen habe er auch schon das Visum bekommen. „So schnell?" fragte ich mich und meinte, daraus den Rückschluß ziehen zu können, daß wohl auch deutsche Botschaftsangehörige unter bestimmten Voraussetzungen zu Gefälligkeiten neigen. Hatte ich doch gerade zuvor in diversen deutschen Zeitungen gelesen, daß ein wesentlicher Diskussionspunkt zwischen deutschen und russischen Regierungsstellen die Verschleppung russischer Visaanträge seitens der deutschen Botschaft in Moskau wäre.

„Wo werden Sie wohnen?" fragte ich laut. Das wäre nun so ungefähr das einzige, was er noch nicht wisse, antwortete er, ohne auch nur den Schein von Besorgnis darüber zu zeigen. Er werde mich aber sofort nach seinem Eintreffen anrufen und mir sagen, in welchem Hotel er sich befände. Er hatte also, ohne die Buchung eines Hotels vorweisen zu müssen, sofort ein Visum bekommen! Seine Beziehungen mußten in der Tat sehr weitreichend und vielseitig sein. Juwelier und Stein blieben unerwähnt, was bei mir aber eher ein ungutes Gefühl auslöste. Es schien mir, daß er selber Prioritäten gesetzt hatte, und dazu zählte nicht die Eröffnung eines Kontos. Die verbleibenden Ziele würde er aber vermutlich noch energischer versuchen durchzusetzen, fürchtete ich.

Endlich brachen wir auf. Er wollte mir das Danilow-Kloster zeigen, nachmittags wäre er anderweitig beschäftigt. Galina war offenbar irritiert. Sie mußte gemerkt haben, daß er Abstriche bei der Beurteilung ihrer Fähigkeiten machte, ihre deutsche Freundin für die von ihm gewünschten Aktionen zu gewinnen, zumal er sicher nicht nur wegen des angeblich erfolglosen Englischunterrichts Galina fast mitleiderregend unfreundlich behandelte. Es war kein Unterhaltungston, in dem er sprach. Seine Sätze waren nur kurz, seine Stimme gepreßt. Wir stiegen in sein Auto. Da lagen sie wieder, diese Lumpen, unter dem Fahrersitz, die stete Erinnerung an ein paar ungelöste Probleme.

Obwohl wir mit erheblicher Verzögerung aufgebrochen waren, schafften wir es dann doch, zu einem späten Mittagessen mit Pelmeni und Glutamat zurück zu sein. Die Stimmung war schwer zu erfassen. Galina bemühte sich um Vertrautheit und sprach von der gemeinsamen Zeit in Hamburg, gemeinsamen Freunden, Bekannten, und wie so oft seit ihrer Ankunft – auch schon bei ihrem ersten Besuch –, ging es fast ausschließlich um Personen, mit denen sie und Viktor während ihres mehrjährigen Aufenthaltes in Hamburg gearbeitet hatten, besonders aber um Viktors letzten Vorgesetzten, den „kranken Mann", wie sie ihn immer genannt hatte. Galina hatte das mit einer Selbstverständlichkeit gesagt, als ob jeder wissen müßte, daß „der kranke Mann" eben deshalb krank war, weil er zu häufig und zu ausgiebig nicht nur Wodka, sondern Alkohol im allgemeinen zusprach, und deshalb an Magengeschwüren litt. Ich war von Galina darüber aufgeklärt worden, als offensichtlich wurde, daß ich es in der Tat nicht wußte, aber nach wie vor war ich nicht nur ungläubig, sondern auch desinteressiert. Das Gespräch plätscherte dahin, als Galina unvermittelt, geradezu überfallsartig wie mit der Absicht, einen Überraschungseffekt nutzen zu wollen, im vollen Bewußtsein einer skandalträchtigen Neuigkeit mir triumphierend mitteilte: „Er wird dich bei deiner Rückkehr am Flughafen erwarten. Seine Frau fliegt mit der Maschine, in der du ankommst, für drei Wochen nach Moskau. Praktisch, nicht wahr?", und sie nannte mich zum ersten Mal mit einer Koseform meines Vornamens, was gerade jetzt, bei dieser Gelegenheit, mir wie eine unerwünscht schwüle, verräterische Umarmung vorkam.

Meine Begleiterin, die schmerzhafte Klarheit, die mir alles wie mit einer Lupe um ein Vielfaches deutlicher und vergrößert vor Augen hielt, gesellte sich zu meiner inneren Stimme. Was sollte diese Bemerkung, die so, mit gedämpfter Stimme und Verschwörermiene vorgetragen, unangenehm anzüglich wirkte? Was sollte damit bezweckt werden? „Von wem weißt du das?" fragte ich scharf zurück und sah Galina mit hochgezogenen Augenbrauen herausfordernd direkt ins Gesicht.

Einige Tage vor meiner Abreise war ich von einem Mitarbeiter des „kranken Mannes" angerufen worden, der eindeutig – aus welcher Quelle auch immer – etwas wußte, wovon ich zwar eine Vorstellung, aber keine explizite Kenntnis hatte und war mit genau dieser Information an mich herangetreten, um mich gleichzeitig in dem Zusammenhang – nicht ganz uneigennützig, wie ich vermutet hatte – eindringlich und ein wenig wichtigtuerisch zur Vorsicht zu mahnen, was ich lächerlich gefunden und mich zu der Bemerkung veranlaßt hatte, daß „dazu" immer zwei gehörten.

Ich wußte zwar nicht, was auf der russischen Seite geredet, getratscht und intrigiert wurde, aber ich hatte mich bei dem Entschluß, mit Repräsentanten Rußlands Freundschaften und Bekanntschaften zu schließen, auf meine Fähigkeit verlassen, für mich einen Weg zu finden, Entscheidungen ohne das vielleicht auch manchmal hilfreiche Wissen über die Reaktionen und Gedanken der anderen Beteiligten zu treffen. Alles, was ich sagte und tat, mußte unbeeinflußt eigenverantwortlich sein.

Ich war sicher, ich jedenfalls hatte Galina nichts davon erzählt, denn unser letztes Telefonat vor meiner Abreise war Tage vor dem Telefonanruf gewesen, der mich gewarnt hatte. Das genau war es auch, was ich sehr ruhig und sehr kalt mit der unerbittlichen Exaktheit eines gut eingestellten Uhrwerks erklärte, als Galina weiter darauf beharrte, diese Information von keinem anderen als von mir – der offenbar so Vielgeliebten und Umworbenen – persönlich zu haben.

Es roch nach Intrige, die in Hamburg ihre Ursache hatte, und nun von Galina zu einem ihr genehmen Zweck eingesetzt werden sollte. Nur: wer hatte ihr den Ball zugespielt? Nach hartnäckigen Fragen und immer zweifelhafteren Antworten, kam schließlich die Wahrheit heraus. Galina gab ihre Quelle preis, und es wurde klar, daß eine zweite Front eröffnet worden war. Ich sollte erpreßbar gemacht werden.

DAS KIRSCHBLÜTENFEST

Ich hatte Marinas Stimme und Namen bei den Vorbereitungen zu dem Konzert kennengelernt. Fleisch und Blut wurde sie erst, als der Applaus nach der konzertanten Darbietung verklungen war und Galina mit großzügiger Geste Marina aufrief, um sie dem Publikum vorzustellen. Der dramatisch ausgestreckte Arm wies auf eine dralle Person, die sich nun erhob, selbstgefällig in das Publikum lächelte, den Kopf zu allen Seiten drehte und sich so tief verbeugte, daß man hätte meinen können, der Applaus habe in erster Linie ihr gegolten. Das war also Marina! Obwohl sie elegant und für ihre Körperfülle geschickt gekleidet war, und alles in allem den Eindruck einer gepflegten Dame machte, wirkte sie schmierig und unsympathisch.

Und Marina war die Entdeckerin von Galinas Sangeskunst gewesen. Sie hatte ihr zuvor anläßlich einer Vernissage, die Marina organisiert hatte, zu einem Auftritt verholfen. So war zum einen eine lockere Verbindung aus der Tatsache entstanden, daß beide Zöglinge derselben Moskauer Eliteschmiede waren. Auch Viktor und sein Vorgesetzter, der aufgrund seiner Position „der General" genannt wurde, was offenbar nicht im Gegensatz zum „kranken Mann" stand, sondern sich ergänzte, eigentlich alle, mit denen sie arbeiteten, waren daraus hervorgegangen. Zum anderen hatten sie eine Interessengemeinschaft gebildet, in der beide sich auf die eine oder andere Weise nützlich waren. Galina hatte gesungen und Gitarre gespielt. Marina dagegen hatte sich auf ihre Qualitäten als Kunsthistorikerin besonnen und sich der Vermarktung zeitgenössischer russischer Künstler angenommen. Während Marina ihre Nützlichkeit für Galina durch Gelegenheiten unter Beweis gestellt hatte, bei denen Galina sich einem Publikum hatte präsentieren können, war es Galina zu verdanken gewesen, daß Marina mit betuchten, und nach

Möglichkeit auch gebildeten Kunstinteressierten bekanntgemacht wurde, wobei die Bildung nur von eventueller Wichtigkeit war, soweit auf ihr ein käuferisches Interesse an zeitgenössischer russischer Kunst der Art, wie Marina sie auf relativ hohem Niveau präsentierte, basierte.

Ich und mein Mann wurden also Marina vorgestellt. Wir galten als kunstinteressiert, und obwohl der unangenehme Eindruck vom Konzert nicht unvergessen war, überwog, wie so oft, die Neugierde auf neue Bekanntschaften, so daß ich mich spontan entschlossen hatte, Marina und ihren Mann zu mir nach Hause einzuladen, wo allein der Straßenname ein Synonym für „kaufkräftig" ist, was von Außenseitern stets mit „kaufwillig" verwechselt wird.

Galina und Viktor hatten bereits Hamburg verlassen, als die Einladung stattfand. Die Japaner in Hamburg feierten, wie jedes Jahr, das Kirschblütenfest, was wieder mit einem grandiosen Feuerwerk über der Außenalster begangen werden sollte. Der Balkon zu meiner Wohnung bot sich geradezu ideal als Loge an, dieses Spektakel zu bewundern, und die Gefahr einer eventuell schleppenden Unterhaltung zwischen untereinander wenig bekannten Personen wurde durch das gemeinsame Erlebnis auf angenehme Weise stark verringert. Die ängstliche Vorsorge wäre in diesem Fall nicht notwendig gewesen. „Der General", sein Stellvertreter und die Ehefrauen sowie ein deutsches Paar und Marina, die ohne Ehemann gekommen war, unterhielten sich angeregt und schienen blendender Laune.

Alle waren das erste Mal bei mir zu Hause. Ich war nicht nur deshalb sehr angespannt gewesen. Der private Umgang mit Russen war mir trotz des engen Kontaktes mit Galina und Viktor während der vorangegangenen Monate noch immer fremd. Marina hatte den Katalog einer von ihr organisierten Ausstellung mitgebracht und ihn mit der Bemerkung überreicht, daß die Wahl dieses Geschenkes natürlich Mittel zum Zweck sein sollte. Ich hatte diesen Hinweis durchaus nicht als unangenehm, sondern im Gegenteil als erfrischend ehrlich empfunden. Es hatte eher dazu beigetragen, meine Verkrampfung zu lösen, soweit zu lösen, daß ich ganz ich selbst war mit der mir eigenen Art, Anekdoten zu erzählen, die viel von mir preisgaben und eine ganz persönliche Beziehung zu den Gästen herstellten, mit Worten Stimmungen zu malen und zu erzeugen, die von ausgelassen bis nachdenklich variierten.

Champagnerlaune, Flirtlaune wie trügerisches Glitzern von tausend bunten Sternen eines Kaleidoskops, und doch auch Bruchstücke der Charaktere. Launen sind flüchtig, Stimmungen fragil, und keiner ist für sich allein, muß die anderen mittragen und ertragen, ist ihnen gleichzeitig ausgeliefert. Ich jammerte scherzhaft über meine Unfähigkeit, meinen Willen durchzusetzen. Schon als Kind hätte ich in diesem Dilemma gesteckt. Immer hätte ich Wünsche ganz direkt geäußert und sie genauso direkt abgeschlagen bekommen, wenn sie nicht zufälligerweise mit denen der älteren Schwester übereingestimmt hätten, die wiederum die Kunst des sanften Einschmeichelns beherrscht hätte, und damit fast alles habe erreichen können.

Marinas Mund verzog sich zu einem triumphierenden Lächeln: „Richtig", stimmte sie eifrig zu und bekam das zufriedene Gesicht eines fetten, satten Katers, der schon vom nächsten Beutezug träumt. „Sie müssen schmeicheln." Marina dehnte die Laute noch mehr, als sie es sowieso wegen ihres russischen Akzents tat. Die stark gutturale Aussprache lag wie dicke, süße Paste auf den Stimmbändern: „Ich bekomme alles, was ich erreichen will. Ich bin wie eine Katze, die so lange schnurrt, bis das Opfer wie narkotisiert eingelullt ist. Dann stehle ich ihm den Willen." Die Stimme wurde selbstsicher. Für einen Moment reckte sich Marina – Raubvogel und Raubtier in einem –, so daß sogar der kurze, kräftige Hals wie zum Beutefassen zum Vorschein kam, der sonst – ähnlich dem einer Schildkröte – kaum sichtbar war und den Eindruck erweckte, Kopf und Rumpf gingen nahtlos ineinander über.

Mir wurde übel, übel vor Wut, die nicht langsam in mir hochkroch, sondern jäh von mir Besitz ergriff. „Nie! Nie werde ich so handeln", stieß ich heftig hervor. „Lieber eine ehrliche Absage auf eine ehrliche Anfrage als die Belohnung von Unaufrichtigkeit. Überzeugen, nicht erschleichen – und notfalls machen, was man will, aber auch die Verantwortung dafür tragen." Meine Erregung war so leidenschaftlich und zwingend, ich hatte so heftig gesprochen, daß ein ernstes, schweres Schweigen den Raum füllte, was ich erst erschrocken feststellte, als schließlich auch ich schwieg. Beschämt zog ich mich zurück und überließ den anderen die daran anschließende Diskussion, während ich Marina nunmehr nicht gerade wohlwollend betrachtete. Ich war plötzlich müde und fühlte mich einsam. Die ausgelassene Stimmung war dahin und würde wohl auch zu noch späterer Stunde nicht mehr wiederkommen. Man brach auf.

Wenige Tage später rief Marina an, um sich mit mir zu verabreden. Sie wollte mich abholen und mir Bilder zeigen, und das selbstverständlich nicht unverbindlich. Es waren interessante Bilder, einige sehr fremd, fast alle anregend. Ich versuchte, meine Ablehnung gegenüber Marina nicht auf die Kunstwerke zu übertragen, sie getrennt von der Person zu sehen, die sie verkaufen wollte, aber es gelang mir nur schlecht. Ich konnte keine Begeisterung aufbringen. Lustlos wählte ich einige aus, die ich zu Hause in meinen eigenen Räumen probeweise zu sehen wünschte. Marina willigte nur zu gerne ein, in den nächsten Tagen mit dieser Auswahl und mehr bei mir vorbeizukommen.

In der Tat kam sie mit einer ganzen Wagenladung voll und schleppte Mappe um Mappe herbei, so viele, daß allein die verwirrend große Anzahl den Kauf in weite Ferne rückte, weil eine Entscheidung zu beschwerlich schien, zu beschwerlich auch wegen der Lustlosigkeit. Schließlich blieben ein paar Bilder, für die ich mir – mehr aus Höflichkeit denn aus Überzeugung – Bedenkzeit erbat. Ich hoffte, sie ganz in Ruhe für mich erschließen zu können. Wir verabredeten einen weiteren Termin, der nach der Eröffnung einer von Marina arrangierten Kunstausstellung liegen sollte, und zu der mein Mann und ich eingeladen waren. „Der General" sollte die Eröffnungsrede halten. Er und seine Frau schienen Marina zu mögen.

Am Tag der neuerlichen Verabredung mit Marina, die zu einer Kaufentscheidung führen sollte, rief eine Freundin an, die einen russischen Journalisten zu Besuch hatte und mich bat, ob man sich abends nicht bei mir in der Wohnung mit Alsterblick treffen könne. Ich gab zwar zu bedenken, daß ich eigentlich eine Verabredung hätte, aber ich wollte versuchen, sie zu verschieben, zumal Marina ja in Hamburg lebe und der Journalist am nächsten Tag abreisen würde. Ein Telefonat mit Marina machte klar, daß sie von der Verschiebung nicht begeistert war, aber schließlich willigte sie murrend unter der Bedingung ein, das Treffen gleich auf den nächsten Tag zu legen. Keinen Tag später! Sie brauche nunmehr endlich die restlichen Bilder – und dieses energische, fordernde „endlich" ließ meinen, im unaufgeregten Normalzustand niedrigen Blutdruck beträchtlich steigen –, zumal es Marinas einzige Begründung war und blieb. Der Widerstand in der immer noch Kaufwilligen nahm unaufhaltsam zu, fing an, sie zu durchdringen und – was Marina nicht wissen konnte, aber schließlich ausschlaggebend sein sollte –: mein Selbstbewußtsein, das durch Marinas arrogantes, besserwisserisches Auftreten in deren Gegenwart so gut wie nie zu Worte kam, begann sich nicht nur zu regen, sondern wunderbarerweise zu wachsen. Ich packte die Bilder zusammen, auch die, die ich nun eigentlich hatte erwerben wollen, und stellte sie für den nächsten Tag bereit.

Marina kam zeitig. Bevor überhaupt die Sprache auf die Bilder kam, noch stehend in der Diele, platzte sie heraus, sie wolle mich warnen, jeden beliebigen Russen nach Hause einzuladen. Das war zu viel! Entschieden verbat ich mir die Einmischung in meine privaten Entscheidungen und die anmaßende Forderung nach Rechtfertigung für Handlungsweisen. Im übrigen, so bemerkte ich ganz ausdrücklich, wären bis jetzt außer ihr, Marina, nur Galina und Viktor, „der General", dessen Stellvertreter und deren Frauen bei mir zu Hause gewesen und ich könne mir schlechtweg nicht vorstellen, daß sie mir von diesem Umgang abraten wolle. Ich nahm die Mappe mit den Bildern, reichte sie Marina und verabschiedete mich frostig. Meine Wut über diese Überheblichkeit verlangte nach noch mehr, und so schrieb ich am nächsten Tag einen kurzen Brief an Marina, in dem ich mitteilte, daß ich aufgrund des Vorfalls die persönliche Beziehung für beendet betrachtete. Und für mich war sie das. Meine Abneigung war so groß, daß ich gewünscht hätte, „der General" und seine Frau würden die Maklerin zwischen Kunst und Kommerz auch meiden.

Doch in Abständen hörte ich, daß Marina den „General" und seine Frau – besonders auch dessen Frau allein – regelmäßig besuchte. Ich bekam Einladungen zu Vernissagen von Marinas Ausstellungen, die immer vom „General" eröffnet wurden. Ich hatte zum einen den schmeichelnden Katzeneffekt unterschätzt und zum anderen übersehen, daß die Frau des „Generals" eher mit Marina eine gemeinsame Abneigung gegen mich verband und somit die gemeinsame Zuneigung ganz auf russischer Seite war.

Wir sahen uns regelmäßig, ich, mein Mann, der „General", dessen Stellvertreter und deren Frauen. Es waren ausgelassene Abende, verführerisch leicht gelebte Stunden. Anfangs verwirrte es mich angenehm, daß sowohl der „General" als auch sein Stellvertreter um mich warben. Die Direktheit des Werbens war so offensichtlich, daß die Öffentlichkeit dieser zweifachen Zuneigung mir eigentlich hätte peinlich sein müssen, mehr als die Öffentlichkeit der unheilvoll mit Neid gepaarten Eifersucht, von der die Frau des „Generals" nicht trank, sondern geradezu bis zum Rausch wie von einem Elixier soff. Neid war für sie Triebfeder und Eifersucht Brunnen der Vitalität. Gäbe es die teuflischen Eigenschaften, wirkliche und erdachte Anlässe dafür nicht sowieso in überreichem Maße, hätten sie ausschließlich erfunden werden müssen, um den Mutwillen, das Machtbestreben dieser davon durch und durch zersetzten Frau zu befriedigen, andere damit zu drangsalieren, zu zerstören und ihren Stimmungen zu unterwerfen. Die Beziehung nahm immer häufiger den Charakter eines Stücks im Stil elisabethanischen Theaters an, des Dramas im Drama. Auf dieser Bühne wurde „Freundschaft" gespielt und verlangte nach gemischt russisch-deutschen Teilnehmern, während das Drama im Drama rein russisch besetzt war und „Eifersucht" hieß. Hier spielte ich nicht mehr aktiv mit, sondern war nur Zuschauerin, wobei sich diese Rolle schließlich als die undankbarste erwies.

Marina hatte also noch eine offene Rechnung zu begleichen. Marina besuchte die Frau des „Generals". Die beiden verband eine heftige gemeinsame Abneigung gegen mich. Marina war eine Woche vor meiner Ankunft in Moskau gewesen und hatte Galina besucht. Marina konnte nur von der Frau des „Generals" die Information haben, die durch Galinas böswillige, penetrant nach Gosse riechende Flüsterei an mich weitergegeben worden war. Von Bedeutung für mich war ausschließlich das, was Galina versuchen würde, daraus zu machen. Ich mußte nunmehr jedes Wort auf die Goldwaage legen.

EIN VERSUCH DER VERSUCHUNG

Grauer Regen mit schmutzig wässerigen, schweren Schneeflocken hing vor den Fenstern wie ein schäbiger Vorhang. Seit meiner Ankunft vor drei Tagen hatte es fast ununterbrochen geregnet. Ich hatte Moskaus Straßen im Regenwasser versinken sehen und war in Versuchung, Galinas fürsorglich klingenden Vorschlag, das Konzert ausfallen zu lassen, und zu Hause zu bleiben, zuzustimmen, und die Kultur auf dem Altar einer den äußeren Gegebenheiten angepaßten Bequemlichkeit zu opfern. Allerdings, wenn wir nicht gingen, würde das pikante Gespräch sicherlich fortgesetzt werden. Ich wußte durchaus den Kitzel solcher galanten Themen im Austausch mit Freundinnen zu schätzen. Außerdem war ich neugierig, was Galina noch vorzubringen hatte, und innerlich sogar bereit, ein wenig mitzuspielen. Ich wollte hören, mich keinesfalls vertraulich austauschen.

Galina war keine Freundin mehr! Alles andere als das! Bloß nicht mehr heute abend, nicht nach der ermüdenden Anstrengung des Morgens, der keine Ende zu nehmen schien, bis Alexej Nikolaijewitsch schließlich und endlich doch gekommen war und ein paar nachdenkenswerte Überraschungen für mich bereit gehabt hatte, durch die meine Aufmerksamkeit noch verstärkt gefordert worden war. Nein, ich wollte ausruhen. Gefechtspause. So forderte ich Galina auf, allen Widrigkeiten und guten Argumenten zum Trotz, mit mir ins Konservatorium zu gehen. Galina fügte sich meinem Wunsch nur unter Protest. Auf russisch schimpfend und nörgelnd, was dementsprechend die Wirkung von Nichtgesagtem hatte – selbst wenn es sich um einige Flüche gehandelt haben sollte, mit der die russische Sprache reichlich ausgestattet ist und die vom Gefühl des Anstandes her unaussprechlich sein und bleiben sollten –, zog sie sich ins Schlafzimmer zurück und ließ dabei die Tür laut knallend ins Schloß fallen.

Galina hatte zwar gemeint, wir brauchten uns nicht für das Konzert umzuziehen – sie hatte offenbar, nach den Erfahrungen vor sechs Monaten im Stanislawsky und dem Bolschoi-Theater, beschlossen, sich kleidungsmäßig auf die russische Seite zu schlagen –, aber wollte wohl doch nicht gerne allzu stark, ihre eigene Eitelkeit nachhaltig kränkend, im Vergleich mit der Deutschen abfallen, die darauf bestand, sich umzukleiden. Frisch machen wolle ich mich außerdem auch, erbat ich mir von Galina zusätzlich. Ich gebrauchte diesen Ausdruck immer, wenn ich noch nicht richtig wußte, was ich eigentlich machen wollte. Es konnte alles sein: ein nicht ganz überprüfbarer Zeitgewinn, oder doch nur dann überprüfbar, wenn der Zustand vorher derart desolat gewesen war, daß gewaschene Hände oder eine nunmehr geputzte Nase als solche aufgefallen wären.

Ich zog mir Bluse und Rock an, hängte meinen ausgeheinen Blazer raus und stellte die Schuhe zurecht. Dann legte ich mich noch ein paar Minuten auf das Bett und versuchte, mich zu entspannen. Ich war sogar ganz kurz tief – abgrundtief – eingeschlafen. Galina klopfte. Sie sei fertig.

Umgehend sprang ich wie ein Rekrut zum Appell vom Bett. Galina sollte mir nicht nachsagen, sie hätte auf mich warten müssen. Mein Bedürfnis nach Korrektheit war größer als sonst, als ob ich damit gegen alles Unkorrekte angehen könnte, was ich bisher seit meiner Ankunft erlebt hatte, so wie ich eine systematische und akribische Ordnung entwickelte, die mir bisweilen selber unerträglich wurde, wenn mein Leben in Unordnung zu geraten schien oder schon geraten war. Wir machten uns auf den Weg.

Der Künstler sang mit dem physischen Ungestüm eines jungen Menschen, der seine Kräfte weder schätzen noch einteilen kann. Das Volumen seines tiefschwarzen, orgelnden Basses drohte, die Mauern des ehrwürdigen Gebäudes zu sprengen, und in seiner Rolle als Salieri statt Mozart die Zuhörer zu schädigen, wobei wir, als besonders Privilegierte, in der ersten Reihe sitzend, hauptsächlich gefährdet waren, wegen der Lautstärke, einen Kollaps oder zumindest ein geplatztes Trommelfell zu erleiden. Der Magen, alles, schien zu vibrieren.

Galina sah ihre Chance gekommen. In der Pause schlug sie vor, nicht in den Saal zurückzukehren, und statt dessen die Heimfahrt zurück in die Wärme ihrer Küche anzutreten. Alexej Nikolaijewitsch könnte inzwischen anrufen und Viktor dürfe auf keinen Fall weder von dem Ausflug am zweiten Tag noch von den Telefonaten erfahren, haspelte sie nervös hervor. Es gebe zwar einen Anrufbeantworter in der Wohnung, der aber, so begründete sie sogar ausnahmsweise glaubhaft ihren Drang nach Hause, die Rufnummer des Anrufenden aufzeichne, auch wenn der Teilnehmer wieder auflege. Ich nahm ihr die Dringlichkeit ab. Es hätte nicht der hektischen, roten Flecken als Beweis bedurft, aber es rührte mich nicht. „Ich gehe immer in der Pause aus Veranstaltungen weg", schickte Galina noch trotzig hinterher, als sie merkte, daß ihre Offenbarung keinen Eindruck gemacht hatte, was so lächerlich war, daß es nur das beherrscht vorgetragene Ersuchen zeitigte, sie möge dann dieses Mal doch eine Ausnahme machen und das Konzert bis zuende anhören.

Ich fühlte mich stark. Ich konnte Einfluß nehmen. Zum ersten Mal war Galina mir ausgeliefert. Kalt und zynisch machte ich den Verbesserungsvorschlag, wir sollten uns Plätze für weniger gesellschaftlich oder wirtschaftlich Bevorzugte ganz hinten suchen, um die akustisch-physische Gefährdung zu verringern. Dort war jetzt noch genügend Auswahl. Galina wurde zusehend aufgeregter. Die roten Flecken breiteten sich nun schon über den Hals aus, und mit den Augen zwinkerte und blinzelte sie, als ob sie ohne Brille nicht hören könnte. Aber sie fügte sich. Sie beugte sich zu mir herüber, und indem sie mir unangenehm feucht warm ins Ohr hauchte, nahm sie mir das Versprechen ab, bei Viktor nichts über die Treffen und Telefonate mit Alexej Nikolaijewitsch verlauten zu lassen. Die Angst vor Verrat schien auf der mehrfachen Verräterin selber schwer zu lasten. Kein anderer Gedanke beschäftigte Galina mehr, was eine günstige Voraussetzung dafür war, den Abend ohne weitere Diskussionen beenden zu können.

Als wir nach Hause kamen, war Viktor da. Der Fernseher lief wie immer laut und störend im Wohnzimmer, aber er saß – wie immer – in Unterhemd und Adidas-Hose in der Küche und schien uns bereits erwartet zu haben. Mir war es schon früher aufgefallen, daß er genau über das Ende der Vorstellungen und die nächstmöglichen Fahrplanzeiten der U-Bahn Bescheid zu wissen schien, nur daß sich jetzt bei mir der Verdacht einschlich, ob diese ungewöhnlich präzise Kenntnis davon vielleicht noch einen anderen Grund haben könnte als ausschließlich den des rechtzeitigen Erhitzens der Pelmeni. Wir erzählten und lachten noch viel über den jungen Salieridarsteller, ekelten uns jetzt in Erinnerung genüßlich erschaudernd über den Speichelregen, als wir noch privilegiert und exponiert in der ersten Reihe gesessen hatten, während wir aßen und an einem Glas Wodka nippten. Galina stimmte erleichtert in die ehrlich lebendige, farbige Berichterstattung ein. Wie gut das tat! Da war nichts Aufgesetztes, nichts Ausweichendes. Meine Peinigerin hatte ein Gewissen. Das hatte ich gesehen, als sie um Verständnis gebettelt und mir das Versprechen des Schweigens abgenommen hatte, aber es stand Galina nicht auf der Stirn geschrieben und dem lachenden Mund war nicht anzumerken, daß ihr Gewissen schlecht war! Ich wünschte, von jetzt an würde sich alles einfach auflösen. Ich wünschte, ich könnte Galinas Lachen wieder trauen, und die Unbefangenheit zurückgewinnen. Galina würde wieder so sein wie bei dem ersten Besuch und Alexej Nikolaijewitsch – er war durchaus in meinem Wunschbild von einem angenehmen Moskauaufenthalt vorhanden – wäre wirklich nur ein Student der englischen Sprache, hätte nach wie vor exzellente Manieren und wäre freundlich und zuvorkommend. Meine überreizten Nerven sehnten sich nach Normalität. Ich freute mich auf das Wochenende, an dem Viktor mit uns Ausflüge zu den Städten des Goldenen Ringes machen würde.

Auch der Montag ließ sich gut an. Zum ersten Mal seit meiner Ankunft schien die Sonne, und als ich mein Zimmerfenster aufmachte, meinte ich, nun auch endlich in Moskau den Frühling zu riechen. Alexej Nikolaijewitsch hatte angerufen. Er wollte am frühen

Nachmittag kommen. Galina war in gehobener Stimmung. Die richtige Stimmung und das richtige Wetter für einen ausgiebigen Spaziergang in den noch immer spärlich blühenden Kremlgärten.

Während wir langsam und vorsichtig über die geharkten, noch vom Dauerregen aufgeweichten Wege eher trippelten als gemütlich schlenderten, fragte Galina plötzlich unvermittelt, aber nicht vollends unerwartet – und der Unterton war wieder von dieser abstoßend anbiedernden Intimität -: „Findest du ihn attraktiv?" Ich war so ausgeruht vom Wochenende, daß mich die Beharrlichkeit Galinas geradezu amüsierte. Ich lächelte in mich hinein und dachte, daß Galina mir eigentlich sogar leid tun müßte, da sie offenbar nicht wußte, daß der Stellvertreter des „Generals" genau die gleichen Ambitionen hatte wie sein Chef. Bei Galinas ausgeprägter Vorliebe für Intrigen hätte sich daraus für meine Gastgeberin eine reizvolle Anzahl von Spielmöglichkeiten ergeben. Die Arme war wirklich nicht auf dem letzten Stand der Dinge und hinkte in ihren Ambitionen, eine geschickte, unausweichliche Falle zu stellen, weit der Entwicklung hinterher. Ausgerechnet nach dem „General" zu fragen, gerade jetzt wieder, kurz vor meiner Abreise, in einer Situation, in der ich mich durch Eifersüchteleien, Unwahrheiten, Beleidigungen und Demütigungen dermaßen erschöpft fühlte, daß die freundschaftliche Beziehung bei mir in vehemente Ablehnung mündete! Ich hatte den festen Willen, dieses Freundschaftsleid zu beenden. Mein ungebärdiger, vitaler Zorn war aber von meinem Mann durch seine beachtlich unparteiische Geduld und Besonnenheit gebändigt worden. Ich beeilte mich zu sagen, daß ich den „General" durchaus attraktiv fände, allerdings weniger wegen seines Äußeren als wegen seines umwerfenden Witzes, seiner bemerkenswert scharfzüngigen Schlagfertigkeit und seiner intelligenten Analysen. Ich stellte diese Vorzüge so ausdrücklich und leidenschaftslos in den Vordergrund, daß Galina eigentlich hätte an eine rein platonische Attraktivität glauben müssen.

Das paßte überhaupt nicht in Galinas sehr transparente Absicht. Mit bemerkenswert gut ausgeprägtem, weiblichen Instinkt filterte die schamlose Intrigantin leise Zwischentöne einer noch anderen Attraktivität heraus. Sogleich wurde von der eifrigen Moderatorin des Gefühls- und Geschlechtslebens betont abwertend nachgesetzt, sie als Russin fände ihn ganz und gar, und in jeder Hinsicht, nicht attraktiv, so daß offen blieb, ob Galina mir damit schlechten Geschmack bescheinigen wollte, was die eben noch so Wählerische keineswegs daran hinderte, mich im gleichen Atemzug aufzufordern, ich solle den „General" ermutigen. Dann würde *daraus* schon *etwas* werden. Woraus? Und was? „Aber Galina", gab ich zu bedenken, und versuchte, der Unterhaltung, die ins Problematische abzugleiten drohte, durch Vernunft eine elegante Wendung zum versöhnlichen Kompromiß zu geben: „Selbst, wenn ich ihn so umwerfend attraktiv finden würde, daß mich eine nähere Beziehung reizen könnte, wären doch alle Bemühungen von vornherein wegen der gesellschaftlichen und beruflichen Stellungen der agierenden Personen zum Scheitern verurteilt." – „Ganz und gar nicht!" Galina war von dem rein hypothetischen Gedanken der rein hypothetischen Möglichkeit wie elektrisiert. Sie hatte vor überschwenglichem, freudigen Eifer, die phantasieanregende Intrige ungeniert zu ihrer Zufriedenheit zuende spinnen zu können, den Konjunktiv, die Verhinderung der realen Möglichkeit, überhört und im Brustton der Überzeugung fügte sie geradezu schwärmerisch hinzu: „Unsere Männer lieben das Risiko." Ich meinte, mich verhört zu haben. Warum sollte ich denn jemanden erst ermutigen, wenn er sowieso risikofreudig ist? Ich war noch ungeübt im Umgang mit diesen Unterhaltungsschemata und kämpfte ständig, anfangs noch amüsiert gelassen, dann mit zaghaft aufkeimender, schließlich helllodernder Empörung, gegen eine geradezu atemberaubende Anzahl ineinander verschlungener, einander verschlingender und daraus neu geborener Widersprüche, deren Irrationalität abenteuerlich war.

"Gut", meinte ich noch nachsichtig, aber in der Kürze des ausgesprochenen Wortes ließ ich schon erste Anfänge von Ungeduld anklingen, „und wie sollte so eine Ermutigung deiner Meinung nach aussehen?" Jetzt wurde Galina plötzlich sachlich, als ob es gälte, einen Forschungsauftrag gewissenhaft zu erledigen. Völlig unbefangen erkundigte sie sich nach meinen erogenen Zonen. Ungläubig, daß Galina wohl wirklich vorhatte, die Kenntnis davon als anrüchiges Hilfsmittel mit zu verwenden, aber auch durch die verschiedenen Vorkommnisse vorsichtig geworden, entwarf ich schon fast lustvoll ein dermaßen phantastisches wie absurdes Bild meiner anatomisch-physiognomischen Besonderheiten, daß selbst Galina darauf nur mit einem verlegenen Lachen reagieren konnte, als hätte sie gerade die letzten, ultimativen Geheimnisse der Sexualkunde erfahren. Galina entschied sich für ein anderes Thema. Sie zog ihr Opfer auf eine Bank. Kosenamen für ihn wollte sie mir beibringen, mit denen ich ihn umschmeicheln sollte: gurrende, schnurrende, zärtliche Varianten seines Vornamens und andere Kosenamen, deren Laute wie Lockrufe klangen.

Ich sah Galina gerade und kalt in die Augen und weigerte mich, die Kosenamen nachzusprechen. Ich war angewidert. Nie würde ich ihn so nennen! Galina wurde böse. „Wenn du ihn haben willst, dann mußt du die Initiative ergreifen", herrschte sie die wenig anstellige und überhaupt nicht kooperative Schülerin an, als wäre diese lediglich eine linkische, lahme Befehlsempfängerin, der man gewaltig auf die Sprünge helfen muß. Sehr selbstsicher, sehr kühl kam die Antwort der so Unterschätzten. Ich hätte das nicht nötig, näselte ich mit schon gelangweilter Lässigkeit absichtlich dünkelhaft und degradierte allein schon durch den Näselton Galina zu einem impulsiven Dummchen.

Galina schäumte. Die Emotionsfalle stand weit offen. Überhaupt sei der „General" ein gefährlicher Weiberheld, ein elender Schürzenjäger, der in Moskau, vor nicht allzu langer Zeit, eine stadtbekannte Affäre gehabt habe. Nein, ich tappte nicht mehr in die Falle und verkniff mir die Frage, warum ich von Galina denn so gering geschätzt würde, daß sie unbedingt versuchen wollte, mich mit diesem Weiberheld und Schürzenjäger zusammenzubringen, oder ob eine ganz andere Absicht dahinter stecke. Galina mußte instinktiv erfaßt haben, daß ihre Äußerung eher negativ ausgelegt wurde, und kaum, daß man es für möglich gehalten hätte, fuhr sie geschmeidig fort: „Aber auf dich wartet er, du mußt wirklich nur die Ini ..." Sie hatte das Wort noch nicht ausgesprochen, als ich es ihr rücksichtslos abschnitt: „Nein", sagte ich nun nicht mehr kühl, sondern schneidend, „nimm zur Kenntnis, daß ich den ‚General' als hochrangigen und offiziellen Vertreter Rußlands respektiere. Ich betrachte das Thema als erledigt." Ich hoffte, daß Marina davon erfahren würde, was aber nicht unbedingt bedeuten mußte, daß die früheren Gerüchte damit korrigiert würden. Mir schien aber, daß ich dieses gewagte Spiel wenigstens in Moskau gewonnen hatte.

VERRÄTERISCHES

Wie in Rußland üblich, trug Galina zu Hause Pantoffeln, aber die Wut über ihre Niederlage in den Kremlgärten reichte bis in die Hausschuhspitzen, so daß sogar der friedlich weiche Filz ein dumpfes Staccato auf dem Holzfußboden erzeugte, während sie immer wieder zwischen Küche und Wohnzimmer scheinbar ziellos hin- und herlief, unterbrochen von Telefonaten, die auf russisch geführt wurden. Galina sprach dann noch schneller als sonst, ein gurgelnder, zischender Strahl unbekannter Laute, aus dem nichts zu entnehmen war – nur Alexej Nikolaijewitschs Name kam häufig wie in einer Anrede vor. Vielleicht irrte ich mich. Warum sollte Galina noch so oft und lange mit ihm telefonieren, wenn er sowieso in ein paar Stunden kommen würde? Oder doch? Vielleicht wurde das Programm geändert, weil der miserabel inszenierte Versuch mit der Versuchung nicht geklappt hatte? Wie immer mußte ich einfach abwarten, was auf mich zukommen würde, und was immer kommen würde, es würde wahrscheinlich nicht besonders angenehm sein. Das Staccato und die wütend tanzenden, seit längerem ungewaschenen Dauerwellöckchen deuteten ebenso darauf hin wie das Hochziehen der Nase, was ich störender fand als das Staccato.

Wir wechselten jetzt kein Wort miteinander, sondern belauerten uns gegenseitig wie zwei beutegierige Raubkatzen. Die Stimmung war gefährlich. Ich spürte, wie ungestillte Rache – noch stumm und unberechenbar – mich immer mehr einkreiste und konnte nichts tun. Ich versuchte mich abzulenken, ohne meine Beobachtung aufzugeben. Die Hälfte meines Aufenthaltes in Moskau schien aus Warten zu bestehen, diesem aggressiv unterwerfenden Zustand, dem Gespaltensein des Verhältnisses zur Umwelt, Verwirrung der Gefühle, dem schrecklichen Abstand und der erschöpfenden Grenzwanderung zwischen dem eigentlichen, eigenen Wesen und Willen und den Möglichkeiten am Ende der scheinbaren Endlosigkeit. Auch in der Beziehung lernte ich Rußland und russische Eigenschaften kennen.

Wahllos blätterte ich in den Lexika und Enzyklopädien, die Galina gleich nach dem unangebracht erfolgreichen Englischunterricht mit Alexej Nikolaijewitsch kommentarlos zu wahren Bergen auf der Küchenbank gestapelt hatte, so daß man hätte meinen können, jemand versuche sich an einer wissenschaftlichen Arbeit. Ich sollte schnell merken, daß der einzige, boshafte Grund war, mich durch permanentes Nachfragen nach Schreibweise und Sinn von bestimmten Vokabeln zu verunsichern, und um die Demütigung des ständigen Rechtfertigungszwanges zu verschärfen, hatte sich Galina als Bestrafung für Alexej Nikolaijewitschs lobende Äußerung zu den erfolgreichen Bemühungen der Aushilfslehrerin um seinen englischen Wortschatz zusätzlich einfallen lassen, mich, gemäß russischer Lehr- und Lernmethoden, aufzufordern, an den entsprechenden Stellen in den Nachschlagewerken zu überprüfen, ob meine Antwort richtig gewesen war, um notfalls Selbstkritik an unzureichender oder gar falscher Auskunft üben zu können und erst recht üben zu müssen.

Als ob das noch nicht genug wäre, begnügte Galina sich keineswegs damit, mich nachschlagen zu lassen und regelmäßig den erfreulichen Bescheid entgegenzunehmen, es handle sich genau um die vorher nicht so sehr geratene oder geschätzte als im Gedächtnis des Prüflings als Wissen eingegrabene Bedeutung oder Schreibweise. Ich mußte es auch noch vorzeigen, und dieses Mißtrauen hatte nach meiner Einschätzung nichts mehr mit der von mir schwer nachvollziehbaren, russischen Pädagogik zu tun. Trotz allem ließ ich mich nicht provozieren, obwohl ich es schon lange nicht mehr spielerisch amüsant, auch noch nicht einmal einfach lächerlich fand, meine Englischkenntnisse von Galina anzweifeln und kontrollieren zu lassen. Die Entfernung zwischen pfleglichem Umgang mit den Eigenheiten und Gewohnheiten des anderen hatte sich auf russischer Seite in erster Linie durch Mangel an Einfühlungsvermögen für Zumutbarkeit und andererseits durch Verletzungen, die ich aus Unsicherheit und Unwissenheit meinen russischen Gastgebern zugefügt hatte, immer mehr als kaum noch überbrückbare, abgrundtiefe Schlucht erwiesen. Anklagend hielt der Abgrund seinen Rachen offen, der alle Verständigungsversuche zwischen uns beiden – und jede von uns fühlte sich ganz bewußt und ausdrücklich ihrem Volk und Kulturkreis zugehörig – ein für allemal und auf Nimmerwiedersehen zu verschlingen drohte. So geballter Mangel, eine solche Kette von Mangelerscheinungen – dieses potenzierte Nichts – war zu viel. Die Spannung durfte auf keinen Fall zusätzlich mit einer, sicher emotionsgeladenen, Diskussion über unser beider Verhalten im allgemeinen und besonderen aufgeladen werden, und so schwieg ich und schlug alles – wie von Galina herrisch und sinnlos befohlen – nach, selbst auf die mögliche Gefahr hin, daß Galina meine Folgsamkeit als tatsächliche sprachliche Unsicherheit ansehen würde.

Wie dieser deutsche Wachhund, dieser typisch deutsche Hund heiße, den die Nazis so geliebt hätten? Das klang gar nicht mehr nach Interesse an einer Sprache, sondern nach Ausgrenzung als Deutsche. Natürlich handelte es sich mit Sicherheit nicht um einen Dackel, vielmehr meinte Galina einen Schäferhund: wachsam, scharf, gehorsam und treu. Es war nicht das erste Mal, daß ich im Ausland auf die Vorstellung traf, diese Eigenschaften seien typisch deutsch. „Alsatian", es sei ein „alsatian" übersetzte ich korrekt den beschriebenen Vierbeiner. „Nein", widersprach Galina, ohne auch nur ansatzweise einen alternativen Vorschlag zu machen, „So heißt er bestimmt nicht." – „Alsatian", beharrte die Deutsche unerschütterlich und lieferte damit ein Zeugnis einer der Schäferhundqualitäten. Galinas Attacke hatte mir fast die Sprache verschlagen.

Ich rang mit mir, holte tief Luft wie zu einer längeren Rede und – ohne die Anweisung abzuwarten – handelte ich dieses Mal im eigenen Interesse und schlug wortlos nach. „Alsatian" – da stand es schwarz auf weiß. Stumm und mit vor Erregung trockenem Mund zeigte ich es Galina, die nur flüchtig die Zeile überflog, auf der sich der weit abgespreizte, ausgestreckte Zeigefinger festgesaugt hatte.

Galina nahm mir den schweren Wälzer aus der Hand und klappte ihn mutwillig und betont verächtlich zu. „Vielleicht habe ich doch nicht diesen Hund gemeint", argumentierte sie das korrekte Wissen der anderen gleichgültig weg und gab gleichzeitig damit zu, daß sie die Erklärung gelesen hatte: „Alsatian, German shepherd dog", hatte da gestanden. Sogar „Deutscher Schäferhund", nicht nur allgemein „Schäferhund"! „Wahrscheinlich hast du mich nicht richtig verstanden." Diese borniertes Besserwisserei kannte ich schon nur allzu gut. Galina beschrieb das Aussehen und die Eigenschaften des gesuchten Hundes noch einmal so umständlich und überdeutlich in allen Einzelheiten, als ob sie es mit einer mindestens Begriffsstutzigen, wenn nicht geistig Minderbemittelten zu tun hätte. Eindeutig war ein Schäferhund gemeint. „Alsatian", antwortete ich wieder und verzog keine Miene. „Du magst es glauben oder es auch lassen, es ist ein Schäferhund, und Schäferhund heißt ‚Alsatian'." – „Schau nach", befahl Galina allen Ernstes, nachdem sie mich das Tier, das sich allmählich zum Untier entwickelte, noch einmal hatte durchbuchstabieren lassen. „Ich glaube du hast einen Buchstaben vergessen." Galina schob das unhandliche Wörterbuch herüber. „Hier: ‚Alsatian'!" Der deutsche Zeigefinger erschlug das englische Wort jetzt fast. Galina klappte das Buch, ohne hinzuschauen, zu, so daß ich gerade noch meinen Finger retten konnte. „Und woher kennst du gerade dieses Wort so gut?" Ich war verdattert, nein, völlig fassungslos. Diese Frage überstieg meine Vorstellungskraft.

Das war ein Verhör. Ein Verhör, dessen zermürbende Technik wahrscheinlich kaum impulsiv, und erst recht nicht intuitiv, angestellt wurde, sondern die geübt und wohl auch schon häufiger angewandt worden war. Ich konnte mir einfach nicht vorstellen, daß diese Art des Quälens noch etwas mit Emotionsfalle und Irrationalität zu tun hatte und fing an, mit Akribie die Bücher aufeinander zu schichten, Ecke auf Ecke, Buchrücken an Buchrücken mit beiden Händen so lange zurechtzurücken, bis sie wirklich ganz genau übereinander lagen, so wie es sich gehört – so, wie ich meinte, daß es sich gehört –, wenn man etwas zurückgibt.

Ordnung. Ich mußte Ordnung, einen Leitfaden, in diese verfahrene Situation bringen! Kein Protest gegen die Verweigerung, keine gallebittere Beschimpfung und Verächtlichmachung der Sprachkenntnisse! Galina war merkwürdigerweise verstummt.

Das Telefon läutete wieder. Galina eilte gekonnt behend, mit den Pantoffeln über den ungekehrten Holzfußboden gleitend, über die Diele zum Apparat. Es war nur ein kurzes Gespräch. Doch dieses Mal kehrte sie mit einem Lächeln zurück. „Alexej Nikolaijewitsch wird gleich kommen, um sich von dir zu verabschieden und alles noch einmal mit dir zu besprechen", zwitscherte sie im höchsten C-Dur und mit unüberhörbar bedauerndem Moll im Unterton ihrer stimmlichen Ausdrucksskala fügte sie hinzu: „Viktor hat sich morgen einen Tag frei genommen, sonst wäre es Alexej Nikolaijewitsch eine besondere Freude gewesen, am Vortag deiner Abreise noch einmal vorbeizukommen." Das wandelnde Lexikon im Widerstand blickte von den zurechtgerückten Büchern hoch, auf die – wie um diese mühsam hergestellte Ordnung zu schützen – beide Hände gelegt waren und wie jemand, der nach tiefem Schlaf erwacht und mit blinzelnden Augen eine im Grunde altgewohnte Umgebung wie zum ersten Mal wahrnimmt, wandte ich mein Gesicht Galina zu.

Ich hatte gar nicht damit gerechnet, angesprochen zu werden. „Ah ja", sagte ich, wobei das „Ah" sehr gedehnt gesprochen wurde und das „Ja" sehr kurz, was genau der Verständnislage entsprach. Ich hatte lediglich Laute zur Kenntnis genommen, und da ich noch über deren Sinn nachdachte, hätte ich beim besten Willen das „Ja" nicht ausdrucksvoller über die Lippen bringen können. Doch dann wiederholte ich: „Ah ja", und dieses Mal sprach ich das „Ah" kurz und das „Ja" sehr lang und sehr deutlich. Ich hatte verstanden, und zwar glasklar.

Langsam, geradezu unheimlich langsam stand ich von der Küchenbank auf, entfaltete meine ganze Körperlänge, und wie ich so in Zeitlupe aufstand und mich reckte, mußte es aussehen, als wäre ich noch viel größer, als ich es sowieso war. Ich stellte mich ganz dicht vor Galina, faßte sie mit beiden Händen an den Schultern und sah ihr gerade in die Augen. Galina war starr. Sie wußte nicht, was und wie ihr geschah. Man hätte eine Stecknadel in der Küche fallen hören können. Dann sagte ich betont deutlich, ganz ruhig und leise zu Galina: „Schau mich genau an und paß auf, was ich dir sage! Ich will nichts, überhaupt nichts mit dem verfluchten Stein zu tun haben, mit diesem nicht und keinem anderen, nicht hier und nicht in Hamburg. Wenn Alexej Nikolaijewitsch nach Hamburg kommt, werde ich ihm gerne Hamburg zeigen, so wie er mir Moskau gezeigt hat. – Oder so ähnlich", fügte ich eher für mich hinzu, „und sonst nichts. Sag ihm das auf russisch, wenn er kommt. Und jetzt" dabei faßte ich Galina noch etwas fester und sah ihr weiter in die Augen „wiederhole genau, was ich dir gesagt habe, damit ich weiß, ob du mich verstanden hast." Ich ließ Galina los und setzte mich zurück auf die Küchenbank, während Galina, noch benommen von dem Überraschungsangriff und wie schwindelig an das Spülbecken gelehnt, widerspruchslos und fehlerfrei Wort für Wort wiederholte, wie ich es ihr befohlen hatte. *Das war Krieg*. Ich wußte es, aber ich konnte es mir nicht länger leisten, nur zu warten und zu schweigen. Ich hatte die Entscheidung treffen müssen, klar Stellung zu beziehen.

Es klingelte. Galina flog nicht wie gewohnt, sondern schlurfte wie eine alte Frau, die schwer an einer drückenden Bürde zu tragen hat, mit langsam zögernden, schleppenden Schritten zur Tür. In der Tat, es war Alexej Nikolaijewitsch. Ich erkannte seinen jungen, wohlklingenden Bariton in dem Gemurmel, das nun vom Flur her in die Küche drang und so gedämpft war, als wollte man sich vor unerwünschten Mithörern schützen. Es dauerte einige Zeit, bis beide hereinkamen. Galinas Augen schwammen unter ungetuschten Wimpern wie blaßblaue Seen, die nichts sahen. Sie schwammen an meinem forschenden Blick vorbei zu Alexej Nikolaijewitsch, der mich jetzt, freundlich wie immer, begrüßte und mir ein kleines Album mit Abzügen von den Fotos überreichte, die an den ersten beiden Tagen des Zusammentreffens mit ihm vor einigen, für Touristen unerläßlichen Moskauer Sehenswürdigkeiten gemacht worden waren. Alle immer lächelnd, gut gelaunt, perfekt. Man hätte denken können, drei gute

Freunde seien auf Genußtour. Alle Bilder scharf, aber nicht zu scharf, so daß verräterische Fältchen, Ungenauigkeiten beim Make-up und sogar der große Altersunterschied zwischen Galina und mir einerseits und Alexej Nikolaijewitsch andererseits nicht zu grell ausfielen. Es waren kleine, bedeutsame Dokumente großer Beherrschung mit elektronisch verzeichnetem Datum und Uhrzeit, wann sie aufgenommen worden waren. Ich blätterte das Album wieder und wieder durch, während Galina und Alexej Nikolaijewitsch – zunächst die Köpfe eng zusammengesteckt – sich weiter unterhielten.

Galina hatte mit einem Augenzwinkern ihr eigenes Album bekommen und war offensichtlich von der Qualität ihrer fotografischen Darstellung entzückt, denn die blaßblauen Seen hatten Konturen bekommen, als sie die Bilder begutachtete. Doch jetzt lag das ganz persönliche Album achtlos auf dem Tisch. Alexej Nikolaijewitsch und Galina schienen sich seit einiger Zeit nicht mehr über die Fotos zu unterhalten. Die Köpfe waren auf Beobachtungsdistanz auseinander gegangen, und der Raum füllte sich wieder mit kleinen Explosionen messerscharfer Laute von schnell gesprochenen Wörtern wie von sich kreuzenden Klingen, einem zerfetzendem Zischen und schließlich verschlingendem Gurgeln. Es waren die unrythmischen Laute eines Konflikts und nicht die einer gemeinsame Sprache, die das Herz jeder Verständigung ist. Sie flatterten als unregelmäßiger Pulsschlag einer ernsthaft kranken, hochinfektiösen Spannung, deren Gesicht zuckende Augen, zitternde Mundwinkel und Hände hatte, die wie willenlos den auf- und abfahrenden Arm- und Handbewegungen Alexej Nikolaijewitschs folgten.

Er beherrschte die Szene, und ohne das Wort an mich gerichtet zu haben, flößte er jetzt nicht nur Galina, sondern auch mir Angst ein. Unvermutet plötzlich brach das Streitgespräch ab. Alexej Nikolaijewitsch ließ übersetzen, daß er mir eine gute Heimreise wünsche und sich freue, mich in den nächsten Tagen in Hamburg wiederzusehen. Alles andere könnten wir dort besprechen. Er gab mir die weiche, gepflegte Hand, lächelte das vertrauenerweckende, beruhigende Lächeln eines geduldigen Wolfes, der sein erkorenes Opfer gut kennt, aber wegen mangelnden Appetits noch verschont, und wandte sich zur Tür.

Galina kehrte mit einem verbindlichen Lächeln zurück, setzte sich zu mir und schaute sich erneut ihre Konterfeis in den kleinen Alben an. Es war verblüffend, wie schnell sich ihr seelischer Zustand änderte. Nichts schien sie auf Dauer tief und nachhaltig zu bewegen. Sie war so selbstverliebt versunken, daß sie nicht bemerkte, wie Viktor die Küche betrat. Umständlich packte er ein paar Sachen für das Abendbrot aus und ging noch einmal hinaus, um sich die unvermeidliche Adidashose anzuziehen. „Galina", flüsterte ich hastig, „zeig ihm nicht die Fotos. Sie haben einen Datum- und Zeitaufdruck. Viktor wird erkennen, daß wir an mehreren Tagen mit Alexej Nikolaijewitsch zusammen waren." Ich wußte selber nicht, warum ich Galina warnte. Eigentlich hatte ich keine Veranlassung, sie zu schützen. Galina schaute widerwillig auf. Blind vor eitler Selbstzufriedenheit und Eigenliebe sah sie die Mahnerin zunächst verwundert, dann ärgerlich an, daß ihr nicht nur der Genuß an Viktors Bewunderung genommen werden sollte, ja, sie sich allen Ernstes sogar selber darum bringen sollte. Schließlich zog sie beide Mundwinkel verächtlich herab und wandte sich der neuerlichen, entzückten Begutachtung der Fotos zu.

Ich verstand Galina nicht mehr. Ich verstand überhaupt nichts mehr. Liebte Galina Konfrontationen der zu erwartenden Art? War Gefahr für sie eine erotische Komponente ihres russischen Lebens? Kaum, daß Viktor sich auf seinen Stuhl gesetzt hatte, hielt Galina ihm die technisch und im Ausdruck gut gelungenen Bilder hin. Es wäre weder nötig gewesen, überhaupt etwas zu erklären, noch hätte Galina gar so unbefangen und fröhlich tun müssen. Die Fotos sprachen in jeder Beziehung eine sehr deutliche Sprache, und Viktor verstand die Sprache in *allen* Nuancen. Er hatte gesehen – alles hatte er gesehen –, und kaum, daß Galina kurz den Raum verlassen hatte, kam die Frage, die ich erwartet und befürchtet hatte. Es war eigentlich eher eine Feststellung, die weder einer Antwort bedurfte noch Ausflüchte zuließ: „Ihr habt ihn also nicht nur an einem Tag getroffen!" – „Nein", antwortete ich nun ohne zu zögern und in ungefragter Ausführlichkeit. „Wir haben an zwei Tagen mit ihm Ausflüge gemacht, und sonst kam er hierher. Sie haben sich auf russisch unterhalten. Ich kann wirklich nicht sagen über was." Galina kehrte zurück. Sie sah an Viktors Gesicht, daß Unheil drohte. Nur ein winzig kleiner Wodka wurde noch getrunken, dann wollte Galina zu Bett gehen. Sie sei schrecklich müde. Es war noch früh – für mich und erst recht für Russen –, doch Galina, jetzt erschöpft vor Angst, wollte Zuflucht suchen im Schlaf.

Ich ging in mein Zimmer und machte mich für die Nacht zurecht, dabei zitterte ich, als ob ich nackend in klirrender Kälte stehen würde. Ein glühend heißer Heizkörper kämpfte tapfer gegen den schneidenden Wind, der ungehindert durch die undichten Fensterrahmen pfiff. Ich hatte mir sämtliche Pullover über meinen dicken Schlafanzug gezogen und kroch tief unter die schwere Bettdecke. Es half nichts. Die Unwirtlichkeit des zugigen Zimmers und die Tortur des frostig gefühlten, hitzig überreizten Nervenzustandes, machten mir immer mehr zu schaffen. In meinem Magen schienen sich Fäuste verknotet zu haben, meine Kehle war von Angst wie zugeschnürt und drohte mich zu strangulieren. Der Wind strich suchend durch das Zimmer, und doch meinte ich, keine Luft zu bekommen. Die Situation war in ihrer Bedrohlichkeit eindeutig gewesen. Ich wußte nicht, was genau beabsichtigt war, aber ich hatte eine klare Vorstellung davon, was ich alles vor meiner Abreise noch beachten müßte.

Gerade jetzt war mir ein ganz bestimmter Verdacht gekommen, und ich nahm mir vor, mich am morgigen, letzten Abend, rechtzeitig zu verabschieden, um alle Gepäckstücke entleeren und jedes einzelne Teil vor dem Einpacken untersuchen zu können. Wieder und wieder versuchte ich, mir alle Einzelheiten des kommenden Abends einzuprägen, und wieder und wieder nahm ich halb in Gedanken, halb im Traum, meine ganzen Habseligkeiten auseinander. Ich würde mit großer Wahrscheinlichkeit etwas vergessen, und schon die Befürchtung gab mir ein elendes, verlorenes Gefühl.

OFFENE FRAGEN

Flug SU 209 von Moskau nach Hamburg startete pünktlich um 11.15 Uhr von Scheremtjewo 2.
Warum hatte ich nur die Flasche mitgenommen? Meine Augen brannten und das unangenehme Zucken der Nerven in den Beinen störte mich. Ich hatte eindeutig zu wenig geschlafen und in der vergangenen Woche zu intensiv abenteuerlich Aufregendes, zutiefst Aufwühlendes erleben müssen, das viele bohrende Fragen offen ließ. Die Verunsicherung über den noch ungewissen Ausgang, den ich nun nicht mehr beeinflussen konnte, schien mich tiefer und tiefer in den Sessel der Flugzeugkabine zu drücken. Ich legte den Sicherheitsgurt an und schloß die Augen, um ruhiger zu werden und nachdenken zu können, aber die Übermüdung und die hypernervöse Überreizung des Vorabends hatte sich noch immer nicht gelegt und war zu einer unkonzentrierten Wachheit aus sturmgetriebenen, wechselfarbigen Fetzen schnell an mir vorbeiziehender, flacher Bilder geworden, die sich zu einer losen Kette von unzusammenhängenden Gedankenimpulsen formierten und wieder verschwanden.
Ich konnte mich an keinen vernünftigen Grund erinnern, der mich bewogen haben könnte, die Flasche einzupacken. Das war das Schlimmste, und das, was mich am meisten beunruhigte. Ich hatte zum Schluß, wahrscheinlich aus Erschöpfung und Angst, die Kontrolle über meine Handlungen verloren. Die Flasche im Handgepäck war Indiz für die Möglichkeit, daß mir noch mehr Fehler unterlaufen sein könnten. Meine Gedanken durchwanderten angestrengt Minute für Minute der letzten kurzen Nacht, Quadratzentimeter für Quadratzentimeter des Gepäcks, das ich, als Galina und Viktor endlich schlafen gegangen waren und ich sicher sein konnte, daß keiner mehr mein Zimmer betreten und etwas unter meine Reiseutensilien

mischen konnte, akribisch durchsucht und dermaßen sorgfältig verstaut hatte, als ob ich etwas vor mir selber verstecken müßte. Es waren ermutigend wenig Sachen zu packen gewesen. Nur deshalb hatte ich es überhaupt in den paar verbliebenen Stunden schaffen können. Galina hatte für meinen Mann eine Flasche von einem berühmten armenischen Brandy mitgegeben, dessen weichen Geschmack und fruchtiges Aroma wir beide fast mehr schätzten als die mannigfaltigen, von wirklichen Kennern als gut bezeichneten Eigenschaften französischen Cognacs.

Zunächst hatte ich gar nicht bemerkt, daß die Flasche nicht verschlossen war, sondern hatte sie zur Seite gestellt, weil sie wegen der unsanften Behandlung von Koffern bei der Verladung bruchsicherer im Handgepäck aufgehoben wäre. Die Konzentration hatte mir den Schweiß auf die Stirn getrieben, während ich bis tief in die Nacht alle Taschen durchsucht, Säume und Futterstoffe abgetastet, Tiegel und Behälter auf- und wieder zugeschraubt und Stück für Stück sorgfältig im Koffer untergebracht hatte mitsamt zweier Halbedelstein-Döschen, die im Geschäft rührend unbeholfen als Geschenk verpackt worden waren. Nachdem ich den Koffer geschlossen hatte, war nur noch meine bauchige Reisetasche als Handgepäck geblieben. Im Zimmer war es erheblich übersichtlicher geworden. Fast leer hatte es ausgesehen. Ich hatte die Flasche genommen und sie noch vorsichtshalber in eine Plastiktüte wickeln wollen. Da erst war es mir bewußt aufgefallen! Die Flasche war nicht original verschlossen. Es waren mir nagende Zweifel gekommen, ob Galina sie mir schon vor zwei Tagen so gegeben hatte. Ich hatte versucht, mir das Bild der Übergabe in mein Gedächtnis zurückzurufen, aber wo das Bild der Flasche hätte auftauchen müssen, war ein blinder Fleck gewesen. War sie in Papier gewickelt überreicht worden, daß ich den geöffneten Verschluß nicht bemerkt hatte, und wer hatte dann das Papier entfernt? War sie geschlossen gewesen, und hatte jemand sich in meiner Abwesenheit in meinem Zimmer daran zu schaffen gemacht?

Es hatte keinen Zweck. Je intensiver und öfter ich versucht hatte, mich an den Ablauf zu erinnern, desto verschwommener waren die

Bilder geworden. Mein Gedächtnis hatte mich im Stich gelassen. Die Gegenwart hatte mir helfen müssen zu entscheiden. So hatte ich an der Flasche gerochen, sie kräftig hin- und hergeschüttelt, dabei auch auf verräterische Geräusche gelauscht und sie gegen das allerdings spärliche Licht einer einzigen, matt leuchtenden Glühbirne gehalten, aber rein gar nichts entdecken können. Natürlich hätte ich einfach die Flasche zweifelhaften Inhalts stehen lassen können. Wer hätte mich daran hindern können, was daran hindern sollen? Ich würde sowieso nie, nie wieder dorthin zurückkehren. Aber ich hatte sie mitgenommen.

Nein, ich wollte Galina und diese Wohnung nie wiedersehen, diese Wohnung, in der ich wie eine Gefangene gewesen war und Galina, mit der ich mich selbst noch auf der Fahrt zum Flughafen heftig gestritten hatte, die mich wie ein Marktweib schreiend und keifend durch eine Menschenmenge bis zur Zollkontrolle bugsiert hatte, um mich dann – wie einer lästigen Pflicht endlich entledigt – meinem Schicksal zu überlassen. Kein Wort, kein Gruß. Ich hatte das konsequent gefunden. Es hatte mich nicht gestört.

Ich wanderte von Warteschlange zu Warteschlange. Aufmerksame Russinnen machten mich immer wieder entsetzt auf den Schmutz an meinem weißen Daunenmantel aufmerksam. Sie zupften, wischten und klopften an mir herum und meinten es gut mit dem Mantel, vielleicht auch ein bißchen mit mir.

Ich wehrte müde ab und zuckte gleichgültig mit den Schultern. Nur noch ein paar Stunden aushalten. Die letzten Stunden einer Woche voller Schrecken und ängstlicher Anspannung, Demütigungen und hilfloser Wut. Zoll, Flugschalter, hier Kontrollen, dort Kontrollen. Ich hatte mich mühsam bis zur letzten Schlange vorgearbeitet und stand nun vor der Paßkontrolle. Man nahm mir den häßlich bordeauxfarbenen Paß ab, verglich ominöse Listen, telefonierte laut und böse klingend, verschwand, kam wieder, verschwand wieder. Und zwischendurch mürrisches, feindseliges Betrachten aus jungen, sehr jungen, harten Augen. Das störte mich. Ich versuchte, ein ebenso mürrisches und feindseliges Gesicht zu machen. Genauso wie ich warten gelernt hatte, hatte ich lächeln verlernt, erst recht lächelnd in einer Schlange warten, die von hoheitlicher Willkür dressiert wird. Inzwischen hatte man sogar die immer lauter, unzufriedener grummelnde Menschenansammlung hinter mir zu einem anderen Kontrollpunkt umgeleitet. Wieder einmal war ich ganz allein, und die plötzliche Ruhe hinter mir, nachdem die lärmende Ungeduld der Wartenden mit umgezogen war, stellte sich beklemmend zwischen mich und das Gefühl, zu einer Gemeinschaft zu gehören. Es schien ewig zu dauern. Unaufgefordert stand ich wie angewurzelt auf einem Fleck und wartete kraft- und willenlos, ohne mich zu rühren. Ich schaute noch nicht einmal auf die Uhr, ob ich überhaupt noch mein Flugzeug erreichen würde, als man mich endlich, und dann plötzlich unerwartet, passieren ließ. Alles in Rußland schien mir unerwartet, wenn etwas geschah, weil der Weg vom Anfang der Hoffnung, daß etwas geschehen möge bis zum tatsächlichen Geschehen so lang ist, daß man ihn nicht erdenken kann. Ich war neugierig, ob ich den Grund für die überlange Kontrolle entdecken könnte und forschte in meinem Paß nach, sobald ich außer Sichtweite der Beamten war.

Anders als alle anderen russischen Ein- oder Ausreisestempel war dieser Ausreisevermerk handschriftlich numeriert worden. Ich klappte den Paß zu und steckte ihn sorgfältig wieder weg. Nicht mehr lange, und ich würde in Deutschland sein. Was immer dort noch an der Grenze passieren würde, es war mein Land, und nie zuvor hatte ich an mein Land im Zusammenhang mit rechtsstaatlichen Prinzipien so sehnsüchtig gedacht!

An der deutschen Grenze passierte nichts, nichts von alledem, was ich ängstlich erwartet hatte. Mein Mann war am Flughafen und holte mich ab, und das des Mittags. Das hatte ich nicht erwartet. Wir hatten während der ganzen Woche nicht einmal telefoniert. Er war, wie so häufig, auf Geschäftsreise und nur schwer erreichbar gewesen. Ich umarmte, umklammerte ihn geradezu wie meinen Retter und schluchzte wieder und wieder meine ganze, fassungslose Erleichterung über die Auflösung der Schwierigkeiten heraus, an die ich fast nicht mehr geglaubt hatte und die mir jetzt greifbar nah schien. Zurück in Deutschland, zu Hause! Die Tränen flossen ungehemmt. Abends, wenn er aus dem Büro wiederkäme, würde alles erzählt und erklärt werden, oder zumindest das Wichtigste, um auf den nächsten Tag und die folgende Woche vorbereitet zu sein.

Ich genoß es, zunächst mit mir allein zu sein. Schließlich machte ich mich doch daran, den Koffer auszupacken. Zuerst fielen mir die Weißbrotkrümel auf, die überall zwischen und unter der unverändert ordentlich zusammengefalteten Kleidung lagen. Und dann sah ich, daß die kleinen Geschenkpäckchen mit den Döschen aufgerissen waren. Man hatte also den verschlossenen Koffer inspiziert und nach etwas ganz Bestimmtem gesucht. Er war nicht wahllos durcheinander gewühlt und irgendetwas gestohlen worden, es war einfach gründlich nach etwas gesucht – und nicht gefunden worden. Und es war dabei gegessen worden. Ich war so aufgebracht, daß ich im Moment nicht wußte, was mich mehr empörte: die Durchsuchung an sich oder die Nachlässigkeit mit den Brotkrümeln. Ich schaute mir den Koffer jetzt genauer an. Er war absolut unbeschädigt – nur eine kleine handschriftliche Nummer fand ich aufgeklebt, und die war identisch mit der auf meinem Ausreisestempel.

EINE WOCHE UND DANACH

Angst ist ein ungebetener Gast, der sich breit macht, des Tags kostbare Kraft, des Nachts unersetzlichen Schlaf raubt, kein noch so bescheidenes Eigenleben zuläßt und sich zielsicher anschickt, das Regiment über seine unfreiwilligen, überrumpelten Gastgeber für unabsehbare Zeit zu übernehmen. Er glotzt aus den blinden Augen eines monomanen Herrschers und verströmt als untrügliches Zeichen seiner Gegenwart den ihm eigenen widerlichen Geruch aus Achselhöhlen.

Es war eine erschreckende Woche gewesen, leise und doch merkwürdig lärmend durch das ständige Telefonklingeln, dieses nervenaufreibende Geräusch, das mich bis in die letzten Fasern durchdrungen hatte, weil meine ganze Wahrnehmung angespannt einzig und allein darauf gerichtet gewesen war. Ich war dem Läuten und den darauf folgenden, eintönig leeren, unmelodischen Tönen auf dem Band des Anrufbeantworters, wenn jemand auflegt, ohne eine Nachricht zu hinterlassen, hilflos ausgeliefert gewesen. Es hatte mich bis zur schäumenden, trotzigen Wut und tränenreichen Niedergeschlagenheit gereizt. Läuten, auflegen, läuten – eine schier nicht enden wollende, unabänderliche Folge als beklemmende Bedrohung durch pochende Erinnerung. Alexej Nikolaijewitsch war zweifelsohne wie angekündigt in Hamburg gewesen und hatte beharrlich, mit unerwünscht zuverlässiger Anhänglichkeit, versucht, mich zu erreichen, aber nicht seine in überdeutlichen Umrissen schon bekannten, unannehmbaren Anliegen dem Band des Anrufbeantworters anvertraut. Soviel dezente Zurückhaltung hatte sicher nicht darauf beruht, daß er gemeint hätte, es würde sich dabei um staatstragende Geheimnisse handeln. Gerade der von ihm und Galina vermittelte Eindruck der rechtmäßigen Alltäglichkeit ihres Handelns waren so erschreckend gewesen. Tagsüber, mittags, nachts. Ich hatte die Wohnung, entgegen meinem eigentlichen Bedürfnis, so oft und lange wie möglich verlassen und war immer nur spät gemeinsam mit meinem Mann zurückgekehrt, als ob es leichter zu ertragen wäre, wenn zwei zusammen Opfer würden. Freunde und Bekannte waren umgehend nach meiner glücklichen Rückkehr aus Moskau von einer fiktiven Abwesenheit mit der Bitte unterrichtet worden, in dieser Woche nicht anzurufen. Das monotone Summen des Telefons war Solo oder ständige Begleitung in dem Konzert der täglichen und nächtlichen Geräusche gewesen. Ich hatte es geradezu erwartet und war unruhig erstaunt gewesen, wenn eine Pause eingetreten war, aber wenn diese Töne, diese wortlosen, nicht entschlüsselbaren Signale, die Nachricht, deren Inhalt mich als nicht verdrängbare Ahnung bleiern belastet hatte, mich wie ein wörtliches Gespräch im sanften Bariton erreicht hatten, war ich erschrocken gewesen und hatte mich ertappt gefühlt, als ob die Wände Augen hätten.

Ich hatte mich gewürgt gefühlt von der Furcht vor einer Präsenz, die mich umgab, ohne faßbar zu sein. Es hatte nur eine kalendarische Woche, eine kurze Woche meines Lebens gedauert, deren verzweifelnde, vermeintlich unüberschaubare Länge ich in ihrer umfassenden Unerträglichkeit als bittere, ungerechte Strafe empfunden hatte. Fast nichts, was ich nicht in unmittelbarem Zusammenhang mit den Geschehnissen in Moskau gesehen hatte. Ich hatte mich selber nicht mehr gekannt und hatte gelitten. Das Leiden, ohne um die Ursache zu wissen, war wie ein Leiden ohne Sinn gewesen und hatte gedroht, zur unerträglichen Qual zu werden. Ich hatte zunächst nicht darüber gesprochen, weil ich meine Gedanken und Gefühle nicht hatte in Worte fassen können.

Später, als ich glaubte, etwas mehr Abstand gewonnen zu haben, hatte ich absichtlich nichts erwähnt, weil ich gefürchtet hatte, nicht verstanden zu werden. Rußlands geduldige Erde birgt an vielen, oft unvermuteten Stellen übergroßen Reichtum für alle, die ihn suchen. Die Wurzeln des gegenseitigen Verstehens und verantwortungsbewußten Verständnisses für einander waren schon so tief und stark,

Galina und Viktor hatten die Öffnung nach Rußland hin für mich so umsichtig weit und beschreitbar gemacht, daß weder wilde Triebe wie Galinas verräterischer Hinterhalt noch durch zerstörerisches Mißtrauen abgelöstes, argloses Vertrauen die Wurzeln hatten ersticken können. Die Tür, die ursprünglich gerade von Galina als Geste der Freundschaft so einladend geöffnet worden war, hatte sich nach Galinas Betrug an den aufrichtigen Gefühlen des miteinander Vertrautseins doch nicht wieder ganz geschlossen. Die Scharniere quietschten wohl recht peinigend und waren jetzt nur sehr schwer gängig, aber ein schmaler Spalt stand offen, zwar noch nicht genug, um ohne Schrammen wieder auf die andere Seite zu gelangen, aber doch weit genug, um das Mißtrauen, das mich einsam gemacht und viel Kraft genommen hatte, zu überwinden, und für mich zu beschließen, nicht den leichteren Weg zu gehen, und den Kontakt zu Russen und Rußland abzubrechen. Ich hatte für mich herausfinden müssen, warum das alles so geschehen war, vielleicht geschehen mußte.

Nicht nur den Täter zieht es zum Tatort, auch gelegentlich das Opfer. Im darauf folgenden Sommer waren mein Mann und ich nach Rußland gefahren. Ich hatte mich dem Plan sehr vorsichtig und unter dem Vorwand genähert, mein Mann wäre ja noch nie in Rußland gewesen, und deshalb wäre die gefühlsmäßige und tatsächliche Sicherheit in einer Gruppe, deren ständiges Refugium ein gechartertes Hapag-Lloyd-Schiff sein sollte, der beste Weg, einen Teil Rußlands zu bereisen, um einen ersten, flüchtigen Eindruck von einigen historisch wichtigen Orten zu gewinnen. Ich hatte mir erfolgreich eingeredet, daß so eine Flußkreuzfahrt auf der Wolga, die auf ihrer nördlichen Route in St. Petersburg ihren Ausgang nahm und in Moskau enden sollte, die ungefährlichste Art wäre, mich mit gebotenem, äußeren Abstand dem Thema wieder zu nähern, wobei es mir besonders wichtig gewesen war, daß mein Mann Moskau sehen würde, und das nicht unbedingt, weil – wie ich meinte – Moskau die russischere Stadt im Vergleich zu St. Petersburg war. Ich hatte mir schon bei der Planung lebhaft vorgestellt, wie es sein würde, wieder in Moskau zu sein, gar Galina irgendwo zufällig über den Weg zu laufen, und hatte eine kindliche Schadenfreude bei dem Gedanken gefühlt, sie verächtlich ignorieren zu wollen. Moskau würde dieses Mal schöner, leuchtender sein als im Mai, war mein Wunschtraum gewesen.

Ich hatte versucht, mit anderen Augen zu sehen, ohne wertende Erinnerung wahrzunehmen, und wieder und wieder mein Gesicht gegen die regennassen Scheiben des Touristenbusses gepreßt, ob ich vielleicht etwas mir Bekanntes ausmachen könnte. Es war schwierig gewesen, durch den immer aufs neue beschlagenden Ausguck in meinem Fenster etwas zu erkennen. Ich hatte gewischt und gewischt, bizarr geformte Löcher in das milchige Weiß gepustet. Ich hatte genau hingesehen und vieles erkannt. Moskau. Genau wie ich es ein paar Monate zuvor gesehen hatte. Auch wieder grau und wieder regnerisch. Goldene Kuppeln, herrische Kreuze. Das Theater an der Tanganka.

Das Theater an der Tanganka! Mir hatte der Atem gestockt. Ich hatte es geahnt, aber gehofft, es würde doch nicht eintreten. Ich hatte nach ein paar hundert Metern erkannt, daß wir auf dem Weg nach Kolomenskoje waren und gewußt, was das bedeutete. Ich hatte mich zurückgelehnt und tief durchgeatmet. Einen Moment, einen dieser grauenhaften Momente, in der mich die eisige Ahnung der möglichen Nähe des Todes befiel, hatte mich unentrinnbare, atemberaubende Panik ergriffen. Ich hatte nicht weiterfahren wollen, und während ich heftig mit mir gerungen hatte, wie das zu bewerkstelligen sein könnte, und doch andererseits immer wieder versucht hatte, mit weit aufgerissenen Augen, die plötzlich mehr und klarer hatten sehen können, alles in allen kleinsten Einzelheiten in mich aufzunehmen, die Fenster öfter und verzweifelter als vorher mit immer neuen Tüchern abgewischt hatte, um das Draußen zu erkennen, da hatte ich es gesehen! Wir waren genau an dem Haus vorbeigefahren, wo Galina wohnte, an meinem Gefängnis. Mir waren Tränen in die Augen geschossen, die ungeweinten Tränen jener Maiwoche, die Anstrengung, Angst und Fassungslosigkeit in mir eingeschlossen hatten, sie hatten sich unaufhaltsam quellend und rinnend ihren Weg gesucht. „Da ist es" hatte ich heiser meinem Mann zugeflüstert. „Hier wohnt Galina", hatte ich mühsam, und eindringlich die Betonung auf „Galina" legend, mit von Tränen erstickter Stimme hinzugefügt. „Furchtbar", hatte er gesagt. „Furchtbar, so ein schrecklich verkommener Wohnblock!" Ihm war der Anblick wirklich nah gegangen. Mitleidsvoll hatte er mich angesehen und fast ungläubig gefragt: „Und da hast du gewohnt? Da hast du es ausgehalten? Drinnen, nicht draußen, ganz weit drinnen war es schlimm. Nicht das Haus, nicht die Wohnung, alles war zu ertragen. Was sie mit mir gemacht hat, war schlimm."

Er hatte ja nichts verstehen können. Allein der Name meiner Peinigerin war nicht genug gewesen. Ich hatte so wenig erzählt. Ich war von einem Weinkrampf geschüttelt worden und hatte meine heiße Stirn gegen die kalte Scheibe gedrückt. Ich hatte nichts mehr gesehen, nichts mehr gedacht. Ich hatte mich geschämt. Ich hätte vieles erklären müssen, doch ich hatte es nicht gekonnt, hatte es noch nicht gekonnt, aber ich hatte gemerkt, daß ich die Suche nach dem Grund der tiefen Verletzung nicht länger aufschieben durfte.

Und während ich hinausschaute und sich das noch winterliche Parkgrün mit aufgeregten, frühlingstollen Hunden füllte, überlegte ich, wann ich anfing zu verstehen, wann ich den Grund der tränenreichen Tiefe erreichte: Als ich mich hatte an Galina erinnern müssen. Ich hatte wahrlich nicht gerne an die Zeit zurückgedacht, aber die Bilder und Klänge der letzten Minuten mit Galina hatten sich in mich hineingedrängt und mich nicht wieder losgelassen. Ich war dem eigenen Erinnerungsvermögen wehrlos ausgeliefert gewesen und hatte ihm bittere Tränen geopfert, bis ich erkannt hatte, daß es gut und heilsam war, mich zu erinnern, mich gerade an den letzten heftigen Streit zu erinnern, den im Auto auf dem Weg zum Flughafen. „Setz endlich deine rosarote Brille ab", hatte Galina mir haßerfüllt wie ekelhaften Auswurf entgegengeschleudert, und ich hatte es durchaus für möglich gehalten, daß der Haß sowohl mir, die Galinas profitverheißende Pläne verdorben hatte, als auch meinem Plädoyer für Rußland gegolten hatte. „Rußland ist schlechter als du denkst", hatte Galina wütend und verächtlich hinterhergeschickt, sich in der äußersten rechten Ecke der hinteren Sitzbank so weit zurückgelehnt, den Kopf so zurückgeworfen, daß die Dauerwellöckchen aggressiv hin und her getanzt waren und mich, die Kontrahentin, in der äußersten linken Ecke mit angriffslustig vorgestrecktem Kinn und starren, bösen Augen fixiert. Eine Sitzbank von vielfacher Länge wäre nicht ausreichend gewesen, um so vitale, unbeherrschte Gegnerschaft abzumildern. Galina hatte innerlich gekocht. Hektische, rote Flecken hatten sich auf Gesicht und Hals ihren unpassenden Platz gesucht, und ihre Augen hatten vor blankem Haß gesprüht, als ihre einstige Freundin sie ermahnt hatte, Vorbildfunktion einzunehmen. „Gerade ihr, in eurer Position, habt die Verpflichtung dazu", hatte ich im Brustton der Überzeugung und mit missionarischem Eifer getönt. „Wenn du als Frau des Botschaftsrats meinst, Rußland sei hoffnungslos schlecht, wie sollen andere an die Zukunft glauben und aus dem Glauben Kraft nehmen, um wirklich etwas Sinnvolles für die Zukunft zu tun?" Ich war von meiner Gedankenführung überzeugt gewesen und hatte in meinem Eifer nicht bemerkt, daß ich zwar Rußlands Defizite in Schutz genommen hatte, weil ich es verabscheute, daß in meinem Land und in meiner Gesellschaft, in dem ganz ähnliche Defizite anzutreffen waren – allerdings den Dimensionen entsprechend nicht so groß und ausufernd wie in Rußland – über Rußland und Russen der Stab gebrochen wurde. Ich hatte die Defizite in der Beziehung zwischen Russen und Deutschen gesehen, aber statt zu helfen, sie zu beseitigen, hatte ich durch meine Argumentation zugunsten Rußlands auch die Defizite in meinem eigenen Land verteidigt, die Defizite als solche in Schutz genommen. Ich war energiegeladen und zukunftsgläubig blind gewesen. Ich hatte an ein bestimmtes Rußland geglaubt und mir diesen Glauben von Galina nicht zerstören lassen wollen. „Du weißt nicht, *wie* schlecht Rußland ist. Rußland ist viel schlechter als du denkst, viel viel schlechter." Galina hatten die Worte gefehlt, um auszudrücken, wie schlecht sie Rußland fand. Galina hatte fauchend wie eine gereizte Raubkatze in ihrer Ecke gekauert. Ich selber hatte zwar wortlos, aber durchaus verständlich gefaucht, und das Fauchen war von der Stille der noch dumpf brütenden, nicht ausgespuckten Wut eingesogen worden, hatte die lodernde Empörung erstickt. Ich hatte nicht mehr geantwortet. Es hatte keinen Zweck gehabt. Die Standpunkte waren zu konträr gewesen und würden es bleiben. Wir hatten nicht die Voraussetzung gehabt, um sachlich diskutieren zu können. Wir hatten nicht den gleichen Wissensstand dafür gehabt und auch nicht die gleiche Ebene des Willens und der Absichten, die Voraussetzung ist für Verstehen und Verständnis. Wie auf der Hinfahrt, nach meiner Ankunft, nach der verspäteten Abholung durch Galina und Viktor vom Flughafen, hatte ich mich leer und gleichgültig gefühlt, so gleichgültig, daß ich Galinas Wut nicht hatte nachvollziehen können. Die schwarze, undurchdringliche Stille hatte mich umfangen und mich unüberwindlich von Galina getrennt. Ich war weder in Moskau noch schon zu Hause angekommen gewesen, ich war allein in einer schrecklich stillen Leere gewesen. „Sprich", „sprich endlich", hatte Galina mich plötzlich in die Stille hinein schrill angeherrscht, und ich wäre damals nicht auf den Gedanken gekommen, Galina könnte vielleicht das vielsagende, bedrückend hoffnungslose Schweigen im Auto genauso wenig ertragen wie ich. „Ich will nicht mehr reden", hatte ich genauso schlicht wie bestimmt abgewehrt und blicklos aus dem Fenster ins graue, gleichmachende Nichts geschaut. Galina hatte daraufhin überraschend aufgeregt Viktor auf Russisch etwas zugezischelt. Mich hatte es nicht mehr interessiert. Wie oft hatte Galina Russisch gesprochen und hatte mich damit ausschließen wollen. Es war mir wirklich gleichgültig geworden. „Man muß immer miteinander sprechen", hatte Viktor noch im letzten Moment behutsam sachlich versucht, mich umzustimmen, und damit ein neues Leitmotiv in den jammervoll verklingenden Gesang des gemeinsamen Rußlandliedes einzubringen. „Schweigen ist die schlechteste Lösung", hatte der erfahrene Diplomat mich, kurz über die Schulter blickend und dabei weiter den Wagen konzentriert und ruhig durch den Verkehr lenkend, an Verhandlungsgrundsätze in Konfliktsituationen mahnend erinnert. Es war richtig, was Viktor gesagt hatte, aber es war schon zu spät gewesen. Ich hatte nicht mehr gekonnt und nicht mehr gewollt. Meine Bereitschaft und Offenheit waren erschöpft gewesen.

Tatsächlich hatte ich nach einiger Zeit meine rosarote Brille abnehmen müssen. Eindringlich ernst stimmende Nachrichten aus Rußland über Geschehnisse, Abläufe und folgenschwere Ereignisse in der Deutsch-Russischen Gesellschaft hatten mich immer stärker beschäftigt und mich schließlich dazu gezwungen. Ich hatte erst dann klar gesehen, daß ich die Erfüllung meiner durch mangelndes Wissen geprägten Wunschvorstellung *von einem* Rußland gesucht und natürlich nicht gefunden hatte. Meine Maßstäbe, meine eigenem Willen unterworfene Vorstellung, hatte ich auf andere projiziert. Ich fand Rußland jetzt nicht besser oder schlechter, sondern vielschichtiger, anders.

TATIANA

NOCH EINMAL: EIN ABENDESSEN MIT FOLGEN

Das zittrige, unscheinbar dünne Beinchen des Minutenzeigers war noch nicht wieder auf seinem ereignisreichen Rundlauf des Lebensurteils über neunundfünfzig bedeutungsvolle Strichlein im verheißungsvollen Zenit angelangt. Die fünfköpfige Gästeschar erklomm – die wispernde Ruhe des angestrengten Wohlverhaltens durch Rascheln und Scharren vorsichtig belebend – die letzten wenigen Stufen hinauf zur Residenz des neuen russischen Generalkonsuls.

Galina hatte mir zwar gesagt, ich könnte, nein, sogar ich sollte, hatte Galina gesagt, ich sollte den Generalkonsul und seine Frau einladen, aber ich hatte diese Abendeinladung, diese unter größter Anspannung und mit ungeduldiger Neugierde erwartete Essenseinladung, abwarten wollen, um einerseits herauszufinden, ob ich den Kontakt wirklich wollte und andererseits, ob der russische Generalkonsul und seine Frau zu erkennen gäben, daß sie persönlich an mir interessiert wären. Ich wollte den von Galina angeratenen Telefonanruf vom ersten Eindruck abhängig machen, beschloß ich und gab damit jegliche Entscheidung an die strikte Anonymität des unabwendbaren Schicksals ab. Selten trog er mich, aber oft glaubte ich nicht an seine rigide Aufrichtigkeit und versuchte, dieses erste, wichtige Brandzeichen der Wahrnehmung, das mein Bewußtsein erreichte, wie einen lästigen Störenfried zu verdrängen, was mir, in Erinnerung daran, so manches Mal danach viele unnütze Seufzer des Bedauerns über meine Schwäche abgerungen hatte, der Verlockung erlegen gewesen zu sein, mir ein zwar trügerisches, aber beglückendes Bild geschaffen zu haben, das ich mir entgegen bedenklicher Signale, die ich empfangen, aber nicht angenommen hatte, in Zeiten notwendiger Lebensträume zutiefst, und manchmal auch verzweifelt, gewünscht hatte.

Der Hausherr höchstpersönlich stand zur Begrüßung an der Wohnungstür. „T...schin", stellte er sich mir in genau dosierter Lautstärke und unverbindlich freundlichem Tonfall vor. Mein Herz pochte vor Erregung hart und schnell, und unter dem leuchtend blauen Etuikleid aus Kaschmir und Wolle fing ich sehr unfeierlich an, erheblich Freude auszuschwitzen, so daß ich verfluchte, auch noch – als Referenz an die Gastgeber, was mit beachtlicher Anerkennung quittiert worden war – den klatschmohnroten Seidenblazer mit einer weißen Stoffgardenie am Halsausschnitt darüber angezogen zu haben. Während die russischen Nationalfarben in den nächsten Minuten ein paar unschöne Flecken zu bekommen drohten, wartete ich mit eng an den Körper gepreßten Armen und dem elenden Gefühl, alle könnten sehen, wie unsicher ich mich inzwischen fühlte, die Dame des Hauses begrüßen zu dürfen. Der Versuch eines Begrüßungslächelns der Diplomatenfrau glich einer zu knapp angepaßten Maske, die von einem Mundwinkel zum anderen reichte und ihre natürliche Begrenzung in den wulstig aufliegenden Tränensäcken fand. Das Lächeln einer wirklich gnädigen Frau, in der sich die Gastgeberin eben noch mäßig erfolgreich versucht hatte, war schnell gewöhnlichen, dumm arroganten Gesichtszügen gewichen, die genauso wenig zu dem Strauß aus zarten Frühlingsblumen paßten, der überreicht worden war, wie die durch knappe Anweisung der Hausherrin herbefohlene, schwere Kristallvase, deren kalt glitzernde Lichtbrechungen zu der eher glatten, unnahbaren Eleganz von Calla oder Strelitzien gepaßt hätten. Was war es nur, was hatte mich so erschreckt, daß ich mich plötzlich so beklommen fühlte? Es war der unerwartet scharfe Befehlston gewesen, in dem die Anweisung gegeben worden war. Es war die Disharmonie zwischen vorgeblich nobler, aber innerlich von rohem Machtanspruch gezeichneten Haltung gewesen, die mich nun nachdenklich stimmte. Dieser eine, penetrant durchdringende Ton auf der Skala nuancenreicher Kommunikationsmöglichkeiten mit Untergebenen klang in mir nach. Es war die herrische Geste, die mich abstieß, die Überheblichkeit im Gesicht, der Ausdruck des Bewußtseins von jemandem, der oben steht und auf jemanden herabschaut, von dem wegen der zu befürchtenden Nachteile wahrscheinlich kein Widerspruch zu erwarten ist, und ich dachte bei mir, daß die Gastgeberin dem borniert überheblichen Gekläff traditionsloser Emporkömmlinge und Neureicher entschieden näher war als aristokratischer Autorität, die sie sich aber wahrscheinlich bei der Art ihrer Anweisung vorgestellt hatte. Diese neue Russin, gerade erst der Einheitsschale eines Sowjetmenschen entschlüpft, schien bei weitem noch nicht flügge und den wichtigen Unterschied nicht zu kennen, oder Verhaltensweisen noch nicht lange genug studiert zu haben, um sich zumindest eine entsprechende, schmeichelnde Verkleidung zulegen zu können, wenn sie sich schon nicht durch Einsicht ändern konnte. Ich bekam einen Schrecken, als ich mir meiner Überlegungen bewußt wurde. Es gab kein entschuldigendes, entscheidungsbefreiendes Hin- und Herdeuten mehr. Das war wirklich und wahrhaftig mein erster Eindruck von der Gastgeberin.

Dennoch würde ich in den nächsten Tagen den Generalkonsul anrufen, um einen Termin abzustimmen.

EINE BESONDERE STIMME

„Stsch...kow", sagte er leise, aber verständlich und überreichte mir etwas hölzern einen Strauß verwelkter Rosen von konzentriertem, düsteren Schwarzrot. Mich kam dieser Strauß sehr merkwürdig an, obwohl ich wußte, daß im allgemeinen die Einhaltung von Traditionen der Symbolik bei der Wahl von Blumen immer mehr an Bedeutung verlor. Von einem Diplomaten verwelkte Rosen zum ersten Besuch. Rote Rosen! Ich trug die Blumen vorsichtig in die Küche, um einerseits mich nicht an den Dornen zu verletzen, und andererseits zu verhindern, daß Blütenblätter zu deutlich die fragile Vergänglichkeit des Mitbringsels demonstrierten. Vielleicht ließe sich noch etwas retten. Ich würde ihnen später ein Vollbad spendieren.

„Stsch...kow", sagte er noch einmal geduldig, als ich jetzt, nachdem ich ihn flüchtig begrüßt und mich bedankt hatte, der ersten hausfraulichen Pflichten entledigt aus der Küche zurückkam. „Guten Abend, Herr Stsch...kow", begrüßte ich ihn nun ebenfalls und diesmal mit gebührender Aufmerksamkeit, wobei ich versuchte, seinen für mein Gehör furchtbar schwierigen Namen zu wiederholen. „Das war falsch", setzte ich gleich selber mit komisch hilflos verzweifeltem Gesicht hinterher und wies mich damit als Könnerin einer verhalten offensiven Defensivstrategie aus. Er nickte lächelnd. „Das war falsch!" Stsch...kow's „falsch" klang so sanft, als ob es an der Grenze zu einem „richtig" läge und stand in merkwürdigem Kontrast zur unerbittlichen Promptheit seiner Antwort, die keinen Zweifel zuließ, daß er nicht gewillt war, auch nur aus Höflichkeit den Eindruck zu vermitteln, ich hätte seinen Namen richtig ausgesprochen. „Stsch...kow" sprach er überdeutlich und mit geradezu ärgerlich belehrender Pedanterie wieder vor, und diesmal kroch ich förmlich mit meinen Augen in das feuchte Dunkel seiner Mundhöhle, wobei ich dem dicken Muskel seiner Zunge folgte, die mit ihrer Spitze sich über das erstaunlich geräumige Gewölbe des Oberkiefers tastete, um schließlich, für mich unsichtbar, hinter einer weißen Reihe kleiner, spitzer Zähne zu verschwinden. Ich hätte meinen Kopf in des Löwen Rachen legen müssen, um herauszufinden, wo die flink konstruierte Anatomie des Lautes durch Abrollen der Zunge und tastendes Touchieren bestimmter Stellen hinter den Schneidezähnen entstand, die unter Ausstoß kleiner Luftstrahle, deren Druck genau bemessen werden mußte, schließlich das gewünschte „Stsch" hervorbrachte. Ich scheiterte wiederum kläglich. Er lachte kaum hörbar mit perlendem Glucksen aus nunmehr geschlossenem Mund, als ob er ein für allemal das Kunststück der russischen Lautbildung zwischen rosarotem Gaumen und gesunden Zahnhälsen für sich behalten wollte, und schüttelte den Kopf mit dem glatten, sorgfältig seitlich gescheitelten Haar, das wie dunkles, glänzend geöltes Gefieder anlag und nur einen winzigen, spießig kunstvollen Schwung auf der rechten Seite zeigte, um die längeren Haare so unerhört geordnet mit denen auf dem Hinterkopf zu vereinen, daß ein Übergang kaum sichtbar war. „Alexander". Er gab mir entschlossen seine bäuerlich derbe Hand und schüttelte sie herzlich. „Und das ist Tatiana." Er stieß seine Frau, die sowieso neben ihm stand, ein paar Zentimeter vor wie einen Stuhl, den man noch einmal zurechtrückt, um die optimale Position bei einem Gespräch zu erreichen. Ich fand die Frau nicht gerade abschreckend unsympathisch, aber auch keineswegs durch irgendeine besondere Eigenschaft in Aussehen, Mimik oder Gestik anziehend, was mein Interesse an näherer Bekanntschaft hätte wecken können. Ich nahm die langweilige Person einfach in Kauf. Hatten Galina und Viktor zu meinem Mann und mir nicht gesagt, wir würden erben, als sie die Nachfolger avisiert hatten? Da stand ich nun mit der Erbschaft. „Ein Erbe kann der letzte Liebesbeweis sein", dachte ich ohne große Überzeugung, aber fühlte auch, daß ich Galinas und Viktors Nachlaß schlecht ausschlagen konnte, ihn vielleicht sogar wirklich nutzen sollte.

IM WONNEMONAT MAI

Mein Mann hatte in seiner hamburgisch schnörkellosen Art versucht, mich zu beruhigen. „Es kann überhaupt nichts passieren", hatte er staubtrocken versucht, mich zu besänftigen, und „passieren" hatte sich wirklich nach schwerem Unfall und Notarzt angehört. Die nähere Begründung für seinen Optimismus – ich hätte doch ein Büfett bestellt – war allerdings weniger dazu geeignet, mein Selbstbewußtsein im allgemeinen und besonderen auch nur geringfügig zu stabilisieren, und klang nicht gerade nach tiefem Vertrauen in meine Kochkünste, eher, daß es schon eine hervorragende Idee gewesen wäre, meine vibrierenden Nerven und anderer Gaumen und Mägen nicht damit zu strapazieren. Tatiana und Alexander würde ich das erste Mal seit dem denkwürdigen Antrittsbesuch wiedersehen. Marina, die emsige, wichtigtuerische Kunsthistorikerin war mir auch noch recht fremd, ebenso wie Renate und Claus, ein steinreiches Hamburger Ehepaar, das ich vor nicht allzu langer Zeit durch meinen Mann kennengelernt hatte. Wir duzten uns sogar, nachdem wir uns nur ein einziges Mal beschnuppert und den gleichen Stallgeruch einer ähnlichen, ethisch-moralischen Ansprüchen verpflichteten Tradition festgestellt hatten, die Teil eines entsprechend wortreich gestalteten Parteiprogramms war, dessen Unterstützung uns von Herzen mehr gemein war als ein tiefes, inneres Bedürfnis nach freundschaftlich verbaler oder körperlicher Nähe. An Renate und Claus, so meinte ich jedoch in schneller, unabgestimmter Vorfreude unter Einbeziehung hamburgischer Eigenarten, die wie erratische Blöcke den Weg pflasterten, an Renate und Claus könnte ich mich wohl gewöhnen und später mich unter Umständen sogar auch mit ihnen befreunden. Ich befand mich im kargen Niemandsland zwischen Erwartung und Geschehen, aus dem es kein Zurück mehr für mich gab, während gleichzeitig der belastende Mangel an Selbstvertrauen – mit abnehmender Wartezeit durch zunehmend beängstigende Vorstellungen gut gedüngt – mich geradezu nach Flucht drängte. Das größte Unbehagen bereitete mir der Gedanke an den Generalkonsul. Ich hatte ihn kurz nach dem Abendessen im Generalkonsulat angerufen, um einen Termin für eine Einladung zu mir nach Hause abzustimmen. Es hatte im Hörer auffällig geknackt, und eine aggressiv klingende Stimme, deren so ausgeprägt blecherner Ton kaum von Wiedererkennungswert gewesen war, hatte sich einen Namen gegeben: „T…schin" hatte es barsch aus dem Hörer gescheppert, was für mich dermaßen einschüchternd gewesen war, daß ich noch formvollendet höflich, jeden Anflug von Vertrautheit wie ein schwer überwindbares Hindernis großräumig umgehend, mein Anliegen vorgetragen hatte. „Machen Sie das schriftlich", hatte er mich arrogant und mit scharf abgrenzender, unnahbarer Stimme angeschnarrt. Da Galina gesagt hatte, sie wolle ihn auf den Anruf und die Einladung vorbereiten, hatte ich mehr erwartet als gehofft, er würde zumindest den Termin höflich wohlwollend prüfen. Ich hatte sehr mit mir gekämpft, ob ich T…schin und seine Frau, der herrischen Aufforderung entsprechend, überhaupt noch einladen sollte. So tief hatte mich das Telefongespräch gedemütigt. Aber dann hatte ich doch – Vor- und Nachteile säuberlich abwägend – auf gerissenem Bütten ein adäquates Ersuchen um Teilnahme am Kirschblütenfest verfaßt und überraschenderweise umgehend einen Anruf von T…schin bekommen. Seine Frau und er würden gerne der Einladung Folge leisten, hatte es verbindlich und aufrichtig erfreut geklungen, und das metallische Rasseln in seiner Stimme war weniger ausgeprägt gewesen. Mein ängstliches Abwägen wurde unterbrochen. Es klingelte! Sie kamen wirklich! Sie waren noch nicht mal mehr einen Gedankenflug entfernt.

„Wir essen Frühstück mit Freunden und Abendessen mit Feinden", eröffnete Alexander atemberaubend undiplomatisch das Gespräch mit Blick auf das opulente Büfett und gab damit ein ebenso verblüffendes wie wenig ermutigendes Beispiel west-östlicher Verständigung, die auf jegliche Art diplomatischer Kunstgriffe verzichtet, um Konflikte zu meiden. T...schin riß seine ohnehin sehr großen, dunkelbraunen Augen noch weiter auf, wobei sich die halbmondförmigen Brauen so weit die intelligente, hohe Stirn hinaufschoben, daß es mich nicht gewundert hätte, wenn die straff gespannte Haut über seinem schönen, schmalen Schädel sich vor kummervollem Zorn in kleine Fältchen gelegt und die wenigen noch dunkelbraunen, und auch schon angegrauten Härchen sich im Erinnerungskranz der ehemaligen Kopfbehaarung vor Entsetzen gesträubt hätten. Alle Beschwörungsmimik half nichts. Sie machte es nur noch schlimmer. Alexander fing ausführlich an zu erklären, warum Russen diejenigen als Feinde betrachten, mit denen sie zu Abend essen, und ein reichliches Abendbrot wiederum als Kriegsführung geeignet ist. T...schin unterbrach ihn. „Jetzt frühstücken wir", bestimmte er. Nach dieser geistesgegenwärtigen Situationsrettung schickte er noch schnell „Dmitrij" und mit Blick auf seine Frau „Tatiana" als besänftigendes Duzangebot hinterher.

Anschließend wurde gut und darüber hinaus bemerkenswert viel gegessen und in erstaunlichen Mengen, allerdings bekömmlicher, Pinot grigio getrunken. Wir lachten und erzählten, erzählten und lachten, so daß die Zeit bis zum Feuerwerk wie im Fluge verging.

Ich nahm noch schnell eine Zigarette aus der Schachtel und stürmte den anderen voraus auf den Balkon. Blättrig auseinandergezogen fingen Metamorphosen von aus Lava geborenen Blüten an, ihre meterlangen, schuppigen Fühler wie von riesigen Insekten teleskopartig auf den Balkon zuzubewegen und sich nach den Zaungästen japanischer Symbiose aus Technik und Ästhetik, wie Alpträume von Zukunftsvisionen, auszustrecken. Mit ihren Facettenaugen an den glimmenden Enden konnten sie rechts neben der Balkontür einen sehr schlanken, hochgewachsenen Mann mit Glatze sehen und an der linken Seite, gegen die von der Hitze des Tages noch warme Mauer gelehnt, eng hinter einer Blondine in weißer Jacke, wie ein Kapitän in Sommeruniform auf der Brücke seines Traumschiffs, einen etwas kleineren, rundlicheren mit rabenschwarzem, glatten

Haar, der ihr gerade Feuer gab, und durch seine körperliche Nähe die Frau zu verwirren schien. In der rechten Handhöhle, genau ihrem Fassungsvermögen angepaßt, hielt er einen schweren Aschenbecher mit goldgesprenkelter Glasummantelung, dessen meergrüne Tiefe profane Kippen aufnehmen sollte. Alexander hielt ihn so unangemessen dicht vor mich, als ob es das normalste wäre, Zigaretten in Nasenlöcher zu stecken, und durch das Riechorgan zu inhalieren. „Was soll der Unsinn", dachte ich leicht unwillig verärgert und wich der lächerlichen Geste mit vorsichtigem Manöver aus, um nicht beim Ausatmen – wie ein Pferd, das mit seinen Nüstern in den Hafer schnaubt – Asche in mein Gesicht und auf den weißen Blazer hoch zu wirbeln. Mir war es peinlich, daß er so linkisch war. Die vordergründige und befremdliche Aufdringlichkeit paßte desillusionierend wenig zu der subtilen Geschmeidigkeit des Klanges seiner Stimme. Gerade jetzt wurde der Spuk aus Zukunftsvision und irdischer Herrlichkeit von einer blutroten Kugel abgelöst, die als scheuer Bote einer ganzen Formation glitzernder, künstlicher Himmelslichter verheißungsvoll leuchtend aufstieg, um auf noch nicht einmal halbem Wege den hoffnungsvollen Flug mit kurzem, scharfem Knall hektisch abzubrechen und im tintendunklen Wasser der Außenalster zu verschwinden. Alexander hielt mir erneut den Aschenbecher so dicht vor das Gesicht, daß es mich in meiner Bewegungsfreiheit stark beeinträchtigte.

Ich spürte seinen warmen, kitzeligen Atemhauch im Nacken: „Kurz und heftig, wie sie es mag", raunte die sinnliche Stimme hinter mir leise, fast ohne Betonung, und ließ mich ganz und gar nicht unberührt. Es war eher eine Kurzmitteilung, die ihre besondere Farbe durch das wohlklingende Medium der Tonbildung bekam. „Wenn du dich da man nicht irrst!", kam umgehend die blecherne Stimme aus dem Halbdunkel der gegenüberliegenden Seite, wo Dmitrij mit weltmännischer Nonchalance an den Türflügel gelehnt und mit leicht ironischem Lächeln der Besserwisserei eines selbsternannten Kenners Position bezogen hatte, als ob die Mitteilung ausschließlich für ihn bestimmt gewesen wäre, der offenbar über ein so ungewöhnlich gutes Gehör verfügte, daß er im allgemeinen Stimmgewirr Alexanders Bemerkung überhaupt hatte wahrnehmen können. „Danke", sagte ich etwas verkrampft, und die Situation damit gänzlich unpassend kommentierend, als die schlüpfrige Anzüglichkeit mein Bewußtsein erreicht hatte, und nahm Alexander den Aschenbecher aus der Hand, um, nach einem letzten, hastigen Zug, die Zigarette auszudrücken. Ich war zum ersten Mal mit einer Art hochentwickelter, permanent präsenter, erotischer und sexueller Phantasie in Berührung gekommen, wie ich diese später noch häufig bei Russen kennenlernen sollte. Deren Direktheit war für mich so verblüffend, daß ich anfangs dachte, ich leide unter Begriffstutzigkeit.

GANZ OFFIZIELL

Schon auf der Rathaustreppe schwappte mir in trägen Wellen der pappige Stimmenbrei entgegen und senkte sich – noch zusätzlich zu der stickigen Wärme – lastend auf mich. Nicht nur, daß ich die Hitze von draußen mit herein gebracht zu haben schien, sie kroch mir auch wie eine Komplizin der müden Lustlosigkeit, die ich mir selber aufgebürdet hatte, und die ich nun doppelt beschwert die Treppe hinaufschleppte, aus dem staubig getretenen Teppichläufer entgegen.

Der Anlaß allein war Grund genug für mich, ermattet zu sein. Diese kollektive, verständnisunsinnige Feierlichkeit, die Hohe Schule der Dressur von Empfängen, verursachte mir immer noch Schwindelgefühle, und das nicht nur, weil mein labiler Kreislauf beim Piaffetreten auf der Stelle mit bestenfalls gelegentlichen Pirouetten im miteinander konkurrierenden Sichkennenlernen protestierend zusammenzubrechen drohte, sondern ebenso, weil mir der schale Geschmack, nichts wirklich Befriedigendes getan, Ergiebiges erfahren oder Sinnvolles gesprochen zu haben, nach wie vor zuwider war. Es gab Unterschiede, und mit Sicherheit gab es bessere, interessantere als diesen Senatsempfang für Mitglieder von Hilfsorganisationen, die sich in den vergangenen beiden Jahren um humanitäre Hilfe für St. Petersburger bemüht hatten. Nirgends, so fand ich, die zu nicht wenigen Empfängen ging, nirgends war hoffärtige Eitelkeit so ausgeprägt wie hier, wurde sie so verlogen durch erbärmlich schlechte oder demonstrativ nachlässige Kleidung und ungepflegtes Aussehen ungenügend verhüllt, und die raumfüllende Wichtigkeit, die, von naturtrüben, unsauber riechenden Mundsäften zerkaut, schließlich wie wollig gedämpftes Gemurmel den Raum zum Überquellen zu bringen schien, bedrängte mich dermaßen, daß ich meinte, ein homozentrischer Vorgang schleudere mich an den Rand des Geschehens, oder das Geschehen selber müsse zum Platzen kommen.

Mit jedem durch die Einladung Geadelten, der jetzt noch verspätet die Treppe heraufgehastet kam, um sich in den nun schon so beängstigend dicht gefüllten Raum wie in ein U-Bahnabteil zur Hauptverkehrszeit, mit genau dem energischen Anspruch auf einen Stehplatz, schiebend und stoßend, Einlaß zu verschaffen, meinte ich angeekelt, ich wolle nicht nur, ich müsse einfach gehen. Keine andere, nur ich wäre zuviel.

Jetzt gerade versuchte ich deshalb, durch das wichtigtuerisch lärmende Stimmgewirr etwas beeinträchtigt, mich zurechtzufinden und umständlicher als nötig, den nächstgelegenen Ausgang anzusteuern. Ich hatte fast mein Ziel, den rettenden Ausgang, erreicht, als mein Blick punktuell genau mit Alexanders tiefschwarzen, warm lächelnden Tartaren- oder Tscherkessenaugen – so genau wußte ich das nicht – zusammentraf. Er schmunzelte gutmütig in sich hinein und doch nicht ohne einen gewissen Hochmut des Triumphes und der Befriedigung wie etwa über ein erwartetes, aber dann doch überraschendes Gelingen eines möglicherweise filigran ausgetüftelten Plans, mich an einer strategisch günstigen, unauffälligen Stelle abzufangen. Es war mir, als ob mein Verstand seinen Dienst verweigern würde. Das Herz pochte hart an den Rippen, wie wenn es begehrte, aus seiner derzeitigen Behausung befreit zu werden. Alexanders leicht schräg geneigter Kopf, den er nun fast unmerklich schüttelte, glich dem eines Raubvogels, der seine lebende Beute auf eventuelle Makel hin betrachtet, bevor er sie mit Genuß – und nicht gegen Hunger – gnadenlos und vollständig verspeist.

„Du bist schön", begrüßte die Stimme mich mit unerhörtem, keineswegs schüchternem Schmelz, und erzielte damit durch den kleinsten Aufwand, mit nur einem einzigen Satz, nur drei Wörtern, eine traumhaft optimale Wirkung. „Danke", antwortete ich artig, ohne Alexanders erstaunlich persönliche Aussage einer näheren Prüfung auf ihren Wahrheitsgehalt unterziehen zu wollen. „Komm mit", forderte er mich sanft zur Desertion auf. „Wir müssen etwas besprechen", fuhr er ganz leise und vertraulich mit fast geschlossenem Mund fort, so daß man hätte glauben können, er sei professioneller Bauchredner, und machte eine Kopfbewegung zu der wichtig aussehenden, hohen Flügeltür schräg hinter ihm, von der er entweder wußte oder hoffte, sie sei nicht verschlossen.

DER ALTE TIGER

Je öfter ich mit Alexander und Dmitrij zusammentraf, je mehr ich mich mit dem neuen Rußland beschäftigte, umso stärker wurde ich an Dmitrijs Geschichte vom alten Tiger erinnert. Er hatte sie eines Nachmittags erzählt, als wir wie bei einer Tschechowschen Landpartie mit vielen anderen Gästen zusammen bei Marina im weitläufigen Garten ihres reetgedeckten Hauses saßen und zu frischem Wein ländlich einfache Speisen genossen.

Dmitrij hatte seinen Erfahrungsschatz für mich geöffnet: „Während der Zirkusvorsstellung war ein Tiger ausgebrochen. Es war schon ein alter, zahnloser Tiger, und die schwarz geflammten Streifen in seinem Fell waren im Laufe der Jahre tatsächlich ein wenig graumeliert geworden." Dmitrij hatte die gefährliche Situation durch humorvoll ausschmückende Betrachtungen erheblich abgemildert. „Alle schrien, der Dompteur am lautesten, so daß der alte Tiger gar nicht wußte, wohin er laufen sollte und schließlich, seiner unverhofften Freiheit schnell überdrüssig, sich zurück hinter die sicheren Gitter trollte, die ihn vor den Zuschauern schützten. ‚Lieber durch brennende Reifen springen', mochte sich der alte Tiger zerknirscht gedacht haben, ‚als feindseliger Angst und hysterischem Geschrei ausgesetzt sein.'"

Es war derselbe Nachmittag, an dem ich zum ersten Mal in Tatianas verzerrtem Gesicht Eifersucht und in der versteiften Körperhaltung eine abwehrende Bastion unerbittlicher, vollbusiger Aggressivität entdeckt hatte. Es war der Nachmittag, als sich der Schatten von Mißtrauen auf die verständigungsbereite Gegenseitigkeit angefangen hatte zu legen. Dieser Schatten des nagenden Verdachts hinterhältiger Absichtlichkeit war von da an ständig präsent. Ich konnte nichts gegen ihn tun, weil Schatten nicht faßbar sind. Es erschwerte mir zunehmend, das Leiden des alten Tigers zu verstehen. Ich war hin- und hergerissen zwischen Empörung und Ekel vor Überheblichkeit und feindseliger, beklemmender Verschlossenheit, um gleich darauf von überbordender Emotionalität, die sowohl mit freundschaftlicher, geradezu liebevoller Herzlichkeit als auch aufdringlicher Anzüglichkeit einherging, aufgesogen zu werden. Was nun auf den ungewohnten Umgang mit der plötzlichen Freiheit nach dem Fall der Sowjetunion, und was auf russische Mentalität und Traditionen zurückzuführen war, blieb für mich kaum entschlüsselbar.

Alexander schien mir weit weniger als Dmitrij Ahnung von den verschlungenen Wegen der komplizierten Topographie unserer Gesellschaft mit all ihren Varianten zu haben, die selbst für viele Bürger meines Landes unverständlich unter dem Begriff „Demokratie" zusammengefaßt werden. Ich meinte auch, er könnte anfälliger für den freudlosen Eiertanz um den Mammon, und dessen Diktat ergebener sein. Gleichzeitig war Alexander aber derjenige, dessen Einfühlungsvermögen im Umgang mit mir oft hätte vermuten lassen können, er habe westliche Wesensart mit der Muttermilch aufgesogen. Doch weder von ihm noch von Dmitrij, und erst recht nicht von deren Frauen, bekam ich einen Hinweis, welche Wertschätzung sie für mich wirklich hatten. Ich kannte nicht ihren Standort. Vielleicht machten sie sich keine Vorstellung davon, wie wichtig das Wissen darum für mich war. Ich taumelte zwischen erahnten Reaktionen und sowohl Lernmöglichkeit als auch aktiver Teilnahme am Verständigungsprozeß erstickender Echolosigkeit. Wir redeten viel, aber sprachen nicht miteinander. Wir kamen oft zusammen, aber die Entfernung zwischen uns schien nicht zu schrumpfen.

DAS ERSTE GEBOT

Der Sommer kam. Wie jedes Jahr war so wenig los, daß dieses potenzierte Nichts schon als viel hätte bezeichnet werden können, und doch war er gerade deshalb bewegter als sonst, weil ich gezwungen werden sollte, mit einem mir bisher unbekannten, ungeschriebenen Gesetz umzugehen, mit dem meine russischen Bezugspersonen im Generalkonsulat mir Fesseln anlegten und mich bis zur Stagnation hin einzugrenzen drohten. Die ungehemmte Eifersucht meiner russischen Freunde verlangte mir für jeden von ihnen die unbedingte und bedingungslose Einhaltung des Gebotes ab: „Du sollst keinen anderen Russen, keine andere Russin haben neben mir!"

Alexander war eifersüchtig auf Dmitrij und umgekehrt Dmitrij auf Alexander. Tatiana verfolgte mich damit genauso wie Alexanders Frau, während die wiederum keinen einzigen davon unangetastet ließ. Es war anstrengend, so anstrengend, daß ich beschloß, ohne Rücksicht auf die eingeforderte Beachtung der prominenten Stellungen, Sympathien und Freundschaftsbeweise zu verteilen.

Gegen Ende des Sommers meinte ich, daß es richtig gewesen war, den Kurs zu korrigieren und mich nicht vereinnahmen zu lassen, doch froh war ich nicht. Es entsprach so gar nicht meinem Traum von Gegenseitigkeit auf dem Wege der Völkerverständigung. Mir kam es vor, als ob ich ausschließlich durch eigene Beobachtung lernen würde, was russische Befindlichkeiten sind und was für den Umgang miteinander gute oder schlechte Resultate bedeuten können. In mir fing an, eine Vorstellung von Vernachlässigung und Entfremdung zu gären, so daß es mich sogar ein wenig mit Genugtuung erfüllte, ab und an einen Grund zu haben, Eigenständigkeit im Denken und Handeln demonstrieren zu können. Vielleicht war dieses egoistische Verhalten aber auch Erschöpfung aus großer innerer Bewegung durch Einflüsterungen von Alexander, der mir versuchte zu suggerieren, daß ich für Dmitrij, der mit zunehmendem Bekanntheitsgrad in der Hamburger Gesellschaft und damit verbundener Öffentlichkeitsarbeit weniger Zeit für mich hatte, nicht mehr in die Rubrik „wichtig" fiel, was ich nun als absichtsvolle Degradierung interpretierte. Seitdem fing ich an, das Wort „Wichtigkeit" mit dem Verstand wie eine feindliche Besetzerin zu bewohnen.

CRESCENDO

Möglicherweise wäre ich nach der Summe der vorangegangenen Erfahrungen gar nicht auf die Idee gekommen, mit den Tatianas das Experiment einzugehen, dessen Ausgang nicht unbedingt danach aussah, als ob sie den ungepflügten Acker der Darstellung russischer Frauen bestellen und seine Frucht behutsam und verständlich Deutschen darbieten könnten.

„Frauen reden mit Frauen in Abwesenheit von Männern anders", ermutigte ich mich jedoch. Ich entwarf einen Plan, den beiden Frauen, losgelöst von der Identifizierung über die Positionen ihrer Männer eine eigene Aufgabe anzubieten, doch wie Schmeißfliegen, die sich auf dem Mist anderer niederlassen, befruchteten sie gegenseitig ihre Veranlagung zu Neid und Eifersucht durch Hoffart und Angeberei.

Es war eine Lektion für mich, daß es durchaus Frauen gibt, die sich keineswegs zwangsweise über die gesellschaftliche und berufliche Position ihrer Männer definieren müssen, sondern es offenbar liebend gerne tun. Ich wußte nach diesem Fehlschlag nur noch nicht, ob es ein Intermezzo von Katzenjammer und Katerstimmung war oder schon der bedauerlich mißtönende Schlußakkord, der dem Versuch, die Sprachlosigkeit zwischen mir als Deutscher und den Russen und Russinnen im Hamburger Generalkonsulat zu überwinden, ein für allemal ein Ende bereiten würde.

Auf jeden Fall fiel es mir redlich schwer, mich noch auf das von Tatiana bei dem Frauentreffen vollmundig und wichtig angekündigte Abendessen zu freuen. Eine Ehre war die Einladung dennoch. Und Kommissar Zufall kam mir zu Hilfe, den Durst nach Genugtuung für eine Reihe von schmachvollen Momenten zu stillen. Der listige Plan machte mir das Herz leichter, und meine Stimmung schwoll zu einem schillernd bunten Ballon voll abenteuerlicher Erfolgsträume.

Dmitrij holte uns vom Eingang ab und begleitete die Neuankömmlinge in seine Wohnung. Da war ja seine Herrlichkeit, der von Tatiana zuvor so gepriesene, geheimnisumwitterte Gast, über den ich durch Überkreuzverbindungen inzwischen besser Bescheid wußte, als es ihm selber und auch seinen Gastgebern hätte lieb sein können! Mit tatsächlich nichtssagendem, aber dennoch so strahlendem Lächeln, als ob etwas verloren Geglaubtes wiedergefunden worden wäre, mit geschärftem Willen, sämtliche Wahrnehmungen neugierig anzunehmen, streckte ich dem mittelgroßen, etwas rundlich wirkenden Mann jüngeren Alters meine Hand entgegen: „Guten Abend, Herr Patjarka", begrüßte ich ihn wie einen alten Bekannten. Der Name kam mir so geläufig über die Lippen, als wenn ich ständig mit ihm kommunizieren würde.

Er konnte ebenso gut schauspielern wie ich. Sollte ihn meine überraschende Begrüßung wirklich kalt erwischt haben, so wußte er es blendend hinter einer nicht gerade hohen, aber breiten Stirn unter großzügig gelocktem, braunen Haar zu verstecken. Auch seine runden Augen verrieten keinerlei unsichere Verlegenheit. Ich griff in den Köcher und zauberte einen weiteren Pfeil heraus. „Haben Sie eine gute Fahrt von Süddeutschland hierher gehabt." Ich heuchelte lässige Natürlichkeit vor und garnierte die höflich unbedeutende Erkundigung zur Eröffnung eines seichten Einführungsgesprächs mit weniger als einem Fragezeichen. Sie war von mir mit infamer Berechnung gewählt. Wollte ich doch den Eindruck vermitteln, über eine Reihe von Interna Bescheid zu wissen. Er antwortete ohne zu zögern. „Danke", erwiderte er höflich und so abweisend wenig gesprächig, daß ich mich eigentlich entmutigt hätte zurückziehen müssen. Ich ließ trotzdem noch immer nicht von meinem Opfer ab. Scheinheilig erkundigte ich mich nach der Art des Verkehrsmittels, das er für den zufriedenstellenden Transport nach Hamburg benutzt hätte: „Sind Sie geflogen?" Ich selber hätte gar nicht sagen können, welches der nächste Flughafen zu der kleinen Universitätsstadt gewesen wäre. Einfach pieksen wollte ich ihn. Es schien mir zu gelingen. Ich meinte, daß nicht nur Tatiana, sondern auch Alexander in zunehmendem Maße unangenehm irritiert waren, derweil Dmitrij völlig ahnungslos schon wieder am Hauseingang auf die letzten Gäste wartete. Tatiana schwitzte und Alexander versuchte angestrengten Blickes, meine Gedanken am Mienenspiel abzulesen, gar hinter die Stirn zu dringen, um vor weiteren, erstaunlichen Äußerungen frühzeitig gewarnt zu sein. Er starrte mich an wie ein Hellseherphänomen. Ich amüsierte mich. Ich amüsierte mich wie schon lange nicht mehr und hätte mich noch weiter amüsiert, wenn die Dame des Hauses nicht schließlich – zur Erleichterung mancher und meinem eigenen, lästerlichen Bedauern – an den Eßtisch gebeten hätte.

Dmitrij wandte sich herrisch an die Gäste und verkündete die unerbittlichen Spielregeln für den Verlauf des Essens. Jeder müsse reihum einen Trinkspruch ausbringen. Es war ein bitterböses Spiel mit absehbarem Ausgang. Alle würden nach dem Essen einen Vollrausch haben, denn jeder Trinkspruch würde das sofortige Leeren eines dann sofort neu eingeschenkten Wodkaglases zur Folge haben. Wir waren neun Personen am Tisch. Ich wußte, daß Dmitrij mit Sicherheit kein Anhänger von Mäßigungs- und Enthaltsamkeitsbewegungen war, aber war doch entsetzt über diese offensichtliche Zügellosigkeit.

Ich weigerte mich, einen Trinkspruch auszubringen, der nur Mittel zum Zweck für Alkoholmißbrauch sein sollte. Das hatte nicht mehr mit Protokoll und Etikette zu tun, und erst recht nicht mit alter Tradition. Es war sogar noch nicht einmal eines der sinnentleerten Rituale, die ich sonst bei russischen Offiziellen kennengelernt hatte, denen ihre schöne, alte Tradition abhanden gekommen war, durch Trinksprüche an geistreichem Gedankenaustausch durch Rede, Gegenrede und Lebensweisheiten an einer kultivierten Tafelrunde schöpferisch mitzuwirken. Dmitrij machte mit dem groben Dreschflegel eines Phrasenaustauschs in Diplomatensprache diese Kultur platt. Aber ich trank mit.

Die Tafel wurde bald nach dem Essen aufgehoben, und man begab sich in den angrenzenden Salon, um zu rauchen und weiter zu trinken, wem noch immer danach zumute war.

Dmitrij saß neben mir. Er war sturzbetrunken, als er mich anschrie. Mindestens zehn Gläser Wodka – russisch gefüllt –, so daß zwangsläufig das Anheben des Glases und Herunterstürzen des reichlich bemessenen Inhalts übergangslos geschehen mußte, um nicht von dem geschätzen Hochprozentigen etwas zu verschütten – und mehrere Gläser Branntwein hatte er sich genehmigt.

Ich war gerade von meinem ersten Besuch bei Galina und Viktor aus Moskau zurückgekehrt und erzählte von meinen Eindrücken, einfach eine Bestandsaufnahme dessen, was ich erlebt hatte. Vorsichtig, immer wieder in Frage stellend, ob meine Beobachtungen richtig gewesen wären oder ich mich vielleicht getäuscht, zu sehr aus deutscher Sicht interpretiert hätte. Ich lachte ein wenig bei der Erinnerung an die schier endlose Kette von zu bewältigenden Unwegsamkeiten, denen der russische Bürger täglich ausgesetzt ist. Für mich, die ein luxuriöses Leben gewöhnt ist, hatte dies zunächst nur amüsierte Fassungslosigkeit zur Folge, die aber bald in physische und psychische Anstrengung umschlug. Ich wollte und konnte sie einfach deshalb ertragen, weil ich mir die Neugierde einer Abenteurerin bewahrt hatte. Ich schüttelte leicht den Kopf und sagte ein russisches Wort, das man mir beigebracht hatte, und was so viel wie "Albtraum" bedeutet. Moskowiter gebrauchen es oft und gerne, um den Zustand ihres beschwerlichen Lebens und die Hindernisse auf dem Weg zur Bewältigung desselben zu beschreiben. Sie sagen es mit Inbrunst und es scheint ihnen Erleichterung zu verschaffen.

Er schrie, nie, wirklich nie, nie, nie würde ich etwas von Rußland verstehen, nie mehr als nur dieses einzige Wort. Er wollte mich treffen, tief treffen. Er wollte meine Bemühungen zunichte machen. Seine Augen hatten einen bösen, mutwilligen, aggressiven Ausdruck, die Pupillen klein, die Nasenlöcher gebläht, und durch den vor trunkener Wut verzerrten Mund sah man die schadhaften Zähne. Der Anblick war so erschreckend häßlich, daß ich merkwürdig ruhig und konzentriert wurde, wobei ich nicht sicher war, ob ich mich auf die Häßlichkeit konzentrierte, die mich genauso faszinierte wie große Schönheit oder auf die eruptiv herausgeschleuderte Anschuldigung. Die illustre Abendgesellschaft erstarrte. Man fürchtete offenbar einen folgenschweren Eklat.

„Sicher hast du recht", entgegnete ich betont sachlich und sah ihm dabei gerade ins Gesicht, „es wird immer nur ein Bemühen um Verstehen und Verständnis bleiben", und ich fügte hinzu: „Das gilt umgekehrt auch für Russen im Verhältnis zu Deutschen." Er gab keine Antwort, wurde ruhiger. Vielleicht versuchte er nachzudenken. Spürbare Erleichterung machte sich breit, und man ging daran, in deutsch-russischer Unterhaltung so zu tun, als ob das Höchstmaß an Verständigung schon erreicht wäre.

Der Zug war entgleist, und daß ich Dmitrij aufforderte, Frieden mit mir zu schließen, war reine Intuition. „Komm, Dmitrij, laß uns Frieden schließen", sagte ich besänftigend und wiederholte „Frieden" in mehr Sprachen, als ich in der Lage war, in ihnen „danke" und „bitte" zu sagen, so daß ich selber erstaunt war über die Anzahl und den schönen, ineinander übergleitenden Klang, als ob „Frieden" eine einzige Sprache hätte. Es war der Reflex, einen Versuch zu unternehmen, den Aufprall abzufedern. Ich war kleinmütig geworden und wagte nicht zu hoffen, daß er wirklich eintreten würde.

STILLE

Nach den Turbulenzen der Abendeinladung im Generalkonsulat war Stille. Ich empfand sie wie einen unerwarteten Schlag gegen meine aufrichtigen Bemühungen. Ich empfand das Vorgefallene als großes persönliches Unglück und von beschämender Ungerechtigkeit. Eine Kontrollinstanz müßte es zwischen meinen Beobachtungen und den persönlichen Beziehungen geben, durch die ich erfahren könnte, ob ich meinen Wahrnehmungen Glauben schenken könnte und Vertrauen angebracht war. Ich müßte die Echolosigkeit überwinden, die meinen Kopf dumpf und mich orientierungslos machte wie in einem schallgedämpften Raum.

Ich hatte die Fremden in meine Kreise und Interessen einbeziehen und so einen Multiplikator für gegenseitiges Verständnis schaffen wollen, damit sie nicht Fremde blieben. Doch gerade die Stimme dieser Absicht war ohne Widerhall geblieben. Die Seele hatte man ihr genommen und der lauteren Absicht den guten Kern. Ich hatte gelitten wie unter einer Folter. Ich würde nicht mehr leiden. Ich würde ganz bewußt die schwierigen Kontakte weiter pflegen, selbst wenn sie wie Austern waren, deren Reiz hauptsächlich darin bestand, sie irgendwann so weit öffnen zu können, daß wenigstens ein Blick ins Innere geworfen werden konnte, um festzustellen, ob sie wirklich dieses kostbar Schimmernde besaßen, diese Gefühlstiefe, von der ich manchmal eine Ahnung bekommen hatte, bevor ich von dem schroffen Äußeren wieder verletzt worden war.

Dmitrij hatte zumindest teilweise recht. Ich wußte noch viel zu wenig über Russen und Rußland. Ob es immer so bleiben würde, hing nicht zuletzt auch von russischer Hilfe ab, aber auf seine konnte ich bislang nicht bauen. Und nicht nur er hatte sie mir soweit versagt. Ich würde lesen. Russische Schriftsteller würde ich lesen, mich noch mehr als zuvor mit der Geschichte des Volkes und Landes beschäftigen, russische Musik hören, Ausstellungen besuchen. Ich würde versuchen, Rußland mit allen Sinnen in mir aufzunehmen. Erst dann würde ich vergleichen, ob und was ich wiedererkennen könnte im Umgang mit meinen derzeitigen Bezugspersonen im russischen Generalkonsulat.

EN PASSANT

Es fand eine Erlösung statt, allerdings nicht so, wie ich sie erhofft hatte.

Westliche Winde hatten sich gerade rechtzeitig zum Christfest gegen eine vorweihnachtliche Frostperiode durchgesetzt, als ich mich am frühen Nachmittag in strömendem Regen auf den Weg zu Alexanders Wohnung machte, um einen dicken Brief dort abzugeben, den Besucher mit nach Moskau nehmen könnten. Zu meiner Überraschung war es Alexander selber, der die Haustür öffnete. Mit ihm hatte ich jetzt am frühen Nachmittag nicht gerechnet. Er hatte nur einen Mittagsschlaf gehalten und wollte gerade wieder zur Arbeit in das Konsulat fahren. Immerhin nahm er den Brief bereitwillig entgegen und bot mir sofort an, mich mit dem Auto nach Hause zu bringen.

Ich kannte ihn nicht. Ich ahnte ihn, und ich hatte es durchaus genossen, von ihm umworben zu werden. Ich hätte ihn kennen müssen, um Furcht vor ihm zu haben. Mein Mißtrauen war nach wie vor nicht grundsätzlicher Art, sondern brach nur sporadisch, eher zufällig, durch. Der Umbruch in meinem Leben durch die intensive Berührung mit Russinnen und Russen stand gerade am Anfang.

„Ich muß noch eben im Konsulat vorbeischauen und Bescheid geben, daß ich etwas später zum Dienst komme", ließ Alexander mich wissen, nachdem ich zu ihm auf den Beifahrersitz gestiegen war. Er zündete sich sofort eine Zigarette an, was ich als angenehm empfand, weil der üble Geruch von kaltem Rauch unzähliger zuvor gerauchter Zigaretten überlagert wurde. „Und wo soll ich dich dann hinbringen?" Hatte er nicht gesagt, er wolle mich nach Hause fahren? Warum diese Nachfrage? Jetzt, wo ich das Ziel ausdrücklich benennen sollte, war ich irritiert und fühlte mich mulmig. Die Frage klang in meinen Ohren nach hintergründiger Absicht. „Auf keinen Fall nach Hause", wehrte ich innerlich geradezu panikartig ab und fürchtete plötzlich Komplikationen, denen ich entweder nicht gewachsen war oder gewachsen sein wollte. „Zum Rathaus", antwortete ich stattdessen eher unglaubwürdig hastig als überlegen schnell, und machte damit den erstrebten Eindruck zunichte, wahrheitsgemäß Auskunft gegeben zu haben. Das Rathaus, Zentrum der Stadt und ihrer Macht, war nie Zentrum meines Denkens oder Handelns gewesen. Es hatte den Klang von großartiger Wichtigkeit. Ich hatte Rathaus gesagt und nicht Rathausplatz. Ich hatte noch nicht einmal in Frage gestellt, daß es punktuell genau das Rathaus sein sollte. Nicht *beim* Rathaus oder eine etwas weiter greifende Beschreibung hatte ich gewählt. *Zum* Rathaus wollte ich. Alexander lächelte fein und warf mir einen schrägen Blick zu, der keine Zweifel ließ, daß er durchaus meine Verwirrung verstanden hatte und fuhr in Richtung Rathaus.

Alexander schwieg. Schwere, rätselhafte Nachdenklichkeit umwölkte ihn, die Raucher häufig mit einer Zigarette zwischen den Fingern an sich haben. Der Qualm stand dick und beißend im Inneren des kleinen Mittelklassewagens. Die Scheibenwischer versuchten unermüdlich und unter quietschendem Protest, noch unermüdlichere Regenströme in immer neue Halbkreise zu ordnen, und an der Windschutzscheibe vorbeizulenken. Ich fing an, mich unwohl zu fühlen.

„Woher kanntest du Patjarka?" Die unvermittelte Frage ernüchterte ungemein, aber war erlösend. Immerhin versuchte Alexander, die Gründe für mein Verhalten zu verstehen. Wie lange hatte ich bei allen auf so eine Frage gewartet! Das war doch, was ich erwünscht und erträumt hatte! Das Sielsystem von Eindrücken, Gedanken, die nie befriedigend ausgetauscht worden waren, sondern sich in Abflüssen zum Nichts verloren hatten, wurde ausgeleuchtet, die Grube gärender Gefühle gelüftet. Diese unverhofft ausgesprochene Aufmerksamkeit enthielt viel herzliche Vertrautheit, hinter der ich wenn nicht unbedingt Konsens-, so doch Dialogfähigkeit vermutete. Mehr hatte ich gar nicht angestrebt. Nicht nur Konturen eines wirklichen Gesichts bekam Alexanders Stimme in diesem Moment, sondern sie gewann auch stetig an bisher unbekannten, ansprechenden Wesenszügen jenseits des Verdachts von Erotomanie. „Woher kanntest du"... Die Stimme war von angemessener und nicht unangenehmer Sachlichkeit. Sein Gesicht zeigte höchste Konzentration, indem er mit zusammengekniffenen Augen geradeaus auf die Straße sah, und die Wirkung von Nässe durch reflektierende Scheinwerfer entgegenkommender Autos abzuschätzen versuchte. Ich war von Herzen erleichtert über seine Frage. Unbekümmert fröhlich, von kurzen Lachern begleitet und noch immer den Schock der russischen Abendgäste vor Augen, freute ich mich nach wie vor diebisch über die Zufälle, durch die mir Informationen in die Hand gespielt worden waren.

Alexander schwieg ein tiefes, zeitloses Schweigen. Alexander insgesamt war das beredte Schweigen des russischen Vorwurfs gegen deutsche Unüberlegtheit. Ich hielt in meiner Erzählung inne. Genau in diesem Moment fiel es mir wie Schuppen von den Augen. Ich hatte mit sowjetischem Erbgut aus Zeiten des kalten Krieges gespielt, und die Interpretation seiner jetzt in Erleichterung überwechselnden Gesichtszüge fiel völlig anders aus, als ich es noch einen Atemzug der Geschichte vorher getan hätte. „Du meine Güte", dachte ich, und sprach es auch aus: „Ich habe einen Riesenfehler gemacht! Es tut mir leid, euer Vertrauen in mich dermaßen leichtsinnig aufs Spiel gesetzt zu haben." Alexander nickte ernst. Tatsächlich! Er nickte! Dieses stumme Bekenntnis war wie ein langer Gedankenaustausch. Mein Sieg hatte sich in eine Niederlage verkehrt. Beides war Grund, die Ursachen und Folgen zu beherzigen. Mehr noch die Niederlage als den Sieg, die wieder in einen Sieg umgemünzt werden könnte, wenn ich die beiden Erzfeinde dieser Möglichkeit – Vergessen und Rachegelüste – würde bezwingen können. Ich würde daran hart zu arbeiten haben. Könnte es doch vielleicht Zukunft für die Annäherung an Verständigungsmöglichkeiten bedeuten. Es war eine überaus nützliche Niederlage.

Wir erreichten das Rathaus. „Wann sehe ich dich?" Alexanders Stimme war noch nie so eindringlich zärtlich gewesen wie jetzt. Es klang nach Synonym für große, intime Nähe. Ein Polizist klopfte störend an die Fensterscheibe und bedeutete, daß wir im Parkverbot stünden. Ich ergriff die Gelegenheit und verabschiedete mich schnell, ohne geantwortet zu haben. Überhastet öffnete ich den Wagenschlag und wollte aussteigen. Dabei behinderte ich mich selber, indem ich gleichzeitig die tückisch lange Spitze meines Stockschirms in die Innenseite des rechten Schuhs bohrte und den gebogenen Griff in meine linke Manteltasche hakte. Es war einfach lächerlich, wie ungeschickt ich mich gebärdete. Wenn diese schamhafte Befangenheit Alexander nicht schmeichelte!

Schließlich befreite ich mich und floh mit zusammengefaltetem Schirm in den kalten Regen. Ohne zurückzuschauen oder gar zu winken, lief ich am Rathaus vorbei in das Straßengewirr des Innersten der Innenstadt.

ANGRIFF

Die zwei Tatianas hatten sich auf dem Sofa niedergelassen. Mir fiel auf, daß mit fortschreitender Zeit des Aufenthaltes in Hamburg besonders die beiden Frauen sich immer besser zu akklimatisieren schienen und – wenn auch in bescheidenerem Maße als um Bauch und Busen – an äußerem Schick und Prachtentfaltung zugenommen hatten, derweil die Armut des Verstehens in ihrem Gesichtsausdruck erhalten geblieben war.

Gerade Tatiana, Dmitrijs protokoll- und etikettevernarrte Frau, hatte sich für Prachtentfaltung entschieden, obwohl ausdrücklich „ohne Krawatte" festgelegt worden war und alle anderen entweder in Freizeitkleidung, oder zumindest doch nicht in ausgesprochen festlicher Gewandung, aufgekreuzt waren. Das dunkelviolett goldene Lurexensemble, das Tatiana auf schleifchenverzierten, hochhackigen Pumps stöckelnd in die Wohnung trug, sah abenteuerlich aufgedonnert aus. Erst richtig unangenehm vulgär wurde aber der Aufzug durch die schweren, goldfarbenen Ohrgehänge, die mit jedem Hüft- und Gesäßschwung wie umfunktionierter Weihnachtsbaumschmuck hin- und herbaumelten. Zu was anderem denn bloß, als zu einem geselligen Beisammensein ich eingeladen hätte, erkundigte sich mein Mann in der Küche mit drei imaginären Fragezeichen hinter dem Satz, und verdrehte die Augen. Als Hanseat war ihm die übertriebene Aufmachung Tatianas erst recht peinlich. Ich reagierte gereizt auf den latenten Vorwurf, die Einladung mißverständlich übermittelt oder gar mit ihr hochgestapelt zu haben.

„Das fehlt auch noch! Ein Streit wegen dieser hochglänzenden Geschmacksverirrung in lilagoldener Synthetikmaschenmode", wehrte ich sarkastisch und voller Ingrimm ab. Dabei schob ich knallend das Blech mit dem Zwiebelkuchen in den Backofen.

Tatiana war zu schön, um zu essen. Das sollte Strafe sein. Sie war schöner als die Gastgeberin, klüger und mit Sicherheit auch eine bessere Zwiebelkuchenbäckerin. Die heftig klimpernden, künstlichen Wimpern sollten die Glaubwürdigkeit ihres Anspruchs auf besondere Beachtung unterstreichen, den sie durch ihre – für den Anlaß – ungewöhnliche und ausgrenzende Aufmachung meinte manifestiert zu haben. Glücklicherweise ließ sie jetzt im Sitzen ihre Verkleidung ohne heftigere Körperbewegungen wirken. „Je mehr sich die Leute herausputzen, desto unleidlicher werden sie manchmal", stellte ich lakonisch fest. Tatsächlich saßen die beiden Russinnen auf dem Sofa, als ob ein einziges Lächeln den säuberlichen Stoff zum Knittern bringen oder verunreinigen könnte, oder aber sonst eine Naht an entscheidender Stelle platzen würde. Kein Mundwinkel wurde in irgendeine Richtung verzogen. Nichts in ihren Mienen bewegte sich und erst recht rührten die beiden sich nicht von dem Sofa. Nur die Lippen bildeten rastlos immer neue Formen unbekannter Buchstabenverbindungen. Sie tuschelten unentwegt miteinander, und was sie flüsterten, war ausschließlich russisch. Und es klang böse für meine Ohren, was die prächtig und unpassend gekleidete Tatiana hechelte und zischelte, während ich selber gerade gemeinsam mit Dmitrij einen Plan für ein Krebsessen bei ihm zu Hause im Generalkonsulat aushecke. Dabei wanderten meine Augen von Zeit zu Zeit hinüber zu der Wortführerin auf dem Sofa. Es dauerte lange, bis Dmitrij mir die Krebssorten ungewöhnlich großen Umfangs erklärt hatte, die den Don bewohnen und sie ins Verhältnis gesetzt hatte zu jenen in der Schlei.

Wieder und wieder schaute ich forschend die geschmückte Tatiana an, deren fiepsende, nachlässig modellierte Wispertöne jetzt zunehmend lauter wurden. Der beinahe lippenlose Mund war dabei häßlich breit verzogen und der Kopf schnellte – vom Wippen des frisch gelockten Haares begleitet – immer wieder in kurzen Abständen ruckhaft vor wie bei einem Huhn, das ungeduldig und mörderisch auf einen Regenwurm einhackt.

Einer mich plötzlich anfallenden, inneren Regung gehorchend, entflocht ich in sorgsamer Vorbereitung einer Attacke auf das noch ahnungslose Opfer meine langen Beine. Die verhalten gespannte Langsamkeit, mit der ich mich in die Gefahrenzone begab, ließ heraufziehende Dramatik vermuten. „Genug Russisch geredet", scheuchte ich die verschworene Sofagemeinschaft wie gackerndes Federvieh auseinander. Dabei drängelte ich mich dermaßen unbescheiden zwischen die beiden, daß die Giftige sich schnell freiwillig einen neuen Platz suchte.

„Hüte dich vor Dmitrijs Tatiana", hauchte mir eine besorgte Russischkundige, die alles aus nächster Nähe belauscht hatte, wie nebenbei ins Ohr. „Gerade, als du aufgestanden warst, um dich zu den Frauen zu setzen, hat sie behauptet, du hättest dich nur zwischen Dmitrij und Alexander gesetzt, um besser mit ihnen flirten zu können." Ich fühlte mich nicht vor Tatiana gewarnt, sondern vor der Unfähigkeit der Wahrheit, sich gegen Lügen zu behaupten, einer Wahrheit, die deshalb zum Verzweifeln ist, weil man ihrer Macht nicht trauen kann. Ich war verunsichert, obwohl Tatiana kein Maßstab für mich war. Immerhin hatte der Vorfall mir die Augen der Erinnerung an das fehlgeschlagene Experiment mit den Diplomatenfrauen geöffnet. Ich mußte beide, besonders aber Dmitrijs Tatiana, zur Kenntnis nehmen, selbst wenn es mir schwer fiel, weil es mich behinderte und unnötig Kraft kostete. Und hatte Dmitrij mich nicht überhaupt vorhin gesiezt? Was hatte das denn nun zu bedeuten? Eigentlich hätte es schon nach Frühling riechen müssen, stattdessen meinte meine empfindliche Nase, deutlich Schwarzpulver wahrzunehmen.

STÜRMISCHES FRÜHJAHR

Tatiana setzte ihre Attacken fort und warf mir mit impertinenten Beleidigungen einen uneleganten Fehdehandschuh hin. Dennoch versuchte ich, mich nicht von wütenden Empfindungen leiten zu lassen und mehr denn je auf meinen Verstand zu hören. Tatiana setzte mich geradezu unter Sperrfeuer. Immer noch war das kein Grund für mich, den Fehdehandschuh aufzunehmen. Es wäre für mich eine Niederlage gewesen, mich auch nur nach ihm zu bücken, um ihn näher betrachten zu können.

Die Elastizität meiner Psyche wurde einer wahrlich harten Prüfung unterzogen. Ich war viel beleidigter und gedemütigter, als ich mir selber eingestehen mochte. Es waren Verletzungen der Art, die als Wucherungen von schwer zu lokalisierender Angst sich bösartig verbreiten und in unheilvollem Kreislauf immer Neues aufnehmen, das weitere Ängste erzeugen kann. Meine Wahrnehmungsfähigkeit schärfte sich zunehmend an der von meinen russischen Freunden immer wieder beschworenen Form der Kommunikation, zwischen den Wörtern zu hören und Zeilen zu lesen. Jahrhundertelanger Umgang mit Mißtrauen als Folge von Unterdrückungsmechanismen im Staat, zudem Schutz gegen eigenen und anderer ungezügelten Neid und vernichtende Eifersucht, hatten geradezu kunstvoll neue Unterhaltungs- und Schriftformen erzeugt. Alles war und blieb ein Rätsel. Das wiederum war ein stetig und reichlich sprudelnder Quell für immer neues Mißtrauen. Ich hörte und rätselte und entwickelte ein hoch sensibles Frühwarnsystem aus vernetzten und verkoppelten, sinnlichen Eindrücken und sowohl gefühls- als auch verstandesmäßiger Erfassung, dessen Grundlage ein Mißtrauen neuer, positiver Qualität war. Ich nahm mir das Recht, es als Vehikel zu benutzen, um mich zu schützen. Gleichzeitig bekam ich dadurch einen klareren, unverstellteren Blick, ein weniger diffuses Gefühl für Freundschaft, und mein Verständnis dafür wuchs, daß jeglicher Rigorismus im Umgang mit Russen für eine zwischenmenschliche Beziehung mit hoher Wahrscheinlichkeit zerstörerisch ist.

Ich ignorierte also Tatianas Provokationen, aber meine Gefühlslage und Stimmung war krisenhaft. Und wieder war es Alexander, der hinter meine Maske aus selbstsicherer, scheinbar unverdrossener Fröhlichkeit blickte und das persönliche Gespräch suchte. Es tat gut. Alexander tröstete mich. Er tröstete mich und schlug tiefere Wunden.

Dmitrij treffe nur noch wichtige Leute, und die würden von ihm ins Generalkonsulat eingeladen. Da war es wieder: dieses furchtbare Wort, das ich mir in der festen Absicht zu eigen gemacht hatte, Erinnerungen mit Verachtung in Bann zu schlagen! Ich versuchte, mich ihm zu entziehen, indem ich mir einredete, daß es eine andere Wichtigkeit wäre, die Alexander meinte. Konnte denn die Wichtigkeit freundschaftlicher Gefühle überhaupt ins Verhältnis gesetzt werden? Allein der Hinweis traf mich tief und verletzte mich jedesmal aufs neue, obwohl Dmitrijs Wärme und Herzlichkeit lange Zeit dagegen stand und seine freundschaftlichen Gesten so natürlich wirkten, daß mir nicht die geringsten Zweifel an seiner Aufrichtigkeit hätten kommen sollen.

Es war ein Teufelskreis. Tatiana wurde noch gehässiger. Dmitrij noch freundlicher. Es wäre immerhin noch ein Teufelskreis von gewisser Stabilität gewesen, der mir die Kommunikation erleichtert hätte, wenn er nicht durch Dmitrij selber in zunehmenden Maße durchbrochen worden wäre, indem er ein Gefühl nachlassender Intensität der Verbundenheit durch flüchtige, kleine Unwahrheiten oder verdächtige Ungenauigkeiten vermittelt hätte. So begannen sich bei mir Wünsche und Hoffnungen genau an dem Punkt unentwirrbar miteinander zu verknüpfen, wo ich besonders wund war von Enttäuschungen, und – stärker als an anderen Stellen – die Spuren von Verletzungen trug. Doch hätte ich versucht, die Stränge zu trennen, wären frische Narben geöffnet worden.

Meine innere Stimme sagte mir, daß ich jetzt, mitten auf dem einmal beschrittenen Weg, nicht stehen bleiben könnte, und gab damit das Signal zu einem ebenso leichtsinnigen wie resoluten „Weiter", das in mir rumorte und drängte, mein Leben weiter zu bestimmen. „Weiter" hatte die isolierende Wirkung eines aseptischen Pflasters, von dem ich meinte, es reiche auch als Vorbeugung gegen eine erneute Öffnung der kaum geheilten Wunden. Dieses „Weiter" sollte mir helfen, mich durch ein Labyrinth von Ab- und Umwegen wieder zum ursprünglichen Kern meines Engagements für Rußland zurückzuführen. Ich würde weitermachen, und als ob ich mir selber unter Beweis stellen wollte, wie ernst es mir mit dieser Absicht war, ließ ich keine Gelegenheit aus, mich daran zu erproben.

TROTZDEM

Es war ein starkes, hoffnungsträchtiges Gefühl in meiner Absicht, die innerhalb eines kurzen Zeitraums dermaßen dicht beschriebene Seite meines Lebens umzuschlagen. Durch ständig neue Korrekturen waren Begebenheiten und ihre Werte bis zur Unleserlichkeit entstellt, Veränderungen sinnlos und nicht mehr nachvollziehbar geworden. Die Zeit war gekommen, mutig ein neues Kapitel zu begehen. Zwei leere Blätter enthielt es, von denen das eine in fetten Buchstaben mit „Trotz" beschriftet war, das andere jedoch gesperrt mit „d e m", was auf eine Sache von betonter Wichtigkeit verwies. „Trotzdem" bedeutete Vitalität für mich und stand ebenso unverrückbar für Widerstand gegen Kapitulation. Ich trug es wie einen geharnischten Brustschild. Wäre mir allerdings die Schwere des Gewichts bewußt gewesen, das ich mir so unverdrossen aufgebürdet hatte, um mir Mut gegen alles zu machen, was auf mich einstürmte, hätte das „Trotzdem" unter Umständen zu Fall gebracht werden können.

Einerseits zog ich messerscharfe Trennstriche, andererseits sehnte ich mich nach weiterer Öffnung, und es war nicht rein zufällig, daß mein ganz bewußtes Trotzdem auch eine Kreuzfahrt auf der Wolga beinhaltete. In St. Petersburg schiffte ich mich schließlich mit Sack und Pack auf der „Michail Scholochow" ein. Zielhafen war Moskau.

In St. Petersburg kamen etliche Russinnen und Russen an Bord, deretwegen deutsche Passagiere diese Reise gewählt hatten. Es war bewegend zu sehen, wie sie sich zur Begrüßung in den Armen lagen, und es grämte mich. Ich nahm es nicht nur schwer, weil ich wahrscheinlich über Rußland viel mehr wußte als manche andere an Bord, sondern auch intensivere Erfahrungen hatte. Die Sehnsucht jedoch, Menschen zu erleben, diese quälende Sehnsucht war genau die gleiche wie von denen, die sich hier nun in lang geplanter und mit Geschenken und bescheidenen, aber an Aufrichtigkeit prächtigen Blumensträußen reichlich ausgeschmückter Wiedersehensfreude zusammenfanden. Ich sehnte mich nach Begegnungen wie mit dem unsäglich traurigen und wunderbar glücklichen Großväterchen an der Garderobe der Eremitage, denn was mein Verlangen nach menschlicher Zuwendung betraf, so hatten meine russischen Freunde in Hamburg diese bisher nicht recht gestillt. Ganz im Gegenteil: das anämische Pflänzchen, aus mehr einseitigen als wechselweisen Bemühungen gezogen, drohte zur Zeit vielleicht sogar ganz einzugehen. Der Machorkageruch am Anleger, die Pulks von beschwipst juchzenden, lachenden Besuchern und aufgeregten Passagieren, das Lebewohl durch blecherne Marschmusik mit einer Schmissigkeit, deren Effekt durch die Nachlässigkeit der Musikanten verschleppt wurde. Sämtliche Stücke schienen sie ohne Talent und Gefühl a prima vista zu spielen und sie brachten es mühelos fertig, daß der Wechsel zu hastig gegeigten Kalinkaklängen sich kaum vom glucksenden, trillernden Lachen der Abschiednehmenden unterschied: all das signalisierte für mich lediglich Fremde, aber nicht Aufbruch und Erneuerung. Rußland stürzte mich erst einmal in tiefe, zermürbende Niedergeschlagenheit.

Was Menschen und Machorka nicht erreichen konnten, vermochte der Strom, die russische Variante des Flusses Lethe, von dem Hunderttausende getrunken haben mochten. Ich stand an Deck. Kaltfeuchte Luft der frühen Morgenstunde drang schmerzhaft tief in meine Lunge. Ein Hauch von rosa Schleiern, die auf dickem, weichem Nebelbett lagen und die Kälte des kabbeligen Wolgawassers abhielten, kündeten vom Tagesanbruch. Ich gedachte der Gulaghäftlinge, die hier geschuftet hatten, die Schleusen und Dämme unter kaum noch menschenwürdigen Bedingungen errichten mußten und den Ruhm der Sowjetunion auf einem Sockel von Elend und Tod begründet hatten, der solide berechenbar war wie die Bauwerke selber.

Majestätische Nebel, in die das Schiff sich mit kämpferisch aufheulendem Horn Einfahrt erzwang, eroberten, sich über Reling und

Brücke wälzend, ihre Positionen zurück, so daß der helle Körper der „Scholochow" in den Massen dichter Nebelballen, die das Schiff in der Mitte der Wolga festzuhalten schienen, merkwürdig nackt und hilflos aussah. Dann wiederum gaukelten leichte, flüchtige Schwaden ein schnelles Dahingleiten vor. Ein großer Mittag zog herauf. Strom und Land waren zu einer grenzenlos anmutenden Einheit verschmolzen. Nur da, wo noch ein Dunstsaum von flaumigem Schwanenpelz oder gerissener Zuckerwatte kleine, spitzengemusterte Wasserwirbel begrenzte und Fetzen menschlicher Stimmen sie wie Boten geheimnisvoller Mächte von irgendwoher erreichten, konnte das Ufer vermutet werden. Dann! Ganz nah, vom Wasser getragen, wehte das Lied der Birkenwälder zu mir herüber und drängte sanft, aber unaufhörlich in mich. „Sommer", stimmte der schon geschwächte Chor aus zarten Stimmchen sehnsüchtig an, und die Millionen und Abermillionen gezähnter Blätter klangen ein wenig zittrig. „Sommer!", wisperten sie danach kraftlos und so sehr fröstelnd, daß ich nicht wußte, ob sie sich wie winzige Blätter von klitzekleinen Sägen aneinander rieben und silbrig hell die Kraft der wenigen frostfreien Monate priesen oder vor Kälte melodisch bebten. Ich träumte. Was ich hatte wahrnehmen wollen, aber tatsächlich hörte und sah, vermischte sich. Es war nicht mehr Sommer und auch nicht spitzes Sirren dunkelgrüner Birkenblätter, sondern lautes Rascheln und geraunte Mär des schon welkenden Laubes von gnadenlosen Frösten und Lasten von Schnee. Der Wind frischte auf und das Lied der trockenen Blätter schwoll an zu vielstimmigem Brausen. Ich hätte mich nicht gewundert, wenn fernwehkranke Schwärme von ihnen, zu riesigen, gelbbraunen Matten verwoben, unzähligen Zugvögel gleich, sich von müden Ästen getrennt und auf Äols mächtig wachsenden Schwingen sich zum Schiff hätten tragen lassen, um mit auf Reisen zu gehen. Das singende Laubwerk, der Taktschlag des Wassers: war es nicht, als ob ich den Pulsschlag der Menschen dieses Landes hörte, der millionenfach anders und dennoch gleich war?

Ein Spuk von tanzenden, sonnenbeleuchteten Mückenschwärmen umgab mich für kurze Stunden, bis der Herbst seinen Mantel aus wolkig grauem Nebel über den Fluß warf. Von Mal zu Mal zog er die Verhüllung dichter und dichter, und eines Tages tauchte der herbstliche Morgen gar nicht mehr auf, sondern schmiegte sich so eng ans Wasser, daß kein Spalt blieb, durch den auch nur zart blasse Finger von Licht willkommen geheißen werden konnten. Es waren die Vorboten unsäglicher Schwermut in der einsamen Dunkelheit des langen Winters, die Stille als Urgewalt und Quelle für Gleichgültigkeit gegenüber Schmerzen.

WIE GEHABT
(und noch ein wenig mehr)

Das beschauliche Plätzchen in der Gegenwart war keineswegs von langer Dauer und der erzwungene Abschied von Erinnerungen ebenso nicht. Während ich noch immer Anstrengungen unternahm, durch mancherlei Manöver Rußland und seine Menschen für mich zu erschließen, hatten umgekehrt diese mich längst unter Hinterlassung von heftigen Gefühlsbewegungen erobert und mich gelehrt, daß Erinnerungen nicht behindern müssen, sondern ein stimulierendes, weitreichendes Spannungsfeld ausmachen können, das sowohl Vergangenheit als auch Gegenwart und Zukunft umfaßt. Die Schiffsreise nach St. Petersburg, gleich eine Woche nach meiner Rückkehr von der Kreuzfahrt auf russischen Gewässern, sollte mir Gelegenheit geben, die neue Einsicht zu erproben.

Unter Umständen könnte Dmitrij Mittler sein, hatte ich gehofft. Er und Tatiana hatten auf Initiative meines Mannes als Gäste des Rings Deutscher Makler die Schiffsreise nach St. Petersburg begleiten sollen, für die mehrere hundert Vertreter der Hamburger Bauwirtschaft, Bankvorstände, Notare und Richter ihre Teilnahme zugesagt hatten. Meinem Mann war darum zu tun gewesen, Dmitrij Gelegenheit zu geben, einen großen Kreis der Hamburger Gesellschaft auf Rußland besser einzustimmen, russische Mentalität ihnen näher zu bringen, und ihnen die Grundlage der russischen Politik verständlich zu vermitteln. Kurz nach Dmitrijs Geburtstag im Hochsommer hatte ich deswegen das erste Mal mit ihm telefoniert. Es war vormittags gewesen, und die tageszeitlich bedingte günstige Voraussetzung für ein angenehmes Gespräch hatte sämtliche Erwartungen übertroffen. Er war strahlender Laune gewesen. Ohne Floskeln, mit aufrichtigen Dankesworten, hatte er das Tennishemd als Geschenk zum Geburtstag bedacht. Ein Ehrenplatz in seinem

Schrank wäre der freundschaftlichen Gabe gewiß. „Wieso Schrank?", hatte ich mit gespielter Empörung gefragt. „Warum kein Ehrenplatz an deinem Körper?!" Es war eines der unbeschwert heitersten Telefonate gewesen, das wir in all den vergangenen Monaten überhaupt geführt hatten. Natürlich würde er mitfahren! Die Einladung wäre sehr ehrenvoll. Er und ebenso Tatiana kämen mit.

Ein paar Tage vor Einschiffung hatte er dann schroff abgesagt, und es hatte beinahe geklungen, als ob ich um etwas nachgefragt hätte, was von ihm nie versprochen gewesen wäre. Seine Kaltschnäuzigkeit hatte mich geradezu verstört. Auch nicht der Hauch einer Ahnung hatte mich zuvor gestreift, daß er mit seiner Absage nicht nur das Gleichmaß an freundschaftlicher Zuwendung aus dem Lot bringen würde, sondern sein wankelmütiger Umgang mit gebräuchlichen Verhaltensregeln innerhalb der menschlichen Gemeinschaft schlichtweg unanständig sein könne. Ich hatte versucht zu rekonstruieren, was wie am Telefon geklungen hatte, und ob ich hätte erkennen können, daß er nicht vertrauenswürdig war. Seine Stimme war, wie immer, von metallischem Scheppern, aber für meine Ohren ohne Falsch gewesen. Dennoch hatte genau diese Stimme seine Lüge formuliert, die ihm mit einer leichten Herzlichkeit über die Lippen geflossen war, daß ich an der Aufrichtigkeit seiner Zusage nicht für den Moment eines Wimpernschlages gezweifelt hatte. Für meinen Mann, der bei den Veranstaltern, mit denen er geschäftliche Verbindungen pflegte, im Wort gestanden hatte, war Dmitrijs Widerruf äußerst peinlich gewesen.

Die vorangegangenen Unannehmlichkeiten schmälerten meine Freude auf die Reise keineswegs. Ich wollte das Großväterchen in der Eremitage suchen. Gerade nach der Erfahrung mit Dmitrijs Lüge wollte ich die Wärme, die mich mit der Flüchtigkeit einer Ahnung gestreift hatte, wiederfinden. Ich hatte mir sein Bild genau eingeprägt. Groß und hager, mit stark gebeugtem Rücken hatte er hinter der Mantelablage gestanden und die sperrige, regenabweisende Oberbekleidung entgegengenommen und ausgegeben. Mein Mann und ich hatten uns verspätet gehabt und, um die Gruppe nicht länger warten lassen zu müssen, hatten wir ihm beide Mäntel in Eile hingeworfen und ihm zu verstehen gegeben, er könne sie zusammen auf einen Haken hängen. Schon halb im Gehen begriffen, hatte ich dann achtlos vom Tresen genommen, was er dort hingelegt hatte. Es war im Gewölbe gewesen. Unter den wichtigen Räumen der Eremitage hatte es sich zugetragen. Ich hatte weder den Räumlichkeiten noch den dort arbeitenden Menschen Bedeutung zugemessen. Die war mir schlagartig vorgeführt worden, als wir zurückgekommen waren und die Mäntel hatten holen wollen. Das Großväterchen hatte die Marke genommen, die ich ihm hingehalten hatte und den Mantel meines Mannes dafür gebracht. Ich hatte ungeduldig und etwas ärgerlich auf meinen eigenen Mantel gezeigt, der noch – wegen eines fehlenden Aufhängers – nicht an eben demselben Haken hing, sondern unordentlich darüber gestülpt war, und mit Nachdruck hatte ich bedeutet, er möge das wegen der kalten Nässe unverzichtbare Kleidungsstück nun ebenfalls bringen.

Der alte Mann hatte sich zeternd geweigert und unbeugsam gefordert, die zweite Marke müßte her. Ein schreckliches Rechten und Lamentieren hatte angehoben. Ich hatte auf deutsch, und dennoch unmißverständlich, behauptet, es wäre mir nur eine einzige Marke ausgehändigt worden. Schließlich hätten die Mäntel ja auch nur einen einzigen Haken in Anspruch genommen. Der Pensionär hatte genauso verständlich, aber auf russisch, dagegen gehalten, er hätte mir zwei Marken gegeben, und die zweite brauchte er. Ohne sie kein zweiter Mantel. Die Gruppe war ungeduldig geworden, der Wortwechsel hatte an Heftigkeit zugenommen.

Das Großväterchen hatte angefangen zu zittern. In dem reinlichen Frack, der seiner Armut besondere Würde verliehen hatte, war er mir anfangs zwar als mager, doch von eindrucksvoll großem Wuchs aufgefallen, bis er plötzlich an Statur verloren hatte und kraftlos in sich zusammengefallen war. Erst hatten die Ärmel, ohne optisch verlängernde Manschetten, viel zu kurz ausgesehen, aber dann war der Saum auf die Mitte der langen Greisenhände mit dick aufliegenden Aderschlangen unter pigmentfleckiger Haut gefallen, und die knotigen Finger, hilflos nach außen gedreht, hatten anscheinend die ganze Offenbarung seines Nichts an Habseligkeiten demonstrieren wollen. Ich hatte seine bebenden blauen Lippen und geknickten Beine bemerkt, und es hatte mir einen Stich versetzt, als er sich allem Anschein nach innerlich und äußerlich ergeben hatte. Diese wunde Empfindsamkeit für Verantwortung und das sichtbare Unglück über die Zerstörung seiner Ordnung war mir sehr nah gegangen.

Ich hatte unauffällig in den Tiefen meiner Handtasche nach einem passenden Rubelschein gesucht, der genug wäre, ihm Freude zu bereiten, aber nicht so viel, daß er sich hätte gedemütigt fühlen können. Gerade dann, beim Kramen, hatte ich etwas Metallenes gefühlt. Noch einmal hatte ich mit prüfend tastendem Griff nachgefaßt. Ein Irrtum war ausgeschlossen gewesen! Es hatte sich um die zweite Garderobenmarke gehandelt, die von mir dann kleinlaut aus der Tasche befördert worden war.

Mein Mann hatte betreten zur anderen Seite geschaut, derweil aber einen weiteren Schein gezückt und ihn mir zugesteckt, damit ich ihn mit meinem und der Marke zusammen dem gebrechlichen Alten hinreichen könnte. Ich hatte es mit schuldbewußtem Lächeln getan und eines der wenigen russischen Wörter gemurmelt, das ich kannte und das „Entschuldigung" heißt. Es hatte in mir Betroffenheit ausgelöst, daß durch meine Unachtsamkeit der alte Mann dermaßen erschüttert worden war.

Das unvermutete Auftauchen der Marke zusammen mit den Rubelnoten waren für ihn fast zuviel auf einmal gewesen. Er hatte beides so ungläubig intensiv angesehen, als hätte er ein Wunder entdeckt. Unendlich lange war mir sein staunendes Betrachten vorgekommen. Dann war ein zaghaftes Leuchten über das schmale Gesicht gehuscht, dessen zahlreiche, tiefe Furchen wie Jahresringe der durchlebten Erfahrungen Stirn und Wangen mit einem Ebenmaß durchzogen hatten, als wenn sie schmückende Absicht gewesen wären. Es war genau diese stolze Reinheit des Leuchtens, die Schlichtheit des Lächelns gewesen, die mich zutiefst angerührt hatten. Die unverfälscht blauen Augen, die Säuglingen und Greisen in gleicher Weise gemein sind, ihr Ausdruck ruhiger, selbstverständlicher Präsenz ohne Erwartung, zudem die kleinen, kaum sichtbaren Tränen der Entspannung nach großer Gefühlsanstrengung, die in den rötlichen Augenwinkeln gestanden hatten, all das hatte sich in mein Gedächtnis gebrannt.

Und plötzlich hatte er Deutsch gesprochen: meine Sprache, die Sprache der ehemaligen Feinde – er mochte Veteran der Blockade von Leningrad gewesen sein –, die Sprache derjenigen, die gerade eben mit ihrer Gleichgültigkeit und Ignoranz ihn gequält hatten. Er hatte sich vorsichtig von Wort zu Wort getastet, um ja keine Beschädigung am Sinn hervorzurufen. Er hätte die Marke sonst selber bezahlen müssen, hatte er mit unsicherer, brüchiger Stimme vorgebracht, und leise pfeifender Atem war aus seiner hohlen Brust zu einem langen, klagenden Seufzer aufgestiegen, als ob er eine unendlich schwere Aufgabe zu meistern gehabt hätte und die dafür ertragene Mühsal durch Erleichterung allein nicht aufzuwiegen wäre. Der Preis für eine Marke wäre der Wert seines täglichen Lohnes gewesen, eben dessen, was er am Tag zum Leben brauchte.

Materielles Elend war seit der Perestroika über ihn gekommen, aber trotzdem gehörte er zu denjenigen, die nicht ihren Kindern und Enkeln Gram waren, weil diese sich eines Tages geweigert hatten, sich damit zu begnügen, hinter vorgehaltener Hand zu flüstern: „Es kann nicht mehr so weitergehen." Die Änderungen waren umwälzend gewesen und verlangten nach wie vor fast allen bitter große Opfer ab. Auch seine eigenen Eltern mochten so gedacht und gehandelt haben, bevor die Revolution das Land von unterst zu oberst kehrte.

Das Großväterchen hatte weder sich noch sein Land aufgegeben. Die Kinder würden es besser haben. Das war nicht nur sein Credo. Den betrogenen Generationen war schon immer Vertrauen in die Kinder Glaube an die Zukunft gewesen. Ihr Verzicht hatte wesentlich dazu beigetragen, besonders den Jüngeren Ansätze einer neuen lebensfähigen Identität von bisher unbekanntem, freiheitlichen Gefühl mit seinen Vor- und Nachteilen zu ermöglichen. Das Gespräch mit dem alten Mann war viel zu kurz gewesen. Ich war als unleidlich eilige Touristin gekommen und war einem Menschen begegnet, der mich an seinem Leben hatte teilnehmen lassen.

Der Abschied vom Großväterchen in der Garderobe der Eremitage hatte mir das Herz schwer gemacht. Die Erinnerung an das Großväterchen machte mir Mut, an Rußland und seine Menschen zu glauben. Ich bewahrte das Bild von ihm als ständige Mahnung und gegen Zweifel in meinem Gedächtnis.

Und nun suchte ich ihn, aber ich suchte ihn vergebens. Ich lief von Abteil zu Abteil. Frauen wie Männer, ungepflegte, gewöhnliche Gesichter von dreister Neugierde, und nicht einfühlsam und verständig wie das des Großväterchens, keiner im Frack und keiner mit dieser erschütternden Würde, reckten wie neugierige Pferde in ihren Boxen an einer Stallstraße mit langen Hälsen ihre Köpfe nach mir. Ich fand ihn nicht, und vor den anderen floh ich.

UNTER BEOBACHTUNG

Die Deklination der drei bedeutungsschweren Großbuchstaben führte unabänderlich zu ein und demselben Resultat. Gleichgültig, welchen Falles ich mich bediente, sie blieben immer Subjekt, und trotz ihrer drei Zähler blieben die Buchstaben in der Einzahl, was einen fast religiösen Charakter hatte. Nicht die Anzahl der Lettern gab ihnen Macht, sondern die symbolgetränkte Dreieinigkeit. Allein das konjugierte Hilfsverb stellte einen Zusammenhang zwischen Menschen und Organen her, wie Nachrichtendienste genannt werden, als seien sie die wichtigsten Funktionsträger im Körper der Gesamtheit einer Nation. Das Tempus dieses Hilfsverbs, „sein" als Erklärung der Existenz, vermochte über die Entfernung zwischen KGB und seiner Zugehörigkeit zu entscheiden, und das Leben fragmentarisch aufzuteilen. Ein Imperfekt war das Mindeste, ein größerer Zeitabstand besser. Ich hatte mir eine Art des Denkens angewöhnt, das sich dem meiner russischen Bekannten annäherte, deren Bewußtsein notgedrungen zwiegespalten sein mußte. Ein Teil von ihnen war Geschichte, der andere Gegenwart, und was relativiert werden konnte, wurde relativiert und aus der Geschichte in die Gegenwart transportiert, um nicht ein amputiertes Leben führen zu müssen. Wenn jemand nachrichtendienstlicher Mitarbeiter gewesen war, empfand ich diese Zeit als abgeschlossenes Kapitel und keineswegs irritierend. Das war die synthetische Theorie einer Nichtrussin.

Jetzt allerdings hatten sich Substantiv und Verb eindeutig und ausschließlich im Präsens vereint. Diese Verbindung empfand ich als ungemütlich, weil ihr zumindest ein hypothetischer Gehalt zugebilligt werden mußte. Ich überlegte, ob es wirklich Zufall sein konnte, daß gleich nach dem Gespräch mit Dmitrij und Alexander über die gerüchteweise KGB- Zugehörigkeit des gerade zum Präsidenten des

Hamburg Clubs gekürten St. Petersburger Professors, mir eine Information zugespielt wurde, ich stünde unter Beobachtung des Verfassungsschutzes. Seitdem buchstabierte ich zu den drei bekannten Buchstaben „KGB" das Alphabet durch: von „A" wie „Alexander" oder „Agent", „B" wie „Beobachtung" oder „Beweis", um schließlich bei „Z" wie „Zufall" oder „Zerstörung" zu landen.

Alexander sei geheimdienstlicher Mitarbeiter im Generalkonsulat und wolle eine Affäre mit mir anfangen, um mich erpreßbar zu machen, hieß es, was bei mir kein jähes Erschrecken und auch keine hysterische Verfolgungsangst hervorrief. Das war die eigentliche Merkwürdigkeit. Es war überhaupt kein Schock, vielmehr ein langsames Erstaunen über nichts wirklich Neues, sondern etwas, was ich entfernt geahnt, beinahe schon gewußt zu haben meinte, aber irgendwie vergessen zu haben schien, etwas, das wie aus einer anderen Weltordnung in einer anderen Zeit kam. Ich zwang mich zur Überprüfung der vagen Möglichkeit, jener provokante Hinweis könnte tatsächlich richtig sein, wofür es notwendig wurde, mein Archiv an Erinnerungen zu öffnen, von Gefühlen überlagerte Begebenheiten Schicht um Schicht abzutragen, um sie so weit wie möglich von Entstellungen durch Interpretationen freizulegen, so daß sie im Originalzustand, ohne irgendwelches Blendwerk, betrachtet werden konnten. Die Zeiten der Konjugationen gerieten sich ins Gehege.

Ich rang mir jedes einzelne Bild des Filmes ab, ließ ihn vor- und zurücklaufen, verlangsamte ihn bis zu einem Standbild, hielt ihn an und sah in die Darsteller hinein, bis eine nackte Vergrößerung entstand. Es war furchtbar. Ich haßte die gewaltsame Bloßlegung meines Bewußtseins für die schiere Notwendigkeit, mich in der Realität der Gegenwart zurechtzufinden. Doch viel half es nicht. Wie sehr ich auch selber mich in den verschiedenen Situationen prüfte, es blieb der ruhige Spiegel einer Oberfläche, die wie von einem befrachteten Schiff aufgewühlt wurde, und deren mächtig schäumende Wellenspuren sich sofort wieder zu einer Einheit mit dem stillen Gewässer schlossen. Die schwappenden Bugwellen der Erinnerung erreichten mich, als der Verursacher schon kaum mehr sichtbar war. Es hatte romantische Schwingungen gegeben, als ich selber der Meinung gewesen war, diese unter Beobachtung halten zu müssen. Erlegen war ich ihnen nie gewesen, und nur sehr geübte Augen hätten jetzt noch matt verlaufende Wasserzeichen der ursprünglichen Zuneigung und Schwäche für den schmelzenden Ton, die Sympathie für die unbeholfene, umständliche Art, sich mit westlichen Gewohnheiten vertraut zu machen, und besonders auch von Dankbarkeit für das bedächtige, einfühlsame Ertasten meiner Befindlichkeiten entdecken können. Das alles war Vergangenheit. Bei wem immer ich im Fadenkreuz war, wer auch auf mich gezielt haben mochte: das Schwarze war um einiges verfehlt worden.

Die freundschaftsähnliche Verbindung zu den Diplomaten im russischen Generalkonsulat bekam durch die wenigen Sätze der Nachricht plötzlich eine neue, öffentliche Dimension. Das Wort „Beobachtung" fing an in meinem Kopf zu gellen und schien mich zu okkupieren. Ich wurde fast taub für anderes. Was alles war bisher Zufall gewesen? Was Berechnung? Was war aufrichtig? Was von allem Lüge? Enttäuschung und Zorn über die maßlose Vergeudung von wohlgemeinten Anstrengungen um gegenseitiges Verstehen und Verständnis überkamen mich, und Ekel vor der Mißachtung von Idealen verband sich damit. Ich begann, eine Erinnerung nach der anderen, chronologisch geordnet und Teil für Teil, auf die Waagschale zu legen, doch jedes Segment gab genauso viel Auskunft über die Wahrscheinlichkeit, daß die Warnung zu Recht bestand, als auch vom Gegenteil. Je mehr ich hin und her abwägte und erwog, desto sicherer schien mir, daß rundum alles verdächtig war. Die Zukunft, deren Grenzen weit hinter dem Horizont meines Vorstellungsvermögens lagen, war nicht absehbar. Allerdings war der schwerste Schritt die Neuordnung meiner Gefühlswelt durch den Verstand, die als gefilterter Bodensatz nach der schweren Flut von Verdächtigungen zurückblieb. Sie war gleichzeitig Voraussetzung dafür, mir eigenverantwortlich eine von der beobachtenden Stelle empfohlene Beratung durch den Verfassungsschutz zu ersparen, was alles für immer zerstört hätte.

Mein Mann und ich beschlossen aber, den Kontakt zu Alexander nicht abzubrechen. Die Einladung zum „Ball Papillon", die Dmitrij – mit den Privilegien eines Platzhirsches ausgestattet – zuerst erhalten und abgelehnt, und die dann an Alexander gegangen war, der sie gerne angenommen hatte, wurde aufrecht erhalten.

BALLGEFLÜSTER

Die Konsequenz sowohl aus der unmißverständlichen Warnung als auch aus dem Entschluß, den Kontakt zu Alexander dennoch nicht abzubrechen, näherte sich mir mit genau derselben Verzögerung (und verlangte nach ungeteilter Aufmerksamkeit), mit der mein Bewußtsein erwachte, nachdem mir klar geworden war, was der Inhalt der Nachricht bedeutete. Nicht abrupt, sondern schleichend und dann allumfassend bemächtigte sich das Mißtrauen meines Lebens. Argwohn und Unglaube akzentuierten jedes Wort, jede Geste, jede Nuance des Mienenspiels und der Radius der davon Betroffenen wurde immer größer.

Die Entscheidung, mit Alexander und Tatiana den „Ball Papillon" zu besuchen, glich einer Prüfung, die so gar nichts von unbesorgter Beschwingtheit hatte, und wäre ein Zurück davon noch möglich gewesen, ich hätte es als Glücksfall empfunden. Diffuse Angst, etwas nicht bestehen zu können, beherrschte mich. Alles schien Fiktion. Fiktion meine Seidenrobe, über die sich auf schwer fließendem Nougat goldene Lavaströme und -funken ornamental ergossen. Fiktion das perfekte Make-up genauso wie der Sitz der Haare und die Wahl des betörend sinnlichen Parfümduftes. Fiktion war mein Lächeln und die weltläufige Lässigkeit. Alexander, der Verursacher meines Unbehagens, sah sehr lackiert aus, fast ein wenig unsolide. „Gestriegelt wie zum Appell", befand ich in einem Anflug lästerlicher Gedanken, was mich zwar entkrampfte, mir aber nicht das Gefühl der Fremdheit nahm. Er war für mich wirklich ein anderer Mensch geworden, seit mir zur Kenntnis gebracht worden war, daß er den etwas anderen Menschen zugerechnet wurde.

Doch Eros ist ein launischer Bursche. Mal träge, mal sprunghaft lebendig. Er verschafft sich spitzbübisch Geltung durch appetitanregende Worte, tränkt durstige Herzen mit Blicken und schlägt Bedenken mit Blindheit.

Alexander und ich tanzten, oder was Tanzen genannt wurde. Es war das erste Mal überhaupt. Wir bewegten uns fast stehend, rhythmisch unsere eng aneinander gedrückten Unterkörper wiegend, wie fast alle es taten, um Platz zu sparen. In der sich gleichmäßig auf- und abbewegenden Menge der Menschen hatte die verschmelzende Zweisamkeit etwas von Fruchtbarkeitsritual und dampfender Lüsternheit. Alexander hatte meine linke Hand nur lose umfaßt, aber in seinen bäuerlich kurzen, dicken Fingern verschwanden meine vollständig, was nicht unangenehm war, sondern mir das Gefühl vermittelte, in dem heillosen Gedränge besonders gut beschützt zu werden. Behutsam legte er die Hand, ihre Lebens- und Schicksalslinien nach unten gekehrt, auf seine Brust, dahin, wo auf keinen Fall sein Herz hätte sein können, und dessen Schlag ich auch dort nicht spürte, sondern im Magen. Und Alexander summte. Auch das spürte ich im Magen. Es war ein ganz besonderes, kribbelndes Gefühl. Nie zuvor hatte er in meiner Gegenwart gesungen, nie zuvor hatte er etwas anderes getan, als zu mir in dieser unglaublichen Stimme zu sprechen. Und jetzt summte er. Er summte nicht die Melodie der Tanzmusik, sondern ein russisches Lied. Ich kannte es nicht, aber meinte, genau dieses Lied wäre schon immer in mir gewesen, ja, ich hätte die Melodie seit langem sogar zu meiner Lieblingsweise erkoren. Seine Lippen berührten fast mein Ohr und der Atem streichelte mich wie ein leichter, warmer Wind. Es klang nach Sommer und gesättigten Ähren. Es roch nach Himbeeren und Phlox. Gab es überhaupt Phlox in Rußland? Ich meinte gelesen zu haben, daß er aus Nordamerika stamme. Glühwürmchen verfingen sich zu Millionen unter dem blauen Baldachin unserer Nacht, und die Füße suchten barfuß Halt im dicken Teppich von federndem Moos. Inmitten stampfender, klatschender Hamburger roch ich die regengetränkte Erde nach auszehrender Dürre. Eros hatte sich auf die Tanzfläche geschlichen. Der Pfeil wartete im straff gespannten Bogen auf seinen leichten Flug.

Alexander öffnete sacht die Finger meiner Hand wie eine empfindliche Blume, führte sie an seine Lippen und küßte vorsichtig ihre rosige Innenfläche, als ob er Samenfäden einer Pusteblume zu schwebend tanzenden Träumen aufsteigen lassen wollte. War es das letzte Mal, daß ich Vorboten eines mauvefarbenen Sonnenaufgangs von durchscheinender Zartheit sah, der einzig und allein mir gehörte? Ich fühlte mich wie einst im Kino, wenn Finger spielen und Hände zu Lebewesen werden, aber die Unvollkommenheit des Moments verzweifeln mag. Der Pfeil schwirrte.

„Entschuldige, ich muß mich frisch machen", stieß er in diesem Augenblick keuchend hervor und sah mich verwirrt an. Dann suchte er geradezu panikartig das Weite und ließ mich auf der Tanzfläche stehen. Ich erwachte abrupt. Es war ein Bad in Sternschnuppen gewesen, ein Traum, der erlosch. „Zu spät", dachte ich, „Ende der Vorstellung." Ich blinzelte schmerzhaft geblendet. Der Vorhang fiel.

FAMILIENBILDER

Ich machte eine genaue Bilanz der Beziehungen zu den russischen Bezugspersonen im Generalkonsulat auf und stellte fest, daß sie nach zwei Jahren beinahe ausgewogen war: bestürzend unzulänglich als auch ermutigend hoffnungsvoll. Von dieser neutralen Position aus konnte ich getrost auf Suche gehen und begann mit Dmitrij, was mir leichter fiel, weil er von Verdächtigungen der Art, wie sie gegenüber Alexander bestanden, namentlich ausgenommen worden war.

Dmitrij und seine schlechtere Hälfte hatten ein Familienprogramm aufgelegt und kamen zu meinem runden Geburtstag mit ihrem Sohn, Tatianas Augapfel. Er war ein wirklich angenehmer junger Mann mit allen bedauernswerten Eigenschaften, die sehr junge Männer oft an sich haben. Es gab mir ein Gefühl rapiden Alterns und nicht unbedingt der fortschreitenden Reife, eine Empfindung, die ich allerdings meinte, inzwischen auf die Beziehung insgesamt anwenden zu können. Seit dem Waldspaziergang, der zwischen Dmitrij und mir bei dem Telefonat verabredet worden war, das ich testweise mit ihm geführt hatte, um herauszufinden, ob er an der Fortführung der Verbindung interessiert wäre, hatte sich – nach vorsichtigen Vermutungen – doch endlich eine Freundschaft auf Gegenseitigkeit angebahnt. Alles Offizielle war aus dem Umgang miteinander gestrichen worden.

Den Spaziergang hatten wir wenige Tage nach Ausbruch des ersten Tschetschenienkrieges gemacht, und es war schnell klar geworden, daß es zumindest mit diesen Russen nie eine ausschließlich privat familiäre Verbindung geben könnte, sondern immer eine, die stark von politischen Faktoren beeinflußt sein würde. Dmitrij war mir noch nie von so grausamer Zerrissenheit vorgekommen. Ich hatte vermutet, daß selbst er vom Kriegsbeginn überrascht worden war. Er hatte inständig gehofft, daß die Kampfhandlungen bald vorbei sein würden. Der Außenminister wäre ein besonnener Mann, hatte er gemeint, aber alles, was er zu den kriegerischen Auseinandersetzungen hervorgebracht hatte, war nicht der Klang von Überzeugung, sondern eher der von Beschwörungsformeln gewesen. Er hatte wohl geahnt, daß ihm als Diplomat eine schwere Zeit in einem Land bevorstehen würde, das Rußland wegen des Krieges heftig attackieren, und dessen Medien einen eigenen Krieg gegen Rußland entfesseln würden. Vielleicht hatte er seine historische Kompetenz gesucht, in solcherlei Angriffen bestehen zu können, vielleicht auch nur Menschen, von denen er meinte, daß sie ihm Verständnis entgegenbringen und das russische Vorgehen nachvollziehen, die nicht vehement aburteilen würden, und war der Überzeugung gewesen, solche in meinem Mann und mir gefunden zu haben. Er hatte sich nicht geirrt, und solange er Gast bei mir zu Hause war, stand er unter dem Schutz meiner Freundschaft. Claus half mir dabei mit gefürchtet steifer Oberlippe, was ihm nicht nur ein besonders bissiges Aussehen verlieh, sondern meistens auch seiner Absicht entsprach zu beißen. Er ließ aber dabei in bemerkenswert überlegener Manier nie Ausgewogenheit vermissen.

Renate und Claus waren ebenfalls zu meiner Geburtstagsfeier gekommen. Renate, die geruhsame Hanseatin, bei der das Verhältnis zwischen Wahrnehmung und innerer Bewegung völlig ausgeglichen zu sein schien, bemühte sich wieder einmal mit der ihr eigenen Unaufgeregtheit um Tatiana, und Claus war ein mutiger Diskussionspartner, als Dmitrij wegen des Krieges angegriffen wurde. Selbst als alle anderen schon lange gegangen waren, Claus nicht mehr als Dmitrijs Schutzschild fungieren mußte und nur Dmitrij und Tatiana noch geblieben waren, lieferte der Krieg noch immer das Hauptthema. Es war überhaupt das erste Mal, daß Dmitrij länger blieb als alle anderen. Ich betrachtete es als zusätzliches Geburtstagsgeschenk, daß er sich wirklich zu Hause zu fühlen schien. Ich hatte gerade das Buch „Auf des Messers Schneide" von Boris N. Jelzin gelesen und mich gefragt, ob ich richtig verstanden hatte, daß der Krieg nicht unbedingt eine Überraschung gewesen wäre, sondern doch wohl das Ergebnis einer längeren Planung. Dmitrij widersprach mir heftig. Die Stimmung drohte zu kippen, zumal er reichlich getrunken hatte und der hohe Alkoholpegel Aggressionen den Weg leichter bahnen konnte. Ich wiegelte ab, um jetzt ja nicht noch einen offenen Streit ausbrechen zu lassen: „Dann war der Präsident wohl zu gutgläubig, um anzunehmen, daß es nicht zu einem Waffengang kommen müßte." Dmitrij atmete schwer. „Gutgläubig!" stieß er gallenbitter hervor. Mund, Kopf und Herz waren in diesem einzigen Wort zu einer Funktion verschmolzen. „Alle Russen sind von Natur aus gutgläubig. Der Präsident und gutgläubig!" Er gab zum ersten Mal seine Zurückhaltung bei Wertungen auf, und obwohl er seiner Stimme größtmögliche Souveränität verlieh, handelte er wie im Affekt. „Dieser gutgläubige Präsident hat mich schon zweimal gefeuert." Er hielt inne und war offensichtlich unschlüssig, ob er in seiner Anklage fortfahren solle. Er schien „gutgläubig" mit „gutmütig" verwechselt zu haben. Bisher war wenig davon bis in den Westen gedrungen, daß Boris N. Jelzin eine Vorliebe für sprunghafte Entscheidungen in Personalfragen hatte. Dmitrij ließ sich jetzt nicht mehr davon abbringen, den ganzen Hergang zu erzählen. Seine Offenbarung war eine große Herausforderung an unsere Freundschaft. Es wurde deutlich, daß er zwar schon länger, aber besonders seither unter furchtbaren Existenzängsten gelitten hatte. Ich hatte so etwas vermutet, aber jetzt ließ er mich daran teilhaben.

NEUE AUFGABEN

Ostern lag früh in diesem Jahr. Eine Woche zuvor zeigten sich Baum und Strauch unverändert winterlich kahl. Es war beinahe so frostig und nur unerheblich weniger harmonisch wie beim Spaziergang vor Weihnachten. Zwar machte Tatiana während des Spaziergangs einen nicht gerade verschämten Versuch, meine Vermögenslage zu erforschen und fragte mich provozierend, warum ich keine Rolex trüge, aber ich wußte ja, daß Tatiana über alle Maßen Wert auf Äußerlichkeiten legte. Ein paarmal hatte ich Dmitrijs Frau schon – gerade bei Hanseaten – vor Unterschätzung gewarnt. Ich hatte Renate als leuchtendes Beispiel für eine sehr wohlhabende Hanseatin dargestellt und war der Meinung gewesen, ein gutes Beispiel gewählt zu haben, weil Tatiana Renate inzwischen von verschiedenen Begegnungen recht gut kannte. „Du mußt mehr auf innere Werte achten", hatte ich von Zeit zu Zeit Tatiana ermahnt. „Sieh dir Renate an. Alles vom Feinsten, aber nie angeberisch oder gar protzig." – „Ach, die graue Maus", hatte Tatiana darauf mit anmaßender Oberflächlichkeit abfällig und erstaunlich deutlich geurteilt.

Das Gespräch mit Dmitrij nahm ich sehr viel ernster. Er hatte Angst, am Ende des Jahres nach Moskau zurückkehren zu müssen. „Dann werde doch Doyen", schlug ich äußerst pragmatisch vor, ohne die geringste Ahnung von dem Prozedere zu haben. „Das ist nicht so einfach", seufzte er, aber es klang durch, daß es immerhin eine Möglichkeit darstellte, die er schon in Erwägung gezogen hatte, und als er tatsächlich zum nächsten Doyen gewählt wurde, freute ich mich und war stolz auf eine seiner ersten Einladungen in dieser Funktion zur offiziellen Gedenkfeier auf dem russischen Teil des Ohlsdorfer Friedhofs mit Gräbern russischer Kriegsgefangener und einem anschließenden Empfang im Generalkonsulat.

Der Tag des Requiems war viel zu makellos strahlend schön, zu jung und kräftig und blau für den Anlaß. Er machte mir das Herz noch schwerer. Ich ging durch die Reihen ordentlich aufgereihter, bescheidener Sandsteinplatten, die – falls bekannt – säuberlich mit Namen und Daten versehen im sattgrünen Rasen aus strotzendem Maigras eingebettet lagen, dessen energisch frischer Schnitt zum Gedenktag Schicksale bloß legte, die sonst nur wenig Beachtung fanden. Soweit erkennbar, waren die meisten der hier zur Ruhe Gebetteten an ihrem Todestag blutjunge Männer gewesen. Ich stellte mir ihre Einsamkeit im Heimweh vor, ihre ungehörten Schreie nach der Mutter, das Stöhnen und Sehnen. Keine Mutter, keine Schwester, keine Frau hatte die Wunden gewaschen und verbunden, die Lippen genetzt, sich gesorgt, den Hunger zu stillen. Keine Hilfe, kein Schutz, kein Trost. Diese Söhne hatten mehr als eine Mutter zurückgelassen. Sie waren nicht zurückgekehrt in den Schoß von Mütterchen Rußland. Die Tränen allein hatten sie nicht vereinen können. Ich stand und gedachte so, wie ich es in Wien auf dem Zentralfriedhof an Gräbern russischer Soldaten eine Österreicherin – mochte sie Mutter, Schwester oder Frau gewesen sein – stellvertretend für alle hatte tun sehen, die den Verstorbenen hatten fern bleiben müssen, um durch Gedenken Vergebung zu erbitten. Die Grabpflege der Österreicherin für russische Gefallene war mehr Versöhnung zwischen Völkern über den Gräbern gewesen als symbolträchtige Gesten von Staatsmännern es vermögen.

Tatiana, nun durch und durch Frau des Doyen, plagten ganz andere Überlegungen. Sie bedeutete allen streng, ruhig zu sein, weil der Generalkonsul nahte. Angesichts der mahnenden Schrecken des Todes durch Gräber von Geschundenen kam dieser Frau keine wichtigere Rechtfertigung für ihr erbärmliches Dasein in den Sinn als die Ehrbezeugung für ihren Mann, den höchsten Diplomaten Rußlands in Norddeutschland. So, wie Tatiana sich gebärdete, hätte man meinen sollen, Schalmeien und Zimbeln müßten erklingen, und ein Imperator würde sogleich das Defilee Ergebener abnehmen. Dmitrij hatte sich strikt an das Protokoll gehalten und kam als letzter. Er machte von seiner eigenen Wichtigkeit weit weniger Aufhebens als seine Frau zuvor, sondern blieb hier und da stehen, plauderte ein wenig und begrüßte schließlich auch meinen Mann und mich. Er freue sich, daß wir gekommen seien, sagte er, und die Ausdrücklichkeit lag weit unterhalb der Oberfläche diplomatischen Prozederes.

DER DOYEN

Weder ein gemeinsamer Kurzurlaub in Baden-Baden und im Elsaß, zu dem mein Mann und ich Dmitrij und Tatiana eingeladen hatten, noch ein neuerlicher Osterspaziergang konnte darüber hinwegtäuschen, daß ich eine abgenutzte Beziehung bemühte, die gewendet und gewendet worden war wie ein teurer Mantel, der nun nicht mehr wärmte, aber vielleicht noch für kurze Zeit ordentlich genug aussah, daß er nicht sofort weggeworfen werden müßte. Die Erinnerung an den Spaziergang zu Ostern im vorangegangenen Jahr nahm sich im Rückblick wie ein Erlebnis mit anderen Menschen aus, obwohl Dmitrij sich auf den ersten Blick wenig geändert zu haben schien. Er war zwar grauer und noch großohriger geworden und trug den Bauch der arrivierten Bedeutsamkeit, aber dessen Umfang täuschte größere Selbstsicherheit vor, als er tatsächlich hatte.

Die Präsidentschaftswahlen standen vor der Tür und Dmitrij war, wie im Jahr zuvor, von Angst geschlagen. Es gab immer einen Grund, Angst zu haben, so daß der Verdacht hätte aufkommen können, es gäbe ein spezifisches Angstgen bei russischen Offiziellen, das sich umso ausgeprägter bemerkbar machte, je höher sie im Rang standen. Dmitrijs Angst betraf jetzt nicht mehr in erster Linie die hilflose Blöße eines Menschen, sondern die häßliche Nacktheit eines Karrieristen. Das war der Unterschied zum Vorjahr, und daß mit der Angst sein Mißtrauen pathologisch zu wachsen schien.

Einmal, nur einmal entglitten Dmitrij die Fäden, und das war, als ich Ljudmila Putina, die Frau des jetzigen Präsidenten Rußlands, zufällig im russischen Generalkonsulat kennenlernte. Ausgerechnet ihm, der eingestandenermaßen alle Briefe aller an alle, ungeachtet irgendeines zu respektierenden Vermerks, öffnete und argwöhnisch meine Kontakte zu Russen überwachte, die ich außer zu ihm noch pflegte, oder bei denen er mutmaßte, daß ich gedachte, sie aufzunehmen, ausgerechnet ihm mußte dieser Fehler unterlaufen. Vielleicht hatte er die Entzündbarkeit des Funkens, der zwischen mir und Ljudmila gefallen war, falsch eingeschätzt und auch, wie aufrichtig und eng sich Frauen ohne behindernden Neid und zerstörende Eifersucht befreunden können. Vielleicht war er auch inzwischen mehr damit beschäftigt, den Einfluß, der ihm als Doyen mühelos zufiel, nicht nur auszuweiten, sondern dessen Bestand und Vermehrung unter Kontrolle zu halten. Er machte keine kühnen, raumgreifenden Schritte, sondern bewegte sich, ängstlich um Besitzstandswahrung bemüht, mit engen Trippelschrittchen um seine eigene Achse. Die Unbeständigkeit in der Beziehung wich beständiger Vernachlässigung, und wäre es nicht wegen Ljudmila gewesen, wären die Kontakte zu ihm noch seltener geworden und die Verminderung der Aufmerksamkeit hätte mich tiefer getroffen. Die Kontakte zu Ljudmila liefen jetzt über mich statt über Dmitrij. Dennoch lud ich ihn, um ihm nicht das Gefühl der Ausgeschlossenheit zu geben, als Gast zu allen größeren Unternehmungen mit der neuen russischen Freundin und ihren beiden kleinen Töchtern ein.

Als ich Dmitrij kennenlernte, meinte ich noch, es gebe aufgrund der Verbindung zu ihm ein Meer an Möglichkeiten, die Beziehung zwischen Russen und Deutschen zu verbessern, aber nun sah ich, daß die Sonne schon längst den Zenit durchwandert hatte und einen breiten, rotgoldenen Teppich über das Wasser ausbreitete, den zu beschreiten nur für schaumkronengeschmückte Träume ungefährlich war, und wäre mir nicht Ljudmila begegnet, wäre es wiederum nicht ihrem wohltuenden Einfluß zuzurechnen gewesen, hätte sich das Meer der Möglichkeiten als flache Pfütze erwiesen, in der ein versinkender Feuerball am Horizont Flecken wie blutrote Tropfen entsorgte, und sie nur damit schöner und besonderer machte als andere Wasserlachen. Das Meer gab es noch, aber die Träume hatten mich verlassen. Stattdessen nahm unerbittliche Illusionszerstörung ihren Lauf.

Dmitrij war jetzt mehr Doyen als Freund. Es war für mich ein beklemmendes Gefühl zu beobachten, daß ihm der Titel allein und das Privileg der zweijährigen Aufenthaltsverlängerung offensichtlich nicht reichte, sondern er es darüber hinaus genoß, daß kontaktsuchende Individuen jeglicher Couleur um ihn herum scharwenzelten, und die Seichtheit von Schaumschlägern und Scheuklappenträgern ihm sogar schmeichelte. Er bekam Namen genannt, schüttelte Funktionen die Hand, lächelte Positionen werbend zu und meinte, er kenne diese Leute, ja, er sammle auf diese Weise gar Menschen um sich. Immer häufiger kam ihm das Wort „wichtig" über die Lippen. Ich selbst war nicht mehr wichtig, und wie er mir die Hand zur Begrüßung schüttelte, als ich zum Empfang des Nationalfeiertags den Festsaal betrat, an den ich die schönsten, anrührendsten Erinnerungen des warmen Willkommens der russischen Freunde und Bekannten hatte, unterschied es sich nicht von der Förmlichkeit, mit der er die Geste vorher schon unzählige Male absolviert haben mochte, und auch noch nach mir diese Routinehandlung leisten würde. Nur das Lachen schien mir etwas weniger künstlich zu sein, als er mich in den Trubel entließ, doch seitdem verließ mich die Ahnung von Abschied nicht mehr.

BASAR

Die Beziehung kränkelte. Sie litt an Schwindsucht. Das eindeutige Symptom dafür war, daß ich noch nicht einmal Lust hatte, Tatiana überhaupt zum Geburtstag zu gratulieren, geschweige denn, ein Geschenk auszusuchen. Ich überwand mich jedoch, und schickte statt einer persönlichen Aufmerksamkeit einen Blumenstrauß mit beiliegender Karte. Unverbindlicher ging es für meinen Geschmack wirklich nicht mehr, und ich hoffte, daß der Gesinnungswechsel bemerkt würde. Umso überraschter war ich über Tatianas umgehenden Anruf nach Zustellung der Blumen. Nie zuvor hatte sie sonst angerufen, nie sich für Geschenke bedankt oder gar sonst zu verstehen gegeben, daß die Wahl des Seidentuches oder eines anderen Angebindes sie erfreut hätte. Nie zuvor hatte sie so leutselig geplaudert. Aber jetzt! Ich wurde nicht mehr schlau aus diesem Verhalten.

Allerdings dauerte es auch in diesem Gespräch nicht übermäßig lange, bis Tatiana ihre Aufgaben als Frau des Doyens gebührend herausstellte. Ein weiterer Basar des konsularischen Korps war in der Diele des Rathauses geplant, und sie wäre nicht Tatiana gewesen, wenn sie nicht nur gehofft, sondern fest davon überzeugt gewesen wäre, daß sein Resultat noch befriedigender ausfallen würde als das des ersten. So durchsichtig das Bedürfnis nach Erfolg war, ich verstand es nur allzu gut und wünschte Dmitrij allein schon deswegen von Herzen, daß ihm eine Glanzleistung gelingen möge, damit Vorurteile, Russen im allgemeinen seien chaotische Organisatoren, zumindest leiser, wenn nicht gar verstummen würden. Ich wünschte ihm die höchstmögliche Spendensumme, so daß sein Name in aller Munde wäre, wenn man sich daran erinnern würde, unter wessen Ägide die Frauen der Konsuln und deren Mitarbeiter sie für wohltätige Zwecke in ihrer Gastgeberstadt Hamburg gesammelt hatten.

Was ich dazu beisteuern könnte, wollte ich geben. Ich bot Tatiana an, einige meiner Freunde und Bekannten um Spenden zu ersuchen. Claus fiel mir auf Anhieb ein. Claus wollte ich als ersten anrufen. „Wen willst *du* denn fragen?", begehrte Tatiana zu wissen, und schon klang gänzlich unverbraucht die alte Überheblichkeit durch, mit der Tatiana anzweifelte, daß ich überhaupt potentielle Spender kannte. „Ich werde Claus fragen", antwortete ich unbeirrt und in der Annahme, Tatiana eine plausible Antwort zu geben, denn Claus war ihr ja hinreichend bekannt. „Meinst du, daß *der* überhaupt Geld für Spenden übrig hat?", erdreistete Tatiana sich einzuwenden. Tatiana war keine harmlose Blindschleiche. Sie war eine Natter. „Armer Claus!", dachte ich. „Da bemüht er sämtliche Register hanseatischer Untertreibung, nach weniger auszusehen als er tatsächlich hat und ist, und nun glaubt es wirklich jemand!" Das konnte ich nicht zulassen. Ich korrigierte Tatianas Anwurf höflich und beschloß später, noch einen Brief zu schreiben:

„Vielen Dank für die Projektunterlagen, deren Zusendung sowohl ungewöhnlich als auch befremdlich, und darüber hinaus so ganz und gar grußlos war.

Matthias und ich haben daraufhin beschlossen, die private und auch eine eventuelle Firmenspende direkt einem der Projekte zugute kommen zu lassen, und nicht dem Komitee des Konsularkorps zu überweisen, und so werde ich es auch potenten Spendern aus unserem direkten Freundes- und Bekanntenkreis empfehlen – auch Claus, dessen finanzielle Möglichkeiten, Spenden zu geben, du bedauerlicherweise so eklatant falsch eingeschätzt hast, was ich ihm allerdings mit Rücksicht auf Dmitrijs Arbeit und Ansehen nicht sagen werde. Es gäbe nämlich sonst in den entsprechenden politischen und gesellschaftlichen Kreisen Hamburgs ein Beben – vor Gelächter und auch vor Empörung."

Es war keine zornige Kampfesansage an Tatiana gewesen, sondern ich nahm mir aus Empörung gegen Unrecht, das durch Neid und Ignoranz bereitet wurde, das Recht auf Widerstand gegen unredliche Behandlung meiner Freunde. Ich fühlte mich entschieden besser, als ich den Brief geschrieben hatte, zumal Tatianas Aussage fast zeitgleich mit einer Einladung von Renate und Claus gemacht worden war. Die beiden Hamburger hatten meinen Mann und mich darum gebeten, das russische Diplomatenpaar beim nächsten Besuch mitzubringen. Für Hanseaten dieses Standes war das nach fast genau vier Jahren des ersten Zusammentreffens ein Indiz für eine ungewöhnliche Fähigkeit, spontan Einladungen an jemanden auszusprechen, der eigentlich nach einem dermaßen kurzen Zeitraum noch als „wildfremd" eingestuft werden mußte. Ich war einigermaßen stolz darauf, daß meine Arbeit, zum Verstehen und Verständnis von Russen beizutragen, Früchte getragen hatte. Dennoch fühlte ich mich ungemütlich wie in einer Zwickmühle und gedachte keineswegs, meine gutwilligen deutschen Freunde in das gewetzte Messer der Abschätzigkeit laufen zu lassen. Mir fiel Tatianas Äußerung über Renate ein. Renate war nach Tatianas Dafürhalten eine graue Maus, und Claus befand sich ökonomisch in Gesellschaft einer Kirchenmaus. Beides Mäuse. Nur richtige Mäuse, die wesentliche Voraussetzung für ihre Anerkennung, sprach Tatiana ihnen ab.

Der Tag des Basars kam, ohne daß ich auch nur ein Sterbenswörtchen noch von Dmitrij oder Tatiana gehört hätte, was ich als ungeniertes Herauskehren von Herrschaftsgefühlen interpretierte, die möglicherweise dazu angetan sein sollten, schlimmere Defekte überdecken zu helfen. Ich fand die Bestätigung für meine Vermutung in Dmitrij selbst. Sein Machtgewinn und Streben nach noch mehr forderte offenbar seinen Tribut an Beruhigungsmitteln, um Ängste vor einem Absturz aus dem bequemen, weichen Nest von Vorrechten zu überwinden, und die Vorstellung von der Wahrscheinlichkeit zu verdrängen, sich in absehbarer Zukunft auf ausgeweideten, zwickenden Polstermöbeln von der Härte einer russischen Wirklichkeit wiederzufinden. Das Gesicht war von exzessivem Alkoholgenuß aufgedunsen, und die Augen waren hinter dunklen Brillengläsern versteckt, als er, abgeschottet von einem Troß Unter- und Ergebener, wie ein Herrscher in die Rathausdiele Einzug hielt. Ich stellte mir vor, daß die Anfertigung seiner imaginären Krone nicht dem Gewand-, sondern Rüstmeister anvertraut worden war, und seine staksende Steifigkeit vermittelte nicht Würde, sondern unnahbare Verschlossenheit.

Irgendwann kam ich in seine Nähe, nachdem er seinerseits es vermieden hatte, meinen Weg zu kreuzen. Ich nickte und lächelte ihm zu – und wurde ignoriert. Ich entließ Dmitrij nicht aus der Verpflichtung, mich zu erkennen. Indem ich es erzwingen wollte, handelte ich mir wütende Abwehrgesten ein. Man hätte glauben können, er wolle mit Schnippen und Schnalzen dem Leibhaftigen Einhalt gebieten. Wieder und wieder machte er deutliche Zeichen, ich solle verschwinden. Ich dachte nicht daran und blieb, bis ich ihm erneut begegnete, als er zusammen mit dem Leiter der Senatskanzlei die Stände besuchte. Dmitrij versuchte, sich an mir vorbeizuschieben, aber sein deutscher Begleiter blieb stehen und begrüßte mich freundlich mit Handschlag, so daß er sich dadurch genötigt sah, mir ebenfalls die Hand zu geben. Nur deshalb.

Später, als auch mein Mann vorbeikam, um einen Blick auf die Auslagen der Veranstaltung zu werfen, trafen wir auf Tatiana, die mit gewöhnlich vorlautem Gehabe in der Rathaushalle das Regiment meinte führen zu müssen. Selbstgefällig und beifallheischend hielt sie Hof unter den Frauen der Konsuln und ihren Helfern. Meinen Mann begrüßte sie. Mir selber verweigerte sie sowohl Gruß als auch Hand, was ein kaum noch übersehbarer Affront war. Tatiana behandelte mich, als ob ich mich der Zechprellerei schuldig gemacht hätte. Der Brief war ein Sündenfall vor der vermeintlich Unfehlbaren gewesen. Mein Mann machte Tatiana zwar hanseatisch fein, aber unmißverständlich eine Korrektur fordernd, darauf aufmerksam, daß seine Frau noch nicht begrüßt worden wäre, und nahm mich damit in seine Obhut.

Immerhin hatte es den verblüffenden Effekt, daß Tatiana für einen Moment ihr hoffärtiges Aussehen einbüßte. Seit Dmitrij Doyen geworden war, hatte Tatiana Oberwasser bekommen. In das Rund ihres sowieso an Eigenartigkeiten reichen Gesichts schien die Auswirkung von Dmitrijs Position noch zusätzlich eintätowiert worden zu sein, und in seiner Auffälligkeit alles andere optisch zu verdrängen, während aus ihrem Zischeln ein – allerdings genauso unverständliches – Gesäusel geworden war. Den Kopf demonstrativ zur Seite gedreht, reichte Tatiana mir schließlich wie ein ungezogenes Kind die Linke.

Mir wurde jetzt klar, daß die Lähmung der Beziehung längst zur Agonie geworden war. Ich war sehr ruhig und fühlte mich stark. Die Furie Wut gewann nicht den Kampf gegen das Bewußtsein, auf diesem Basar nur noch das Ende zu erleben. Mein Gefühl vor ein paar Monaten hatte mich nicht getrogen. Das Schlimmste hatte ich nun schon hinter mir. Die Drachensaat war aufgegangen. Es war ein langer Abschied gewesen, der mich härter angekommen war als dieses Ende. Überhaupt war ich eigentlich jetzt schon mit meinen Gedanken und Gefühlen in der Zukunft. Ljudmila und die Kinder würden in drei Tagen für ein paar Wochen kommen. Wie zuvor würde ich versuchen, alles Ljudmila zu erklären und Ljudmila würde mir helfen zu verstehen.

IN MOSKAU?

Es war zu früh für eine Bestandsaufnahme, aber immerhin mußte ich mich nach Ljudmilas behutsamer Moderation fragen, ob meine Erwartungen nicht zu hoch gewesen waren, ich etwas hatte erleben wollen, was es von Anfang an nicht gab. Diese merkwürdige, freundschaftsähnliche Beziehung zu den russischen Diplomaten mit all ihren Konflikten und Widersprüchlichkeiten konnte man ohnehin nicht erklären. Man konnte sie nur leben, was hohe Anforderungen an objektives Denken stellte, um das subjektive Handeln einigermaßen unter Kontrolle zu behalten.

Ich hatte zudem nicht rechtzeitig erkannt, daß auch Dmitrij Opfer war. Da er so lange Zeit ein einflußreiches Amt innegehalten hatte, während der ihm Machtfülle zufloß, verschwand auch zunehmend seine Wahrnehmungsfähigkeit für Realitäten, und die Überempfindlichkeit gegen Kritik nahm dementsprechend zu, weil sie Zustände vermittelte, die er nicht mehr in der Lage war zu erfassen und somit als unberechtigt empfinden mußte.

Ljudmila war Erholung für meine Seele. Ich schöpfte daraus Kraft und machte mich an die Abwicklung einer Restbeziehung ohne Definition. Dazu gehörte, der Einladung zum Nationalfeiertag im Juni nachzukommen, die Dmitrij, einer inneren Notwendigkeit folgend, oder auch nur Zwängen gehorchend, an meinen Mann und mich, die Frau Gemahlin, ausgesprochen hatte. Ich fürchtete ein wenig dieses Zusammentreffen nach den Geschehnissen in der Rathausdiele.

Tatsächlich fühlte ich mich am Tag des Ereignisses frei und gleichgültig. Ich reichte Dmitrij kühl die Hand und gratulierte protokollarisch korrekt zum Feiertag. Vielleicht war er selbst zu überrascht von der Situation, daß ihm auf die Schnelle noch nicht einmal Platitüden einfielen, mit denen er in letzter Zeit, statt mit sinnvoller Unterhaltung, einen absehbaren Zeitraum voller Anspruchlosigkeit auszustaffieren pflegte.

Mein Mann und ich waren schon an der Tür zur Terrasse, als er uns zurückrief. „Wartet einen Moment", forderte er uns auf. „Ich möchte mich noch mit euch unterhalten." Er sprach mit verlegener Hastigkeit. Es war wieder nur geliehenes, vertrauensvolles Verständnis und geborgtes Lachen. Ich hörte gleichmütig, wie er mehrfach eindringlich betonte, wir müßten uns sehen, sobald mein Mann und ich von dem Besuch bei der Familie Putin in Moskau zurück wären. Er kannte den Reisetermin in wenigen Wochen, weil er die Visa ausgestellt hatte. Ich hörte ihn zwar, aber hatte ich früher einmal seinen Aussagen vertraut, so reichten jetzt weder der Ausdruck seiner Augen noch die Modulation der Töne, um das zurückzuholen, was nach einem gemeinsamen Kurzurlaub in Baden-Baden verloren gegangen war. Gerade seine Augen hatten oft etwas vorgegaukelt, was nicht mit seiner Gesinnung und Handlungsweise in Übereinstimmung gewesen war.

Ich hatte recht gehabt mit meinem Mißtrauen. Es kam zu keinem Treffen mehr nach meiner Rückkehr aus Moskau, und dennoch stimmte es mich wehmütig, als die Einladung zu seinem Abschiedsempfang kam, und das nicht wegen des Aufrufs zur Kenntnisnahme der Endgültigkeit.

„Wir waren ganz erleichtert, daß von dem ‚alten Dmitrij' doch noch ein klein wenig übrig geblieben ist und haben uns köstlich über Deine Einladung amüsiert. Natürlich kommen wir!"

Es war der letzte, kleine Brief an ihn, nachdem er zwei getrennte Einladungen an mich und meinen Mann geschickt hatte: „und Frau Gemahlin" an meinen Mann sowie „und Herrn Gemahl" an mich. Das war der „alte Dmitrij": witzig, humorvoll und sehr verständig.

Hunderte von Gästen strömten am letzten Tag mit Abschiedsgeschenken und Blumensträußen herbei. Die mit den Blumensträußen waren ausschließlich Russen. „Wie unpraktisch", dachte ich sehr deutsch angesichts der Blumenberge. Inzwischen wußte ich um einiges besser um die Bedeutung von Blumen für Russen. Ich selbst hatte nichts mitgebracht. Ich hatte Dmitrij und Tatiana fast fünf Jahre meines Lebens geschenkt. Was sie daraus gemacht hatten, war nicht mehr von mir zu verantworten. Es blieb viel Zeit, die Besucher und die zu Verabschiedenden zu beobachten. Dmitrij wie auch Tatiana sahen sehr angegriffen aus, ein wenig, als ob ein Begräbnis mit Fassung zu ertragen wäre.

Dmitrij gab mir die Hand: „Vielen Dank für alles, was ihr für uns getan habt." Das war nicht besonders einfallsreich, und ich wußte auch jetzt nicht, ob er es ehrlich meinte. „Wir kommen gerade aus Moskau", bemühte ich mich um einen unverkrampften Tonfall. „Alles ist gut für dich vorbereitet." Ich selber bekam einen Schrecken über das, was ich da sagte, und noch mehr, als ich sah, wie Dmitrij schneebleich wurde und offensichtlich Schwierigkeiten hatte, große Erregung zu unterdrücken. Was war nur in mich gefahren? Ich war von etwas Fremden in mir getrieben worden. Das Gesagte war nicht meinem Willen unterlegen gewesen. Dabei war in Moskau gar nichts Besonderes arrangiert worden. Ljudmila hatte allerdings meine Tränen gesehen, und die waren in Zusammenhang mit Dmitrij geflossen. Ich ging weiter zu Tatiana und gab ihr die Hand. „Vielleicht sehen wir uns in Moskau", warf ich flüchtig hin, ohne Tatiana dabei anzusehen. „In Moskau!", rief Tatiana geradezu begeistert von der Idee. „In Moskau!" echote Dmitrij und warf mir noch einmal seinen berühmt berüchtigten, eindringlich langen Blick zu.

Ich wußte, daß es die Unwahrheit war. Wie vor ihm Alexander würde er sang- und klanglos verschwinden, ohne Adresse oder Telefonnummer zu hinterlassen. Er würde Hamburg verlassen wie jemand, der sich nur verlaufen hatte, dem aber gerade jetzt, nach Jahren, der richtige Weg eingefallen war. Wie so oft während der vergangenen Jahre hatte ich gewonnen und verloren.

LJUDMILA

DIE FRAU DES STELLVERTRETENDEN BÜRGERMEISTERS

Was hatte Dmitrij noch am Telefon gesagt? Die Frau des stellvertretenden Bürgermeisters sei auch da, oder war es die stellvertretende Frau des Bürgermeisters, oder – was zum Kuckuck hatte er noch gesagt? Ich war furchtbar aufgeregt und ärgerlich enttäuscht. Sollten ich und mein Mann doch nach sehr langer Zeit nicht nur zum ersten Mal wieder, sondern zum ersten Mal überhaupt ohne jeglichen offiziellen Anlaß zu Dmitrij in seine Residenz im Generalkonsulat kommen, um die gemeinsame Reise nach Baden-Baden zu besprechen. Und nun das: wieder nicht alleine, wieder nicht ganz privat mit Dmitrij und der garstigen Tatiana. Um 13.30 Uhr sollten wir zum späten Frühstück da sein. Das wußte ich genau, weil ich zu dieser Uhrzeit noch nie gefrühstückt hatte.

Und Punkt 13.30 Uhr klingelte ich. Wir waren schon von Dmitrij erspäht worden, der auf der Terrasse des Penthauses gewartet hatte, als wir am Ende unseres Spazierganges um die von herbstlich golden belaubten Bäumen umstandene Außenalster in der Zielgeraden eintrafen. Er winkte mit beiden Armen heftig wedelnd, geradezu als ob wir nicht geruhsam geschlendert kämen, sondern es gelten würde, Rasenden Einhalt zu gebieten. Bald darauf stand er auch an der Eingangstür, so daß der Wachhabende nicht erst bemüht werden mußte. „Wer ist noch da?", überfiel ich ihn geradezu. „Die Frau des stellvertretenden Bürgermeisters von St. Petersburg oder die stellvertretende Frau?…Dmitrij schaute mich ob der gedankenspielerischen Unzucht indigniert an, um dann in schallendes Gelächter auszubrechen, was weitere Phantastereien und sprachliche Mischtechnik vereitelte, mit der ich die Familien der Petersburger Regierenden gerade durcheinander gewirbelt hatte. „Putina, Ljudmila Putina mit ihren beiden kleinen Töchtern kommt zum Essen." Dmitrij lachte weiter und schüttelte ein wenig den Kopf. „Ihr werdet euren Spaß haben! Die Jüngere ist ein richtiger Racker!" Mir selbst war überhaupt nicht mehr zum Lachen zumute. Auch noch Kinder, und dazu von der Art, die drohten, den sonntäglichen Frieden durch anstrengendes Gebaren völlig zu zerstören! Nichts von alledem paßte noch in meine Vorstellung von einem ganz und gar privaten, gemütlichen Frühstück. Ich würde es zwar wie schon manche Überraschung überstehen, die mir von russischen Bekannten und Freunden beschert worden war, aber meine Vorfreude schien mir vergeudet gewesen zu sein, und da, von wo aus mir wie durch ein Kraftwerk Energie gespendet worden war, hatte sich jetzt lustlose Mattigkeit breit gemacht.

Wir hatten uns schon am reich gedeckten Tisch niedergelassen, als die Tür aufging und die drei Petersburgerinnen etwas zögerlich, und trotz des nicht mehr ganz jungen Tages wie verschlafen sich herantastend, den Raum betraten und auf die schon Versammelten zugingen. „Ljudmila", stellte sich die Dame mit auffällig schönem, ganz leicht rötlich schimmerndem, langen Blondhaar vor. „Katja und Maria". Sie zeigte auf die beiden Mädchen, die in schönstem Sonntagsstaat mit dünnen, anhängergeschmückten Kettchen um den Hals und Ringlein auf einigen der zerbrechlich wirkenden Finger ein Bild von geziert musterhaften Kindern abgaben, und somit für mich zunächst erschreckender waren, als wenn eine Horde von tobenden Bälgern hereingestürmt wäre. Sie waren so ganz und gar ungewohnt für mich, die hauptsächlich Kinder kannte und mochte, deren Bestreben es war, vorzugsweise sonntags, und wenn Besuch sich anschickte wie zur Kleider- und Benehmenskontrolle, das Leben anderer für ein paar Stunden in Unordnung zu bringen, sich Normalität durch schäbigste Freizeitkleidung zu bewahren. Aufgrund ihres Aufzuges wäre ich beinahe dazu verleitet worden zu meinen, diese beiden wären schüchtern. Sie waren es keineswegs. Äußerst selbstbewußt und distanziert kühl präsentierten sie sich, so daß keinerlei Versuchung in mir aufkeimen konnte, die kinderliebe Tante zu spielen. Ich wurde in genau die Abwartehaltung gezwungen, die von den beiden Mädchen zutage gelegt wurde. Jegliche spontane Annäherung wurde in Schranken verwiesen. Sehr anstrengende Tischnachbarinnen hatte ich!

Gegenüber von mir saß Ljudmila, mit der ich mich sofort der Einfachheit halber darauf geeinigt hatte, uns der Vornamen und des „Du" zu bedienen, um die Anrede in einer Unterhaltung mit Personen unterschiedlichen Bekanntheitsgrades zu vereinfachen. Es war auch meine Absicht gewesen, damit besonders den Kindern einen Gefallen zu tun, die während ihrer russischen Schulferien in Hamburg die letzten Klassen in einer Grundschule besuchten, und deren Deutsch gut verständlich, aber noch etwas schwerfällig suchend und ungeübt klang.

„Ljudmila hat Stil", dachte ich mit der ganzen Anerkennung von jemandem, die gerade in dieser Umgebung viel Stilloses gesehen und erlebt hatte, und betrachtete die natürlich würdige Körperhaltung und das schöne Profil mit der kleinen, ganz leicht geschwungenen Nase und dem ebenfalls kleinen, aber ausdrucksvoll geformten Mund, dessen üppige Unterlippe etwas Aufmüpfiges hatte und dem ganzen Gesichtsoval besonders viel eigene Persönlichkeit verlieh. Die Körperhaltung signalisierte eine gewisse Reserviertheit, die Gesichtszüge und die aufmerksamen, aquamarinblauen Augen jedoch Bereitwilligkeit, sich ihrem Gegenüber zu öffnen. Sie vermittelte den Eindruck von jemandem, der seinen Wert zu kennen meint und ohne herausfordernde Gesten oder Äußerungen darauf achtet, nicht unter ihm ge- oder behandelt zu werden. Dabei war Ljudmila liebenswürdig, aber nicht von der schnellen Vertraulichkeit, die ich sonst bei Bekanntschaften mit russischen Frauen kennengelernt hatte. „Eine Dame", dachte ich. „Eine wirkliche Dame". Wie sie da in ihrem dezent eleganten Blazer saß, beinahe ungeschminkt und doch sehr gepflegt, hätte sie eine Hanseatin sein können. Ljudmila stand wirklich in krassem Gegensatz zu Tatiana, die sich zwar mit tatkräftiger Unterstützung des Hauswirtschaftsleiters und einer Küchenhilfe darauf verstand, eine gute Gastgeberin darzustellen, deren Überheblichkeit jedoch von unendlichem Haltbarkeitsdatum zu sein schien, und die es eher darauf angelegt hatte, die Reviere meiner und Ljudmilas erworbener Bedeutung genau abzustecken: Frau des Generalkonsuls gegen Frau des stellvertretenden Bürgermeisters von St. Petersburg, hier vorne Gastgeberin, dort hinten Gast. Oh ja, das kannte ich! Der Gast war bei Tatiana keineswegs König. Ein Gast hatte sich Tatiana zu unterwerfen, und war nur ein weiterer Teil ihres Kampfes, auf Abhängigkeiten zu achten. Tatiana schob und rückte die Kulissen ihrer Inszenierung wieder und wieder, nur um sich weiter in der Mitte der Bühne bewegen zu können, und ahnte nicht, daß genau dadurch sich bald intime Unterhaltungsnischen und Echoräume der Verständigung für Ljudmila und ihre deutsche Gesprächspartnerin fanden, die zunächst unvereinbar scheinende Pole verklammern halfen. Hatte die Anwesenheit von Ljudmila und den Kindern zunächst durch meine innere Ablehnung wegen des gestörten Alleinanspruchs auf ein Zusammensein mit Dmitrij und Tatiana unter keinem guten Stern gestanden, so empfand ich nach ein paar Stunden die Gegenwart der drei wie einen Gezeitenwechsel in meiner Beziehung zu Russen im allgemeinen, und besonders zu einer russischen Frau. Es könnte ein verheißungsvoller Neuanfang werden, erahnte ich. Diese Frau hatte etwas zu sagen. Sie war engagiert, und mir selbst nicht unähnlich, machte auch Ljudmila sich emotional alles zueigen, was ein Themenkreis zu bieten hatte. Meinen Bericht aus London, wo ich mit Briten über die Situation in Rußland und die Auswirkungen des ersten Tschetschenienkrieges diskutiert hatte, um herauszufinden, daß nicht nur die Regierung Großbritanniens, sondern auch seine Bürger weit mehr Verständnis für die russische Politik aufbrachten als es in Deutschland der Fall war, hörte Ljudmila mit angespanntem Interesse. „Sie haben an unserer Seite gekämpft", hatte ich immer wieder voller Anerkennung von Briten gehört. Ljudmila lächelte, als sie das hörte: „Mein Mann ist in London gewesen. Ich selbst kenne es nicht und habe nie das Verlangen gehabt, dorthin zu fahren. Ich kann die Sprache nicht und habe deshalb Vorbehalte, obwohl ich genau weiß, daß es an meiner Faulheit liegt, Englisch zu lernen. Vielleicht hat mein Mann doch recht, daß er Engländer mag, wenn ich bedenke, was du erzählt hast." Ljudmila verstand es, aus sämtlichen Reibungspunkten Funken zu schlagen, bis ein Feuerwerk an Ideen zu sprühen begann. Dazu war sie auf erfrischende Weise pragmatisch und keineswegs auf die Position ihres Mannes fixiert. Ich meinte, daß Ljudmila ein beneidenswert individuelles Selbstwertgefühl besäße, dessen Autonomie sogar noch dadurch unterstrichen wurde, indem sie hier und da mit Hochachtung von ihrem Mann sprach, so daß bei mir der Eindruck entstand, daß sie zu ihm wegen seines umfangreichen Wissens und nicht wegen seines Ansehens als stellvertretender Bürgermeister von St. Petersburg, aufschaute.

Es wurden unvergeßliche Stunden. Die Kinder lebten auf, fingen an, sich zu balgen, ohne Kleidchen, Kettchen oder Ringlein zu schonen. Sie erzählten und spielten. Nichts störte. Es war eine Annäherung an Fremde, ohne Zeichen von Anhänglichkeit preiszugeben. Die Mädchen verhielten sich weiterhin abwartend distanziert und blieben beim „Sie". Mascha, wie die ältere von den beiden meistens genannt wurde, spielte schließlich freiwillig ein kleines Stück auf der Geige vor und Katjas entschlossener, eiszärtlicher Glanz aus klaren Augen von genau dem Aquamarinblau wie das von Ljudmilas, wich Tränen zu Herzen gehender Bekümmernis, während die winzigen Händchen ihre klare, hohe Stirn wieder und wieder abwischten, als ob das Naß von ganz oben käme. Sie kannte kein Stück auswendig und schämte sich deswegen. „Das nächste Mal", versuchte Ljudmila sie liebevoll zu trösten. „Das nächste Mal?" Klang das nicht nach Absicht? War das sorgsam genug erwogen worden?

Ich hoffte es zutiefst. Es entsprach einer Neigung meines Herzens, daß ich überlegte, wie ich es bewerkstelligen könnte, den Kontakt zu Ljudmila zu erhalten.

KLAPPT ES?

Parker-Schreibgeräte und hübsche Notizbücher sammle sie, hatte Ljudmila im Laufe der nachmittäglichen, wodka- und weinseligen Frühstücksstunden verraten. Ljudmila selbst hatte nicht nur da sehr wenig getrunken. Sie versagte sich generell unbeschwerten Alkoholgenuß wegen einer vor etlichen Jahren durchgestandenen Hepatitis. Dennoch war sie bei unserem ersten Zusammentreffen in beschwipst lebhafter Plauderlaune gewesen.

Die Erinnerung an den Hinweis auf Ljudmilas Hobby war für mich als Anlaß hoch willkommen, mich noch einmal bei Ljudmila in Erinnerung zu bringen und ihr durch Übermittlung von Adresse und Telefonnummer anheim zu stellen, Kontakt mit mir aufzunehmen. Nur Dmitrij müßte als prüfende Instanz und ernsthaftes Hindernis auf dem Wege dahin überwunden werden. Mit diesem ambitionierten Ziel vor Augen, zelebrierte ich einen wegen seines opportunistischen Ansinnens geradezu unanständigen Unterwerfungsakt und bat ihn – ich bat ihn tatsächlich, und das ausdrücklich –, den Umschlag mit dem kleinen, aber wunderschön gestalteten Notizbuch samt Brief und Visitenkarte an Ljudmila, die für die Dauer ihres Aufenthaltes in Hamburg mit den beiden Kindern in der Gästewohnung des Generalkonsulats wohnte, weiterzuleiten. Ich tat es, um Verständnis und Verstehen zwischen Deutschen und Russen nicht nur für die Gegenwart, sondern ebenso für die Zukunft zu sichern, und weil ich das bedrückende Minus in meiner diesbezüglichen Bilanz immer noch nicht wahrhaben wollte. Daß ich nun allerdings von der Gnadenhilfe Dmitrijs abhängig war, weil ich nicht über eine Stellung verfügte, zu deren Privilegien es gehört, sich Automatismen zu bedienen, deren Folge leichter Zugang zu Kommunikation auch mit Menschen außerhalb des direkt erkennbaren Bezugskreises ist, verbitterte mich. So blieb mir nichts als mein unbeirrbares Beharrungsvermögen, und Anleihen an kommende Zeiten zu nehmen, indem ich auf wohlwollende Unterstützung anderer hoffte.

Es klappte. Dmitrij hatte den Umschlag samt Inhalt weitergereicht. Ljumila rief tatsächlich an. Eine dermaßen schnelle und unkomplizierte Reaktion war sogar für mich verblüffend. Sie freue sich über den Kontakt, ließ Ljudmila mich wissen. Sie komme im folgenden Jahr Anfang Juni wieder und würde es als Gewinn betrachten, mit mir zusammenzutreffen. Das Leben während der Wochen in Hamburg sei für sie arm an äußeren Ereignissen. Dmitrij und Tatiana seien viel unterwegs, und sie selbst habe kaum Abwechslung. Deshalb wäre sie auf die Idee verfallen, sich in Hamburg eine Nähmaschine zu kaufen und einen Kurs zu belegen, um ihre Schneiderkünste zu vervollständigen. Nur auf die Kinder zu warten, bis sie von der Schule abgeholt werden mußten, Schularbeiten zu beaufsichtigen und als einzige Abwechslung die Nähmaschine in Gang zu setzen, sei aber auf die Dauer deprimierend. Für ein paar Tage könnte sie das aushalten, aber nicht für ein paar Wochen. Es hörte sich konzeptionell und entschlossen an, und die Mitteilung forderte eine aktive Empfängerin. Wir verabschiedeten uns bis zum nächsten Mal.

Ein wenig hoffte ich, daß Ljudmila sich mit einem Brief oder durch ein Telefonat zwischendurch melden würde, aber nichts dergleichen geschah. Schon machte sich eine leichte Enttäuschung breit. Leere Worte, nichts als leere Worte, waren es gewesen, versuchte ich mir einzureden, um nicht zu sehr getroffen zu sein, wenn sie sich wirklich als leere Worte erweisen würden und sich die Spuren des Nichtausgesprochenen als irrational herausstellen sollten. Ich war gezeichnet von Ereignissen aus anderen Kontakten zu Russinnen.

Das Jahr wechselte, die Jahreszeiten ebenso, und kein Lebenszeichen von Ljudmila erreichte mich. Warum hatte ich bloß so früh gejubelt? Nur weil ich Dmitrij hatte bewegen können, den Brief an Ljudmila weiterzugeben? Was hatte mir das gebracht? Es war bisher wirklich der einzige Erfolg von meinem ganzen Plan. Ich hatte im Laufe der Beziehungen zu den russischen Diplomaten und ihren Familien in Moskau und im Hamburger Generalkonsulat einen Großteil der Unschuld freundschaftlichen Denkens verloren und war ungerecht. Hatte doch Ljudmila ihren guten Willen bezeugt, indem sie den Faden spontan aufgenommen und mich nach Erhalt des Briefes angerufen hatte! Es reichte mir nicht mehr, nachdem ich Jahre der Höhen und Tiefen erlebt und durchlitten hatte, von denen ich mir die Höhen mit Hilfe meines Gedächtnisses erarbeiten mußte, die Tiefen mich indes immer begleiteten. Ich harrte ungeduldig eines Zeichens, das eine definitive Lösung meines emotionalen Dilemmas bedeuten könnte. Es müßte dieses Mal ein Bekenntnis von russischer Seite sein, das Risiko eingehen zu wollen, die Bekanntschaft zu vertiefen. Schweigen bedeutete für mich Verweigerung von Kommunikation und beinhaltete viel Aggressionspotential. Ich haderte mit dem Schicksal, nicht in der Lage zu sein, selbst noch einmal Kontakt aufnehmen zu können, aber ich hatte Ljudmilas Adresse nicht, und wenn Dmitrij sie kennen würde, wäre er sicher nicht bereit, sie mir zu geben. Es hätte überhaupt keinen Zweck, ihn darum zu bitten. Noch nicht einmal flehen würde nützen. Und der Juni war schon nah.

Gebläse flirrend heißer Luft trieb den Juni. Seine Tage schienen in unerbittlich sengender Sonne dahin zu schmelzen, ohne daß es auch nur vage Anhaltspunkte dafür gegeben hätte, Ljudmila setze den angekündigten Besuch in die Tat um. Ich mochte kaum das Haus verlassen. Vielleicht war das der Grund, warum Dmitrijs Telefonat mich sofort erreichte. „Ljudmila ist da." Seine Mitteilung hatte das Pathos der Normalität. „Hat sie dich schon angerufen?" Dmitrijs Stimme bekam den dramatisch schwingenden Klang eines Übermittlers von Hiobsbotschaften. „Nein, ich habe sie noch nicht auf meinem Radarschirm ausfindig machen können", antwortete ich gekünstelt salopp, was unbeschwerte Heiterkeit vorgaukeln sollte, und fühlte mich eifersüchtig benachteiligt, weil Dmitrij schon mit Ljudmila gesprochen hatte. „Na ja, sie hat bestimmt andere Sorgen zur Zeit", kam es mit schleppend näselnder Stimme aus dem Hörer, als ob er eine Sensation auskostete, die mit Gleichgültigkeit und Mitleid gewürzt erst den wahren Genuß ausmachte.

Der Wind hatte sich wirklich gedreht. In St. Petersburg waren gerade Wahlen gewesen. Entgegen interner Absprachen hatte Wladimir Jakowlew, einer der stellvertretenden Bürgermeister, sich doch als Gegenkandidat zum regierenden Bürgermeister Anatoli Soltschok aufstellen lassen, und der Kulturprofessor, ein Namensvetter des Kandidaten, hatte nach dessen Sieg über den bisherigen ersten Bürgermeister die Allianz derjenigen verlassen, die geschmiedet worden war, um eine neue St. Petersburger Regierung mit einer starken Opposition zu konfrontieren. Er hatte es vorgezogen, die sicheren Pfründe nicht einer unsicheren Zukunft zu opfern. Ich wunderte mich nicht, daß der Kulturprofessor, mein offensichtlicher Gegner auf russischer Seite in Zeiten bitterer Auseinandersetzungen um mehr Demokratie in der Deutsch-Russischen Gesellschaft, sich schurkisch auf Seiten des Verräters geschlagen hatte. Wladimir W. Putin, Ljudmilas Mann, hatte mit der Wahlniederlage des ersten Bürgermeisters, außer seiner Ehre, alles verloren. Er war nichts mehr und Ljudmila eine Frau ohne Beziehungen. Meine Sympathien für diese Menschen, die durch meinen eigenen Feind geschädigt worden waren, bekamen den Stellenwert und die Tiefe einer von Herzen Verbündeten. Für die garstige Tatiana würde es allerdings ein Fest sein. Ich stellte mir die feixende Schlange vor. „Ljudmila läßt dich grüßen", beeilte Dmitrij sich jetzt zu sagen und: „Sie wird dich bestimmt in den nächsten Tagen anrufen", vertröstete er mich.

Es schien, daß mein Plan doch geklappt hätte.

ZWISCHEN DEN ZEITEN

Die Hürden, die im Verlauf seines Lebens wohl fast jeder Russe, beinahe jede Russin, nehmen muß, um vielleicht doch irgendwann noch einmal etwas voranzukommen, ohne das eigentliche Ziel zu erreichen, nahmen sich für mich wie der Kollektivzwang einer Kettenreaktion aus, von der sich fortzuschleichen schicksalhaft sinnlos scheint, so daß solcherlei Behinderungen nicht nur als Banalinfekt, sondern durchaus als Epidemie bezeichnet werden könnten. Selbst größten Anstrengungen zum Trotz, sie durch Präventivmaßnahmen zu vereiteln, würde es dennoch immer wieder erneute Ansteckungen geben. Verzögerte sich der Ablauf bei dem einen, hatte das automatisch Folgen für einen oder gleich viele andere und deren nah und fern benachbarte Glieder in der Kette ineinander verzahnter Abhängigkeiten. Die Auswirkungen erreichten sogar mich und mutierten zu einer Koexistenz meines geregelten, so strikt wie möglich einzuhaltenden Tagesablaufs. Warten auf ein Telefonat, warten auf eine Verabredung. Warten. Warten. Ich wartete auf Ljudmilas Anruf und wurde somit Teilhaberin an deren Zeit- und Lebensabschnitt, als durch die verlorene Wahl in St. Petersburg die Kugel in den Roulettekessel geworfen worden war und mit Sicherheit nicht nur Ljudmila jetzt mit Spannung wartete, wo sie liegenbleiben würde: bei der nicht ganz so prestigeträchtigen und komfortablen Vorvergangenheit der gerade eben zur kürzlichen Vergangenheit zählenden, angesehenen und aussichtsreichen Berufs- und Lebensbasis oder bei der Chance einer darauf aufbauenden Zukunft. Rouge oder Noir: wer wußte das jetzt schon.

Russen sind Überlebenskünstler im Extremklima, und so nahm es mich nicht Wunder, daß Ljudmila zwar unpünktlich, aber zuverlässig in den folgenden der von Dmitrij avisierten nächsten Tage anrief, und somit mir etliche Stunden eines neuen Stückchen Lebens gestohlen hatte, das ich aus der Verbindung mit ihr erhoffte mir zimmern zu können. Es grämte mich ein wenig und strapazierte meine auch nach einigen Jahren Erfahrung mit russischer Mentalität noch immer unterentwickelte Geduld. Andererseits hatte ich auch Verständnis für Ljudmila, der ich hoch anrechnete, daß sie sich nicht entschloß, dem Fortgang der Geschichte und seinen Konsequenzen durch Abwesenheit oder Einsilbigkeit zu entgehen, sondern das Risiko auf sich nahm, mit Menschen zusammenzutreffen, ohne zu wissen, ob sie ihr die gleiche Haltung entgegenbringen würden wie zu Zeiten, als ihr Mann noch stellvertretender Bürgermeister von St. Petersburg war.

Ljudmila wirkte gefaßt, aber angestrengt, und ihre Bewegungen waren nervös vage, als ich und mein Mann sich mit ihr, den Kindern und Dmitrij zu einem Zoobesuch am Generalkonsulat trafen. Sie hatte zugenommen und sah nicht mehr ganz so gepflegt aus wie beim ersten Treffen, aber all das tat der Herzlichkeit unseres Wiedersehens weniger Abbruch als die erneute Unpünktlichkeit. Dmitrij hatte mich in Hinblick auf meine ihm bekannte Abneigung gegen zeitliche Verzögerungen vor dieser ausgeprägten Schwäche Ljudmilas gewarnt, so daß ich meinte, mich in Zukunft schweren Herzens darauf einrichten zu müssen, daß Ljudmila nicht pünktlich, aber zuverlässig, sondern wohl zuverlässig unpünktlich wäre. Die garstige Tatiana hatte sich für den Ausflug abgemeldet. Sie müßte Wahllisten schreiben, ließ sie ausrichten. Ljudmila hatte das Bedürfnis, mich der Glaubwürdigkeit dieser Aussage versichern zu müssen, was für ihr Einfühlungsvermögen sprach. Sie war von mir über das delikate Verhältnis zu der Garstigen noch nicht eingeweiht worden und nahm somit – fälschlicherweise – an, Tatianas Abwesenheit könnte als persönlicher und verletzender Affront aufgefaßt werden. Dann aber interpretierte sie das erleichterte, tiefe Durchatmen und ein heuchlerisches „Schade" als Kommentar zu Tatianas Entschuldigung mit bemerkenswert schneller Auffassungsgabe völlig richtig, was durch ein schelmisches Blitzen aus den Augenwinkeln angezeigt wurde. Etwas Besseres hätte wirklich nicht passieren können, als daß Tatiana uns nicht begleitete. Dmitrij wiederum gab seine Aufsichtspflicht über Ljudmila und die Mädchen umstandlos an sie ab. Er gedachte wohl, sich einen entspannten Nachmittag zu gönnen, und gesellte sich sofort zu meinem Mann.

Ljudmila hielt sich nicht in den auf- und abschwellenden Tonmodulationen einer Klage auf, noch daß sie mit Befangenheit auf ihre äußerst ungünstige Situation reagierte. Es waren auch keine ungehemmt ausgestellten Gefühle, sondern die sachliche Mitteilung eines Bruchs in ihrem Leben und dem ihrer Familie. Zwischendurch fragte sie so ganz nebenbei in genau der nüchternen Art, wie sie ihre jetzige Lebenssituation beschrieben hatte, was es sein könnte, das bei den Pampashasen so ungewöhnlich lang zwischen den Hinterbeinen baumelte. „Hoden", klärte ich Ljudmila ebenso nebenbei und nüchtern auf, und löste damit bei ihr Kichern und Prusten ohne spießige Entrüstung aus. Dmitrij, der mit meinem Mann mindestens zehn Schritte vor uns ging, drehte sich um und bemerkte trocken: „Nun hast du es doch gesagt!" Er stilisierte damit den Hinweis auf die fortpflanzungserheblichen Teile der Anatomie des Pampashasen zu einem unbotmäßigen Sexualkundeunterricht hoch, obwohl ihm anzumerken war, daß die kitzelige Frage Ljudmilas von ihm amüsiert belauscht worden war, und er wahrscheinlich geradezu darauf gelauert hatte, mit welcher Antwort ich mich aus der Affäre ziehen würde. Nicht nur, daß er gelegentlich so tat, als ob er schlief, um alles zu hören. Er hörte offenbar immer alles.

Über diesen Anfall von Wissensdurst hinaus war Ljudmila keine besonders aufmerksame Zoobesucherin. Am liebsten wäre sie noch nicht einmal vor Gehegen mit drolligen Jungtieren stehen geblieben. Es reichte, daß die Kinder sich amüsierten. Ljudmila meinte, das Desinteresse zu rechtfertigen, indem sie sämtliche Zoos aufzählte, die sie schon, allein oder zusammen mit den Mädchen, besucht hatte. Ein wenig ärgerlich war es schon. Meine Idee, in den Zoo zu gehen, verlor dadurch in meinen eigenen Augen automatisch an Wert. Es hörte sich an, als ob diese herrliche Parkanlage mit den Tiergehegen nichts Besonderes wäre. Auch die hochgefährlichen Blattschneideameisen vermochten Ljudmila nicht zu reizen. Ob es nun untrüglicher Instinkt für tatsächliche oder vorgegaukelte Gefahr oder eine Art momentanen Wahrnehmungsstillstands war, den ich meinte bei Ljudmila festgestellt zu haben, blieb mir verborgen. Im Gegensatz zu Ljudmila fiel ich selber auf Dmitrijs strenge Frage herein: „Habt Ihr auch wirklich alles gesehen?", begehrte er zu wissen. Ich fühlte mich ertappt und verunsichert, weil wir uns tatsächlich die meiste Zeit unterhalten hatten. „Habt Ihr die Blattschneideameisen nun gesehen?", fragte er noch einmal so unangenehm bohrend wie ein verhaßter Oberlehrer nach. Schuldbewußt rannte ich zurück. Ich suchte und suchte, aber ich sah keine Blattschneideameisen und meinte sofort, es läge an meiner ganz persönlichen Unfähigkeit, scheue Tierchen erspähen zu können, bis Dmitrij mit seinem Zeigefinger auf einen Hinweis tippte. Die Blattschneideameisen waren noch gar nicht in dem tresorähnlichen Schaukasten untergebracht. Um sich vor ihnen gruseln zu wollen, hätten wir in einem Monat wiederkommen müssen. Ljudmila hatte keinen Sensus für derlei Neckereien außerhalb des 1. April. Vielleicht waren ihre Gedanken auch noch zu sehr von den aktuellen persönlichen Problemen absorbiert. Eher hatte ich den Eindruck, daß es Ljudmila eigentlich gleichgültig gewesen wäre, wo wir uns wiedergetroffen hätten. Genauso wie es jetzt hier der Fall war, hätten die schwerwiegenden Umstände den Themenkreis unserer Unterhaltung in jeder Umgebung vorgegeben und mit ihrer alles beherrschenden Eindringlichkeit uns für anderes stumpf gemacht.

Wir setzten unser intensives Gespräch in den nächsten Tagen fort, ohne den Faden verloren oder an Nähe eingebüßt zu haben. Es gab eine Zeit zum Schweigen und eine zum Reden. Jetzt war die des Redens und Fragens angebrochen, nachdem ich viel mühselige Zeit des nuancenreichen Schweigens mit den russischen Diplomaten aus dem Generalkonsulat zugebracht hatte. Es war, als ob mein Blut schneller und leichter durch die Venen flösse, meinem Gehirn reichlicher Sauerstoff zugeführt würde, und mein Herz mehr und bekömmlichere Nahrung erhielte. Ob ich vererbt worden wäre, fragte Ljudmila zu meiner Verblüffung, und es hörte sich irgendwie suggestiv an, ohne daß ich mir hätte vorstellen können, warum diese Frage gestellt wurde. Ich verneinte spontan. War ich doch der festen Annahme, mit einem Erbe würde eine Verpflichtung dafür bestehen, die eben Galinas und Viktors Nachfolger nicht wahrgenommen hatten. War ich nicht von Viktor ermahnt worden, selbst in Konfliksituationen immer im Gespräch zu bleiben? Seine Nachfolger hatten von Anfang an fast ausschließlich zu allem geschwiegen. Daraus hatte ich abgeleitet, die russischen Bekannten im Generalkonsulat, von denen ich meinte, daß es in erster Linie ich wäre, die von Zeit zu Zeit unverändert aufrichtig versuchte, zu ihnen ein freundschaftliches Verhältnis aufzubauen, wären mein Erbe, um das ich mich kümmern müßte. Ljudmila und ich saßen beim Mittagessen im Hotel „Intercontinental" und versuchten, durch Raukesalat unser Bindegewebe zu entwässern. Ljudmila fand die Idee grundsätzlich gut, weil sie unbedingt abnehmen wollte, aber nachdem sie Rauke probiert hatte, entschloß sie sich, den Diätversuch auf später zu verschieben. Draußen brütete noch immer diese unerträglich graue, feuchte Hitze, die typisch für heiße Tage des Hochsommers im küstennahen Norddeutschland ist. Wir hätten die Wahl gehabt, den Rest des Tages, bis in kühlere Abendstunden hinein, in den klimatisierten Räumen des Hotels zu verbringen, oder zu mir nach Hause zu gehen, um dort die Unterhaltung fortzusetzen.

Nach ausgiebiger Beratung über die zur Verfügung stehenden Möglichkeiten entschieden wir uns zu zweit einstimmig für die letztere Alternative, zumal Ljudmila einen kleinen Mietwagen hatte, der den sonst zwanzigminütigen Fußweg auf eine Fünf-Minuten-Strecke verkürzte, was gerade noch im Rahmen des Erträglichen war. Angekommen zogen wir die Schuhe aus und machten es uns bei weit geöffneter Balkontür auf dem Sofa und zwischen zwei Sesseln bequem. Die ruhende Haltung hätte einen fruchtbaren Gedankenaustausch bewirken können. „Du mußt immer zwischen den Wörtern hören und zwischen den Zeilen lesen", legte mir Ljudmila ans Herz, um der Entschlüsselung des russischen Wesens näher zu kommen, aber die Frage nach der Erbschaft blieb für mich trotz etlichen gewundenen Nachdenkens ungeklärt. Ich müßte viel mehr üben, bis ich in den Genuß der verführerischen Mehrsinnigkeit käme! Mein Denken war dementsprechend für russisches Empfinden nicht genügend ortlos und nomadisch. Ich suchte in der Tat keine Verstecke für meine Mitteilungen. Es widerstrebte mir, mich einer umständlichen, vielleicht gar mißverständlich vieldeutigen Sprache zu bedienen. Ich konnte meine Mitteilungsform nicht so schnell anpassen, und als ich Ljudmila von der vermeintlichen Erblasserin Galina erzählte, setzte ich von einem Ufer des Zeitstroms auf das andere über, um den schnörkellosen Sachbericht des Verrats an einer Freundschaft zu erstatten, als ob es ein Polizeireport wäre. Ljudmila war die erste überhaupt, der ich vertrauensvoll in Einzelheiten von meinem Albtraum in Moskau erzählte, nachdem weder Dmitrij noch Alexander Anteilnahme gezeigt hatten. Ljudmila war es auch, die meiner Erwartung entsprechend, mit gebotener Aufmerksamkeit und teilnahmsvoll zuhörte. „Schrecklich", stieß Ljudmila am Ende der Geschichte voll inbrünstigen Abscheus hervor! „Schrecklich! Daß du danach noch immer mit Russen zu tun haben willst, ist kaum verständlich! Das ist ein Krimi! Du solltest das aufschreiben." Ich fühlte mich von Ljudmila in meinem Leiden verstanden, und daß sie darüber hinaus meine Bemühungen als ungewöhnlich standhaft anerkannte, war wie ein erster Schluck köstlichen, reinen Wasser nach langer, bedrohlicher Durststrecke.

Ljudmila und ich entdeckten viele Ähnlichkeiten. Wir beide befanden uns zwischen den Zeiten. Wir beide hatten Entscheidendes verloren und noch nichts Gleichwertiges wiedergefunden. Auch Ljudmila hatte schon unter Erschütterungen durch Verluste nahestehender Menschen gelitten, die sich aus ihrem Leben entfernt hatten, ohne gestorben zu sein, und was für mich die Ungewißheit der Wertschätzung meiner Person durch Russen nach dem Rücktritt aus dem Vorstand der Deutsch-Russischen Gesellschaft bedeutete, war – um ein Vielfaches vergrößert – Ljudmilas Angst vor der ungewissen Zukunft nach der verlorenen Wahl in St. Petersburg. Doch gerade diese Ähnlichkeit im Ringen um möglichen Ansehensverlust zeigte auch erste Probleme auf. Es war für mich unergründlich, warum Ljudmila nach der Kurzdarstellung des Ablaufs der Meinungsverschiedenheiten mit dem Vorstandsvorsitzenden der Deutsch-Russischen Gesellschaft einzig und allein wissen wollte, wer die Gesellschaft gegründet hatte. Ich nannte Ljudmila einige Gründungsmitglieder, worunter auch der Name des Vorstandsvorsitzenden war. „Dann gehört ihm die Gesellschaft", entschied Ljudmila spontan, womit sie ihr Gegenüber in einen Zustand versetzte, der gefährlich pulstreibend war und es zunächst sprachlos machte. „Es ist vergebliche Liebesmüh", redete ich mir ein. Ich kämpfte mit mir, ob ich die Subjektivität der Vorstellung von einer beinahe perfekten Übereinstimmung gefährden oder gar zerstören sollte. Schließlich war ich überzeugt, es wäre sinnvoller, Ljudmilas Beschluß nicht zu kommentieren. Ich sagte mir, daß Ljudmila fast alle Voraussetzungen dazu fehlten, um zu verstehen, daß ein eingetragener Verein nicht das Eigentum der Gründer ist, und rätselte, ob Ljudmilas allgemeines, nach meiner deutschen Vorstellung doch arg kränkelndes Rechtsempfinden exemplarisch für Russinnen ohne Jurastudium wäre. Zumindest bei Ljudmila schien es auf gänzlich unterschiedlichen Erfahrungsgrundsätzen zu fußen als es bei einem Großteil Deutscher zu erwarten wäre. Wir waren an unsere Grenzen gestoßen. Es wäre unvorsichtig gewesen, zu versuchen, sie zu überschreiten. Vielleicht machte diese Vorsicht, bei aller Offenheit und Meinungsfreiheit im Umgang miteinander, gerade die Tiefe und Ernsthaftigkeit der Annäherung in einer Beziehung aus, durch die wir beide uns anschickten, für Verlorenes Ersatz zu finden.

Aus lauter Angst, die Zeit würde uns davon laufen, ohne daß wir uns durch Kommunikationsmöglichkeiten für einen noch unbestimmten Zeitraum nach Ljudmilas Aufenthalt in Hamburg bis zu einem Wiedersehen abgesichert hätten, tauschten wir Adressen, Telefon- und Faxnummern aus. Es war kein einseitiges Bedürfnis und wirkte beinahe wie ein Gelöbnis. Eine Situation wie zu Anfang unserer Bekanntschaft würde nicht wieder eintreten, hoffte ich inständig, und Ljudmila versprach mir, alles tun, mich nicht zu enttäuschen. Zumindest hatte sie mir jetzt schon ein Stück Unabhängigkeit von Dmitrijs Launen verschafft.

ALLERLEI SELTSAMES

Ljudmila hatte ihre von Wolodja großzügig bemessene Barschaft neu eingeteilt und den Bedarf für eine Verlängerungswoche abgezwackt, nachdem die neue Situation von ihr gründlich überdacht worden war. Ihr Entschluß, den Aufenthalt gerade wegen der eingetretenen Schwierigkeiten nicht sofort abzubrechen, um an die Seite ihres Mannes zu eilen, sondern länger als geplant in Hamburg zu bleiben, war für mich als Frau eines deutschen Managers zunächst überhaupt nicht nachvollziehbar „Ich kann doch sowieso nichts bewerkstelligen und behindere Wolodja nur." Ljudmila sprach wahlweise von „meinem Mann" und „Wolodja", wobei sich die Koseform von „Wladimir" häufte, je öfter wir zusammen trafen und das Gespräch auf die Familie kam. Ljudmila hatte mit ihm einige Male telefoniert. Diese Telefonate sollten leitmotivischer Mittelpunkt weiterer Diskussionen bleiben und zeitigten als unmittelbare Folge eine Aufhebung der imaginären, beweglichen Tabuschwelle zwischen uns, wenn Ljudmila nach den Ferngesprächen zu aufrichtigen Tränen des Herzens verzweifelt schien und seelischer Verfall ihr Gesicht zu zeichnen begann. Sie wollte es nicht wahr haben, daß Wolodja ganz offensichtlich nicht anders reagierte wie ein Großteil ehrgeiziger Männer es tut, wenn der Boden ihrer Existenz ihnen unter den Füßen weggezogen wird und es anzunehmen ist, daß die Perspektive auf eine ins Auge gefaßte Karriere bis zur Unmöglichkeit hin verstellt bleibt. Ich erzählte Ljudmila von zahlreichen Gesprächen mit Frauen aus meinem Bekannten- und Freundeskreis, die krank wurden von den Machtkämpfen in den Vorstandsetagen, unter denen ihre Männer litten oder zu leiden meinten. Es konnte nicht wirklich Trost spenden, weil jeder Fall seine individuellen Besonderheiten hat, aber so ganz allein brauchte Ljudmila sich nicht mehr zu fühlen.

Der Schmerz durch zugefügte Kränkungen wurde dadurch ein wenig gelindert. Zum ersten Mal handelte es sich nicht um ein rußlandspezifisches Problem, sondern um ein allgemeines Frauenproblem. Daß die Familie ohne Übergangshilfen blieb, war allerdings wiederum russisch und drängte den Verdacht auf, alle Schwierigkeiten, die es weltweit gab, hätten in Rußland ein Sammelbecken für deren schwerwiegendere Formen.

Es wäre zynisch gewesen, existentielle Ängste zu überhören, und Ljudmila damit trösten zu wollen, daß Einschränkung manchmal nötig ist, um hinterher eventuell etwas Bedeutsames leisten zu können. Von diesem Zustand des andauernden Wohlstandes, der gelegentlich Siechtum oder Verderbnis für moralisch-ethisches Denken und Handeln bedeutet, war sie ganz weit entfernt. Ljudmilas Verletzung war eher ursprünglicher Art. Wolodja hielt sich in diesen Tagen nach dem Absturz an einen treuen Gefolgsmann und nicht an sie, die ja aber auch gar nicht zur Stelle war. Später, nachdem wir beide die Situation hin und her gewendet und gewogen hatten, kamen wir, die Russin und ihre deutsche Gesprächspartnerin, zu dem Schluß, daß alles seine Richtigkeit hatte, weil Männer von Männern besser verstanden werden, mit denen sie anders sprechen und Situationen unter anderen Gesichtspunkten abwägen als mit Frauen, und erst recht mit Ehefrauen.

Ich meinte zu guter Letzt sogar selber, daß Ljudmilas Entschluß, eine Woche länger in Hamburg zu bleiben, geradezu bemerkenswert weitsichtig war. Abgesehen von den Unwägbarkeiten einer neuerlichen Ausreise, wenn sie einmal nach Rußland zurückgekehrt sein würde, hatte Ljudmila sich auch nicht von einem oft genauso spontanen wie sinnlosen Helfersyndrom leiten lassen, das bei etlichen Frauen mit unabwendbarem Automatismus als Gegengewicht zu absoluter Panik auftritt und Männern in heiklen Lebensabschnitten eher ein zusätzlicher Klotz am Bein ist.

Nein, Wolodja passe sehr gut zu ihr, meinte Ljudmila. Er sei für sie genau der Richtige. Er trinke nicht und schlage sie nicht. Ich war verblüfft über die Einfachheit als auch kategorische Bestimmtheit der Gütedefinition eines Mannes. Überhaupt, so meinte Ljudmila, verlangten gerade deutsche Männer von russischen Frauen viel zu viel. Sie hätte furchtbare Einzelheiten vernommen. Den armen Frauen würde tatsächlich abverlangt, Tag für Tag frühmorgens aufzustehen und den Männern vor der Arbeit das Frühstück zu bereiten. Da solle man sich nicht wundern, wenn so viele Ehen in die Brüche gingen! Ich fand Ljudmilas Empörung so unbegründet, daß sie mir schon lächerlich vorkam. Ich wußte noch nicht, daß es genau dieses Verlangen war, das Wolodja an Ljudmila stellte, wodurch sich meine russische Freundin aus dann nachvollziehbaren Gründen gequält fühlte. Ljudmila wischte letzte Tränen über angenommenes Unverständnis ab und lächelte etwas schief: „Aber leider ist er ein Vampir." Hatte Ljudmila etwa die Anzahl der Sternkreiszeichen erweitert, die sie liebend gerne ins Gespräch brachte, um jemanden zu typisieren, oder den Vergleich zu ganz persönlichen Eigenschaften herzustellen? Manchmal grenzte die Sternengläubigkeit geradezu an Obsession und wurde in ihrer Ausschließlichkeit lästig beengend. Ich fühlte jetzt meine Phantasie durch Ljudmilas Einwurf wirklich überstrapaziert. War ich tatsächlich so dummerhaftig begriffstutzig, daß mir der Zusammenhang zwischen einem Vampir und Wolodja nicht in den Kopf ging?

Ljudmila sah sich genötigt, ihre Feststellung noch einmal zu wiederholen. Der eindringlich deskriptiv informative Gehalt ließ keine Möglichkeit des Irrtums zu, aber so wenig zimperlich die Beschreibung war, so sehr belustigend fand ich jetzt die Bezeichnung wegen ihrer Unwahrscheinlichkeit. Es war, als ob von Ljudmila ein Glaubensbekenntnis für die Wirklichkeit des Bösen abgelegt worden wäre, obwohl sie mir gerade die Umkehrung des Wertes von Wolodja für sich erklärt hatte! So, wie Ljudmila ihren Wolodja beschrieben hatte, waren die beiden so gegensätzlich, daß sie sich schon fast wieder berührten. Er begegnete Ljudmila bei weitem nicht mit der gleichen Emotionalität wie sie ihr zueigen war und tat doch alles für seine Frau und die Familie. Er hörte mehr zu, als daß er sprach. Außerdem war er ironischer, manchmal von bissigem Witz und lachte schneller als Ljudmila. In der Regel verstand sie ihn nicht. Sie wäre zu langsam für Humor, meinte sie, daraus ableiten zu müssen. Über Gebühr angestrengt und ausgesogen fühlte sie sich deshalb oft.

„Vampir! Was für ein einzigartig zutreffender Ausdruck!" Ich konnte Ljudmila dafür nur loben. Daß ich nicht selber darauf gekommen war! So gesehen traf ich andauernd auf ausgesogene, blutleer willenlose Frauen, deren Männer Vampire waren, Frauen, die sich bitter beklagten, keine Antworten auf Fragen zu erhalten, deren Bedürfnis nach Gefühlen nicht nur kaum beachtet, sondern getreten wurde. Männliche – ab und an auch weibliche – Vampire gab es viele, zu Hause und im Berufsleben. Wir hatten eine Gemeinsamkeit mehr zwischen Ost und West entdeckt.

In den langen Gesprächen machte allmählich Niedergeschlagenheit noch schüchterner Zuversicht Platz. Wir hatten versucht, die durch das verzögerte Wiedersehen verlorene Zeit aufzuholen, und schafften es bei weitem nicht. Ein wenig hatte ich auch gehofft, Ljudmilas Beistand auf dem Empfang zum russischen Nationalfeiertag zu haben, ohne daß Ljudmila auch nur hätte ahnen können, daß ihr Beistand überhaupt gefragt war, aber es kristallisierte sich sowieso immer mehr heraus, daß Ljudmila nicht zum Empfang kommen würde. Mindestens drei „Nein" standen, in schneller Folge geäußert und nicht eindeutig widerrufen, einem einsamen, zögerlichen „Ja" gegenüber. Ljudmila wußte es noch nicht, noch nicht genau, und doch sehr gut. An das Wunder eines Gesinnungswandels bei Ljudmila zu glauben, lag mir fern. Meine russische Freundin war zum einen in manchen, nach deutschem Ermessen kaum vorhersagbaren Angelegenheiten und Fragen recht starrsinnig, zum anderen maß sie ihrer Teilnahme an dem Empfang, trotz ausdrücklicher Einladung von Dmitrij, weder Notwendigkeit bei, noch hatte sie aus nationalrussischem Gefühl heraus das Bedürfnis, den Feiertag mit anderen zu begehen. Außerdem war Ljudmila eine Teilnahme an Veranstaltungen mit großen Menschenansammlungen, die Schaulaufen als wesentlichen Bestandteil haben, ein echter Angang. Es tat ihr überhaupt nicht gut, gesehen zu werden. Nur:

die Zeit lief unaufhaltsam, und damit einer weiteren Gelegenheit für Gemeinsamkeit, davon.

Der vorerst letzte Tag in Hamburg kam unweigerlich, aber er sollte den Kindern gehören. Allerdings erwies sich meine Wahl, den Garten der Schmetterlinge zu besuchen, nur als bedingt glücklich. Ähnlich wie bei Ljudmila endete Maschas Interesse und Begeisterung da, wo Unbequemlichkeit anfing. Während Mutter Ljudmila und Tochter Mascha, ein hübsches Ding von großer innerer und äußerer Liebenswürdigkeit, damit beschäftigt waren, den Grad der Auswirkungen von allgemein schwer erträglicher, Tropen simulierender Feuchtigkeit und Hitze auf Haut, Haare und Wohlbefinden zu erforschen, gab Katja sich ganz dem ernsthaften Studium der Schmetterlinge hin. Immer wieder verglich sie die Exoten mit den Bildern des Büchleins, das ich für die Kinder als einziges Andenken hatte erwerben dürfen. Sonstige, mit begehrlichen Blicken gehätschelte, kitschselige Souvenirs hatte Ljudmila nicht gestattet. Sie war sehr streng und achtete darauf, daß die Mädchen ihren Gastgebern gegenüber nicht fordernd wurden. Im Zoo hatten sie sogar erst die Mutter gefragt, ob sie sich von uns Karussellfahrten bezahlen lassen dürften. Es war meinem Mann und mir angenehm aufgefallen.

Überhaupt waren Mascha und Katja die besterzogenen Kinder, die ich je kennengelernt hatte, was mich nicht mehr wunderte, als ich beim anschließenden, späten Mittagessen die drei zusammen beobachten konnte. Ljudmila lebte mit ausgeprägt sozialer Intelligenz, die sie befähigte, ihre eigenen Stärken, Schwächen und Gefühle wahrzunehmen, ihren Kindern den Umgang vor. Sie nahmen Rücksicht aufeinander, ließen sich gegenseitig ausreden und versuchten, sich in die jeweilige Rolle der anderen einzufinden.

Selbst als Katja, die mit noch unbeholfenem Deutsch umständlich und unnötig weitschweifig von einer Begebenheit in ihrer St. Petersburger Klasse erzählte, um zu demonstrieren, daß sie, diejenige mit sowohl besonders kühnem Gesichtsausdruck als auch unerschrockenem, geradezu verwegenem Angehen von Hindernissen, sich gegen eine Festlegung auf klein, und daher schwach, stemmte und gedachte, weiterhin jegliche Begrenzung durch diese Fehleinschätzung zu sprengen, wurde sie nicht ungeduldig unterbrochen. Ljudmila und Mascha leisteten nur gelegentlich sprachliche Hilfestellung oder ergänzten die Hintergründe des Geschehens mit knappen Hinweisen. Katja akzeptierte die gut gemeinte Unterstützung zwar, aber es war ihr anzumerken, daß es sie dennoch wurmte, nicht ganz in der Lage zu sein, allein in deutscher Sprache zu kommunizieren.

Die Geschichte war sehr wichtig für sie. Ihr Inhalt beschrieb, wie Katja sich nicht hatte den Schneid abkaufen lassen. Ich merkte, wie bedeutsam es für das Kind war, diesen Eindruck überzeugend zu vermitteln, und war selber von Katjas Eindringlichkeit und Prägnanz der parabelähnlichen Darstellung gefesselt, die wie ein Wegweiser durch russische und auch Besonderheiten der Familie Putin führte, von der ich nun alle – bis auf den Vater – persönlich kannte. Ich versprach Katja, eine Nacherzählung zu schreiben, die den Titel „Katjas Doppelsieg" trug.

"Katja weinte. Noch nie in ihrem siebenjährigen Leben war sie so unglücklich gewesen, und Katja weinte nicht leicht. Es waren bittere Tränen der Demütigung, die aus ihren hellen Augen rannen: erst stumm, dann laut schluchzend. Jeglicher Trost wurde von immer neuen Tränen hinweggeschwemmt. Im Gegenteil: es schien, als ob die tröstenden Worte der Mutter das Leid vergrößerten, als ob Verharmlosung eine Verschlimmerung des Übels wäre. Niemand hätte Katjas Leid in Worte fassen können.

Mutter Ljudmila, Vater Wolodja, Schwester Mascha – keiner wußte Rat. Sie waren überzeugt, daß Katja krank wäre, und mit Sicherheit mußte es eine ernste Erkrankung sein, ernster als jede Krankheit zuvor. Noch nie war Katja so ein Häufchen Elend gewesen. Sie war zwar klein und zierlich, aber sehr sportlich und durchtrainiert. Jetzt war sie nur klein, wirkte winzig, und nicht zierlich, sondern schwach. Ihre durchtrainierte Sportlichkeit hätte man höchstens an der Ausdauer und Intensität des Leidens ermessen können. Eine Ärztin mußte befragt werden! Es war offenbar keine Zeit mehr zu verlieren, denn noch immer flossen die Tränen über das hochrote Gesichtchen. Das lange, blonde Haar, verschwitzt von Anstrengung, umrahmte es traurig.

Die Ärztin sah sie prüfend an und versuchte, den Grund für Katjas Tränen leise zu erfragen. Ein Wunder geschah. Katja sprach zum ersten Mal seit Stunden. Erst stockend, dann immer schneller ergoß sich nun ein Fluß von Kummer statt Tränen.

Ihr Klassenkamerad Andrej, der Muskelprotz und Maulheld der Klasse, hatte sie schon seit einiger Zeit als Zielscheibe für niederträchtige Gemeinheiten auserkoren: sie, die kleine Katja, die aber sportlich so gut durchtrainiert war. Gerade deshalb drohte ihr größeres Leid. Am nächsten Tag sollte das Schulsportfest stattfinden, und Katja mußte im Laufen gegen Andrej antreten. Katja wußte, daß sie schnell war, schneller als Andrej, und sie war ehrgeizig. Andrej würde sie noch mehr quälen, wenn sie gewinnen würde, doch absichtlich langsamer wollte sie dennoch nicht sein. Ihre Angst war riesengroß. Sie wollte gewinnen, aber sich nicht quälen lassen. Nicht gewinnen würde quälen, aber Andrejs Gemeinheiten auch, und beides vereinte sich in der Qual, die ihren Weg nun durch Tränen nach außen fand, deren Ursache keiner ahnte.

Die Ärztin hörte sich das Problem an und war sicher: hier half keine Salbe und kein Verband, sondern Katja mußte darin bestärkt werden zu zeigen, was in ihr steckte. Sie sollte rennen, so schnell sie konnte. Sie sollte stolz sein, Andrej zu besiegen. Sie, die kleine Katja den großen Andrej! Und dann? Katja guckte die Ärztin hilfesuchend an. Dann käme der furchtbare Moment, in dem Andrej sie schlimmer beleidigen und demütigen würde denn je zuvor. Was sollte sie dann tun? Der Ärztin war klar, daß Katja Andrej niemals im Zweikampf besiegen könnte. Sie müßte ihre höchst eigenen Qualitäten einsetzten, nicht nur körperliche, sondern auch geistige: Schnelligkeit und Schlagfertigkeit. Sie nannte Katja drei Zitate aus verschiedenen Büchern, die sie Andrej wie einen Bann entgegenschleudern sollte, wenn er angriff. Katja fand die Idee gut. Ein Zitat fand sie besonders eindrucksvoll und prägte es sich ganz fest ein: „Du wandelnder Beefsteakfriedhof", nennt der betrunkene Robby einen Passanten in Erich M. Remarques „Drei Kameraden". Katja stellte sich Andrej genau als das vor: als wandelnden Beefsteakfriedhof. Ein Lächeln huschte über Katjas Gesicht. Die Rinnsale auf den Bäckchen trockneten. Sie fand ihren Mut und ihr Selbstvertrauen wieder.

Das Sportfest kam, und Katja siegte. Sie hatte siegen wollen, und dieser Wille schien ihr Flügel verliehen zu haben. Schneller als je zuvor hatte sie jeden überholt, auch Andrej. Ein wunderbarer Sieg! Das war der eine Teil der Entscheidung gewesen.

Der folgende Schultag brachte den zweiten. Sie hatte sich ja dazu entschlossen, auch Andrejs Verstand zu besiegen, deshalb verspürte sie keine Angst, als sie den Klassenraum betrat und Andrej erblickte, der in seiner Wut doppelt so groß und breit schien als je zuvor. Die Klasse verstummte. Alle Augen richteten sich auf die beiden. Eine atemlose Spannung lag in der Luft. Das war David gegen Goliath und selbst, wer wußte, daß David gesiegt hatte, wußte doch nicht, wie Katja es schaffen wollte.

Andrej blies sich noch mehr auf, machte dicke Backen, rollte gefährlich mit den Augen und…„Du wandelnder Beefsteakfriedhof", schleuderte Katja ihm entgegen, nicht zu laut, aber sehr deutlich und scharf, mit einem Hauch von Hochmut in der Stimme.

Die Klasse johlte über die erniedrigende Grobheit. Das ausgelassene Lachen der Schüler wollte nicht enden. Einerseits erheiterte sie der derbe Ausdruck, andererseits war es auch Schadenfreude und Erleichterung. Katja hatte auf der ganzen Linie gewonnen, während Andrej – wie immer – mit halb geöffnetem Mund nur blöd aussah und nichts verstand. Etwas war mit ihm geschehen, aber er konnte sich nicht erklären, was es war. Er war nicht verprügelt worden und fühlte sich trotzdem geschlagen. Langsam schlich er zu seinem Platz und dachte nach. Er dachte eine ganze Woche nach. Es war schon fast besorgniserregend, wie still und kraftlos, dazu ein wenig hilflos mit seinem nach wie vor halb geöffneten Mund, Andrej jetzt wirkte. Es sah fast aus wie Staunen über das, was mit ihm geschehen war.

Nach einer Woche hatte er verstanden. Auch Katja hatte das bemerkt, und ohne große Worte waren nach dieser Woche aus besten Feinden beste Freunde geworden."

Offensichtlich gab es eine alles in den Hintergrund drängende Losung, die zwar das Glaubensbekenntnis des sowjetischen Sozialismus gewesen war, aber nach wie vor unantastbare Gültigkeit besaß: einholen und überholen.

DIE UHR WIRD ANGEHALTEN

Der frühzeitige Austausch von Informationen, um auch nach Ljudmilas Rückkehr in deren russische Heimat Verbindung halten zu können, wäre gar nicht notwendig gewesen. Ohne das mindeste Zutun von mir oder Ljudmila war die Uhr angehalten worden. Wir sollten noch eine ungeahnte Möglichkeit der Revision des Abschieds erhalten.

Mein Mann und ich hatten an dem Schalter für unseren Flug nach Wien eingecheckt und begaben uns in den Warteraum, als ich zunächst Katja unschlüssig im Vorraum herumwandern sah. Dann Mascha. Ich stieß meinen Mann an und zeigte auf die beiden. Was für ein Zufall! „Katja! Mascha!", rief ich die Mädchen und lachte lauthals, da sich der Abschied als verfrüht herausgestellt hatte. Katja entdeckte die Ruferin sofort und wurde von dem glücklichen Zusammentreffen geradezu in die Knie gezwungen. Die lexikalische Seriosität des Begriffes „glücklich" und „in die Knie zwingen" um ein Vielfaches an progressiver Intensität übertreffend, warf sie sich, mit ihrer klaren, hellen Stimme durchdringend jauchzend und quietschend, platt auf den Fußboden, um dort erst einmal in Erwartung der Auflösung einer Halluzination oder Bewahrheitung des Erlebten, liegen zu bleiben. Jetzt kam auch Mascha hinzu und hüpfte wie ein verspieltes Hündchen aufgeregt an meiner Hand, die zum Gruß ausgestreckt war. „Mutti ist noch im Duty-Free-Laden", gaben die Kinder Auskunft über Ljudmilas Verbleib und machten sich mit meinem Mann und mir zusammen auf den Weg, um nun Ljudmila ebenfalls zu überraschen. Es gelang! Auch Ljudmilas Gesicht, das eben noch etwas von Weltuntergangsstimmung widergespiegelt hatte, heiterte sich auf, als sie die Worte der Kunde, deren Botin Katja war, die nicht hatte abwarten können und auf dem glatten

Fußboden, wie beim Rennen auf Kufen sich energisch vorwärtsschiebend und sich gleichzeitig dabei anfeuernd, in Windeseile zur Mutter geschlittert war, richtig aufnahm und ihre körperliche Wirklichkeit entdeckte. Glückliche Erleichterung huschte über Augen und Mund, als ob sie schon geschlossene Schlagbäume sich gerade wieder öffnen sähe. Wir befanden uns noch immer vor der Grenze. Es war ein Aufschub, und noch einmal Gelegenheit zu reden. Uns war eine knappe Stunde geschenkt worden. Ljudmila und ich saßen im gemeinsamen, zugig ungemütlichen Warteraum, der sowohl für Passagiere nach St. Petersburg als auch für die nach Wien angezeigt war, wobei meine russische Freundin ganz eng an mich herangerückt war und, wie aus Deckung vor einer Gefahr, in merkwürdiger Reglosigkeit verharrte. Mir kam es vor, als ob Ljudmila Kraft sparen wollte für diesen Flug, der sie vielleicht zurück in die Vergangenheit brachte, die identisch war mit allzu bekannter, gefürchteter Vergeblichkeit in allen Belangen des Lebens. Ihre Gesichtszüge waren jetzt seltsam verwischt, und dennoch unübersehbar angestrengt in dem Willen, ihre Gefühle unter Kontrolle zu halten, um sich der geänderten Situation in St. Petersburg stellen zu können, während sie mal die Augen, die tränenlos, aber rot gerändert waren, zusammenkniff, als wenn sie etwas unfehlbar ins Visier nehmen wollte, mal mit ihnen zwinkerte, wie um ihnen Kühlung zu verschaffen. Ljudmilas ganze Haltung – alles – war auf die absehbare Zukunft gerichtet, für die sie Energie brauchen würde, um möglicherweise die Initiative für einen Neuanfang ergreifen zu können, ihre Vorstellung von freiem Leben umzusetzen. Das hieß in erster Linie, nicht wieder zurückfallen zu wollen in eine Welt, worin sie groß geworden war, nicht wieder die Demutshaltung von jemandem annehmen müssen, der aus armen Verhältnissen kommt. Es war eine Welt gewesen, die nur dringendste Bedürfnisse befriedigt hatte und nicht die des Überflusses, in der Platz war, um sich mit Problemen der Ästhetik zu beschäftigen. Gerade die hatte Ljudmila als Bereicherung des Lebens schätzen gelernt. Sie war ein Mensch mit Verlangen nach Ästhetik geworden. Ihr Wesen hatte sich vom rohen Proletarier zu einem

Menschen mit individuellen inneren Ansprüchen gewandelt. Sie hatte sich dadurch mit einem so riesigen Schritt aus der Zeit des Sozialismus herausgeschält, daß sie sich selber manchmal wie die einzige Lebende unter Toten vorkommen mußte. Ljudmila nötigte mir für diesen Kraftakt ein gerüttelt Maß an Achtung ab.

Wir sprachen nicht viel. Die Zeit hätte nicht gereicht, um alle Gedanken hineinzupressen, die uns bewegten, und obwohl durch unsere Herzen keine Grenze lief, war es einfach eine Akkumulation von Banalitäten und schlichten Gebrauchsanweisungen für die Zeit nach Ljudmilas Reise mit unbekannter Expertise, die von den unausweichlichen Fragen begleitet wurde: „Nie wieder?" oder doch nur: „Vorübergehend?" Wir blätterten eine Anzahl von Möglichkeiten auf und blickten versonnen den schnell treibenden, grauen Regenwolken draußen nach, die von uns ebenso wenig durch reinen Willen aufzuhalten waren. Was konnten wir kleine, hilflose Menschenbündel schon bewirken? Dieser Abschied war tiefer und trauriger als der am Abend zuvor. Trotzdem hätte ich um keinen Preis darauf verzichten mögen.

Ljudmila öffnete ihr Boardcase, das sie die ganz Zeit wie Fluchtgepäck auf dem Schoß hielt und wühlte unentschlossen darin herum, bis sie einen kleinen Ring mit einem in Silber gefaßten Schmetterling aus Uralhalbedelstein hervorzog. „Probier ihn an", wurde ich von Ljudmila aufgefordert. Er paßte wie angegossen. „Ich schenke ihn dir!" Es war genau der richtige Rahmen und die richtige Zeit für das gemütvolle Geschenk, dessen materieller Wert sehr gering war, der ideelle aber unschätzbar hoch, und daß einer der grünlich grauen, perlmutterähnlich schimmernden Flügel etwas beschädigt war, hatte eher anspornende Symbolkraft. Dieser Schmetterling konnte nicht nur mit lädiertem Flügel fliegen, er hätte es auch mit gebrochenem Rückgrat fertig gebracht. Unsere Gedanken und Gefühle verdienten diese Zuversicht.

Der Flug nach St. Petersburg wurde aufgerufen. Dieses Mal war es ein endgültiges „Auf Wiedersehen". Wir nahmen uns fest vor, die Worte mit Leben zu erfüllen. „Schade, daß Sie nach Wien und nicht mit nach St. Petersburg fliegen!", riefen Mascha und Katja meinem Mann und mir noch bedauernd zu, als sie gen Ausgang strebten. Ihr spontaner Wunsch war fast noch anrührender und gleichzeitig aufmunternder als alles zuvor Gesprochene und Ljudmilas Geschenk zusammengenommen. Ich hatte nicht nur eine, sondern wirklich drei gleichwertige Freundinnen gefunden, denen ich nun zuwinkte, bis der Zubringerbus aus meinem Blickfeld verschwunden war. Verschwunden für wie lange? Hatte ich gerade noch gedacht, daß mir eine Rarität des Lebens geschenkt worden war, indem ich eine Chance zweimal bekommen hatte, und durch dieses zweite Mal die verlorene Zeit vom Anfang aufgeholt worden war, haderte ich nun schon wieder mit dem Schicksal, Menschen eng verbunden zu sein, deren Lebensumstände dermaßen unberechenbar und schwierig waren, daß der volle Genuß einer Freundschaft ständig gestört wurde. Voller Ungeduld, sämtliche Hindernisse im Sturm zu nehmen, plante ich, gleich nach der Rückkehr aus Wien Kontakt zu Ljudmila aufzunehmen.

NICHTS IST SO SCHLECHT, ALS DASS ES
NICHT FÜR ETWAS GUT WÄRE

Das Lebenstempo war in den vergangenen Wochen dermaßen fieberhaft gewesen, daß es nicht meinem Bedürfnis nach intensivem Nachdenken oder darauf basierendem Handeln entsprach. Ich hatte nur noch reaktiv gelebt. Ljudmila und ihre Geschichte hatten den Ablauf vorgegeben und alles andere verdrängt. Jetzt erst, als ich aus Wien zurückkam, und die Vertrautheit der Umgebung mich in ihrem Schoß der Alltäglichkeit barg, wo Eindrücke verlangsamt und der Grundton meiner Stimmung gedämpft ist, bedrückte mich die ferne Nähe zu Ljudmila und den Kindern und vermittelte mir ein Gefühl der Einsamkeit. Nicht nur, daß Ljudmila die Verbindungen zu Dmitrij, Alexander und den beiden Tatianas positiv ergänzt hatte. Sie hatte mehr und mehr diese Frühformen von deutsch-russischer Freundschaft ersetzt und mein hintergangenes Ich beruhigt. Ljudmila hatte das Bemühen um Verstehen und Verständnis durch das gesprochene Wort neu definiert. Es war keine beiläufige Entwicklung gewesen, sondern gemeinsame, intensive Arbeit, durch die ich erfuhr, was ich wissen mußte, um einem Verstehen näher zu kommen. Erst dadurch spürte ich, daß ich wirklich einen Platz in dieser Beziehung hatte und lebte, wie es sein sollte. Die Freundschaft kam mir ohne Ljudmilas Präsenz wie ein großer leerer Raum vor, den zu betreten und zu beleben nun meine Aufgabe war. Hatte ich zunächst im Überschwang einer durch Ljudmila angeregten, erfreulichen Fortführung meines bisher an schlechten Erfahrungen bedrückend reichen Dossiers über Begegnungen mit Rußland und seinen Menschen gemeint, nichts wäre leichter, als das Band der Freundschaft bis nach St. Petersburg wehen zu lassen, wo es doch nur aufgefangen, und dem westwärts gerichteten Wind erneut anvertraut zu werden brauchte, so gesellte sich inzwischen zu übergroßer Emotionalität ebenso übergroße Bewußtseinsschärfe und die Angst, etwas als Aufrichtigkeit verstanden zu haben, was jedoch möglicherweise lediglich die Demonstration gekonnter schauspielerischer Verwandlungsfähigkeit war, deren Einsatz für mich, oder einem Schwurgericht gegenüber, gleichermaßen schwerwiegend verwerflich wäre. Die vergangenen Jahre des Umgangs mit meinen Bezugspersonen im russischen Generalkonsulat hatten eine so schwere Bürde an Vertrauensverlust und Überempfindlichkeit gegen Mißbrauch meiner guten Absichten hinterlassen, daß alle nachfolgenden Bekanntschaften diese Hypothek mitzutragen hatten. Die Angst, das Kommende zu verpassen, und gleichzeitig der Vergangenheit nicht gerecht zu werden, während ich um mehr Verständnis für die Besonderheiten im Umgang mit Russen und im russischen Leben rang, verließ mich nie.

Ich maß die Distanz zwischen Gegenwart und Vergangenheit und meinte nach Prüfung meiner Möglichkeiten, sie könnten, wenn auch nicht leicht, so aber doch mit wenigen Schritten überwunden werden. Kontakt zu Ljudmila aufzunehmen bedeutete, den Anfang zu einer schriftlichen Verbindung zu schaffen. Dafür nahm ich die von Präsident Boris N. Jelzin gewonnene Wahl zum Anlaß, und gratulierte sehr förmlich zu dessen Sieg. Ich wußte, daß Ljudmila und ihr Mann eindeutig auf Seiten des Präsidenten standen. In Rußland war es gelungen, mit der erneuten Präsidentschaft ein Wunder zu inszenieren. Das war Rußland: das Land und die Macht der Wunder gehörten zusammen. Sie waren zu spüren, ohne sie selbst erlebt zu haben, aber hatte ich gehofft, auch etwas davon abzubekommen, und der Versuch, mit Ljudmila Verbindung aufzunehmen, wäre von Erfolg gekrönt, so sah ich mich arg getäuscht. Ein Zeichen der Wechselwirkung von Empfindungen zeichnete sich nicht in Ansätzen ab. Ljudmila blieb für mich hinter der Grenze von den Tiefen Rußlands verschlungen. Ich wartete einen Monat und sandte dann einen weiteren Brief an eine der Faxnummern, die Ljudmila mir gegeben hatte. Es war schon ein wenig Selbstzweck, um mich etwas am Nachglanz einer strahlenden Erinnerung zu wärmen. Wieder höhnte ein Schweigen über meine Vorstellung von treuer Freundschaftsbindung, und der Wert von Beständigkeit schien auf minderwertigem Boden gepflanzt zu sein. Ich rief mir ins Bewußtsein, daß Ljudmila und ihre Familie mit den Nachwehen der verlorenen Wahlschlacht um den Gouverneursposten in St. Petersburg zu kämpfen haben würde, und jedes Urteil vorläufig sein sollte, solange Provisorien herrschen, aber die Spannung zwischen meinem Vermögen, Bereitschaft für eine Fortsetzung des freundschaftlichen Kontaktes in Briefform zu signalisieren und dem Unvermögen, durch eine Antwort diesen Kontakt wirklich in Gang zu setzen, stellte mich vor eine Zerreißprobe. Als dann noch ausgerechnet Dmitrij mich anrief, um von Ljudmila zu grüßen, war ich über die Nutzung alter Kanäle durch Ljudmila und meine dadurch eingetretene Abwertung so erbost, daß ich zunächst gar nicht die wirkliche Nachricht an mich aufnahm: „Nichts reicht an das wahre Leben heran!"

Ljudmila hatte Dmitrij angerufen, weil ihre Datscha in der Nähe von St. Petersburg abgebrannt war und mit dem Haus zusammen fast alle persönlichen Gegenstände, auch Ljudmilas Adreßbuch mit allen Daten der Hamburger Freundin. Ich glaubte es nicht. Ich meinte, daß die Geschichte ziemlich dick aufgetragen wäre, um die Nachlässigkeit im freundschaftlichen Umgang zu entschuldigen.

Aber Ljudmila rief mich tatsächlich sehr bald an und bestätigte noch einmal den Hergang. Sie tat mir jetzt mehr als leid. Die Datscha hatte Ljudmila kein Glück gebracht, obwohl sie gerade dieses Haus so sehr geliebt hatte. Zum ersten Mal in ihrem Leben hatte sie in eigenen vier Wänden gelebt, sie liebevoll eingerichtet, selber Gardinen dafür genäht. Sie fühlte sich dort wohl. Es war ihr eigentliches Zuhause. Hier, auf dem Wege von der Datscha nach St. Petersburg, hatte Ljudmila ihren schweren Autounfall gehabt, der sie um Haaresbreite das Leben gekostet hätte. Der damalige Vorstandsvorsitzende einer deutschen Großbank hatte ihr zwar einen Rehabilitationsaufenthalt in einer feudalen Bad Homburger Klinik ermöglicht, aber von Zeit zu Zeit litt sie noch immer unter den Folgen der schweren Schädelverletzungen. Sie meinte sogar, daß gelegentliche

Gedächtnisausfälle oder auffällige Gedächtnisschwächen im Zusammenhang damit stünden. Der Hinweis war wichtig, denn ich war öfters erstaunt gewesen, daß Ljudmila sich an etwas Geschehenes oder Gesagtes nicht erinnern konnte. Wir hatten anfangs sogar gelegentlich deswegen gestritten. Ljudmila wolle sich nicht erinnern, hatte ich ihr sogar innerlich unterstellt, und dabei an Parallelen zu Gepflogenheiten von Dmitrij und Alexander gedacht, bis das Kommunikationsproblem durch Ljudmilas Vermutung Konturen angenommen hatte und von uns beiden als kurabel akzeptiert worden war.

Die Zukunft der Familie Putin hatte sich bei Ljudmilas Rückkehr nach St. Petersburg zunächst als nicht gerade rosig erwiesen. Die Datscha war von ihr wie eine Fliehburg genutzt worden. Doch nichts ist so schlecht, als daß es nicht für etwas gut wäre. Die Wahlen in St. Petersburg waren verloren, und als die Putins sowieso schon meinten, vor dem Nichts zu stehen, war auch noch die Datscha bis auf die Grundmauern abgebrannt. Jetzt wußten sie erst wirklich, was „nichts" bedeutet. Schon wachte Mascha nachts von Albträumen gequält weinend auf, daß die Familie arm sein würde wie früher, als Wolodja nach Moskau gerufen wurde. Zunächst war ihm der Posten eines stellvertretenden Leiters im Pressedienst der Regierung Jelzin angeboten worden, doch dann hatte er sich mit Ljudmila beraten, die der Ansicht gewesen war, die Stelle wäre ein Schleudersitz und zudem kaum geeignet, etwas hinzuzuverdienen. Ljudmila erzählte es mir völlig unbefangen, frei von einer neu entwickelten Mythologie der Notwendigkeit, Geld zu beschaffen, sondern eher mit der unangreifbaren Dialektik Entwurzelter, ruhelos Besorgter und ehemals Armer. Nach meiner Einschätzung war die russische Freundin kein Mitglied der neuen russischen, äußerst vitalen Massenbewegung von Geldanbetern. Die Familie war schließlich in einer Zwangslage und Wolodja dafür verantwortlich, sie daraus zu befreien. Ich verstand das, zumal doch selbst die gesamte Putinsche Barschaft in der Datscha mit verbrannt war, woraus ich allerdings schloß, daß Wolodjas Vertrauen in russische Banken nicht besonders groß gewesen war.

Er nahm nach reiflicher Überlegung die Stelle als stellvertretender Leiter der präsidialen Vermögensverwaltung an und hatte damit nicht in kleinen Schritten von vorne angefangen, sondern seine und seiner Familie Existenz in die Hand genommen und im Sturmschritt vorangetrieben. Das Blatt hatte sich zum Guten gewendet. Eigentlich hätte auch ich davon profitieren können. Der Kontakt wurde zwar hergestellt, aber die Übersiedlung von St. Petersburg nach Moskau geschah zunächst nur zögerlich. Die Familie hatte sich noch nicht ganz in Moskau etabliert.

Ljudmila fuhr alle zwei Wochen nach St. Petersburg. Meine Faxe schickte ich also weiter dorthin, wo Ljudmila sie dann abholte. Manchmal ließ sich das ursprüngliche Vorhaben jedoch wegen ständig neuer, unvorhersehbarer Behinderungen nicht verwirklichen, was Ljudmila mit großer Zuverlässigkeit telefonisch ankündigte, so daß ich mich nicht unnötig um eine ausbleibende Antwort sorgen mußte.

Es war ein hektischer Monat, aber von nun an blieben wir ständig in Verbindung, und wie den noch ungeordneten Umständen zum Trotz, machten wir Pläne für ein Wiedersehen. Eigentlich hatten wir uns für den Herbst in Rußland verabredet gehabt, aber Herbst war es inzwischen und Ljudmila fing gerade erst an, sich in ihrer neuen Umgebung einzufinden. Stattdessen würden Ljudmila und die Kinder noch einmal für zwei Wochen nach Hamburg kommen. Ich war völlig aus dem Häuschen über diese Nachricht. Seitdem wurden Pläne geschmiedet, Programme erstellt und wieder verworfen, um neue und bessere zu komponieren.

Es war der Auftakt für noch mehr Faxe und eine noch höhere Frequenz an Telefonaten. Wir versuchten einmal mehr, Zeit aufzuholen, und lebten enger zusammen, als wir es zuvor getan hatten, obwohl uns eine beträchtliche Anzahl Kilometer und viele noch offene Fragen trennten. Es war nichts Weltbewegendes, was dem Äther anvertraut wurde. Das wirklich Bewegende hatte sich ohnehin schon durch den Karriereschub von Wolodja ereignet. Wir teilten die alltäglichen kleinen und großen Sorgen, Freuden und Ärgernisse. Über die Ungemütlichkeit der neuen Wohnung etwa oder den Ärger mit Wolodjas Fahrer, über Ursachen für schlechte Laune und die Verbreitung eines Grippevirus in Hamburg. Wir redeten, wie Freundinnen miteinander schwatzen, wenn sie gleich um die Ecke wohnen, aber die wärmende, beruhigende Vertrautheit mit der anderen zu keinem Zeitpunkt missen mögen. Immer häufiger beendeten wir ein Gespräch oder ein Fax mit dem Hinweis, der Rest könne ja in Hamburg besprochen werden. Der Rest brachte immer neue, immer umfangreichere Reste hervor. Wir lebten ganz auf den 1. November hin. Am 1. November würden die drei Neumoskowiterinnen kommen, und allmählich schien das Wiedersehen für alle von unausweichlicher Dringlichkeit zu sein.

SIE SIND DA

Der Kopf sagte mir, daß es Zeit braucht, durch Verständnis das Wesen einer Freundschaft langsam wachsen zu lassen, damit sie sich im Herzen festsetzen kann. Die Praxis hatte mich allerdings, gerade im Umgang mit Russen, etwas anderes gelehrt. Wie bei vielem, erlebte ich auch hier einmal mehr das genaue Gegenteil von allem Üblichen. Die Annäherung an Menschen dieser Nation mußte ich nehmen, wann und wie sie gerade kam. Ich mußte Freundschaft einfach voraussetzen, um einen Zustand der Stagnation des förmlichen, aber unverhohlenen Abtastens der Grenzbereiche zwischen kaltem Krieg und Einbeziehung in die Völkergemeinschaft aufzuheben, und im nachhinein versuchen, durch Verständnis Anschluß an ein durch äußere Umstände aufgedrängtes Gefühl zu finden.

Die Gefahr, dabei immer wieder und wieder von einem Strohfeuer verbrannt zu werden, war sehr groß. Ich legte mir ständig Rechenschaft darüber ab, ob und in welchem Ausmaß die wie ein Geschenk anmutende Verpackung gefüllt wurde oder Wunsch und Realität getrennter Wege gingen, vielleicht das letztere zurück blieb, oder sogar absichtlich in einer Außenseiterstellung verharrte. Dadurch wurden Gefühl und Verstand gleichermaßen in Anspruch genommen und verhinderten den absoluten Sieg des einen über das andere. Und es war anstrengend, manchmal bis zur Erschöpfung hin. So sehr ich mir das Wiedersehen mit Ljudmila und den Kindern herbeigewünscht hatte, so sehr fürchtete ich, daß diese Nachträglichkeit des Bemühens um Verständnis mißlingen könnte. Die folgenden zwei Wochen konnten ausschlaggebend für den weiteren Verlauf der Beziehung werden. So wie ich geplant hatte, würden wir jeden Tag für viele Stunden zusammen sein, was hohe Anforderungen an die Bereitschaft aller Beteiligten stellte, sich einzufügen, und den anderen in seinen persönlichen und nationalen Eigenheiten und Empfindlichkeiten zu respektieren.

Die ängstlichen Bedenken waren wie verflogen, als die drei in der Tür standen. Ljudmila sah eindeutig entspannter aus als bei ihrem letzten Treffen im Sommer, und der feinporige, rosige Teint schimmerte im Wohlbefinden der Zufriedenheit. Sie lachte viel und herzlich, so daß die Zahnlücke im Oberkiefer gut zu sehen war. Letztes Mal hatte ich mich gewundert, daß eine Frau mit einem derart ausgeprägt schönen und sinnlichen Profil wie Ljudmila sich so einen unnötigen Makel erlaubte. Andererseits hatte ich es sympathisch gefunden, daß Ljudmila es nicht vorzog, wie die beiden Tatianas mit geschlossenem Mund zu lächeln. Alles was Ljudmila tat, war unverkrampft. Dazu gehörte auch ungekünsteltes Lachen. Noch etwas runder war Ljudmila geworden, was aber geschickt durch einen Strickzweiteiler mit langem Rock und kurzmantelähnlicher Jacke einer Petersburger Jungunternehmerin kaschiert wurde. "Es ist allerbeste Wolle", erklärte Ljudmila auf den Schick des Ensembles angesprochen. "So gute Wolle gibt es in Deutschland gar nicht." Da war wieder diese Art, andere um jeden Preis ausstechen zu wollen, und mit etwas aufzutrumpfen, um einen imaginären Konkurrenten in unvorteilhaftes Licht zu stellen. Ich hatte so etwas schon häufiger, in erster Linie bei russischen Frauen, erlebt, so daß es mir eine nationale Besonderheit zweifelhafter Güte zu sein schien, die ich inzwischen, trotz des provokanten Tonfalls und unbewiesenen Inhalts, versuchte zu überhören. Die Ausschließlichkeit von Feststellungen dieser Art ärgerte mich aber nach wie vor. Sie engte ein und ließ kaum Spielraum für Diskussionen über Alternativen, geschweige denn Richtigstellungen, sondern leistete durch diese Sichtweise eine unerwünschte Vorgabe für meine eigene Denkweise, was für mich schwer zu akzeptieren war. Selten, daß ich nur eine einzige Eigenschaft wesentlich fand. In der Regel begutachtete ich diese im Zusammenspiel mit anderen. Nicht nur die Qualität der Wolle, sondern die Kreativität der Designerin, und beides zusammen attraktiv auf Ljudmilas runden Formen verteilt, machten in meinen Augen das Besondere aus. Es wäre aber durchaus möglich gewesen, daß genau dieses Modell in einer anderen Wolle, an einer anderen Person, weder Sitz noch Schick gehabt hätte. Ich versuchte ganz vorsichtig, meine Argumentation vorzubringen, aber Ljudmilas Stimme bekam etwas Aufgebrachtes, das hingegen nicht den häßlich nörgelnden, nagenden Klang sinnloser Rechthaberei hatte. Eher gab es den Anschein, es gelte Eigentum zu verteidigen. Ich war zwar keineswegs abgestumpft gegen die Ausweglosigkeit so eines Wortwechsels, gedachte aber nicht, mich länger als nötig damit zu martern und beließ es dabei, daß Ljudmila meinte, Rußland produziere die beste Wolle der Welt. Ich war sicher, daß Ljudmila, die nicht nur selber eine Festung des guten Geschmacks war, sondern sich redliche Mühe gab, mich daran teilhaben zu lassen, nichts Böses im Sinn hatte. Sie würde die Maße mit nach St. Petersburg nehmen und ein ebensolches Strickkostüm für die deutsche Freundin anfertigen lassen, bot sie an. Warum nicht? Ich fand es reizvoll, in Hamburg ein Petersburger Modell zu tragen, und die Leute mit einer russischen Kreation zu überraschen. Der Gedanke, daß Ljudmila in ebensolcher Gewandung herumlaufen würde, störte mich nicht im geringsten. Ganz im Gegenteil: es hatte etwas von der überschwenglich herausgekehrten Exklusivität intimer, verschmelzender Freundschaft, wie Schulmädchen sie durch gleiche Haartracht und gleiche Geschmacksrichtungen zu demonstrieren pflegen.

Ljudmila und die Kinder waren nicht nur da, sondern hatten mich sofort mit allen Sinnen in Anspruch genommen. Jedoch war es nicht so sehr die Aufregung des Wiedersehens, die keinen geordneten Ablauf von Gedanken und Handlungen zuließ. Alle hatten das Bedürfnis, sich schnell im Leben des jeweils anderen durch einen Austausch von Informationen zurechtzufinden, um dann gemeinsam weiterzugehen. Glücklicherweise hatten die Kinder keine seelischen Deformationen von den Monaten nach der verlorenen Wahl und der Angst um die Zukunft nachbehalten. Auch die Datscha, die ein Raub der Flammen geworden war, erfuhr in der Berichterstattung als Erinnerung nur eine kurze Belichtung. Mascha hatte viel geweint. Katja nicht. Doch beide trugen in ihren Hosentaschen als ständige Begleiter auf säuberlich zu kleinen Päckchen gefalteten, präzisen Inventurlisten, die in klitzekleiner, gestochen sauberer Schrift verfaßt waren, Beschreibungen ihrer Spielsachen und anderer Gegenstände bei sich, die sie ihr eigen genannt und verloren hatten. Einiges war schon durchgestrichen. Das hatte bereits ersetzt werden können. Vielleicht fanden sie sogar in Hamburg noch das eine oder andere. Ihr Denken und Verhalten war ganz und gar zukunftsgerichtet, während für Ljudmila der Verlust der Datscha mehr bedeutete. Sie war jedoch nicht wegen der verbrannten Brücke, die schon für die Zahnlücke angefertigt worden und erst provisorisch angepaßt worden war, den Tränen nahe. Ljudmila hatte die Brücke genau am Abend des Brandes herausgenommen und auf ihren Nachttisch gelegt, weil sie ihr ein unbequemer Fremdkörper geworden war. In den nächsten Tagen war ein Besuch beim Zahnarzt geplant gewesen. Sie erzählte das mit komischer Ernsthaftigkeit und Ungezwungenheit, als ob sie die Gedanken gelesen hätte, mit der ihre deutsche Freundin sich gefragt hatte, warum bloß die häßliche Zahnlücke noch immer nicht geschlossen sei. Ljudmila war zutiefst resigniert über den Verlust des Genusses an Nützlichkeit in Verbindung mit Ästhetik. Zu diesem Zeitpunkt konnte sie sich nicht vorstellen, jemals wieder Freude durch Einrichten einer Wohnung oder eines Hauses zu empfinden. Nie zuvor hatte sie dergleichen ihr eigen nennen können. Immer hatte sie teilen müssen. Nie hatte sie irgendetwas für sich gehabt, manchmal noch nicht einmal ihren Mann. Zuerst in der Kommunalwohnung zusammen mit den Schwiegereltern, dann im grauen Einerlei von Dienstwohnungen.

Ljudmila hatte die Wohnungseinrichtung ihrer Hamburger Freundin in sehr genauer Erinnerung behalten und die Mitbringsel ganz auf den persönlichen Geschmack und die Interessen ihrer Gastgeberin abgestimmt. Allein das freute mich. So viel Aufmerksamkeit war ich bisher von russischen Bekannten und Freunden nicht gewohnt gewesen. Es kam überhaupt selten vor. Die Handarbeit auf der Tischdecke für den runden Couchtisch sah nicht nur hübsch aus, sondern Ljudmila hatte mit viel Augenmaß auch genau die richtige Größe getroffen. "Leider ist es Leinen", offenbarte sie etwas schuldbewußt und spielte damit auf die erkleckliche Bügelarbeit an. Ljudmila überlegte einen Moment, aber statt einer weiteren Entschuldigung oder etwa Trost für den drohenden Arbeitsaufwand durch das Geschenk, kam eine überraschende Aufhebung der eben noch grämenden, scheinbar auswegslosen Situation nach dem vernichtenden Brand der Datscha. Mit der Erwägung: "Vielleicht kaufe ich mir auch noch so eine Tischdecke, wenn ich zurück in Moskau bin", machte Ljudmila sich am Ende des langen Begrüßungsnachmittags Mut, möglicherweise doch aus dem erneuten Einerlei einer staatlichen Wohnung, ein Allerlei zu schaffen, und einen Neuanfang zu riskieren. Ich wertete es als leichte Beruhigung von Ljudmilas aufgewühltem Seelenzustand.

Der Nachmittag glitt unmerklich in den Abend über, und wir saßen noch immer im heimeligen Schein von Kerzen zusammen. Es würde eine reiche, aber anstrengende Zeit werden, wußte ich jetzt, und darüber hinaus eine deutliche Steigerung zu dem letzten Besuch.

ENTDECKUNGEN

Erlebnistage und Tage mit vielen Stunden dampfender Gemütlichkeit und Spurensuche in unser beider Leben wechselten einander ab. Um Übellaunigkeit bei Ljudmila vorzubeugen, hatte ich darauf geachtet, daß Ausflüge möglichst keine Besichtigungen beinhalteten. Aktionen der Art fanden vor Ljudmilas Augen keine Gnade. Die Vorstellung im Tanztheater „Salome" dagegen hatte Ljudmila sogar dermaßen beschäftigt, daß sie selber anfing, zwischen Morgen- und Abendstern eine durch frei erfundene Geschichten begehbare Straße zu bauen. Die Aufbauten des Theaters breiteten sich jetzt im November, wo die Beleuchtung fast den ganzen Tag brannte, verschwenderisch wie der Goldschmuck einer indischen Braut über Kuppeln und Ecktürmchen, und die Lichthöfe der Glühbirnen schienen den gelbweichen, milden Schein um ein Vielfaches zu vergrößern, während die Konturen des Gebäudes, das auf der Binnenalster am Schiffsanleger vertäut worden war, sich schemenhaft in den Nebel schmiegten. Wenn das Gastspiel vorbei wäre, würde das Tanztheater zur Elbe und von dort den Fluß hinunter in das offene Meer gezogen werden, wo es bei Vollmond langsam am Horizont verschwinden würde, um schließlich an gastlichen Gestaden wieder aufzutauchen, erzählte sie den Kindern auf deren Frage hin, wie es technisch zu bewerkstelligen wäre, wenn Ensemble und Theater eines Tages mit Sack und Pack weiterziehen müßten. Ich war hingerissen von Ljudmilas Talent und meinte daraufhin, ich könnte es getrost riskieren, auf „Salome" „Saliba", ein syrisches Speiserestaurant der gehobenen Klasse folgen zu lassen, das erst kürzlich an einem neuen Standort, in noch orientalisch pompöserer Prachtentfaltung als vordem, wiedereröffnet worden war und sich rühmen konnte, zur Zeit eines der gefragtesten Lokale in Hamburg zu sein. Hätte es sich nicht günstig gefügt, daß mein Mann mit dem Inhaber befreundet war, wäre auf die Schnelle kein Tisch mehr zu bekommen gewesen. Die Akzeptanz durch Ljudmila war dennoch gefährdet. Obwohl Ljudmila sich hinsichtlich jeglicher Art von Eßvergnügen durch geradezu risikoträchtige Experimentierfreude auszeichnete, die eigentlich nur durch Marzipan und Kokos in jeglicher Form gebremst wurde, und durchaus als Genußmensch bezeichnet werden konnte, der eher über eine Speisekarte Kulturen kennenlernt als über den Besuch von Museen und Denkmälern, zeigte sie sich dieses Mal enttäuschend lustlos. Der Radius für gemeinsame Unternehmungen war eindeutig zu global gezogen worden.

Ljudmila machte keinen Hehl aus ihrer Abneigung gegen alles Orientalische, vom Nahen Osten angefangen bis nach Mittel-, Süd- und Südostasien. Sogar Ostasien schloß sie noch mit ein. Sie hatte dabei den Tonfall eines Glaubensbekenntnisses angenommen, als ob sie Gefahr laufen würde, daß bei Sympathieäußerungen für den Orient ihre russische Seele umgehend durch den islamischen Halbmond geknechtet werden würde. Russisches Geschichtsempfinden hatte überdeutlich die Sphäre, in der es Ljudmila unbedenklich erschien, sich zu bewegen, abgesteckt. Das große Rußland mit seiner unsäglichen Weite hatte mir die russische Freundin befremdlich eng gemacht. Doch Ljudmila wäre nicht Ljudmila gewesen, wenn sie nicht ungeachtet aller Vorurteile andächtig genießerisch das Arrangement der tischbedeckenen Anzahl von Vorspeisenschälchen mit appetitanregenden Kleinigkeiten betrachtet und von so vielen reichlich probiert hätte, daß die Entscheidung, ob Lamm mit saftigen Rosinen, fleischigen Datteln und knackigen Mandeln zubereitet, dazu nach Zimt und Kardamom duftener Reis, statt des köstlich säuerlichen Fischfilets noch bewältigt werden könnte, unter sattem Stöhnen diskutiert wurde, um sich schließlich in größter Aufopferung für beides zu entscheiden. Es war ein Festschmaus, was Ljudmila unumwunden zugab. Einzig und allein die Befürchtung, ihre Gastgeber könnten sich verausgaben, schien Grund für Bedenken zu sein, obwohl wir uns von Anfang an darauf geeinigt hatten, daß die Neumoskowiterinnen in Hamburg ganz und gar Gäste der Hamburger sein sollten, und wenn wir nach Moskau kämen, was nicht als Möglichkeit gehandelt wurde, sondern nur noch ein Frage der Zeit war, würde es umgekehrt sein können.

So ganz war diese Übereinkunft wohl doch nicht verinnerlicht worden. Gleich am nächsten Tag, als wir zur Schiffbegrüßungsanlage nach Wedel fuhren, hatte Ljudmila Gelegenheit, ihre pädagogischen Exerzitien bezüglich dezidierter Wünsche von Mascha und Katja aufzunehmen, denen nach vierundzwanzigstündiger Essenspause eine imaginäre Menüfolge vorschwebte, die es leicht mit der des Vorabends aufnehmen konnte. Es klang nach einem Zustand von krankhaften Halluzinationen, mit dem der kritische Punkt kurz vor dem Verhungern simuliert wurde. „Mutti macht große Augen", verkündete Katja nach kurzer Zeit lauthals und zutiefst empört, als ob Ljudmila versuchen würde, durch beschwörend eindringlichen Blick die Nichtexistenz von leeren Mägen zu suggerieren. „Laß sie doch", signalisierte ich der zornig rechtenden Mutter durch ein Lächeln und Kopfschütteln, und das aufmunternde: „Wir sind bald da", sollte Durchhalteparole für die Mädchen sein. „Die Kinder haben keinen Hunger", stellte Ljudmila schnell fest, obwohl sie es gewesen war, die von der ganztägigen Essensabstinenz erzählt hatte, und bevor Mascha oder Katja ihre konkreten Wünsche selber mit einem Hungerbekenntnis hätten untermauern können. So schnell Ljudmila dem auch vorgegriffen hatte, es nützte nichts. Katja war aus anderem Holz geschnitzt. „Ich habe aber wirklich Hunger", begehrte sie auf und brachte es tatsächlich fertig, auf Kommando ihren Magen knurren zu lassen. Ein rascher Wortwechsel auf russisch folgte, doch Katja blieb davon unbeeindruckt. Nicht nur das: sie hatte auch plötzlich eine Verbündete in Mascha. Die Situation eskalierte. Dabei war es nicht ganz klar erkennbar, ob sie Ljudmila an sich peinlich war und in zunehmendem Maße wurde, weil die Mädchen auf ihrem Begehren nach Essen beharrten, Ljudmila aber Wünsche an die Gastgeber unterbinden wollte, oder weil ihre Erziehungsversuche nichts fruchteten. Ein ganze Portion für beide zusammen, und das nur noch dieses einzige Mal, handelte sie schließlich heraus und seufzte erleichtert darüber, wenigstens einen Teilerfolg errungen zu haben.

Das Essen war deutsch: reichlich, deftig und fett. Die Kinder aßen noch nicht einmal eine halbe Portion gemeinsam auf. Die andere Hälfte gönnte Ljudmila sich noch zusätzlich zu dem von ihr gewählten Gericht. Die Mädchen mochten etwas Hunger gehabt haben, Ljudmila dagegen offensichtlich sogar nagenden, aber sie hätte sich eher die Zunge abgebissen als es zuzugeben. Dafür war die Wahrscheinlichkeit, daß der Ausflug sonst früher beendet worden wäre, damit sie sich zu Hause, in der Gästewohnung einer russischen Firma, die Dmitrij ihr gegen erträglich hohe Wochenmiete vermittelt hatte, etwas zum Beißen hätte zubereiten können, um einiges größer. Sie wollte keinem zur Last fallen: weder mir und meinem Mann noch Dmitrij im Generalkonsulat.

So viel Rücksichtnahme war nicht notwendig, aber ich schätzte Ljudmilas Einstellung, selbst wenn das Resultat kein Glanzstück mütterlicher Durchsetzungskraft gewesen war und das von Ljudmila angemahnte letzte, einzige Mal doch noch eine Fortsetzung erfuhr. Diesen Rückfall nahm Ljudmila sofort auf ihre eigene Kappe. Sie hatte einen ausgeprägten Gerechtigkeitssinn, von dem vorstellbar war, daß er sie oft an die Grenze der Selbstbeschädigung brachte.

Das erweiterte letzte Mal trug sich in der Hamburgischen Staatsoper zu. Der Vorhang war nach dem zweiten Akt gefallen, der Ausgang des Singspiels war mehr als ungewiß, sofern man Mozarts „Die Entführung aus dem Serail" nicht kannte und versprach einen hochbrisanten dritten Akt. Die Kinder konnten es kaum abwarten und bestürmten mich in der Pause, ihnen zu verraten, wie Osmin sich rächen würde, und ob Konstanze ihren Belmonte doch noch bekäme. Sie waren den Szenen mit intensiver Aufmerksamkeit und übermütiger Begeisterung gefolgt, obwohl das Bühnenbild karg war und dem Zuschauer gehörig viel Phantasie abforderte. Die Inszenierung war ein Produkt der erforderlichen Sparmaßnahmen im Kulturhaushalt und für meinen Geschmack Beweis, daß Andeutungen oft reizvoller sind als opulentes Ausmalen. Ljudmila wiederum kannte diese Mozartoper zwar nicht, konnte sich aber von Anfang an mit der spärlichen, so ganz und gar unrussischen Ausstattung einer Opernbühne nicht befreunden. Im großen und ganzen machte sie sich nichts aus Opern und fühlte sich gelangweilt. Wenn es dann doch schon mal sein mußte, ging sie vorzugsweise ins Ballett. Wie war ich überhaupt auf die Idee gekommen, daß Ljudmila Oper mögen würde? Ich hatte Ljudmila nicht einmal gefragt, sondern einfach die Karten besorgt. Noch immer war meine Vorstellung von Russen in manchem völlig überholt und hatte mir den Wermutstropfen der nicht gänzlich ungeteilten Anerkennung für den Abend eingebracht. Überhaupt schien Ljudmila sich in diesem öffentlichen Rahmen nicht besonders wohl zu fühlen. Sie trug wieder den Strickzweiteiler, der ihr sicherlich großen Tragekomfort bot, aber wenig festlich und nicht so ganz einem Opernabend angemessen war. Das mochte sie gespürt haben. Ljudmila war rundum mißvergnügt und schlenderte nun mit uns die Gänge herauf und herunter, während die Kinder immer wieder bewundernde Blicke auf sich zogen. Beide hatten sich wie kleine Erwachsene herausgeputzt und sahen gerade durch das rührende Bemühen, ernst genommen werden zu wollen, für die gepflegten Damen und Herren, und solche, die es erst noch werden mußten, ganz allerliebst aus. „Möchtet ihr etwas essen?", bot ich den Gästen an und sah sofort, daß Ljudmila von ihren Töchtern die Einhaltung eines offenbar vorher gegebenen Versprechens verlangte. „Nein, danke!", kam es tapfer und so zögerlich, daß die Interpretation dieses Neins keiner längeren Überlegung bedurfte. „Wirklich nicht?" Ich sah die beiden auffordernd eindringlich an. „Kommt und seht euch an, was es gibt!" Erneut war die einstudierte Antwort: „Nein, danke!" – „Nun gut", dachte ich, „zwangsfüttern werde ich sie wohl nicht müssen!" Ich ging an das Büfett, um die Getränke zu bestellen. Gerade hatte ich bezahlt und balancierte Gläser und Flaschen zu einem winzigen Bistrotisch, als meine drei Neumoskowiterinnen die Köpfe zusammensteckten, um gleich darauf kleinlaut zu fragen, ob sie nicht doch ein Sandwich bekommen könnten. Der

Wunsch der Gäste war mir nach wie vor Befehl, obwohl die Pause sich bereits dem Ende näherte. Ich drängelte mich noch einmal nach vorne und ergatterte drei unerwartet große und genau so unerwartet üppig mit geräuchertem Lachs und Lachsschinken belegte Baguettebrötchen. Ljudmila schlang, Mascha schlang. Katja konnte nicht schlingen, und die Pausenglocke rief jetzt gerade zum dritten Mal. „Wir kommen nach", bot Ljudmila schuldbewußt an, als sie sah, daß sich eine dramatische Entwicklung anzubahnen drohte. „Das geht nicht. Ihr kommt nicht mehr herein." Ich war jetzt doch verärgert über diesen unnötigen Druck. „Macht nichts", zwitscherte Katja, die nie um eine Lösung verlegen war und stopfte eine unverzehrte Brötchenhälfte in ihr schwarzes Lacktäschchen, mit dem sie zuvor geradezu Furore im Foyer gemacht hatte. Sie hatte es zu ihrem winzig kleinen, engen Röckchen, dem knappen Torerojäckchen und den asymmetrisch zu einer Seite, in einem Pferdeschwanz zusammengefaßten Haaren, kokett wie Irma la Douce geschwenkt. Es war höchste Zeit, auf die Plätze zu kommen. Der dritte Akt sollte sofort beginnen.

Es kam wie es kommen mußte, und eigentlich bewunderte ich Katja, weil sie allen Regeln zum Trotz darauf bestanden hatte, Lebensmittel nicht zu vergeuden. Nur einmal, einmal wollte sie noch ihren Schatz in der Handtasche ansehen! Sie knipste das Täschchen auf, und wie aus der Büchse der Pandora die schlechten Wünsche entstiegen sein mochten, nebelte Katja umgehend alle Opernbesucher hinter, vor und neben ihr mit einer Wolke von penetrant stinkigem Fischgeruch ein. Unvergnügte Besucher, denen es mit ihrer Opernbegeisterung bitter ernst war, und die deshalb die teuersten Karten erworben hatten, schauten indigniert nach rechts, links, hinten, vorne, schnupperten oder zogen scharf die langen, kurzen, krummen, auch geraden Nasen hoch. Das Riechorgan trog sie keinesfalls, doch Katja saß da wie die Unschuld in Person. „Hier hast du ein Taschentuch, um dir die Hände abzuwischen", flüsterte ich der kleinen Lachsbändigerin zu und hielt ihr ein Papiertaschentuch hin. Katja rieb sich die Hände ab und, gut erzogen wie sie war, reichte sie es an die umsichtige Spenderin zurück. Nun hatte der Lachs sich auch auf meinen Schoß gebettet! Es war zum Brüllen komisch.

Nur Ljudmila litt. Ljudmila schämte sich maßlos, und Ljudmila war eine wunderbare Mutter. Sie zürnte keinen Moment. Sie versuchte nicht im geringsten, Verantwortung abzuschieben. Sie gab sofort zu, daß sie es gewesen war, die sich zu guter Letzt nicht mehr hatte beherrschen können, und daher noch so spät um etwas zu essen gebeten hatte. Die Kinder hörten es mit Gleichmut. Sie waren offenbar gewohnt, nicht für anderer Leute Fehler beschuldigt zu werden. Wie kann nur in der Staatsoper etwas angeboten werden, was in eine Fabrikskantine oder auf die Tenne gehörte, wo hungrige Schwerstarbeiter im Drillich mit abgearbeiteten, schwieligen Pranken so ein Brot im Nu in sich hineinschieben? Ljudmila hörte meine Argumentation gerne, aber gab ihre komplexe Täter- als auch Opferrolle erst nur langsam, dann jedoch mit großer Erleichterung auf.

SPURENSUCHE

Wir lernten uns besser kennen und noch mehr schätzen, obwohl wir erst wenige, dafür aber eindrucksvolle Erinnerungswerte geschaffen hatten, die von außen angeregt worden waren. Jetzt fehlten noch solche von innen heraus.

Mein Mann war für ein paar Tage auf Geschäftsreise. Mascha und Katja besuchten vormittags die Schule. Nachmittags machten sie Hausaufgaben und übten Geige. Draußen lullte die Einförmigkeit des neblig feuchten Novembers jegliche Hektik ein. Ljudmila und ich trafen uns in der Regel zu Kaffee und Kuchen in meiner Wohnung an der Außenalster, und nie kam Ljudmila mit leeren Händen. Immer brachte sie ein paar Stückchen Gebäck mit. Es war ihre Art von liebevoller Aufmerksamkeit. Dann, nachdem Kälte und Nässe abgeschüttelt worden waren, die erste Tasse duftenden Kaffees die Bereitschaft zum Gespräch anzuregen schien, der erste Biß in süßen, weichen Teig neugierige Anspannung beruhigte, hatten wir im melancholisch nostalgischen Schein von Kerzen Raum für Nachdenklichkeit zu zweit. Jedes Mal war die Vertrautheit größer, und dennoch war jedes Mal ein erstes Mal. In der Stille der einfachsten Gefühlsäußerungen betraten wir das Seelenreich von Frauen. Hier brauchte nicht mehr zwischen den Zeilen Hintergründiges herausgehorcht zu werden.

Ljudmilas frühere, als Hilfestellung gedachte Anweisung zum besseren Verständnis sich kompliziert anhörender Aussagen von Russen wurde überflüssig. Wir verstanden uns in unserem gemeinsamen, den ganzen Körper erfassenden Wunsch nach warmer Freundschaft und der Suche nach Neubesetzungen für eine vertrauensvolle Beziehung. In Erinnerung an den gerade erst erlittenen Verlust schmiegten wir uns durch anerkennende, verständnisreiche Worte aneinander wie hilflose, neugeborene Tiere, um uns gegenseitig zu wärmen. Aus Ljudmila quoll der Schmerz aus mancherlei Demütigung überbordend hervor. Es war kein leichthändiges Melodram, von dem sie berichtete, und in das sie die Geschichte ihres ganzen Lebens einzubeziehen schien, sondern die bittere Tragödie einer Freundschaft, die Ljudmilas Grundsatz „alles oder nichts" hatte nicht standhalten können und schließlich verraten worden war. Auch ihr Versuch, als Geschäftsführerin einer exklusiven Modeboutique in St. Petersburg Anerkennung durch Erfolg zu finden, endete in der herben Erkenntnis, daß nicht sie gefragt war, sondern lediglich die Beziehung zu ihrem Mann. Sie konnte noch rechtzeitig aus eigener Kraft die Notbremse ziehen, weil sie realistisch genug war zu erkennen, daß sie bodenlos ausgenutzt wurde.

Ljudmila war äußerst dünnhäutig. Die Ungezwungenheit, die sie zu Tage legte, war gleichzeitig Bitte um Verständnis und sollte Schutz vor weiteren Enttäuschungen bieten. Sie rechnete mit dem Anstand der Menschen, jemanden nicht zu verletzen, wenn von Anfang an die entscheidenden Empfindlichkeiten bekannt sind, und doch führte sie gerade damit so manchen in Versuchung, das unbesiegbar Böse an ihr zu erproben. Sie war keine strahlende, siegreiche Heldin. Ihr Heldentum bestand vielmehr darin, nicht aufzugeben, zum einen ihrem eigenen Naturell zu trotzen, und zum anderen die eigene Persönlichkeit vor den Forderungen der herrschenden Schicht eines noch unfertigen Staatswesens zu schützen.

Um das zu erreichen, mußte sie aus dem Schatten ihres Mannes heraustreten, der sie sogar in ihrem Bemühen unterstützte, aber, wie Ljudmila selber zugab, mit der Zeit den Elan für ihre Vorhaben verlor. Sie fand das zwar verständlich, aber es gelang ihr selten, sich zu überwinden und Anstalten zu machen, ihre ausgemachte Schwäche, von vielen Ideen, die sie hatte, kaum eine ganz umzusetzen, wenigstens ab und an zu besiegen. Manchmal erzählte sie – halb lachend, halb weinend – von ihrer leidigen Eigenschaft wie von einem unabänderlichen Schicksal. Es gab vielerlei Gelegenheiten, in denen die russische Freundin während unseres Beisammenseins den Beweis dafür antrat, daß Selbsterkenntnis und Selbstkritik bei ihr tatsächlich eine viel zu wenig fruchtbare Verbindung eingingen, um durch Überwindung der eigenen Trägheit den ersten Weg zur Besserung einzuschlagen. Noch weniger konnte sie eine Änderung des Zustandes herbeiführen, der die Folge opportunistischer Konzessionen an übelsten Hierarchieformalismus war. Ljudmila, die wahrlich nicht von Jubel auf Schritt und Tritt begleitet wurde, sich eher unbedeutend wie ein kleiner Tropf und ausgenutzt wie Aschenputtel vorkam, fing schließlich an, mit dieser Schwäche ironisch zu kokettieren, und das Leiden unter ihren Folgen als Entschuldigung für das Unterlassen weiterer Versuche zu benutzen. Ljudmila war eine zutiefst menschliche Heldin, die nicht in schlechten Erinnerungen bis zur Selbstaufgabe schwelgte, sondern sie skelettierte, bis sie selber vor seelischer Erschöpfung zusammenfiel.

Sie war genau der Typ Frau, den ich gesucht hatte, um mich mit ihr über Gemeinsames und Besonderheiten von Russinnen und Deutschen auszutauschen. Die Identitätssuche fand im Gespräch statt, und mit dem Zauberstab der Interpretationen und Vergleichsmöglichkeiten, die beiderseitiger guter Wille uns als Verständigungsinstrument zur Konfliktregulierung gegeben hatte, kamen wir uns derart nah, daß ich, die von Erfahrungen mit Russen Gebeutelte, nach all den Jahren meinte glauben zu dürfen, das Ende der Suche, das Licht der Ruhe erreicht zu haben.

Nun endlich war der Grundstein gelegt worden, auf dem ich weiter am Haus der Verständigung würde bauen können, wenn ich die Kraft dazu fände. Ich war zwar nicht ver-, aber ge-brannt. Nicht das Feuer der Begeisterung, sondern Galinas Arglist, sowie die Brandschatzung der garstigen Tatiana und die dabei unterlassene Hilfeleistung durch andere, hatten mich derart beschädigt, daß ich Gefühle gegenüber Russinnen und Russen nur noch unter Vorbehalten zuließ.

Von Zeit zu Zeit bekam ich deshalb Gewissensbisse, weil Ljudmila sich mehr einbrachte als ich. „Die reine Wahrheit langweilt ohnehin", meinte ich zum einen und setzte voraus, daß mein Verständnis von Wahrheit nicht unbedingt identisch mit dem von Ljudmila sein mußte. Andererseits war es gegen meine Natur, etwas so geschickt ins Licht zu rücken, daß eine Parteinahme zu meinen Gunsten unausweichlich wäre. Ich hielt mich also zurück mit dem, was mich zur Zeit am meisten bewegte: die Summe der sich inzwischen über Jahre hinstreckenden Beschäftigung mit Dmitrij und seiner garstigen Frau. Ljudmila stand durch ihre Aufenthalte in engem Kontakt zu ihnen. Es hätte eine unnötige psychische Belastung für sie bedeutet, Mitwisserin zu werden, und eventuell zwischen die Fronten zu geraten.

Manchmal verließen Ljudmila und ich unsere freiwillige Isolation und gingen in der Stadt bummeln, um uns schließlich in Koffeintränken niederzulassen, die nichts mehr mit der gepflegten Gelassenheit eines Kaffehauses gemein haben, sondern nur noch dürftiger Zweckbestimmung dienen. Es war keineswegs ein Bekenntnis zur Einfachheit unsererseits. Die schlichten Hamburger Gegebenheiten verlangten entsprechende Anpassung. Bei so einer Denk- und Erlebnispause geschah es, daß Ljudmila sich dem Thema unserer gemeinsamen Bekannten im Generalkonsulat auf sanfte Tour näherte, und dabei leuchtende Sprenkel und Lichttupfer in die gefräßige Schwärze der Erinnerungen brachte, indem sie unvermittelt anfing, mir von Gesprächen am Tisch des Generalkonsuls zu erzählen. „Dmitrij redet nur gut von dir!", begann sie, und hielt sofort mit betretenem Gesicht inne, als sie sah, daß grauschwarze Kleckse von verlaufender Schminke sich unter den Augen ihrer Freundin ausbreiteten. Es mußte für Ljudmila etwas unkalkulierbar Irrationales haben, daß jemand anfängt zu weinen, wenn gut über ihn gesprochen wird. Vielleicht kam es ihr wie eine Mischung aus Provokation, Ungeschick und Starrsinn vor. „Das hat er aber bisher gekonnt verborgen!", brachte ich dazu nur gequält mit erstickter Stimme hervor. Sowieso entbehre Dmitrijs Aussage nach meiner Meinung jeglichen Wahrheitsgehaltes. Hatte ich ihn doch zu oft bei Lügen ertappt.

Ljudmila, die eine Auffassungsgabe hatte, mit der sie gleichzeitig alle Sinne zu umspannen versuchte, meinte die Wurzel für die Diskrepanz zwischen Dmitrijs Worten und der Reaktion darauf gefunden zu haben. „Am Anfang hat er gedacht, du seist Agentin", fing Ljudmila an, sich dem Thema erneut, aber jetzt mit spitzen Fingern zu nähern. „Alle unsere Männer sind in der Beziehung psychopathologisch! Sie sehen Ausländer nur unter diesem einen Aspekt. Für sie ist jeder Fremde ein potentieller Spion. Als ich Wolodja von dir erzählt habe, hat er ebenfalls sofort diesen Verdacht geäußert, weil du mit deinen Sprachkenntnissen und Verbindungen alle Voraussetzungen dafür erfüllst." Ljudmila schaute mich erwartungsvoll an.

Gewissermaßen war es eine Art Trost, was ich gerade gehört hatte, denn ich mußte jetzt tatsächlich lachen. An dieses Verdachtsmoment hatte ich nie auch nur einen einzigen Gedanken verschwendet. „Dmitrij ist aber jetzt überzeugt, daß du nichts mit eurem Geheimdienst zu tun hast." Ljudmila verstand nicht. Sie konnte gar nicht verstehen, weil der Freispruch sich eigentlich wegen der Absurdität solcher Verdächtigung erübrigte. Selbst Ljudmila, der ich ein weit freiheitlicheres Denken zutraute als manchem anderen, war noch befangen in vorgestanztem Denken, das bei ihr allerdings glücklicherweise schon, zur Blamage der ganzen Innung, zu Denkförmchen verkümmert war. „Tatiana allerdings", fuhr Ljudmila fort und kam zum eigentlichen Knackpunkt, „Tatiana war mit allem nicht einverstanden, was Dmitrij sagte." – „Tatiana vergeht vor Eifersucht und platzt vor Neid", beschied ich Ljudmila kurz und bündig, ohne Bereitschaft zu zeigen, mich in weiteren Erklärungen zu ergehen.

Ich war noch nicht in der Lage, mir einen Ruck zu geben, und Ljudmila mit gebotener Distanz die Komplexität der Situation souverän zu schildern. Wenigstens zeigte sich manches nun nicht mehr im Dunkel, sondern nur noch im Halbdunkel, und nicht alles schien eine Schimäre gewesen zu sein. Ljudmila war in dieser Beziehung eine großartige Hilfe gewesen.

HAUSKONZERT MIT DISSONANZEN

Es war nicht meine Absicht, einen Keil zwischen Menschen zu treiben, die miteinander auskommen wollen oder aufgrund bestimmter Lebensumstände dazu verpflichtet sind. Ich hätte zwar gewünscht, keine Rücksicht mehr auf Dmitrij nehmen zu müssen, und erst recht, daß Ljudmilas Verbindung zu ihm gar nicht existieren würde. Immerhin war ich nicht mehr auf seine Fürsprache angewiesen, aber über den tatsächlichen Stand der Beziehung, die für Dmitrij von einiger Bedeutung werden könnte, weil Wolodja, der inzwischen weiter unauffällig, aber unentwegt ein engmaschiges Netz an Beziehungen geknüpft hatte, einen einflußreichen Posten in der Präsidialverwaltung als Kollege und Zimmernachbar der Jelzintocher Tatiana innehatte, wußte ich so gut wie nichts.

Ich hatte Dmitrij daher von Anfang an über alle geplanten Unternehmungen mit den drei Putinas auf dem laufenden gehalten und ihn, sowie Tatiana, dazu eingeladen. Er war erleichtert gewesen, keine eigenen Aktivitäten entwickeln zu müssen und hatte auch die Teilnahme an meinen, bis auf das Abschiedsessen bei mir zu Hause, dankend abgelehnt, ohne daß ich hätte vermuten müssen, seine hastige Sprache wäre Konsequenz eines durch vielerlei Umstände zur Unwahrheit Verurteilten. „Zu guter Letzt ein Fest des schönen Scheins", dachte ich sarkastisch und machte mich daran, den Abend mit besonderer Sorgfalt vorzubereiten. Ihn derart zu gestalten, mußten sich wohl alle vorgenommen haben, und hatten sie es doch nicht exakt geplant, so gelang es ihnen beinahe im Affekt.

Die erste Überraschung für mich war der Anblick von Tatiana, die als Accessoire einen Seidenschal trug, der vor zwei Jahren der Garstigen von mir zum Geburtstag geschickt worden war, und für den sie sich weder bedankt noch durch demonstratives Hervorheben auf einem Kleidungsstück Gefallen an dem Präsent gezeigt hatte. Ich wußte sofort, wem ich den Augenschmaus des schmeichelnd verhüllten, stämmigen Halses von Tatiana verdankte. Ljudmila hatte ganze Arbeit geleistet!

An einem der Klausurnachmittage hatte ich meine Zurückhaltung aufgegeben und Ljudmila über russische Gewohnheiten befragt, die ich meinte durch das Verhalten der mir bekannten Mitarbeiter des Generalkonsulats, einschließlich Generalkonsul und seiner Frau, ableiten zu können, die aber so stark von nordwesteuropäischen Gepflogenheiten in der entsprechenden Gesellschaftsschicht abwichen, daß sie unangenehm auffielen. Vielleicht, so war meine Vorstellung, wäre es eine dankbare Aufgabe für Ljudmila und mich, solcherlei Unterschiede aufzudecken, um Mißverständnisse zu vermeiden, und sowohl der einen oder auch anderen Seite Gelegenheit zu geben, sich den Sitten ihrer Gastländer anzupassen. Ljudmila hatte zugegeben, daß während des Sozialismus eine Verlotterung des traditionellen guten Benehmens eingetreten war und das Bedanken von Geschenken und Glückwünschen nicht immer mit gebotener Sorgfalt Beachtung gefunden hatte. Bei Freunden oder engen Bekannten müßten und würden Gebräuche der Danksagung aber auf jeden Fall berücksichtigt werden, betonte sie geradezu unerbittlich streng. Alles andere wäre schlechtes Benehmen. Zählte ich nicht zu Freunden oder engen Bekannten? Ich hatte diese letzte Frage Ljudmila nicht stellen können, aber einen großen Schritt weiter im Verständnis war ich dennoch gekommen.

Die erste Überraschung für Dmitrij und Tatiana wiederum, die ich noch nie bekocht hatte, war mein Menü. Die vier Gänge hatte ich ausschließlich unter Berücksichtigung der Vorlieben meiner drei Gäste aus Moskau komponiert. „Das hat sie alles bestellt", zischelte Tatiana so böse und deutlich über den Tisch, daß ich es selbst noch an der Küchentür hören konnte. Wäre Tatiana, diese Ausgeburt des Neides, doch bloß nur eine fette Blindschleiche gewesen! In Wirklichkeit war sie jedoch, zum Leidwesen aller, eine gemästete Natter, deren gespaltene Zunge Unheil verbreitete! Die Garstige kostete gerade vom zweiten Gang, einer Möhren-Kartoffel-Crèmesuppe, die Dmitrij besonders gut schmeckte, was ihm ohne Mühe anzusehen und zu hören war. Obwohl er immer eitler, und dadurch – ganz allgemein – langweiliger geworden war, ließ ihn die weiche Wärme nun zu Hochform, allerdings besonderer Art, auflaufen.

Indem er seinen Kopf fast in Berührungsnähe an meinen heranschob, lief mir schon vom Ausdruck des schwimmenden Tiefbrauns seiner Augen eine Gänsehaut über den Rücken. Er saß zu meiner Rechten. Uns trennte lediglich die spitze Ecke der Tischkanten, und die konnte sehr schmerzhaft sein. Was war bloß mit der Möhren-Kartoffel-Crèmesuppe? „Dmitrij liebt diese südrussische Suppe", kam es gehässig von Tatianas Seite, die zwischen ihrem eigenen Mann und dem ihrer Gastgeberin plaziert worden war. „Wieso südrussische Suppe?" Dmitrij ignorierte den Einwurf. Er lutschte die samtig cremige Flüssigkeit zärtlich mit den Lippen vom Löffel. Dabei leckte seine Zunge das bauchige Halbrund in züngelnden Bewegungen ab. Das Verlangen in seinen Augen drang unter meine Haut, penetrierte sie ungestüm, während er unglaublich langsam weiter löffelte. Von mir trank er, nicht von der Suppe.

„Wo ist das Bild?", begehrte er mit intim leiser Stimme zu wissen. Ich war völlig verwirrt, zumal ich noch immer über die südrussische Suppe nachdachte und gerade meinte, zu dem Schluß gekommen zu sein, daß es eine Warnung und auch Beleidigung an Dmitrijs Adresse gewesen war. Tatiana mußte der – falschen – Annahme gewesen sein, daß keiner von Dmitrijs südrussischer Herkunft Kenntnis hätte und gedachte, ihn unter Umständen bloßzustellen. „Welches Bild?", gab ich etwas schnippisch zurück. Ich war nervös. Derart erotische Attacken fand ich besonders in Gegenwart der Kinder, die an meiner linken Seite und Dmitrij gegenüber zusammen auf einer Bank saßen, höchst unpassend. „Das Bild!" Er gab nicht auf. Ich tat, als ob ich verstünde und zeigte vage in das angrenzende Zimmer: „Es hängt dort an der Wand." Galinas riesiges „Europa wird ausgegraben" war nicht zu übersehen. Dmitrij schüttelte den Kopf. „*Das* Bild", wiederholte er ungewohnt sanft und durchaus gewohnt eindringlich.

Mir fiel es plötzlich wie Schuppen von den Augen. Das Bild war die von Dmitrij einst spöttisch als „Äktchen" herabgewürdigte Darstellung mit den ausnehmend anspruchsvollen Verrenkungen. „Wir haben es vorläufig abgehängt", bekannte ich und hoffte, alle weiteren Bemerkungen damit zu unterbinden. Dabei fühlte ich eine schreckliche Beklemmung. Das Opfergefäß für Sehnsucht nach aufrichtiger und zuverlässiger Freundschaft war gerade durch ihn in diesem Jahr schon reichlich mit Tränen gefüllt worden. Ich empfand die Anmache als unverschämte Lüge, von der die ohnehin malträtierte Aufrichtigkeit der Beziehung zwischen uns noch stärker eingeschränkt wurde und hätte liebend gerne schon abgeräumt, wenn die Kinder nicht noch einen Nachschlag erbeten hätten, dem sich Dmitrij sofort anschloß.

Mein Erfolg, Genuß mit dem Essen hervorgerufen zu haben, ließ Tatiana keine Ruhe. „Warum hast du eigentlich damals, als du das erste Mal im Generalkonsulat warst, das Fleisch nicht gegessen?", fragte sie so pikiert, als wenn der Vorfall sich gerade erst vor kurzem ereignet hätte und nicht eine jahrelange Verbindung dazwischen liegen würde, die zumindest dann und wann die Vermutung hätte aufkommen lassen können, daß wir befreundet wären. Es war schon erstaunlich, wie viele Giftpfeile Tatiana in ihrem Köcher hatte, mit Hilfe derer sie unmißverständlich anzeigte, daß sie ihrer Gastgeberin eine Vertrautheit abgesprach, die Mißtrauen hätte ausräumen können.

Zumindest von Tatiana wurde ich, wie von Ljudmila berichtet, noch immer in die Ecke gestellt, in der sie eine Agentin vermutete, die aus Vorsicht das Fleisch, natürlich gekonnt mit Wintergemüse getarnt, auf dem Teller hatte liegen lassen. Es mußte aber wohl wirklich damals ein Verdachtsmoment gewesen sein, das nicht nur Dmitrijs garstige Frau beschäftigt hatte. Warum bloß jetzt erst nach Jahr und Tag diese wichtige Frage? Ich antwortete wahrheitsgemäß, daß ich nicht gewußt hätte, ob es Schweinefleisch gewesen wäre. „Wie ihr wißt, esse ich kein Schweinefleisch", schloß ich absichtlich pointiert, und wollte damit zu verstehen geben, daß ich es nicht schätzte, wenn die Grenzwerte des Bekömmlichen für Gäste nicht registriert wurden, und das nach zahlreichen gemeinsamen Essen und häufiger Erwähnung der Besonderheit. Es zeigte ein profundes Desinteresse an der Individualität anderer. Ich hatte mich jahrelang in der Hoffnung und Annahme gewiegt, Vertrauen zu schaffen, oder gar geschaffen zu haben, und was hatte ich erreicht? Nichts! Das Mißtrauen war geblieben.

Ich fühlte mich trotz des nicht enden wollenden Lobes für die Zubereitung des Menüs elendig entmutigt. Nur gut, daß die Mädchen nach dem Hauptgang als besondere Überraschung und Abschiedsgeschenk von ihnen für mich ein kleines Konzert geben wollten. Sie hatten während der zwei Wochen ein Stück einstudiert, und deshalb heroisch stundenlang zu Hause geübt, während Ljudmila und ich mich bei Kaffee und Kuchen vergnügt hatten, wie es Mascha und Katja vorgekommen sein mußte. Manchmal hätten sie Fernsehen geguckt, gaben beide Geigerinnen zu. „Aber nicht oft! Ehrenwort!" Glücklicherweise hatte Ljudmila die Überraschung so rechtzeitig verraten, daß ich eine materielle Würdigung hatte vorbereiten können. Die Kinder nahmen sich in ihrem vielversprechenden, musikalischen Vortrag ernst, und hatten damit intuitiv die Voraussetzung für eine zwar noch nicht virtuose, aber dennoch erfolgreiche Darbietung geschaffen. Besonders Katja war wie stets eine Meisterin der absoluten Hingabe an den Moment. Sie ging vom einsatzgebenden, scharfen Einziehen der Luft durch den linken Nasenflügel bis zur taktschlagenden Fußspitze völlig in ihrer Rolle als konzertierende Geigerin auf. Sie war die Violonistin schlechthin, so daß man hätte denken können, sie sei nie etwas anderes gewesen, und würde doch gleich darauf genauso konzentriert und bedingungslos in etwas anderem aufgehen können.

Endlich der Nachtisch! Mascha und Katja stürmten zu ihrer Sitzbank. „Kirschen ohne Knochen!", rief Mascha begeistert und schmeckte andächtig einem Löffel voll Kastaniencrème und Sauerkirschen nach. Es hörte sich an, als ob sie gerade die Neuzüchtung eines Menschen ohne Skelett entdeckt hätte. Fünf Wörter und ausschließlich Verständnisschwierigkeiten! Wieso Knochen? Wieso immer noch „Sie"? So viele Fragen auf einmal! „Wir sagen im Russischen ‚Knochen' zu dem, was in einer Kirsche ist," erklärte Mascha eifrig und ließ sich das deutsche Wort dafür sagen. Und warum „Sie?". Beide, Mascha und Katja, wurden etwas verlegen. „In Rußland sagt man nur zu den allerengsten Vertrauten oder Verwandten ‚Du'. Wir nehmen uns immer vor, ‚Du' zu Ihnen zu sagen, aber es geht einfach nicht. Wir sind zu sehr an das ‚Sie' gewöhnt. Bitte, seien Sie nicht böse!" Diese Aufklärung war von unschätzbarem Wert. Ich erinnerte mich an die Übersetzung von Galinas Konzertromanze.

Mein Mann und ich mußten herzhaft und erleichtert lachen. Es war der Moment gekommen, daß ich beichten konnte, wie ich gedacht hatte, Dmitrij hätte mir den Krieg erklärt, als er plötzlich wieder zum „Sie" übergewechselt war, und wie ich und alle anderen Deutschen nach dem Jazzkonzert gemeint hatten, mitten unter Militaristen zu sitzen, als die russischen Gastgeber das Lied von „Katjuscha" angestimmt hatten. Ich hatte schon bisher einen weiten Weg zurücklegen müssen, um zu lernen, aber Kilometer 42,195 war noch lange nicht erreicht. Würde es dann das bittere Ende sein oder ein Sieg über noch immer unüberbrückbar scheinende Unterschiede? „Zusammen mit Ljudmila und den Kindern wird es zu schaffen sein", spornte ich mich an.

An Dmitrij gerichtet machte ich den Vorschlag: „Ihr müßt mehr erklären!", obwohl ich vermutete, daß es in den Wind geredet war. Er wirkte jetzt zumindest sehr nachdenklich und ganz wie ein Diplomat, der wohl fürchten mochte, daß derlei Mißverständnisse zu ernsthaften Komplikationen führen könnten, und nicht alle bereit wären zu lernen. Tatiana dagegen war von nervöser, inhaltsloser Hektik und drängte so sehr, die beiden kleinen Künstlerinnen mit den Gastgebern zusammen zu fotografieren, als täte sie allen damit einen ganz besonderen Gefallen. In der ihr eigenen Anmaßung, und der Sucht nach Erhabenheitsästhetik folgend, bemächtigte sie sich, ohne zu fragen, unvermittelt der Bodenvase aus Glas, die randvoll mit Wasser und einem üppigen Strauß von roten Amaryllis und Kiefernzweigen gefüllt war. Das Behältnis war dadurch so schwer, daß zu befürchten stand, es würde zerbrechen und das Eßzimmer überflutet werden. Die Dekoration stand nun vor einem antiken Möbelstück, das zwar gut gepflegt und für sein Alter noch recht tragfähig war, aber das Risiko eines Schadens, wenn es zwei Erwachsene und zwei Kinder tragen müßte, konnte nicht ausgeschlossen werden. Ich rang mir den Versuch ab, mehr über der Sitzfläche zu hocken, als daß ich denn tatsächlich saß, was aber später auf den Bildern glücklicherweise nicht auszumachen war. Es hätte zu einem eklatant falschen Eindruck bezüglich der Sanitäreinrichtungen in meinem Haushalt führen können.

Tatianas Fotografierinitiative wuchs sich zu einer Tortur aus. Alle waren erschöpft. Die Kinder streckten sich schließlich auf dem Sofa aus, nachdem sie um Erlaubnis dafür gebeten hatten und das hübsche, ihrem Auftritt angemessene Schuhwerk ausgezogen worden war. Dmitrij stand als letzter vom Tisch auf. Nur ein klein wenig zu ruckhaft war es, wie sein Arm sich von der Rückenlehne des kleinen Holzsessels trennte, was dieser unglücklicherweise übel nahm. Der obere Teil brach ab. Dmitrij war völlig außer sich. Er entschuldigte sich wieder und wieder. Mein Mann und ich hatten große Mühe, ihn zu beruhigen. Und Tatiana? „Das ist nicht so schlimm", nuschelte sie gut verständlich, als wir uns wieder ins Wohnzimmer begaben, „der Stuhl ist sowieso billig!"

Ich ging gleich hinter der Garstigen und meinte, nicht recht gehört zu haben. Es handelte sich um einen Sessel meines weit über hundert Jahre alten Eßzimmers aus kostbarer, syrischer Intarsienarbeit, das einst im Gästehaus des Königs von Saudi Arabien gestanden hatte, doch statt Empörung empfand ich Genugtuung, daß Tatiana sich in Gegenwart von Ljudmila mit Bravour selbst disqualifiziert hatte.

DAS SCHWEIGEN WIRD GEBROCHEN

Kichernd wie Backfische und schwadronierend wie Politiker zogen wir durch die Stadt. Wir genossen den Tag. Noch einen einzigen Tag hatten wir für uns, bevor Ljudmila mit Mascha und Katja nach Moskau zurückkehren würde, und den feierten wir nach allen Regeln der weiblichen Kunst. Ljudmila kaufte noch Mitbringsel und andere Kleinigkeiten. Ihre Wünsche waren nie konzeptionslos. Auch nicht der Wollstoff, den Ljudmila mir derart überzeugend anpries, daß ich mir ebenfalls einige Meter davon abschneiden ließ, obwohl ich überhaupt nicht nähen kann. Wir lachten und wir redeten. Wir redeten und redeten und redeten. Unser Wortschwall war bitter nötige Erleichterung nach Ereignissen, deren Ablauf durch beider Anwesenheit testiert worden waren, so daß die gesprochenen Darstellungen und Meinungen darüber keiner weiteren Legitimation zur Untermauerung der Glaubwürdigkeit bedurften.

„Wie lange hältst du das schon aus?" Die Betonung lag auf „wie". Ljudmilas Soprankopfstimme war kurzatmig vor schnäubender Entrüstung, und in ihren Augen standen Tränen der Empörung. „Vier Jahre", antwortete ich nicht ohne alten, dummen Stolz über meine Leidensfähigkeit, die sich allerdings jetzt dem Ende zuneigte, je mehr ich Ljudmila kennenlernte und ihr zugetan war. Die Beziehung zu Dmitrij und Tatiana verlor im gleichen Verhältnis immer mehr an Bedeutung für mich. Dementsprechend berührten mich die Boshaftigkeiten kaum noch so stark wie zuvor. Für Ljudmila war es nicht nachvollziehbar, warum ich so lange ausgehalten hatte, nachdem ich schon von dem Feuer der Enttäuschung mit Galina gebrannt worden war, warum ich nicht diese Gemeinschaft rücksichtslos ausgekosteter Irrationalität schon längst verlassen hatte, und stattdessen mich noch immer mit Begründungen dafür quälte, die einzig aus dem Bedürfnis bestimmt waren, über den Verstand etwas bis zur Erklärung auszudiskutieren.

Ljudmila löste die Selbstqual durch Zeitlosigkeit des Verhaltens und Ertragens mit dem Einsatz von Emotionen auf. Wenn kein ausreichend großes Gefühl mehr da war, fehlte ohnehin der wesentliche Wert einer Beziehung. Und wie konnte bei so vielen Gemeinheiten noch Gefühl übrig bleiben? Ljudmila argumentierte ganz aus ihrer eigenen Auffassung von Werten heraus. Ihr hatten die Eindrücke am Abend des Abschiedsessens gereicht. Tatiana hatte, neben allen anderen, die Kinder – in dem ihr eigenen, persönlichen Macht- und Überwertigkeitsanspruch – auf russisch gemaßregelt, als sie sich auf dem Sofa hatten ausstrecken wollen, und den Putinas bedeutet, daß so ein Benehmen unangebracht wäre, wobei sie selber nicht verstanden zu haben schien, daß die Mädchen sogar um Erlaubnis gebeten hatten. Ljudmilas Vorwürfe gegen Tatiana waren Auslöser für die Aufgabe der Zurückhaltung, die ich mir auferlegt hatte. Der Abend des Abschiedsessens war doch bei weitem kein Einzelfall gewesen! Das mußte ich einfach sagen. Ich brach das Schweigen über die vielen Demütigungen und Beleidigungen durch Tatiana. Dmitrij ließ ich absichtlich außen vor. Er war nicht unbeteiligt an meinem desolaten Seelenzustand, aber nach wie vor meinte ich, daß eher äußere Umstände sein Verhalten bestimmt hatten und dieser Einfluß immer stärker wurde.

Wir hatten inzwischen die Innenstadt verlassen und schlenderten durch Eppendorf. Mir lag daran, Ljudmila etwas mehr Normalität von Hamburg zu zeigen, nicht nur namhafte Restaurants oder Cafés, denen der Ruf besonders zu sein eigentlich wegen ihrer Gesichtslosigkeit nicht zustand. Ich meinte, Ljudmila sollte Menschen erleben, für die ein Stadtteil ein Zuhause und das Café um die Ecke ein zweites Wohnzimmer ist. Ich kannte so ein Lokal in Eppendorf. Dahin wollte ich Ljudmila bringen, die sich auserbeten hatte, mich am letzten Tag ausnahmsweise einladen zu dürfen.

„Fällt dir überhaupt irgendetwas ein, was an Tatiana schön ist?" Ljudmila fing wieder an, sich in Rage zu reden. „Die Haarfarbe", antwortete ich nach einiger Überlegung, und eigentlich nur deshalb, weil ich bisher der Meinung gewesen war, daß jeder Mensch etwas an sich hätte, was auf die eine oder andere Art schön wäre. Doch was Tatiana betraf, so hatte diese Überzeugung schon stark gelitten, und war sogar bei wohlwollender Betrachtung nur noch als halbherzig zu bezeichnen. „Nichts! Gar nichts! Tatianas Haare sind gefärbt!" Ljudmila war festen Willens, Tatiana mit der Physiognomie einer höchst Verdächtigen auszustatten, deren Charakter an Schlechtigkeit nicht mehr zu übertreffen ist.

Sie machte einen Rundumschlag und bezog Dmitrij gleich mit ein. „Dmitrij hat grundsätzlich gute Seiten", versuchte ich Ljudmila zu mäßigen. Das hätte ich nicht tun sollen. Ich war damit an den Radius eines Themenkreises geraten, der bei Frauen allgemein einen hohen Stellenwert hat und bei allen Russinnen, die ich kennengelernt hatte, einen noch höheren: das männliche Geschlecht ganz generell und erst recht im besonderen, wobei in der Regel die in Betracht kommenden Männer auf die Tauglichkeit für die gerade amtierende Ehefrau oder Freundin beäugt wurden, was mit Sicherheit ein verheerendes Urteil nach sich zog.

Bei Galina hatte ich noch gedacht, die Verkuppelungsversuche wären einmalig, aber jetzt schien es mir, daß ich es mit einem seriellen Vorkommen zu tun hatte. Tatiana setzte auch bei Ljudmila durch intrigantes Einflüstern ihr Zerstörungswerk weiter fort und wollte mir etwas andichten, was nie da war. Meine Freundschaft zu Ljudmila war Stachel im Fleisch von Tatiana, von dem die Garstige meinte, sich nur befreien zu können, wenn sie Ljudmila auf ihre Seite ziehen würde. Tatiana hatte ihr Netzwerk an Gerüchten wieder ausgeworfen, aber die Rechnung ohne den Wirt gemacht. Zum einen stand die Zielscheibe ihrer Tücke nicht mehr – wie in Moskau – mit dem Rücken zur Wand, sondern befand sich auf vertrautem, heimatlichen Boden und hatte außerdem im Laufe der Jahre besser gelernt, sich im Verwirrspiel russischer Mentalität zurechtzufinden. Zum anderen hatte Tatiana Ljudmilas Eigenständigkeit falsch eingeschätzt. Ihr war überhaupt nicht in den Sinn gekommen, daß Ljudmila sich selber eine Meinung bilden könnte, bei der Tatiana alles andere als gut abschnitt. In Ljudmilas Weltordnung galt es unter den gegebenen Umständen durchaus als plausibel, daß Tatiana bestraft gehörte. Vorstellbar war etwa die Verführung des Mannes durch eine andere Frau, wobei sie sich selber ausschloß.

In dem, was Ljudmila vorschwebte, konnte ich nach meinem individuellen und auch deutschen Geschmack ganz und gar nichts von einer romantischen Hinwendung an Männer entdecken. Hier wurde das oft beschworene, russische Gefühlsleben entzaubert. Es war Teil einer Berechnung, und als Ljudmila mich auch noch völlig ohne sichtbares Unbehagen aufforderte, ich solle die Initiative dazu ergreifen, platzte die Seifenblase mit unüblich heftiger Detonation. Dieses bisher etwas kitzelige, aber harmlose Gesellschaftsspiel hatte nur so lange Reiz, wie ethische Normen und Rechtsgrundsätze sowie die innere und äußere Sicherheit einer Gemeinschaft zwischen Partnern nicht beschädigt wurden.

Indem Ljudmila genau Galinas Worte gebrauchte, reimte sich einiges für mich zusammen. Außer Bestrafung für Tatiana sollte es auch eine Prüfung für Ljudmilas deutsche Freundin sein, um dem Wahrheitsgehalt von Tatianas Behauptungen auf den Grund zu gehen. Ein wesentlicher Teil des Vertrauens zu Ljudmila war dadurch schlagartig abgebunden worden. Dem „unbedingt" wurde verschämt das „un" gestrichen. Ich mußte mir eingestehen, daß alles andere zu hochfliegend war.

Keiner der russischen Bekannten hatte sich, nach meiner deutschen Vorstellung von Freundschaft, des unbedingten, unverbrüchlichen Vertrauens wert erwiesen. Dennoch bezeichnete ich einige, sehr wenige von ihnen als Freunde, weil bei ihnen von dem, was ich überhaupt erwarten durfte, das Maximum erreicht wurde. Dazu gehörte Ljudmila. Ich sah auch jetzt nicht unbedingt einen Pferdefuß. Meiner Ansicht nach war Ljudmilas Motivation weniger prekär als damals Galinas, aber hatte ich bisher Ljudmilas Äußerungen aufmerksam analysiert, um Unterschieden zu nordwesteuropäischen Verhaltensweisen auf die Spur zu kommen, war ich von Ljudmilas plastischer Sprache angetan gewesen, so widerte mich jetzt einerseits das sozialistische Normdenken von Sexualität an, und auch die Seuche von explodierenden, individuellen Freiheiten aus der wilden Wurzel eines Demokratieverständnisses andererseits, die sich russische Frauen – wenn Medienberichten Glauben geschenkt werden durfte – oft erlaubten, und damit keineswegs ihren Status als Almosenempfängerinnen von Männern, den sie zu Recht beklagten, aufhoben, sondern ihm eine lange Lebenszeit bescherten. Die prägnanten Klischees, deren sich Ljudmila bediente, so daß sie sogar die gleichen Worte wie Galina gebrauchte, dazu Stimulanzrezepturen aus der Welt der Esoterik, empfand ich nur noch als dümmliche Allerweltsweisheiten. Ich verwies Ljudmila in die Schranken, und Ljudmila hatte verstanden. Sie rührte nie wieder daran.

Inzwischen hatten wir das Café erreicht, was den russischen Gast in Staunen versetzte. Es war Bohème pur. Die Gäste waren zwar leger gekleidet, hatten jedoch den diskreten Charme der versteckten Wohlhabenheit und pflegten ein leicht maniriert familiäres Gehabe untereinander. Man sprach in gedämpftem Ton, machte kleine Handreichungen, begrüßte Neuankömmlinge mit Küßchen rechts und Küßchen links. Die meisten waren Bürger der umliegenden Häuser und angrenzenden Straßen. Ärzte des nahe gelegenen Universitätskrankenhauses, Rechtsanwälte, Künstler und leitende Mitarbeiter von Funk und Fernsehen verbanden sich zu einer großen Bürgerfamilie.

Hatte Ljudmila nach dem äußeren Eindruck zunächst gedacht, dieses Lokal wäre für sie gewählt worden, um ihre Kasse so kurz vor der Abreise zu schonen, so belehrten sie die gepfefferten Preise auf der Karte bald eines besseren. Für Ljudmila als Russin war es eine irritierende Erfahrung. Warum begaben sich wohlhabende Leute in ein Lokal, das mit alten, teilweise auch kaputten Möbeln bestückt war, sogar ein wenig schmuddelig wirkte, und zogen sich dazu Freizeitkleidung von feinster Qualität und teuerstem Design an? Warum zeigten sie nicht ihren ganzen Wohlstand? Ljudmila bekam erste Lektionen in Hanseatentum, und trotz aller unverständlich scheinenden Eigenartigkeiten fing sie an, sich darin wohlzufühlen. Sie war begeistert, als sie ein riesiges Glas mit Orangen auf der Theke entdeckte. Wie magisch angezogen ging sie hin, um zur Überraschung der Bedienung, die eigentlich Saft daraus pressen sollte, eine Apfelsine für jede von uns zu kaufen, die wir dann, wie in Rußland, zum Tee verzehrten.

Ljudmila brachte es fertig, in ein urhanseatisches Café ein wenig Rußland zu bringen, und so ganz nebenbei der Umgebung sanft ihren Stempel aufzudrücken. Die Zeit rückte unweigerlich zum Abschied vor, der uns beiden jetzt denkbar schwer fiel, und um ihn noch etwas hinauszuzögern, kam Ljudmila zu mir mit nach Hause, um auch noch meinem Mann Lebewohl zu sagen. Dann aber war es soweit.

FELDPOST

„Merkwürdig, jetzt sind die Putina-Ladies schon wieder in Moskau. Ich werde die Kinder und Ljudmilas emotional engagierte, immer wieder mit überraschend analytischen Beobachtungen gepaarte, merkwürdig schnelle Langsamkeit des Ausdrucks und der Wesensart vermissen, die einen ausgleichenden und stabilisierenden Einfluß auf mich hatten, was Fragen der deutsch-russischen Bemühungen um Verstehen und Verständnis betrifft, und was sich oft genug als Kern allgemein menschlichen Beziehungsmusters herausstellte, das aber hier bei uns im Westen in der äußeren Verpackung zunächst anders aussieht.

Und merkwürdig finde ich, daß sie jetzt schon wieder in Moskau sind, weil durch diese intensiven vierzehn Tage eine Nähe entstanden ist, die mir plötzlich Moskau auch geographisch ganz nah erscheinen läßt. Das ist gut so, denn sonst finde ich Abschiede unerträglich."

Ich schrieb dieses gleich nach Ljudmilas Abreise an Dmitrij und definierte damit unmißverständlich den Stellenwert der einzelnen Beziehungen. Mir war klar, daß nie wieder eine Vertrautheit mit Dmitrij und Tatiana in Frage käme, wie sie einstmals bestanden hatte und dieses Mal Ljudmila nicht verschollen bleiben würde, bis durch Dmitrijs Hilfe der Kontakt wieder hergestellt werden könnte. Ljudmila hatte dafür schon in Hamburg Vorsorge getroffen, indem sie mir eine Liste mit verschiedenen Telefon- und Faxnummern gegeben hatte, anhand derer versucht werden konnte, mit ihr in Rußland Verbindung aufzunehmen, so daß gar nicht erst die Befürchtung aufkommen konnte, sie gedächte, sang- und klanglos zu verschwinden. Dagegen hatte ich selber nur drei Telefon- und zwei Faxnummern, was sich zwar gegen Ljudmilas Liste lächerlich unwichtig ausnahm, aber gleichzeitig für eine Stabilität in meinem Leben stand, die Ljudmila auch nach Wolodjas Ruf auf den Moskauer Posten noch immer vermißte.

Ljudmilas Faxe glichen nach ihrer Rückkehr einer Feldpost. Mal kamen sie vom External Affairs Committee, mal von einer Firma Intercommerz, was anzeigte, daß ein Freund der Familie Putin bemüht worden war. Ich hatte es an dem Namenszusatz hinter dem Firmencode erkannt. Es waren Ostdeutsche, die Putins seinerzeit in Dresden kennengelernt hatten, und die jetzt in Moskau lebten, wo der Mann eine leitende Position in einer westdeutschen Großbank mit ostdeutschem Bezug im Firmennamen innehatte, eben der, dessen Vorstandsvorsitzender Ljudmilas Rehabilitationsaufenthalt organisiert hatte. Auch über ihre private Leitung in St. Petersburg schickte Ljudmila Briefe. Sie hatte sich außerdem angewöhnt, jedes Fax telefonisch zu avisieren, und gleichzeitig eine Nummer durchzugeben, an die eine Antwort innerhalb eines bestimmten Zeitraums geschickt werden könnte. Auf diese Art wurde ein dermaßen engmaschiges Netz geknüpft, das von Schweigen schwer zu zerreißen gewesen wäre. Termin um Termin, Abwesenheiten von zu Hause und Änderungen wurden präzise aufgeführt, so daß nach Möglichkeit die Spur nie verlorengehen konnte. Überhaupt war unsere schriftliche Langzeitunterhaltung kein Briefroman, sondern eher ein Rechenschaftsbericht unserer Lebensabläufe mit Fußnoten. Wir fühlten uns den Puls, indem wir von Empfindungen schrieben, von Verletzungen zu genesen hofften, indem wir sie mitteilten, und der aufrichtigen Herzlichkeit Blumen auf den Weg des Miteinanders streuten, die für ein lebendiges, warmes Gefühl der nahen Freundschaft lebensnotwendig ist. Ljudmila war nachsichtiger als ich, verbindlicher und offener. Durch den Gedankenaustausch wurde mir immer wieder vor Augen geführt, was mir durch Enttäuschungen, die Verhaltensweisen von Russinnen und Russen seit den Erfahrungen mit Galina gezeitigt hatten, verlorengegangen war. Das zurückzugewinnen war oberstes Ziel. Ich fühlte mich als Ljudmilas permanente Gefühlsschuldnerin. Meine Zinsschulden wuchsen zu beängstigenden Bergen, wenn mich der Augenblick des Wunsches, die Gier nach noch mehr Nähe, einen Weg in

Unzufriedenheit und Ungeduld bahnte und die Differenz unserer Bewegungstempi bloßlegte und uns spaltete. Ljudmila war ständig in Verzug wegen permanenter Übermüdung.

Der gleiche Augenblick hatte zwei Geschwindigkeiten: Ljudmilas und meine eigene, was Geduld zum Warten und Vertrauen in die andere voraussetzte. Beides besaß ich weniger als Ljudmila, und die Zeit ohne physische Berührung fing sofort an, mich als Zeit der Verlassenheit zu quälen. Ich erkannte erst nach und nach, daß ein wesentlicher Grund für das versetzte Zeitempfinden unsere gemeinsame Furcht vor den nächtlichen Stunden als ausgemachte Quelle von Einsamkeitsgefühlen und Verlassenheitsängsten war. Wir beide haßten die Nacht. Doch während Ljudmila konsequent versuchte, sie durch Wachen zu besiegen, war mein eigenes Rezept, der Finsternis durch möglichst viel Schlaf zu entkommen. Dementsprechend war die Erwähnung von Schlafdefiziten und Ruhephasen, die nicht in Stunden, sondern in Tagen bemessen wurden, ständiger Teil der Berichte, die Außenstehende als läppisch beurteilt hätten, tatsächlich aber für das gegenseitige Verständnis Beachtung finden mußte.

Unterbrechungen gab es nie. Nur, wenn Ljudmila in Reisevorbereitungen steckte, mußte ich gelegentlich Abstriche machen, um hinterher mit Briefen belohnt zu werden, deren Formulierungen nicht nur an Emotionen appellierten, sondern durch Tiefenschärfe der Betrachtungen, über unsere Weltordnung hinausgehend, sich in universalen Erklärungen versuchten. Ljudmila verlor dann den erzählenden Faden ihrer heimatlichen Briefe, denen die Liebe zum Detail anzumerken war, worüber ihr Blick öfters auf rührend nachlässige Weise für das Grundmuster eines Antwortbriefs verstellt wurde, um irgendwann in einem Anfall von Aufräumeifer die ganze Spannbreite von unbeantworteten Fragen abarbeiten zu wollen, was nie ganz gelang. Es blieben immer Reste.

Daheim in Rußland kamen Ljudmila plötzlich Ideen zur Gestaltung und zum Stil des Briefes. Eine davon war, in jedem Brief stets neue und besondere Redewendungen, sowie Ausdrücke und Wörter der deutschen Sprache gebrauchen zu wollen, die von ihrer deutschen Freundin in allen Bedeutungen und Abweichungen erklärt und unter Umständen korrigiert werden sollten. Allein diese Unternehmung kostete so viel Energie und Zeit, daß nicht viel Raum für anderes blieb. Ljudmila ließ dann auch in dem ihr eigenen schnellen Wechsel von Trägkeit und Agilität den Plan fallen und war fortan wieder die verständige, einfühlsame Briefpartnerin ohne sprachliche Extravaganzen, womit nicht ausgeräumt war, daß sie nicht weiterhin in Zugzwang von Beantwortungen geriet.

Im Ausland wechselte sie zu einem argumentativen Stil. Ihre Briefe wurden Zeugnisse der Gesinnung und Nachdenklichkeit. Überhaupt erinnerte Ljudmila mich in ihrer unsteten, rastlosen Reisetätigkeit an Dmitrijs alten Tiger. Sie genoß die Zeit außerhalb der Grenzen, und hätte man sie in den ersten Tagen eines Auslandsurlaubs nach ihrem Wohlbefinden gefragt, so hätte sie es als Zumutung empfunden. Allein der Akt des Reisens als solcher bedeutete für sie einen unentbehrlichen Vitalitätsschub, und dennoch zog es sie nach einiger Zeit unweigerlich nach Rußland zur vertrauteren Mentalität. Manchmal beneidete ich meine russische Freundin um deren Bewegungsfreiheit. Es war auch ein wenig Kränkung der eigenen Selbstdarstellung als Multitalent, Zeit- und Ortsprobleme im Handumdrehen überwinden zu können.

Wahrscheinlich war ich zu bieder, anerzogene Disziplin aus traditionellem Denken, der ich meinte mich verpflichtet fühlen zu müssen, über Bord zu werfen. Ljudmila hatte damit keine Last. Sie war gerade die Zwänge und Begrenzungen durch ein politisches System losgeworden und fürchtete einen Rückfall in Kasernierung und Beschneidung ihrer inneren und äußeren Mobilität, die als Synonym für persönliche Freiheit stand, wofür Wolodja, der selten, und dann nur kurz, mit von der Partie war, größtes Verständnis hatte. So kam es, daß wir uns zwar mehrfach zu Treffen im Ausland verabredeten, aber es einerseits nie dazu kam, weil im Frühjahr und Sommer Ljudmilas und der Mädchen ausschließliche Hingabe an Strandleben nicht nach meinem Geschmack war, und im Winter, wenn Ljudmila mit den Kindern zum Skiurlaub in der Schweiz oder Frankreich weilte, meinte ich, zu Hause unabkömmlich zu sein. Bei aller Nähe schien Ljudmila für mich außerhalb Rußlands von unerklärlicher, nicht ganz eindeutiger Unerreichbarkeit. Den Eindruck konnten auch häufige Telefonate nicht verwischen, die wir dann führten, und denen ich eine noch unverstellt offenere Auseinandersetzung mit keineswegs unumstrittenen Themen verdankte.

Ljudmila war eine Verächterin der Leichtigkeit im Umgang mit Fragen aller sozialen Bereiche und ließ keinen Zweifel daran, daß Millionen Tränen nicht irren können, und sie nicht gedächte, konventionelle Lösungen hinzunehmen. Sie war aber keine bloße Verweigerin, sondern erdachte selbst Alternativen, die aber meistens über die groben Umrisse von Scherenschnitten hinaus keine weitere Bearbeitung fanden, was für Ljudmilas auseinanderklaffendes Denken und Handeln spezifisch war. Sie hätte jemanden, oder mehrere, in den entsprechenden Einflußbereichen gebraucht, die ihre Ideen prüften und sie verantwortlich umsetzten.

Als schießlich Ljudmila anfing, stundenweise für eine Petersburger Telekommunikationsfirma zu arbeiten, die eine Niederlassung in Moskau gegründet hatte, gab es endlich keine Beschwerlichkeiten mehr wegen ständig wechselnder Nummern. Sie hatte dort ein Faxgerät. Außerdem stellte ihr die Firma gebührenfrei ein Handy zur Verfügung. Nur die Hinweise bezüglich ihrer Anwesenheit blieben bestehen. Verständlicherweise wollte sie verhindern, daß Dritte Einblick in die privaten Briefe bekämen.

Allerdings telefonierte Ljudmila mit näher rückendem Wiedersehen sowieso mehr, als daß sie schrieb. Ende Mai würde Ljudmila mit Mascha und Katja wieder für drei Wochen nach Hamburg reisen, und wir waren übereingekommen, daß es kein ständiger Ausnahmezustand, sondern ein Zusammentreffen eingebunden in die Normalität des Alltags sein müßte. Es war ein Belastungstest. „Ich soll dir von Wolodja ausrichten, daß du ein Denkmal verdienst, wenn du es drei Wochen mit mir aushältst", bekannte Ljudmila in ihrem letzten Telefonat, bevor sie sich erneut auf den Weg nach Hamburg machte. „Dann soll er schon mal anfangen zu bauen", entgegnete ich übermütig.

FEHLSTART

Eigentlich hatte ich mir vorgestellt, eine zumindest lächelnde, wenn nicht gar lachende Ljudmila würde mir entgegenkommen, die Frau mit der Aura einer in Selbstverständlichkeit Ruhenden, die Wärme ausstrahlende, bescheidene Heldin unserer Telefonate und Briefe. Das einzige, was letztendlich mit meiner Traumfantasie übereinstimmte, waren die riesigen VIP-Schilder auf dem Gepäck, dank derer Ljudmila und die Mädchen nach der Landung der mittäglichen Maschine aus Moskau vom Areoflotpersonal bevorzugt abgefertigt worden waren, und somit die Zusammenführung von fremdelnden Ankommenden und erwartungsfrohen Gastgebern sehr schnell verwirklicht wurde. Ljudmilas sinnlich runde Körpersilhouette hatte sich zu noch eindrucksvolleren Kurven ausgewachsen. Die wunderschönen, aber ungewaschenen Haare zeugten ebenso vom späten, nächtlichen Packen wie eine graublasse Gesichtsfarbe und rot umränderte, übermüdete Augen, die eine unverhältnismäßige Überforderung verrieten. Der säumige Frühling war gerade rechtzeitig mit ganzer Sonnenkraft in Stadt und Land eingedrungen, so daß Ljudmilas warme Strickbekleidung in gedeckten Farben und festem, etwas plumpen Schuhwerk zu dem Gesamtbild beitrugen, sie habe sich in der Jahres- und Tageszeit geirrt.

Mir war, als ob ich aus der Vogelperspektive lediglich Ljudmilas gedrungenen Schatten erkennen könnte. Nichts stimmte mit den Proportionen und Farben des von Wünschen gemalten Bildes meiner russischen Freundin überein, die sich noch vor weniger als vierundzwanzig Stunden genauso auf das Wiedersehen gefreut zu haben schien wie ich selber. Eher geistesabwesend nahm Ljudmila den orangerot und violett leuchtenden Strauß zum Empfang entgegen. Schon meinte ich, er wäre überflüssig gewesen, als ein warmes, weiches Lächeln das Gesicht meiner russischen Freundin kurz erhellte: „Wie schön die Blumen sind!", freute sie sich. „Selbst wenn wir eben diese Sorten in Rußland hätten, sie würden nie so zusammengestellt werden. Bei uns versteht man sich noch nicht auf die Kunst der Floristik." Das war die echte Ljudmila! Nun war sie wirklich da!

Wir einigten uns schnell, daß Mascha und Katja mit meinem Mann fahren würden, und ich mit Ljudmila in dem kleinen Mietwagen, den diese sich als erstes besorgt hatte. So hatten wir Gelegenheit, dringende Neuigkeiten austauschen zu können, und zumindest den Ablauf des ersten Tages zu besprechen. Zunächst müßten wir zum russischen Generalkonsulat fahren, um dort den Schlüssel für die Wohnung abzuholen, die Dmitrij den drei Neumoskowiterinnen zur Verfügung stellen wollte. Es war nicht die Gästewohnung im Generalkonsulat, auch nicht die der russischen Firma, in der Ljudmila bei ihrem letzten Aufenthalt gewohnt hatte, und die ihr auch dieses Mal am liebsten gewesen wäre. Dmitrij hatte den Gästen eine leere Wohnung von Konsulatsangehörigen zugedacht, die in nächster Nähe zum Generalkonsulat lag. Er selber und auch Tatiana hätten keine Zeit für ein gemeinsames Begrüßungskomitee am Flughafen, hatte er mir auf den Brief hin mitgeteilt, in dem sämtliche Programmpunkte für den Aufenthalt von Ljudmila und den Kindern enthalten gewesen waren, und mit dem ich, Ljudmilas und in gleicher Bedeutung des lieben Friedens willen, Einladungen für alle Unternehmungen ausgesprochen hatte. Ich wollte, selbst wenn es mich große Selbstüberwindung kostete, zur Entschärfung der zugespitzten Lage beigetragen. Er würde in den folgenden Wochen kaum abkömmlich sein, hatte Dmitrij mitgeteilt, und daher wäre es besser, nicht mit ihm und Tatiana zu rechnen. Vielmehr sollte ich mit den Gästen aus Moskau unternehmen, was und wie und wann ich es für richtig hielte. Falls er doch noch entgegen allen Erwartungen Zeit finden würde, könnte er sich mit Tatiana noch kurzfristig einklinken. Alles hatte sich nach verschwenderischer Gleichgültigkeit angehört. Mir war es recht gewesen. Ich hatte der Pflicht Genüge getan.

„Angriff ist die beste Verteidigung", mochte Tatiana in dem Moment gedacht haben, als zusammen mit den beiden Wagen aus Richtung Flughafen, denen die drei Putinas mit den deutschen Freunden entstiegen, auch just der kleine Konsulatswagen, den Dmitrij zum privaten Gebrauch zur Verfügung hatte, vor dem Generalkonsulat hielt. Tatiana, gekleidet in neonfarbener Freizeitwindjacke und Hosen, die vermutlich bei inoffiziellen Anlässen aufgetragen werden sollten, verließ den Beifahrersitz merkwürdig umständlich, wie etwas Unangenehmes hinauszögernd. Dmitrij hatte eindeutig gelogen. Es war Sonntag mittag, und sie kamen mitnichten von einem offiziellen Termin. Während Dmitrij den Wagen in die Garage fuhr und darüber nachgedacht haben mochte, welche Ausrede er sich zueigen machen könnte, stürzte Tatiana mit angemaßter Echtheit nie vorhanden gewesener Herzlichkeit auf Ljudmila zu und überschüttete sie geradezu mit einem Sturzbach russischer Rede. Dmitrij begrüßte die Kinder, dann Ljudmila. Auch mein Mann wurde begrüßt. Ich nicht. Keiner kümmerte sich um mich. Ich wurde nicht nur zurückgewiesen. Ich war ausgestoßen.

Ich hatte nicht den Mut zur Leere und stellte mich ein wenig dichter an meinen Mann wie vor drei Tagen beim Basar, als mir von Tatiana die Hand, und von Dmitrij die Kenntnisnahme meiner physischen Anwesenheit überhaupt, verweigert worden war. Gerade jetzt baute sich Tatiana so dicht vor meinem Mann auf, wie es nur stark Kurzsichtige tun würden, so daß ich selber wieder einen Schritt zurück von der schützenden Nähe tun mußte, und begann, ihn polemisch darüber zu belehren, wie gefährdet deutsche Banken wären, wobei sie sich gespreizt wie ein Pfau gebärdete und versuchte, möglichst viele Informationen über den Zusammenbruch einer Hamburger Privatbank einzubringen, deren Fall gerade durch die Presse gegangen war. Der Braten war leicht zu wittern. Tatiana suchte nicht Händel, sondern machte Front gegen deutschen Wohlstand. Es war Maßarbeit der Infamie. Sie wollte meinen Mann als Banker bloßstellen. Einem geradezu vermessenen Obrigkeitsbewußtsein erlegen, hatte Tatiana es darauf angelegt, diesen Deutschen klein – und sich groß – zu machen, obwohl er sich gerade bemühte, ihr das System der deutschen Bankenkontrolle so ruhig und sachlich auseinanderzusetzen, daß es auch von einer Deutsch radebrechenden Russin, wie Tatiana es war, hätte verstanden werden können.

Dmitrij scherzte derweil mit den Kindern und verwickelte Ljudmila in ein Gespräch. Der Hauswirtschaftsleiter kam aus dem Generalkonsulat. Er hatte wohl die Versammlung vor dem Gebäude erspäht und waltete nun seiner Aufgabe, indem er Ljudmila bedeutete, er habe die Schlüssel, sowie Bettwäsche und Handtücher, für sie bereit. Gerade er! Wie ich mich freute, ihn zu sehen! Ich ging auf ihn zu und lächelte ihn an. „Guten Tag", begrüßte ich ihn freundlich, um gleich festzustellen, daß es meine Person nicht gab, ohne daß ich von der Ästhetik unauffälligen Verschwindenes Gebrauch gemacht hätte. Sollte dieser Riese an einem abnorm begrenzten Blickwinkel leiden, der ihm nur sehr eingeschränkte Sehfelder ermöglichte? Sollte es dieser Tunnelblick sein, der Goliath nachgesagt wurde? Ich grüßte ihn noch einmal, lauter und deutlicher, aber er sah weiter durch mich hindurch. Ich war einfach nicht existent. Für keinen. Einzelgänger gehen ein oder leben besonders lange, und zwischen diesen Alternativen beobachten sie schärfer und leiden umfassender als andere Menschen.

Ich für meinen Teil hatte genug beobachtet. Der Gram fraß an meinen Eingeweiden. Ich fühlte mich schwach wie nach permanenter Notdurft. Es war das Auge des Wirbelsturms, in dem ich stand und der lügnerische, fröhlich blaue Himmel spannte sich über mir als barmte ihn meine Blöße. Dazu hatten sich die hellgrünen Fächer der jungen Baumblätter zu einem Gewölbe vereint, das meine Klagen schluckte und mir ein Echo versagte. Ich trat zur Seite, da wo ich hingehörte, außerhalb der Gemeinschaft der sich Unterhaltenden, und wischte mir verschämt Tränen der bitteren Erkenntnis ab. Eigentlich hatte ich Ljudmila noch ein paar Tage mit dem Konflikt zwischen mir und dem Generalkonsulspaar verschonen wollen, obwohl die Ankunft der russischen Freundin aus Moskau von mir wie meine Rettung schlechthin erwartet worden war, weil ich gespürt hatte, daß meine Gefühlswelt eines rechten Wiederbelebungsversuchs bedurfte.

Ljudmila wußte von nichts. Zwar hatte ich ihr von dem Basar berichtet, aber keine besonderen Vorkommnisse vermeldet. Über die Wichtigkeit von bestimmten Persönlichkeiten im allgemeinen und besonderen hatte ich mich ausgelassen, um zu dem Schluß zu gelangen, daß derjenige am wichtigsten und wertvollsten für die Gemeinschaft ist, der sich bemüht, ein guter Bürger zu sein, und wenn er seine Aufgabe vorzüglich erfüllt, der Erste unter Gleichen ist. Ich hatte dabei an den Doyen gedacht, aber lediglich berichtet, daß Dmitrij dick und müde, Tatiana aber borniert und gequält ausgesehen hätte, obwohl das Kostüm bestimmt genau für den Anlaß angeschafft worden war. Die Bemerkung, das Kostüm hätte gar nicht mal so schlecht ausgesehen, jedenfalls nicht borniert, war schon recht boshaft gewesen. Daß dem Kleidungsstück aber dennoch ein gequältes Aussehen von mir nachgesagt worden war, weil jede andere, die genau das Gegenteil von Tatiana war, es hätte tragen dürfen – jemand der groß und schlank wäre – hatte keinen Zweifel an dem Status gelassen, der mich mit Tatiana trennend verband. Ich hatte mich in Sarkasmus und Ironie gerettet und versucht, damit die Zeit bis zu Ljudmilas Besuch zu überbrücken, die mir zweifelsohne helfen könnte, die Geschehnisse am Rande des Basars zu bewältigen. Beschreiben hatte ich die Vorkommnisse nicht können. Die Eindrücke waren zu tief und bewegend gewesen.

Doch hatte ich neben der Berücksichtigung eventueller Verpflichtungen Ljudmilas dem Generalkonsulat gegenüber irgendwo versteckt, aber dennoch präsent, im Hinterkopf gehabt, daß es Dmitrij nützen könnte, mit Ljudmila zusammenzutreffen – und wäre es auch auf meine Kosten –, so schien er selber die Vor- und Nachteile aus einer guten oder schlechten Behandlung der drei aus Moskau nicht die geringste Bedeutung beizumessen. Er hatte nicht gezögert, Ljudmila und den Mädchen eine winzige, finstere Wohnung anzubieten, die völlig verdreckt und deren Telefonanschluß gekappt war, eine Wohnung, die in Ljudmilas Gesicht den Ausdruck blanken Entsetzens, gefolgt von tiefer Resignation, widerspiegelte, der sie sich mehr ausgeliefert fühlte, als daß sie sich vorübergehend beheimatet vorgekommen wäre. Von einer Vorzugsbehandlung wegen Wolodjas einflußreicher Stelle in Moskau konnte wahrlich keine Rede sein, eher von absichtsvollem, bösartigem Ignorieren. Ich arrangierte die Blumen für Ljudmila in einem alten Marmeladenglas, füllte den Kühlschrank mit Lebensmitteln, die ich für die Ankömmlinge mitgebracht hatte, damit sie am nächsten Morgen frühstücken konnten, und verließ dann zusammen mit ihnen den ungastlichen Ort fluchtartig in Richtung Außenalster, wo Ljudmila als erstes von meiner Wohnung aus mit Wolodja telefonierte. Er reagierte wie die meisten Männer. „Ruhe bewahren und erst einmal abwarten", war sein Rat, der in erster Linie nicht seine, sondern Ljudmilas Nerven kostete.

„Ihr werdet nicht viel in der Wohnung sein," tröstete ich Ljudmila und stieß alles um, was ich zuvor über zwangsläufige Normalität während des Aufenthaltes von drei Wochen gesagt hatte. Ljudmila kämpfte mit Tränen. Die unangenehme Situation und Wolodjas Herunterspielen der überraschend unbequemen Lage, regten sie furchtbar auf. Erst, als wir nach Blankenese fuhren, um die milden, spätnachmittaglichen Stunden an der Elbe zu genießen, kam sie zur Besinnung. Jetzt war Ljudmila die Gebende, die mir aufmerksam und geduldig zuhörte, als ich stockend begann, von allem zu erzählen, was mich seit dem Basar bedrückte.

LEKTIONEN

Ljudmila hatte sich den folgenden Tag nach ihrer Ankunft auserbeten, um die vorübergehende Bleibe, mit der ihr Dmitrij eine böse Überraschung bereitet hatte, einigermaßen bewohnbar zu machen. „Ich brauche fünf verschiedene Putzmittel und einen Tag", hatte sie erklärt. Wenn es darauf ankam, war ihre Passivität wie verflogen, und sie handelte erstaunlich schnell und energisch. „Ich habe das schon ein paar Mal in meinem Leben machen müssen!" Ljudmila schimpfte über das mangelnde Verantwortungsbewußtsein von Menschen, die sich und ihre Umgebung vernachlässigen und konnte nicht das geringste Verständnis für Dmitrij und den Hauswirtschaftsleiter des Generalkonsulats aufbringen. Am Tag ihrer Ankunft hatte sie voreilig versucht, die offensichtliche Mißstimmung zu glätten und hatte als Erklärung für das frostig dickfellige Verhalten des Generalkonsulpaars und des Hauswirtschaftsleiters vor dem Generalkonsulat ins Feld geführt, daß sie sich schämten, weil nun Deutsche gesehen hätten, wie russische Diplomaten wohnen.

„Schämen ist die falsche Reaktion!" Ljudmila sprach im Brustton der Überzeugung. „Sowohl Dmitrij als auch sein verantwortlicher Mitarbeiter hätten die Wohnung spätestens nach Auszug der vorigen Bewohner kontrollieren müssen. Besser wäre es noch, wenn Konsulatsangehörige dazu angehalten würden, auf mehr Sauberkeit zu achten." Ich stimmte Ljudmila in diesen letzten Punkten voll zu und bewunderte sie für ihre unparteiische, kritische Haltung.

Wir verbrachten einen ganzen Vormittag mit der Aufdeckung von Hintergründen für das Verhalten von Dmitrij und Tatiana. Ljudmila war ausschließlich für mich da und nahm sich mit der unerbittlichen, detektivischen Präzision eines Kassenprüfers der Problematik von unter und auf der Oberfläche liegenden Indizien an, die für

Miß- und Unverständnis im Verhältnis zu Dmitrij und Tatiana gesorgt hatte. Es war inzwischen zu einem Nebenhauptschauplatz geworden, der unserer beider Gedanken in anmaßender Weise besetzte.

Ljudmila las den Brief an Dmitrij und sichtete die Beweisstücke von Tatianas unverständlichem Benehmen anhand des merkwürdig adressierten Umschlags mit den Unterlagen der als unterstützungswürdig befundenen Projekte, die aus den Einnahmen des Konsulatsbasars finanziert werden sollten. Sie stellte Fragen zu der Darstellung des Telefonats zwischen Tatiana und mir, der plötzlich so Geächteten, das Auslöser für die Eruption von den noch anhaltenden Animositäten gewesen war.

Ljudmila reflektierte ohne Leichtfertigkeit im Umgang mit Fakten, mehr aus persönlichen Erfahrungen heraus, und versuchte, sie in Übereinstimmung mit dem Gehörten zu bringen, als daß sie durch Bildung im klassischen Sinne assoziierte, die für die Tiefe der Wahrnehmungsfähigkeit Voraussetzung ist und zu einem Lösungsansatz durch Gedankenentwicklung beitragen kann. Ein Bewußtsein, geformt aus der Einsicht in die Notwendigkeit von festen Regeln aus Traditionen heraus, und zu Traditionen wachsend, war nur schwach zu erkennen. Sie, wie fast ihr ganzes Volk, war durch die Dekaden sozialistischer Herrschaft davon abgeschnitten worden und wärmte sich unter dem Mantel der bedeutenden Geschichte Rußlands, der durch diesen Mangel löcherige Stellen aufwies und keinen Anspruch mehr auf ein vollwertiges Kleidungsstück erheben konnte.

Öfters waren wir korrespondierender, aber keinesfalls deckungsgleicher Ansichten, was nicht nur auf sprachlichen Hindernissen begründet war. Nach und nach fand ich heraus, daß Ljudmilas Schriftdeutsch zwar erheblich fehlerhafter als die gesprochene Fremdsprache, dafür aber unmißverständlicher in der Ausdrucksweise war. Unsere Freundschaft und das Verständnis füreinander wurde dadurch gleichzeitig belebt und unterlaufen. In unseren Briefen hatten wir uns nicht um die Definition der Freundschaft an sich bemüht, sondern um Verständnis für das Projekt „Freundschaft".

Was in den Briefen unter Ljudmilas Federführung von ihr als „Gesetz des Lebens" mit unbestechlicher Strenge einer Fotografie in die Betrachtungsweise über zwischenmenschliche Beziehungen eingebracht worden war, vollendete sich nun in der praktischen Anwendung. Ljudmilas Antworten entsprachen nicht immer meinen Erwartungen, aber gemäß unserer gemeinsamen Maxime, daß es wünschenswert ist, Ideale als solche zu erkennen, die sowieso nicht einhundertprozentig erfüllt werden können, würden wir in unserer Handlungsweise fortfahren, um wenigstens einen Bruchteil davon zu erlangen. Wir würden uns absichtlich um die Realität betrügen, indem wir das Ziel in „das Minimum eines Ideals" umbenannten. Das Ideal als Karikatur der Realität! Wie die groteske Überzeichnung einer Karikatur war der Gegenstand unserer Diskussion auch grotesk weit von der Realität entfernt. Ich fragte nach der Erträglichkeit des in Entfernung gemessenen psychischen Belastungszustandes zum Minimum des Ideals und kam zu dem Schluß, daß die Erfüllung von bestimmten Normen für Verhaltensweisen erforderlich wäre.

Ljudmila empfahl, als Fazit aus unserer Unterhaltung, noch einmal an Dmitrij zu schreiben. Ich verfaßte bewußt einen Brief als Deutsche an einen Russen und berücksichtigte dabei, daß ich mit meiner Betrachtungsweise von mentalitäts- und erziehungsbedingten unterschiedlichen Auffassungen über Kommunikationsschemata bei Ljudmila den Nerv getroffen zu haben schien. Ich als Deutsche war viel zu verstandesbetont. Ljudmila brachte mehr Gefühl ein und begleitete das Schriftstück in dieser Beziehung als Spiritus rector.

Die vorangegangene Diskussion über die Frage nach den Normen unserer jeweils eigenen Ordnung des menschlichen Zusammenlebens war nicht nur eitel Sonnenschein gewesen. Ljudmila behielt sich das Recht vor, russisch denken und reagieren zu dürfen, und ich dasselbe für mich als Deutsche. Wir müßten und würden von nun an ernsthaft planen – so lautete der gemeinsame, feierliche Beschluß –, ein Regelwerk zu schaffen, um uns einen Leitfaden des Wissens zum besseren gegenseitigen Verständnis aneignen zu können, ein systematisches Regelwerk darüber, was im jetzigen Rußland als spezifisch russisch anzusehen ist und im Umgang Berücksichtigung finden muß, sowie eines für Russen mit der Definition für „deutsch" im allgemeinen und Erklärungen von deutschen Sitten und Gebräuchen im wiedervereinten Deutschland.

Wir fingen aus gegebenem Anlaß bei „B" wie Blumen an. Hier bestanden ganz offensichtlich erhebliche Unterschiede in der Bedeutung, was mich von Anfang an verwirrt hatte. Alexanders rote Rosen! „Kein Problem in Rußland", antwortete Ljudmila. „Rot steht für schön. Auch Männer schenken Männern rote Rosen." Ljudmila mußte laut lachen, als sie erfuhr, daß letzteres leicht zu der Annahme führen könne, jemand hätte homophile Neigungen. Schon in den Briefen hatten Ljudmila und ich angefangen, uns dem Thema Blumen zu nähern. Ich hatte meiner russischen Freundin von dem Strauß berichtet, den ich Tatiana zum Geburtstag hatte schicken lassen und der Anlaß gewesen war, daß Tatiana sich zu meiner Verblüffung zum ersten Mal für etwas bedankt hatte. „Blumen haben noch vor Alkoholika, Pralinen oder allem, was zur Bereicherung des Speiseplans beitragen kann, in Rußland einen besonders hohen Stellenwert als Geschenk", erklärte mir Ljudmila daraufhin. „Persönliche Geschenke wandern in der Regel in den Schrank oder werden als Exponate in einer Vitrine oder auf dem Regal ausgestellt." Mir kam spontan Dmitrijs Dank für das Tennishemd in den Sinn: „Es bekommt einen Ehrenplatz in meinem Schrank", hatte er feierlich versprochen. „Sag es mit Blumen" oder „Laßt Blumen sprechen", war also ganz und gar deutsch gedacht. Tatiana hatte diese Sprache gar nicht verstehen können. Statt nachdenklich zu werden, warum eine Herabstufung in Qualität und Ausdruck der Beziehung zu ihr durch einen offiziellen Blumenstrauß als Aufmerksamkeit zum Geburtstag stattgefunden haben könnte, mußte Tatiana der Strauß, russisch gedacht, sogar noch als Aufwertung vorgekommen sein! Die ganze Palette traditionsreicher und hintersinniger Bedeutungen von Blumen als Mitbringsel bedurfte dringend einiger Erklärungen.

Ich ging dabei den Weg von oben nach unten und machte die Anmerkungen für Ljudmila daran fest, was einerseits zu sehr gutem Benehmen und traditionellem Verhalten zu zählen ist und andrerseits, stark modifiziert, heute zum Allgemeingut für den Umgang miteinander gehört, wobei ich Wert darauf legte, Ljudmila zu vermitteln, daß an der strikten Einhaltung von Regeln, wie die Beachtung von Farben oder Vermeidung stark duftender Blumen als Aufmerksamkeit für die Dame des Hauses, der Grad der Erziehung gemessen werden kann. Ljudmila kam zwar nicht aus den entsprechenden Gesellschaftskreisen, aber es war abzusehen, daß ihre Berührungspunkte mit ihnen auf internationaler Ebene durch Wolodjas Stellung immer häufiger würden.

Es zeigte sich sowieso, daß Dreh- und Angelpunkt für eine reibungsfreie Kommunikation untereinander die Beachtung von Manieren und Rücksichtnahme auf die Eigenheiten der anderen war, die aus dem eigenen kulturellen Kapital geschöpft wurden, ohne in Anspruch zu nehmen, jemanden missionieren zu wollen.

Vielleicht gedachte Ljudmila, eine konstruktive Instabilität von Sachverhalten zu schaffen, daß sie meinte, sich über Aussagen von mir bei der Frau ihrer ostdeutschen Freunde in Moskau rückversichern zu müssen. Immer öfter erwähnte sie deren Namen, und in der Regel nivellierten die Antworten der Ostdeutschen meine Ausführungen nicht nur, sie degradierten sie geradezu. So wörtlich hatte ich Mit-Teilungen eigentlich nicht verstanden haben wollen. Genau wie ich Ljudmila für mich als Instanz akzeptierte, eine so lange schmerzlich vermißte Instanz, die ich fragen konnte, und von der ich auch eine Antwort erhielt, hoffte ich umgekehrt, von Ljudmila ebenso akzeptiert zu werden. Vielleicht war ich auch einfach ein wenig eifersüchtig auf die ostdeutschen Freunde der Putins in Moskau, weil sie Ljudmila länger kannten und ihr räumlich näher waren. War diese Eifersucht auch Resultat von Unverständnis?

Die Diagnostik von Eifersucht und Neid hatten wir ausgespart, mußten uns aber schon nachmittags der Frage annehmen, als Ljudmila und die Kinder sich mit mir in der Innenstadt trafen. Die drei kamen nach anstrengendem Stadtbummel todmüde in das verabredete Lokal gewankt, und beinahe hätte Ljudmila deswegen vergessen, mir zu sagen, daß sie am Samstag mit Dmitrij und Tatiana wegfahren würden. Dmitrij hätte sie kurzfristig eingeladen. Jetzt schlug es wirklich dreizehn! Eigentlich hätte ich auf der Stelle explodieren müssen, aber eine seltsame Starre befiel mich. Das war einfach unglaublich! Hatte ich doch Dmitrij über alle Unternehmungen, dazu sogar verbunden mit Einladungen, schriftlich informiert. Ihm war also durchaus bekannt, daß am Samstag ein Essen bei mir zu Hause mit einem anderen deutschen Paar angesetzt war. Hatte er nicht die Teilnahme am Essen wegen Terminschwierigkeiten abgesagt? „Nein!" stieß ich hervor. „Nein, das geht nicht!" Die Kinder schlugen erschrocken die Hände vor den Mund. Ich wußte gar nicht, warum sie so entsetzt aussahen. „Wir haben noch nie so wütende Augen gesehen", gestanden sie.

Das war schlechtes Benehmen! Das war Lüge und Unverständnis alles in einem gebündelt! Das Beweisverfahren mußte neu aufgerollt werden. „Ich zeige dir den Brief an Dmitrij", eiferte ich mich, aber Ljudmila wollte ihn gar nicht erst sehen. „Ich glaube dir", entschied sie und fügte entschlossen hinzu: „Wir kommen zu dir."

UNPLANMÄSSIG

Es war ein stiller, noch unverbrauchter Tag. Nichts Außergewöhnliches war geplant. Ljudmila war weit vom Warenfetischismus lebensungesättigter Osteuropäerinnen entfernt, aber auch sie liebte Streifzüge durch Kaufhäuser und Boutiquen, auf denen sie unermüdlich danach suchte, etwas zu finden, was ihrer Vorstellung entsprach, die nicht ganz leicht zu erfüllen war, weil sie für das ihr zur Verfügung stehende Geld nicht die große Menge, sondern das Maximum an Qualität wollte. Heute jedoch schien sie überhaupt keine Lust zu haben, in die Stadt zu gehen.

Irgendetwas hatte den Fluß von Ljudmilas Lebenskräften beinahe zum Stillstand gebracht. So wie sie jetzt in das rücksichtslos weißstrahlende Sonnenlicht blinzelte, und dabei einen imaginären Punkt im unterschiedslosen Blau des herzlosen Himmels fixierte, als wollte sie damit diesen Schild durchdringen, schien es, daß die Unplanmäßigkeit des von ihr proklamierten „Gesetz des Lebens" sie hart getroffen hatte und der Kampf um die Überwindung der Kluft zwischen rückwärts gewandtem und progressivem Handeln in ihr voll entbrannt war. „Ich habe gerade erfahren, daß mein Vater gestorben ist", teilte sie mir schlicht die Nachricht ohne Trauerrand mit. Es war die nüchterne Feststellung von etwas Unvermeidlichem, von etwas, das sie schon lange gewußt hatte, von jemandem, um den sie schon längst getrauert hatte, als er noch gar nicht tot war. Ich legte Ljudmila den Arm um die Schultern und merkte, daß sie diese Art von physischem Trost nicht gewohnt war. Er brach sie geradezu. Nach trockenem, würgendem Husten der Verweigerung lösten sich schließlich einzelne, wertvolle Tränen und verwandelten meine sonst so starke Freundin in ein gequältes Häufchen Mensch, das sich in Gedanken dahin begeben mußte, wo es sich ungern aufhielt.

Nein, sie würde nicht nach Kaliningrad zur Beerdigung reisen. Ljudmilas Stimme bekam einen harten Ausdruck: „Was sie braucht, ist Geld. Ich werde ihr Geld schicken. Gleich jetzt werde ich Wolodjas Fahrer anrufen und ihn bitten, alles zu veranlassen." Es drängte sie, ihr Pflichtgefühl schnell zu befriedigen, um das Kreuz der Erinnerungen an traumatische Begebenheiten, die sich im Zusammenhang mit der Mutter fest in das Gedächtnis geprägt hatten, abschütteln zu können. Von ihrem Vater jedoch sprach Ljudmila, sich vorsichtig an den Rückblick herantastend, mit Andacht und Erstaunen aus Erkenntnissen, die sie gerade gewonnen zu haben meinte, indem sie ihrem Gegenüber einen Eindruck von der Kindheit und Jugend in Kaliningrad zu vermitteln versuchte. Dies ließ den Verstorbenen in einem altarhaften Rahmen erscheinen, so daß es sich anhörte, als spräche sie von einem verkannten Märtyrer. Es war der Sieg der Legende über die Vergänglichkeit, mit der die trauernde Tochter sich selbst zu helfen versuchte.

Ein hartes Leben hatte sie zu Hause gehabt! Ihr war ein gehöriges Maß an Gemeinsinn abgefordert worden. In erster Linie war die Mutter dafür verantwortlich gewesen. Sie hatte ihn der Jugendlichen abverlangt, so daß Ljudmila wegen der ständigen Überforderung Gemeinsinn als sozialem Maßstab zunächst anfing zu mißtrauen, und schließlich zu hassen. Sie mochte keine Gäste mehr zu Hause, die den Vater veranlaßten, immer und immer wieder gegen jeglichen Sinn zu trinken, wegen der sie stundenlang Gläser und Geschirr – winters in eiskaltem Wasser – abwaschen mußte, während die Mutter sich mit Besuchern amüsierte. Sie hatte sich immer danach gesehnt, die heimelige, besänftigende Ruhe eines Zuhauses nicht von lärmenden Fremden zerstören lassen zu müssen. Ljudmila sprach schnell. Die Wörter kamen den Gedanken nicht ganz nach, so daß sie sich in der fremden Sprache des öfteren verhedderte. Sie sprach von Gefühlen, aber Gefühle waren für die russische Freundin Fakten.

Sie wollte keine Nachsicht und übte keine. Ihr Maß war Rechtmäßigkeit und Gerechtigkeit. Ljudmila war eine aus dem Nest Gestoßene, die einerseits noch immer genau diese Wärme suchte, andrerseits im tagtäglichen Kampf erstarrt zu sein schien, weil sie angefangen hatte, zur Schau getragene Glaubwürdigkeit von Mitmenschen, für die ihre und Wolodjas Nähe oft nur wegen zu überreichender Bittgesuche interessant gewesen war, argwöhnisch zu betrachten. Dabei versuchte sie, sich mit einem Harnisch zu wappnen, um anstürmenden Erinnerungen widerstehen zu können. Doch die martialische Kostümierung paßte nicht recht zu ihr. Wie sie sprach, und gleichzeitig um Harmonie rang, um den Sog ihrer Gedankenflüge erträglich zu machen, was Ljudmila sich selber antat, um ehrlich und gerecht zu sein, offenbarte ihr wahres Ich.

Kein überlegener Gestus deutete darauf hin, daß sie sich als Phönix aus der Asche fühlte, indem sie das Elternhaus früh verlassen hatte, und nun in sowohl inneren als auch äußeren geordneten Verhältnissen lebte. Der Weg dahin war hinreichend steinig gewesen, und in den Genuß einer materiellen Sorglosigkeit war sie auch jetzt gerade erst wieder gekommen, nachdem zunächst – wieder einmal – alles verloren geglaubt gewesen war. Hatte sie doch erst seit kürzester Vergangenheit begonnen, sich menschenähnlich zu fühlen, und bemerkte seitdem jeden Tag erstaunt und mit Dankbarkeit Fortschritte, durch die sie einem wirklich menschlichen Zustand inzwischen recht nahe kam.

Während Ljudmila erzählte, schien etwas von ihr abzufallen. Etwas war in Erfüllung gegangen, hatte sich erledigt. Sie atmete tief durch. „Das Gesetz des Lebens!" Das Gesetz des Lebens bedeutete die Gesetzmäßigkeit des Unberechenbaren, das Ljudmila nur in Träumen beherrschte, denen sie aber im Wachzustand ärger ausgeliefert war als Nichtwissende. Wozu sollte diese Gabe dienen, außerhalb der zeitlichen und räumlichen Wirklichkeit etwas wahrnehmen und doch nichts aufhalten zu können? Sie konnte Menschen durch Angst und Schrecken damit auspeitschen, ohne daß sich anbahnendes Übel hätte austreiben lassen. Freude und Wohlbefinden brachten ihre Träume nie. Ljudmila fürchtete deshalb die mahnenden Traumbilder. Sie war eine Kassandra und verwünschte sich für diese Besonderheit, die ihr Symbol der Unendlichkeit war, für sie selber aber Gefängnis von Unaussprechlichen bedeutete, das drängte, seinen Weg nach außen zu suchen.

Manchmal schien ihr Verantwortungsbewußtsein für diese Fähigkeit des Voraussehens außer Kontrolle zu geraten. Dann suchte die mit Vorahnungen Geplagte Problemlösungen für ihre sporadisch auftretende Orientierungslosigkeit in plakativen Horoskopen irgendwelcher Zeitschriften und gab sich den Anschein, in einer Art Dauerbereitschaft zu sein, an die Erfüllung der serienmäßigen Schicksalsbestimmungen zu glauben. In solchen Phasen kam es Ljudmila so gut wie nie in den Sinn, das wirkliche Leben als Alternative zu betrachten. Sie ergab sich mit geradezu perverser Lust in eine sinnlose, systematische Abhängigkeit und überflutete alle, die in Hör- und Sprechweite von ihr waren und es wollten, oder auch nicht erpicht darauf waren, mit ihren zweifelhaften Erkenntnissen, deren Inhalt nicht einmal etwas mit Okkultismus zu tun hatte, sondern nur noch schnelle Befriedigung von Fragen ohne großen Gedankenaufwand erreichte.

Zunächst war es noch ganz amüsant für mich als Deutsche, wenn die Riege der Politgrößen Rußlands gemäß ihren Sternzeichen von Ljudmila Qualitätssiegel verpaßt bekamen. Grigorij Jawlinskij schnitt schlecht dabei ab, weil seine Eigenschaften ihn angeblich als typischen Schützen auswiesen. Mir war noch nicht einmal bekannt, daß er in diesem Sternzeichen geboren war, und erst recht nicht, daß Schützen immer alles erreichen, auch wenn sie dafür über Leichen gehen müßten. Ich stellte mir einen Schützen vor und konnte Ljudmilas Charakterbeschreibung für dieses Sternzeichen eine gewisse Symbolhaftigkeit nicht absprechen. Feindbild Nummer eins war jedoch Beresowskij. Für seine Beurteilung reichte es offenbar, im Zeichen des Davidsterns geboren zu sein. Für mich selber war es schmeichelhaft, von Ljudmila einen Ehrenplatz unter den Tierkreiszeichen zugewiesen zu bekommen, den ich mir praktischerweise mit der Hobbyastrologin teilte, während Widder für Ljudmila an Unerträglichkeit wahlweise vor oder hinter einem Schützen rangierte. Ich konnte das nachvollziehen, weil Tatiana, gemäß Ljudmila, ganz offensichtlich eine typische Widderfrau war.

Trotz eines gewissen Unterhaltungs- und Informationswertes fühlte ich mich von diesen rasanten intergalaktischen Reisen nicht besonders angetan und versuchte, nach angemessener Zeit, Ljudmila in ein Gespräch mit für mich ansprechenderem Interieur zu locken, was bei der Unangepaßtheit meiner russischen Freundin nicht einfach war. Wolodja setzte den Themenwechsel in der Regel durch, in dem er seiner Frau das Wort entzog. Ljudmila erzählte es mir freimütig und lachte dabei in Selbsterkenntnis ihrer Schwäche, aber Vorschläge, eine andere Wertmessung von Menschen vorzunehmen, und die Maßstäbe für sich und andere zu korrigieren, fanden immer nur sehr vorübergehend Beachtung.

Es waren Stunden, in denen wir angesichts der Endlichkeit viel über das Unendliche sprachen. Es waren Stunden, die dem fast einhundertprozentigen Idealfall unserer Vorstellung von gegenseitigem Verständnis und der Vollendung ungeschriebener Regeln in einer freundschaftlichen Beziehung sehr nahe kamen. Nach dem problembelasteten Anfang von Ljudmilas Aufenthalt, während dessen diese stets die Gebende gewesen war, konnte Ljudmila nun von mir nehmen. Diese Stille des Einvernehmens war unheimlich und wunderbar. Ich hörte hinein, doch was ich vernahm, war Ljudmilas strenge, aber gerechte Beurteilung: „Der Kuchen ist ausgesprochen schlecht", monierte sie plötzlich wie aus einem Trancezustand erwachend und schob den Teller angeekelt von sich. Der Kuchen war miserabel, der Kaffee dünn, das Geschirr angeschmutzt und die Bedienung nicht der Bezeichnung wert. „Laß uns woanders hingehen!" Wir sprachen es gleichzeitig aus, zahlten und gingen dem sich erhellenden Horizont entgegen. Der Tag fing jetzt gerade an, sich mit heiterer Leichtigkeit zu füllen, und die von klarem Grün gesäumte Außenalster sah nach Feiertag aus.

WUNSCHTRAUM ODER AHNUNG?

Trotz intensiven Studiums und ausgeklügelter Terminkonstellation hatte ich dem Spielplan der Hamburger Staatsoper keinen Ballettabend abringen können. Das bedeutete, entweder ganz und gar auf einen Besuch der Staatsoper verzichten zu müssen oder sich einer ungewöhnlichen Inszenierung von Mozarts „Zauberflöte" anzuvertrauen. Vielleicht war es eigenmächtig gewesen, mich für die Oper zu entscheiden. Ich hatte in Erwägung gezogen, daß es eine Inszenierung war, die besonders auch bei Kindern viel Anklang fand und gemeint, Mascha und Katja eine Freunde zu machen, so daß nach Abzug von Ljudmilas eventuellem Mißvergnügen immerhin noch ein Verhältnis von drei zu eins den Abend retten könnte.

Ljudmila hatte sich zwar etwas passender angezogen als im vergangenen Spätherbst, aber ihre dennoch kaum unterdrückte, schlechte Laune brachte das Befinden gehobener Stimmung der drei wirklichen Opernfreunde fast zum Erliegen. Ljudmila war eben in allem ausdrucksstark. Ächzend ließ sie sich in den Sessel plumpsen, um gleich darauf zu verkünden, daß sie die Oper sowieso schon kenne. Der Tonfall brachte mir ungut in Erinnerung, wie Ljudmila damals im Zoo, vor rund einem Jahr, es verstanden hatte, etwas Gutes zum Schlechten zu relativieren. Auch jetzt wirkte der Einwurf über die vermeintliche Duplizität der Opernerlebnisse zumindest wie eine nachlässige Verkennung der Anstrengungen, ihr und den Kindern einen niveauvollen und abwechslungsreichen Aufenthalt in Hamburg zu gestalten, wenn nicht gar wie Mißachtung der Bemühungen. Von einem zarten Räuspern der Anerkennung war nicht die Spur. Ich versuchte, diesem Mangel an feinsinniger Behutsamkeit im Umgang mit Freundschaft keine Beachtung zu schenken. „Mach das Beste aus dem Abend!", ermunterte ich mich, um nicht gleich am Anfang durch vielleicht sogar nachvollziehbar gereizte Antworten eine noch schlechtere Atmosphäre zu schaffen. „Ich habe mich sehr bemüht, einen Ballettabend ausfindig zu machen", rechtfertigte ich meine Kühnheit, Ljudmila zum zweiten Mal einen Opernbesuch zuzumuten, und zeigte gleichzeitig damit an, daß Ljudmilas Präferenzen bei mir keineswegs in Vergessenheit geraten waren, ich aber in Betracht gezogen hatte, daß bei Ljudmila von einer Vorliebe und nicht von etwas Ausschließlichem die Rede gewesen war.

Vielleicht hatte ich es falsch interpretiert. Ich hätte nicht außer acht lassen dürfen, daß Ansichten, die Ljudmila vertrat, in der Regel – zumindest im Augenblick der Äußerung – fast immer ausschließlich waren. „Die Oper kam mir damals etwas langweilig vor", nörgelte Ljudmila weiter und brachte es damit fertig, mich in einen Zustand unterdrückter Wut zu versetzen. „Ich habe mir erlaubt, auch an die Kinder zu denken", gab ich jetzt spitz zur Antwort und versuchte, an Ljudmilas mütterliche Rücksichtnahme zu appellieren. Ich selber kannte bereits diese Operninszenierung, aber freute mich auf den neuerlichen Genuß eines herrlichen, einfallsreichen Märchens, in dem ohne besondere Tiefe, aber ungeheuer beruhigend, der eindeutige Sieg von Gut über Böse dargestellt wurde. Ohne daß vom Orchester noch ein einziger Ton gespielt worden war, gab es jetzt diesen schmerzenden Mißklang, der Anlaß hätte sein können, einen geänderten Ausgang der Oper zu befürchten.

Ljudmila schien meinen Einwand gar nicht wahrgenommen zu haben, und rückte stattdessen unruhig auf dem roten Plüsch hin und her, als wollte sie demonstrieren, wie unbequem der Platz wäre. „Wo fühlt sie sich denn überhaupt wohl, außer zu Hause, in Lokalen und in der Stadt?", fuhr es mir mit verächtlichem Zorn durch den Sinn. Mir war gar nicht bewußt, wie stark sich schon unheilkündender Rauch aus dem Krater kräuselte, als Ljudmila, die meine gedachte Frage auf der Stirn gelesen zu haben schien, auch schon unaufgefordert die selbstbewußte Antwort gab: „Am liebsten sitze ich in der Zarenloge." Damit kommentierte sie den Versuch ihrer Gastgeberin, sie mit den besten und tatsächlich auch teuersten Plätzen zu ehren, die Hamburgs Oper zu bieten hatte. „In der Zarenloge!" Nur äußerst mühsam konnte ich eine scharfe Antwort herunterschlucken. „Die oder etwas ähnlich herausgehoben Imperiales, kann ich dir beim besten Willen nicht bieten. So etwas gibt es hier einfach nicht. In Hamburg ist der Bürger König." Und kaum, daß ich den letzten Satz ausgesprochen hatte, wurde mir bewußt, was mir an Ljudmilas Anspruch auf Großmachtstil so unangenehm anmaßend vorgekommen war: es war die Symbiose aus Macht und Armut, die nicht auf gerechten Lohn pochte, sondern eine Identitätsstiftung vornahm, die nichts mehr gemein hatte mit der Suche nach ganz persönlicher Freiheit.

Ljudmila als Zarin! Sie wäre eine blinde Herrscherin, von der fixen Idee besessen, in telepathischer Verbindung mit den Schicksalssternen zu stehen. Ich meinte, die Zeit als Frau des stellvertretenden Bürgermeisters von St. Petersburg hätte womöglich keinen besonders guten Einfluß auf die Denkweise meiner Freundin gehabt. Damals war es für Ljudmila angemessen gewesen, die Zarenloge in Anspruch zu nehmen, wie sie mir zu einem früheren Zeitpunkt ohne nostalgische Wehmut erzählt hatte. „Ich habe zuvor nicht genügend auf Zwischentöne geachtet", tadelte ich mich und korrigierte meinen Eindruck: „Ljudmila wird die Abgehobenheit eben doch geschätzt haben, weil die perspektivische Verkürzung von oben aus der Zarenloge ihr einen klareren Blick auf das Bühnenspektakel als auf das Volk gönnte." Ich konnte es noch immer nicht fassen. Nichts schien zusammen zu passen. Ljudmila mit der Anmut einer soliden Provinzrussin, die weit davon entfernt war, der Redensart von der Pünktlichkeit als Höflichkeit der Könige Genüge zu tun, die sich inzwischen zwar um größere Pünktlichkeit bemühte, was aber in der Regel auf Kosten der guten Laune geschah, diese Frau war eine ungleiche Partnerin für die Erfüllung derart königlicher Anforderungen.

Ljudmila weigerte sich nach wie vor, die Notwendigkeit von festen Zeiten zur Kenntnis zu nehmen und versuchte doch, trotz guten Willens für erneute Bemühungen, dergleichen Reglements immer wieder zu sprengen, weil sie sich dadurch beengt fühlte. Das hatte allerdings auch zur Folge, daß sie Absprachen nicht einhielt, weil sie sich mehr zumutete, als sie nach ihrer Wesensart in der Lage war zu erfüllen.

Ljudmilas Ausspruch von ihrer Vorliebe für die Zarenloge glich der sieghaften Vollendung des Proletariats über alle Normen der Bourgeoisie und des Adels, die sich in dieser Klasse neuer Obermenschen, zu der Ljudmila neuerdings gehörte, oft genug lediglich durch Manipulation von Gesten und Wörtern manifestierte. Meine Reflexionen hatten mich in ekelerregende, sinnlose Rage gebracht.

An diesem Punkt angekommen, zwang ich mich, die von den Grundwerten der Sozialdemokratie überzeugt war, zu einer rationaleren Betrachtungsweise, und mußte mich fragen, ob dieser Sieg des Proletariats, wie ihn Ljudmila als erstrebenswerte Sehnsucht ausgesprochen hatte, das war, was ich mir immer unter Chancengleichheit zwischen allen Gesellschaftsschichten vorgestellt hatte. Ich beantwortete mir die Frage mit zögerndem, aber eindeutigem „Ja". Das Zögern lag an der unklaren Definition von „Chance". Meinte ich wirklich „Chance" oder „Verdienst"? „Chance" hörte sich sehr nach höherer Bestimmung an. Es war, als wenn gerade mein Bewußtsein für eine ganz andere Möglichkeit geschärft worden wäre, und die Befürchtung, durch meine Erwägungen hätte die Zwischenmenschlichkeit der Beziehung zu Ljudmila einen Riß bekommen, oder wäre gar durch meine Zweifel an Ljudmilas zufallsgezeugter Ebenbürtigkeit zu meinem eigenen Stand fast zerbrochen, wurde gänzlich verdrängt. Mein Gefühl für das Reale im scheinbar Unmöglichen ließ mich aufhorchen und andere Nuancen wahrnehmen. Sollte die höhere Bestimmung in Ljudmilas Aussage impliziert gewesen sein?

„Ich werde nie wie Raissa Gorbatschowa werden", hatte Ljudmila zu mir ein paarmal gesagt, als wir über russische Politiker sprachen, so daß ich bei mir spöttisch abwertend gedacht hatte, daß Ljudmila keine Veranlassung hätte, sich mit der Frage einer Alternative zu Raissa Gorbatschowa zu befassen. Zwar war von mir dieser Vergleich mit einer zweifelsohne verdienstvollen Frau als ungebührlich empfunden worden, aber ich hatte ihn schließlich darauf bezogen, daß Ljudmila ganz allgemein die Möglichkeiten für den weiblichen Teil der Politik zu ventilieren gedachte, und in der ihr eigenen Art, ohne ersichtliche innere oder äußere Kompromißbereitschaft, dokumentieren wollte, daß sie eine gänzlich unterschiedliche Persönlichkeitsstruktur hätte. Jetzt allerdings kam mir der Verdacht, es handle sich sowohl bei der Bemerkung über die Zarenloge als auch über die Rolle der Präsidentengattin nicht so sehr um flatterhafte Wünsche oder Abgrenzung gegen jemanden, sondern um eine Utopie, die ihren Nährboden auf Ljudmilas Glauben an die Übermacht menschlicher Seelenkräfte hatte und etwas von den Ankündigungen sein könnte, die der inzwischen avancierten Proletarierin Träume brachten, deren Botschaft allerdings bisher immer schlecht gewesen war. Mit dieser Betrachtungsweise entfernte ich mich mehr und mehr von meinem zornigen und harten politisch-soziologischen Bedenken und rückte im Wartesaal des Verstehens auf einen der vorderen Plätze.

Die Oper hatte schon längst begonnen. Die Kinder jubelten über Spielwitz und pfiffige Pointen. Auch Ljudmila war absolut fasziniert und verfolgte befreit lachend das mit vergnüglicher Leichtigkeit dargebotene Spiel um Licht und Finsternis. Wir beide hatten im Laufe der unterhaltsamen Darstellung eine Läuterung erfahren, so daß wir uns jetzt im Sinne des spirituellen Leitmotivs des Librettos der Oper auf einer übergeordneten, gedanklichen Ebene wiederfanden. Bei Ljudmila war manches wirklich nur vorübergehend ausschließlich. Ihre Fähigkeit, sich elastisch zu assimilieren, war erheblich größer als sie selber von sich annahm und andere durch Äußerungen und Verhaltensweisen glauben machte. „Ich hätte die Oper nicht wiedererkannt!", räumte mein Gast ein und lobte die Aufführung als wahres Erlebnis.

Ich sah meine russische Freundin jetzt mit anderen Augen. Da saß nicht mehr die Drohne, die ein inniges Verhältnis zu Bequemlichkeit und Vorteilen hat, und erst recht keine, die blind ist, sondern eine literarische Figur.

ALLTAG

Nachdem meine russische Freundin aus dem Pflichtkorsett der Veranstaltungen entlassen worden war und wir beide, zusammen oder getrennt, unserem Alltag nachgingen, was Ljudmila wie eine Belohnung genoß, hielt ich es für meinen Teil wieder recht gut mit ihr aus, des öfteren sogar mit einer Tendenz zu sehr gut. Wolodja könnte weiter am Denkmal für mich bauen. Ljudmila für viele Stunden um mich zu haben, das gerade schier unvereinbar scheinende Alltägliche mit den Besonderheiten der unterschiedlichen Mentalität und Lebensumstände, das immer wieder Gesprächsstoff lieferte, fing in dieser Gemeinsamkeit an, Genußgift zu werden.

Der Eifer drohte nie zu erlahmen, wie Regenwürmer den Boden zu lockern und für Durchlüftung zu sorgen, um mit Fragen und Betrachtungen über Antworten der anderen dem Geheimnis der deutsch-russischen Verständigung näher zu kommen, damit nachfolgende Kulturen darauf noch besser gedeihen könnten. Und waren wir jetzt erst zu zweit, was für eine derart umfangreiche Arbeit zu wenig war, so würden wir durch das geplante Regelwerk hoffentlich weitere, zahlreiche und wühlende Helfer zur Bearbeitung der fruchtbaren Erde anlocken. Unbeirrbar zogen wir in extrovertiertem Einspinnen Kreise um lebenspraktische Fragen, um uns gegenseitig friedlich durch Wissenshabgier zu erobern. In Erfahrung zu bringen, ob in Deutschland Männer von der besten Freundin der Ehefrau ausgespannt würden, und wie das Ansehen solchen Verhaltens in der Gesellschaft wäre, oder etwa, ob eine verheiratete Frau mit einem fremden Mann allein essen gehen dürfte, war Ljudmila, neben vielem anderen, dringendes Anliegen. Beides war nicht in einem Satz zu beantworten und bedurfte der Ermittlung eines gewogenen Durchschnitts. Ob in Kaufhäusern Trinkgeld gegeben würde, konnte ich einfach verneinen, was sich später als falsch herausstellen sollte. Ljudmila ließ in Deutschland oft Kleingeld auf dem Tresen zurück, und es wurde gern für die Kaffeekasse der Angestellten genommen. Ich lernte also auch von Ljudmila Neues über deutsches Verhalten, oder wie man deutsches Verhalten ändern könnte. Warum sollte man sich eigentlich nicht ein Stück Gebäck zum Kaffee mit in ein Lokal bringen, wenn es dort den Kuchen nicht mehr gibt, den man gerne hätte? Ljudmilas eindeutig und mit Abstand bevorzugtes Gebäck war derzeit Apfeltasche, die in dem Café, wo wir uns zur Erholung von unseren Anstrengungen niedergelassen hatten, ausverkauft war. Die Bäckerei genau gegenüber bot sie aber in hervorragender Qualität reichlich und frisch an. „Hast du etwas dagegen, wenn ich eben über die Straße gehe und mir dort eine Apfeltasche kaufe?", fragte Ljudmila gänzlich unbefangen. „Nein, geh nur", gab ich etwas gepreßt zur Antwort und fühlte mich als Retterin bürgerlicher Wohlanständigkeit, indem ich meinerseits auf Gebäck verzichtete. Ljudmila verzehrte die duftende Apfeltasche mit Genuß, aber sah dabei ihr unter der Rigidität zwangsweiser Freiwilligkeit leidendes Gegenüber eindringlich forschend an: „Du schämst dich, nicht wahr?" Sie traf den Nagel auf den Kopf, aber als meine Freundin es aussprach, verschwand das Gefühl der Peinlichkeit. Ich fand es bewundernswert, daß Ljudmila sich die Freiheit genommen hatte, einfach, ihrem Appetit entsprechend, sich das favorisierte Backwerk zu besorgen.

Ob Spargel, den Ljudmila zum Lieblingsessen erkoren hatte, liegend oder stehend gekocht würde, war allerdings eine gewiefte Frage, die sich als Emotionsfalle erwies, als ich merkte, daß von Ljudmila eigentlich eine Feststellung getroffen worden war, nachdem sie Freunde in Hamburg besucht hatte, die noch aus ihrer Zeit in der DDR stammten, und die nach Übersiedlung in westdeutsche Gefilde im Zuge der Vereinigung von West- und Ostdeutschland in der Gastronomie ihr Auskommen gefunden hatten. Im Gegensatz zu mir kochten sie ihren Spargel liegend. Für Ljudmila bestand kein Anlaß, daran Zweifel zu haben, daß diese Zubereitungsweise die einzig richtige wäre. Wie immer behandelte sie auch die Ansicht über die Stellung des Spargels beim Kochen mit der Ausschließlichkeit einer Glaubensfrage. Hatte sie eine Meinung gefaßt, erwartete sie auch, daß man sich ihr anschloß, besser noch: ganz unterordnete. In dieser Beziehung war Ljudmila eine streitbare Russin, die hartleibig auf ihren Ansichten beharrte, um sie irgendwann überraschend aufzugeben, wenn ich schon erschöpft die Segel in der Meinung gestrichen hatte, Ljudmila selbst mit stichhaltigsten Argumenten nicht mehr beikommen zu können.

Es wurmte mich als Westdeutsche, daß ich gegenüber den Ostdeutschen keine guten Karten bei Ljudmila hatte, wobei mir immer wieder die Putinschen Freunde aus Dresden in den Sinn kamen, bei denen sich Ljudmila häufig rückversicherte, so daß mir über lange Zeit der Eindruck vermittelt wurde, sie sollten ein Vorbild für mich sein. Ohne daß Ljudmila es ahnte, stiftete sie einen innerdeutschen Konflikt. Ich fand es problematisch zu akzeptieren, daß Ostdeutsche sich, einmal befragt, Urteile über meine westdeutschen Sitten und Gebräuche anmaßten und sprach ihnen innerlich das Recht ab, sich über das westdeutsche Schulsystem und den Umgang mit der Psyche westdeutscher Lehrer, der Pflege von Traditionen und den sozialen Umgang miteinander in einem Gesellschaftssystem, dessen Strukturen noch nicht einmal von allen Westdeutschen ganz und gar verinnerlicht worden war, abschließend zu äußern. „Weißt du", gestand Ljudmila mir eines Tages, „du gibst dir große Mühe, uns zu verstehen, und ich verstehe dich inzwischen auch ganz gut, aber wirklich verstehen tun uns nur die Ostdeutschen, und es sind auch diejenigen, die ich am besten verstehe. Wir haben die gleiche Sprache. Bei ihnen fühle ich mich wohl." Es war eine Offenbarung. Ich konnte es vom Verstand her sogar nachvollziehen, obwohl das Herz sich wehrte, und wenn von Zeit zu Zeit wieder dieser nagende Ärger in mir hochkroch, fühlte ich mich wie ein Hypochonder, der nicht wirklich an der innerdeutschen Krankheit litt, sondern sie sich aus Eifersucht einbildete.

„Was würdest du machen, wenn du ganz arm wirst?", war allerdings eine Frage von anstrengender Unmittelbarkeit. Ich wußte, daß

Ljudmila auf keinen Fall arm aussehen wollte. Die Angst überkam sie in der Regel beim Betrachten luxuriöser Auslagen von Juweliergeschäften, deren oft sehr schlichte Namen in Schächtelchen eingedruckt schon ausreichten, auf Vermögenswerte im Inneren derselben schließen zu lassen. Die Frage war jedoch Auftakt zu einem Manöver, das ich Ljudmila nicht zugetraut hätte. Im letzten Telefonat vor Antritt der Reise nach Hamburg war die Rede von einem Traum gewesen, den Ljudmila gehabt hatte. Meine Gesprächspartnerin in Moskau war in den vergangenen Wochen reizbar und ständig unausgeschlafen gewesen. Sie hatte am Telefon viel von Träumen gesprochen, vor deren Erfüllung sie sich fürchtete, und manchmal auch davon geschrieben.

„Ich kann dir das nicht am Telefon erzählen", hatte sie geheimnist und damit nicht unerhebliche Neugierde geweckt. Eigentlich hatte ich erwartet, Ljudmila würde mir bei allernächster Gelegenheit von diesem ominösen Traum erzählen, aber alle Stunden, die wir allein zusammen verbracht hatten, waren bis jetzt ohne des Traumrätsels Lösung verstrichen. „Ich habe geträumt, daß du ganz arm wärst", verriet mir Ljudmila so ganz nebenbei. Das war nicht gerade eine Prognose von dem Grad der Erfreulichkeit, daß die Verwirklichung dieses Traumes herbeigesehnt werden könnte. Ich wehrte mich dagegen mit Nüchternheit, als ob mein Dasein als armer Schlucker schon beschlossene Sache wäre, und ich diesen Zustand in letzter Minute noch wegargumentieren könnte. „Plötzliche Armut ist nie ganz auszuschließen", gab ich zur Antwort und versteckte unter dem Mäntelchen der konstruierten Sachlichkeit mehr verstörte Gefühle als Herzlosigkeit gegenüber Ljudmilas Gabe der Traumdeuterei. „Schließlich ist so manches Vermögen in Kriegen verlorengegangen." – „Und was ist, wenn deine Bank pleite geht?" Die ungeschminkten, jetzt wasserblauen Augen unter blond bewimperten und wiederum rötlich geschwollenen Lidern, die von nächtlichen Fernsehstunden zeugten, beobachteten meine Reaktion auf die Frage listig kregel wie Schweinsäuglein. Der Bankzusammenbruch! „Da lag also der Hase im Pfeffer!"

Ljudmila hatte Maß und Mitte verloren. Es gab mir tausend Nadelstiche, die Freundin im Einvernehmen mit Tatiana vermuten zu müssen. Die beiden waren vor kurzem zusammengetroffen. Als Folge dessen übernahm Ljudmila nun nicht nur Tatianas Gedankengut. Beim Eintreffen vor dem Generalkonsulat hatte Ljudmila nichts davon mitbekommen, wie Tatiana den deutschen Banker traktiert hatte, aber wie sie sich jetzt ausdrückte, war es wortwörtlich deren Sprachgebrauch. Mir schien inzwischen der springende Punkt im gegenseitigen Verstehen zu sein, daß mir selber offenbar etwas Wesentliches fehlte: ich hatte das Licht der Welt nicht als Russin erblickt. Mir war das Recht nicht eingeboren, mit Menschen nach meinem Geschmack zu kommunizieren und mich Automatismen zu bedienen, deren Folge leichter Zugang zu Kommunikation auch mit Menschen außerhalb des direkt erkennbaren Bezugskreises ist.

Ljudmila, Tatiana, Dmitrij: sie und alle anderen konnten jederzeit Kontakt zueinander aufnehmen und würden auf Grund ihrer Herkunft von Russen Akzeptanz erfahren. Für mich als außerhalb Rußlands Grenzen Geborene, als Kind nichtrussischer Eltern und jemand, die bei einigem Verständnis für Russisches die eigene Identität zu wahren trachtete, gab es nicht nur Hürden, es gab offensichtlich eine klar abgesteckte, undurchlässige Grenze, die Erbe der Politik war. Allein durch ihre Gene hatte Tatiana, die mir den Platz an der Sonne nicht gönnte, im Werben um die Gunst von Ljudmilas Nähe erstaunlich aufgeholt. Es bestand keine krasse Polarität zwischen Tatiana und Ljudmila, wie ich gemeint hatte beobachten zu können, vielmehr bestand sie zwischen den beiden Russinnen und mir. Ljudmila hatte die Diktion und damit auch die Plage des Anscheins von Neid und Eifersucht, auf sich geladen. Neid auf meine angeblich bessere Welt mit einem Klassensystem des Eigentums, das lediglich zwei Möglichkeiten aufweist: mehr oder weniger, und diese Alternativen stets im Vergleich mit anderen Inhabern der beiden Mengeneinheiten für irgendetwas? Auf Erfolg? Das Mißtrauen packte mich im Nacken wie ein Jungtier und beutelte mich. Wieso schwang Ljudmila sich zur Inspizientin meines Vermögens auf?

Warum fischte sie in Tatianas trüben Gewässern? Die Frage wirkte reinigend. Es war nicht wirklich Ljudmilas Traum gewesen! Meine Ljudmila, die für die Wahrheit kämpfte wie eine Gladiatorin, deren Ehrlichkeit und Empfindsamkeit bei mir Schuldgefühle hervorriefen, war schwach geworden. Tatiana war keine scheue Verführerin, sondern hetzende Einpeitscherin. Die Fragestellung war nicht weit genug vom Original entfernt, um damit ein eigenes Szenarium entwerfen zu können. Das war nicht Ljudmilas Gedankengut! Nie hatte ich von ihr einen derartigen Ton gehässiger Mißgunst gehört. Ich würde die Frage an Ljudmila zu stellen haben, wie in Rußland gekränkte Ehre definiert wird.

Das russische Leben blieb für mich trotz breiterer Kenntnisse und angefangenen Regelwerks unentdeckt. Nach wie vor zeigte es sich als Buch mit sieben Siegeln. Die Ambivalenz meiner Gefühle war Folge der Widersprüchlichkeiten in den russischen Charakteren, die ich kennengelernt hatte. Auch Ljudmila trug sie in sich, und sie wären für mich als Deutsche genauso belastend gewesen wie bei den anderen, wenn Ljudmila sich nicht selber darin unerträglich gefunden hätte. „Ich kenne mich," pflegte sie nach stundenlanger Achterbahn zwischen Positiv und Negativ völlig erschöpft zuzugeben, „aber ich weiß nie, wie ich es abstellen soll."

Den Hinweis, daß Wolodja nachhelfe, indem er das im Gedankenchaos schlingernde Gefährt durch Wortentzug zum Stehen bringe, wollte ich nicht für mich verwerten. Allein die Selbsterkenntnis half. Wir litten schließlich zusammen und teilten den Energieverschleiß im Rettungsakt der Freundschaft. In dieser Leidensgemeinschaft erlangten wir ein besseres Verständnis denn je zuvor.

KGB UND CO.

Zwei komfortable Sessel luden zum Verbleib ein, als Ljudmila gerade anhob, mir eine wichtige Mitteilung zu machen: „Es stimmt nicht, was Tatiana von dir sagt." Wenn dieser Name fiel, war ein Gespräch von intensiver Betrachtung etlicher Probleme und möglicherweise größerem Ärgernis angesagt. Für beides waren bequeme Sessel genau der richtige Halt. „Es stimmt nicht, was sie von dir sagt. Du verhältst dich Männern und Frauen gegenüber gleich herzlich. Du scherzt und lachst auch mit beiden gleich und bist von verletzlicher Offenheit. Ich habe dich jetzt einige Zeit beobachtet und dir Fragen gestellt, um herauszufinden, wer von euch beiden die Unwahrheit sagt. Nimm dir Tatianas Verhalten nicht zu Herzen. Sie ist neidisch und eifersüchtig." Ljudmila klang beruhigend nüchtern und schlug doch eine sentimentale Saite an.

Ich hatte mich also nicht gerirrt! Die Freundin hatte mich auf den Prüfstand gestellt, wovon ich zunächst enttäuscht gewesen war. Hatte ich doch gemeint annehmen zu können, meines und Ljudmilas Vertrauen wären eine Allianz eingegangen, die keines Nachweises bedürfte, um glaubwürdig zu sein. Ich hatte die Recherchen dennoch ausgehalten und empfand jetzt den Freispruch wie einen verdienten, aber späten Sieg. „Tatiana wird nie deine Freundin sein", fuhr Ljudmila fort. „Ihr Deutschen seid furchtbar dumm, wenn ihr glaubt, Freunde erkenne man in der Not. Freunde erkennt man, wenn es jemandem richtig gut geht. Jedenfalls ist das so bei uns in Rußland. Solange es jemandem schlecht geht, wird er bedauert, und alle Versuche werden unternommen, ihm zu helfen. Steht er aber wieder auf eigenen Beinen, ist er gesund, und dann auch noch erfolgreich, werden sofort Himmel und Hölle in Bewegung gesetzt, so viel Erholung zu dämpfen, wenn nicht überhaupt ganz zu unterbinden. Manchmal wird ein durch Hilfe anderer gerade genesener Patient sogar vernichtet. Es gibt keinen Unterschied zwischen einst und jetzt."

Dann erzählte sie aus ihrem Berufsleben: „Einmal kamen wir Stewardessen auf die Idee, Butterbrote für die Passagiere der Flüge zu schmieren, die morgens so zeitig starteten, daß viele ohne Frühstück an Bord kamen, wo sie dann endlich gerne etwas gegessen hätten. Also bereiteten wir von unserem eigenen, wenigen Geld Brote zu Hause vor und brachten sie mit, um sie im Flugzeug zu verkaufen. Es wurde ein Riesenerfolg. Alle waren zufrieden. Die Fluggäste hatten etwas zu essen, und wir verdienten richtig gut. Genau das war der Fehler und damit das Ende der Eigeninitiative. Der Kapitän verbot es uns, weil er an dem Gewinn wegen der schwierigen Gehaltsstrukturen nicht beteiligt werden konnte. – Tatiana wird dich erst mögen, wenn es dir schlecht geht und du sie um Hilfe bittest. Oder du mußt sie einfach bewundern." – „Den Gefallen kann ich ihr nicht tun," warf ich ein, wobei ich die Lippen zu einer Andeutung säuerlichen Lächelns kräuselte. Ljudmila sah mir direkt ins Gesicht. „Du hast mich kennengelernt, als ich Frau des stellvertretenden Bürgermeisters von St. Petersburg war. Dann waren wir nichts, und jetzt bin ich wieder die Frau eines einflußreichen Politikers. Du hast aber weder mich jemals um etwas gebeten noch mich zu irgendeinem Zeitpunkt unterschiedlich behandelt. Genau wie unsere Freunde aus Dresden."

Ich zuckte ein wenig zusammen. So viel Beifall auf offener Szene, und dann doch diese Bemerkung. Für mein Empfinden war es eine unnötig empfindliche Einschränkung. „Wir kennen sie schon so viel länger als dich." Ljudmila war mit ihren Ausführungen offenbar noch nicht am Ende. „Der Mann war Kollege von Wolodja bei der Stasi." Wollte Ljudmila mich mit der Erklärung besänftigen, warum die Bande zu dem Paar aus Dresden schon immer besonders eng waren, und darüber hinaus durch deren berufliche Präsenz in Moskau auch nach der Vereinigung der deutschen Teilstaaten die enge Beziehung bestehen bleiben konnte, so erreichte sie genau das Gegenteil. „Nicht nur Ossi! Auch noch Stasi!" Ich fühlte mich regelrecht verbiestert über die Eröffnung. Und: „Kollege!" – „Kollege" klang zwar wie eine geschickte Anwendung des Verfremdungsprinzips, aber es gehörte nun wirklich nicht mehr viel dazu, eins und eins zusammenzuzählen.

Wolodja mußte dementsprechend dem KGB angehört haben. Die Vorstellung war für mich dermaßen ungeheuerlich, daß ich stutzte und gedanklich diese Hürde von olympischen Ausmaßen verweigerte. Ich erinnerte mich plötzlich, wie Alexander gefragt hatte, nachdem ich ihm begeistert von dem ersten Treffen mit Ljudmila erzählt, und deren hervorragendes Deutsch gelobt hatte, ob ich denn auch den Mann von Ljudmila kenne. Die Formulierung hatte sich ausgeklügelt angehört und die Bemerkung Alexanders: „Er spricht noch besser Deutsch als seine Frau", hatte einen für mich damals schwer auszulotenden Unterton gehabt. – „Wolodja war beim KGB." Ljudmila schien nicht nur die Fähigkeit des Traumdeutens zu haben, sondern auch die des Gedankenlesens. Ihr Fingerspitzengefühl war geradezu filigran.

Ich dachte, und Ljudmila sprach es laut aus, und das nicht zum ersten Mal. „Einmal KGB, immer KGB", hämmerte es in meinem Gehirn. Ich fühlte mich, als ob ich der Vergangenheit in den Schlund gesehen hätte, und Ljudmila erst jetzt, bei allem, was ich schon über sie und ihre Familie wußte, aus einer Anonymität aufgetaucht wäre, die als unantastbar gegolten hatte.

Die Situation war lächerlich unpassend. Sie hatte, dort in den Alsterarkaden, in bequemen Sesseln bei Cappuccino und Apfelstrudel, so ganz und gar nichts spektakulär Geheimnisvolles an sich. Ljudmila hatte mich von der früheren Berufstätigkeit Wolodjas auch nicht mit der Feierlichkeit eines Geständnisses in Kenntnis gesetzt, sondern eher mit der adretten Unverblümtheit einer wissend Unbeteiligten. Weder, daß ich mich durch diese Auskunft an die Gurgel gefaßt fühlte, noch, daß ich den Eindruck hatte, Ljudmila wolle den offenen Umgang mit der KGB-Vergangenheit nutzen, um für sich einen Strafnachlaß im Ansehensverlust wegen der Tatsache an sich herausholen. Es versetzte mich auch nicht in Aufruhr, sondern in einen Zustand, als wäre ich lediglich Betrachterin eines Stückes, an dessen Beteiligung keine von uns gedacht hätte, und Ljudmila wäre ein wandelndes Exponat einer Organisation, mit der ich nun schon ein paarmal bewußt in Berührung gekommen war, die aber trotzdem in meiner eigenen Betrachtungsweise immer noch etwas merkwürdig Irreales hatte. Dabei hätte ich Grund genug gehabt, die Häufung der Verflechtungen in Beziehungen mit mir nicht mehr nur als Muster eines Zusammengehörigkeitsgefühl denn vielleicht als Menetekel für weitere Kontaktversuche anzunehmen.

„Hast du Probleme damit?" Ljudmila half mir erneut nach und sah in der Tat besorgt aus. „Nein, nicht wirklich", gab ich zur Antwort. „Es ist nur etwas überraschend." Das stimmte eher. Ich wußte im Moment weder, ob ich die Freundschaft fortsetzen wollte, noch ob ich es überhaupt konnte. Wie sollte ich das bloß meinem Mann beibringen? Wie würde er reagieren? Wieder einmal hielten äußere Umstände etwas in der Schwebe, was ich gemeint hatte, schon fest für mich gewonnen zu haben. Noch so eine Beziehung, die ich nur bedingt als freundschaftlich betrachten konnte, in der ich ein Auge darauf haben mußte, wie eng ich mich an jemanden binden würde? „Er war beim KGB. Er ist ausgemustert", redete ich mir ein und fühlte, daß ich diesen Kropf unbedingt loswerden müßte, der die weitere Entwicklung störte. „Er war beim KGB", griff Ljudmila wieder in meinen Gedankengang ein „und er hat mir versprochen, daß er dorthin nicht mehr zurückkehrt." Das Versprechen unter den Eheleuten sollte Gütesiegel sein und helfen, meine Bedenken zu zerstreuen. „Das Leben damals war nicht schlecht, weil wir einerseits untereinander ein starkes Zugehörigkeitsgefühl hatten," plauderte Ljudmila aus der normalen Alltäglichkeit einer Ehefrau, deren Mann KGB-Spion war. „Andrerseits waren wir Ausgeschlossene, und die strikten Regeln schienen das Leben zu bezwingen. Ich wußte doch, was auf dem Spiel steht, wenn sie verletzt werden." Hier sprach wieder die freiheitsdurstige Rebellin, die es satt hatte, im Wartestand der inneren und äußeren Beweglichkeit zu verharren. Sie war keine offizielle Hoffnungsträgerin, sondern wollte endlich einfach als Mensch öffentlich in Erscheinung treten können und sich nicht mehr fremdbestimmen lassen müssen. „Ich bin froh, daß es vorbei ist!" Ljudmila hatte sich zwar ihren Willen bewahrt, aber aus der Zeit ein melancholisch gebrochenes Selbstbewußtsein mitgenommen. Gewolltes und Ungewolltes waren feste Bestandteile ihrer Retrospektive. Das meiste schien für sie ungewollt oder zumindest von Änderungswünschen begleitet gewesen zu sein. „Zum ersten Mal sich frei fühlen!" Meiner russischen Freundin standen Tränen in den Augen. „Von keiner Verpflichtung gegenüber jemandem vereinnahmt werden! Du kannst dir nicht vorstellen, was das bedeutet!" Ljudmilas Plädoyer für Freiheit hätte nicht ausdrucksvoller dargestellt werden können. Ich konnte es mir in der Tat nicht richtig vorstellen, sondern nur vage ahnen. „Ist Alexander ein Agent?" Zum ersten Mal ging ich in die Offensive. Ljudmila wand sich. „Ich habe deine Antworten zu meinen Fragen mit denen verglichen, die unsere Dresdner Freunde mir gegeben haben." Ljudmila lenkte ab. „Euch trennen mehrere Stufen an Traditionserfahrungen und -praktiken. Sie können nicht mehr wissen, aber sie sollten nicht so tun, als wenn ihre Auskunft die einzig richtige wäre." Ljudmilas Gerechtigkeit war alles andere als einäugig. So viel Gründlichkeit zeigte ungewöhnliches Interesse. Ich hatte weder geahnt, daß Ljudmila die Beantwortung der Fragen überhaupt dermaßen ernst nehmen würde, noch, daß es ihr nicht entgangen war, mit welchem Mißbehagen die ständigen Rückversicherungen aufgenommen worden waren.

Aber was hatte es nun mit Alexander auf sich, vor dem ich gewarnt worden war? Ich richtete erneut die Frage an Ljudmila. Wenn heute schon die Stunde der ganz besonderen Offenheit sein sollte, dann hätte ich nach Möglichkeit schon ganz gerne auch diesen Punkt geklärt gewußt. „Ist Alexander Geheimdienstangehöriger? Ich meine Alexander, den Konsul-Botschaftsrat", präzisierte ich noch, um Ljudmila besser auf die Sprünge zu helfen. „Dmitrij gehört nicht dazu", wich meine russische Freundin wieder aus. „Ich kenne den Konsul-Botschaftsrat nicht. Ich weiß es nicht." Ljudmilas Wille, die Wahrheit zu sagen, blieb unversehrt. Sie war aber auch keine Verräterin.

HANDEL

„Du kommst mit mir in das Geschäft und ich mit dir zu Marion Stöter." Ljudmila hatte zum dritten Mal etwas getauscht und inzwischen nicht ganz unberechtigte Zweifel, ob ein viertes Begehren nach Rückgabe und erneuter Auswahl von Ware glatt über die Bühne gehen würde. Nicht, daß die unentschlossene Käuferin Zweifel daran gehabt hätte, sie wäre im Recht, aber dieses Gefühl verbal durchzusetzen würde ihr leichter fallen, wenn sie physische Verstärkung mitbrächte, die unter Umständen auch argumentativ ihr zur Seite stehen könnte.

Ljudmila wußte, daß stundenlanges Aussuchen und Anprobieren zutiefst gegen das Naturell ihrer Freundin war. Schon einige Male hatten wir darüber gesprochen, Einkäufe lieber getrennt zu besorgen. Ljudmila wiederum hatte auch keinen rechten Spaß an den Fünfminutenentscheidungen, die ihr zugemutet wurden. Meistens entschlossen wir uns jedoch, zusammen loszugehen, weil uns sonst Stunden der physischen Nähe und Kommunikation gefehlt hätten und es möglicherweise zu einem unverträglichen Stau von Gefühlen und Äußerungen gekommen wäre.

So litt ich zwischen Wäscheständern und Badeanzugauswahl, pilgerte hinter Ljudmila über Kilometer und Kilometer von Einkaufsstraßen her, während die russische Freundin ihrerseits klaglos akzeptierte, daß Geschäfte nicht als Aufenthalt mit Unterhaltungswert betrachtet wurden. Merkwürdig fand sie nur, daß derartige Einkäufe dennoch nicht nur zweckgebunden waren, sondern von Herzen zu erfreuen schienen, und das für sehr viel länger, als der Einkauf gedauert hatte. Dennoch war es ein Kompromiß, der uns beide andauernd mit Schuldgefühlen gegenüber der anderen belastete.

Marion Stöter hatte ich bei einer Veranstaltung auf dem Rathausmarkt kennengelernt. Die Villa des Ehepaars Stöter, deren künstlerisch und technische Finessen vom fachkundigen Hausherrn nach eigenen Vorstellungen angebracht worden waren, und deren Innenbereich unter der Regie seiner Frau phantasievoll mit leichter Hand Gestalt angenommen hatte, so daß die Räume seltene Lebensfreude widerspiegelten, war vor nicht allzu langer Zeit fertiggestellt worden und machte in Hamburg Furore. Mein Mann hatte die ungewöhnliche Architektenleistung schon besichtigen können und mir begeistert davon berichtet. Es war daher für mich ein Glücksfall gewesen, daß ich selber so schnell Gelegenheit hatte, die Dame des Hauses nicht nur kennenzulernen, sondern von ihr spontan eingeladen zu werden. „In nächster Zeit wird es wohl kaum etwas werden. Ich habe Besuch aus Moskau", hatte ich bei der Terminsuche zu bedenken gegeben. „Bringen Sie doch Ihre Freundin einfach mit!", war mir ohne zu zögern und mit so großer Selbstverständlichkeit angeboten worden, daß ich allein schon durch die liebenswürdige Akzeptanz zweier Fremder von Marion Stöter eingenommen war. Doch Ljudmila versuchte mir auszureden, daß wir wirklich willkommen wären. Die rasante Entscheidung war ihr unheimlich. Sie stimmte nicht mit ihren eigenen Veranlagungen überein, und war deshalb Grund für Mißtrauen. Alles ging zu schnell, war zu neu und bedeutete darüber hinaus wieder einmal die Erwartung, einen zeitlich festgelegten Plan zu erfüllen. Unsere unterschiedlichen Mentalitäten kollidierten.

Wie oft hatte ich versucht, mich zu bremsen, und Ljudmila kein gedrängtes Programm zu verordnen. Hundertmal hatte ich mir vorgenommen, vor allem keine Hast einzubringen. Dennoch verfiel ich immer wieder in meinen eigenen Rhythmus, mit dem Ljudmila sich herumquälte. Es war sowieso schwierig, allen gerecht zu werden. Nichts lag mir ferner, als Ljudmila peinigen zu wollen, aber gerade zum Wochenende hin, wenn die Kinder nicht zur Schule und mein Mann nicht zur Arbeit gingen, meinte ich, besonders die Kinder hätten dann Recht auf größere Beachtung und plante Ausflüge. Ich bat Ljudmila jedes Mal um ihr Einverständnis und bekam nie eine negative Antwort, geschweige denn ein Veto, obwohl die Mutter zweier schulpflichtiger Mädchen mit Ambitionen für perfektes Deutsch am Wochenende lieber das Lob der Trägheit gesungen und ihren Aktionskreis vorzugsweise in komfortabler Nähe zum Bett gesehen hätte.

Der zweite Teil des Handels ging über die Bühne, nachdem wir ein furchtbares Wochenende verlebt hatten. Wir waren zu einer Schiffsfahrt in die Welt der Halligen und zu den Seehundbänken in der Nordsee aufgebrochen. Schon, als ich morgens bei Ljudmila eingetroffen war, um sie abzuholen, hatte sich deren Begrüßung noch im Halbschlaf geräkelt, und es war ihr leicht anzusehen gewesen, daß sie diesen Ausflug zu den widrigen Ereignissen und Feindseligkeiten zählte, die das Leben ausschließlich für sie kreiert zu haben schien, um ihr Torturen zu bereiten. Ljudmila, die sich sonst unverdrossen Tag um Tag ins Stadtgetümmel warf, versagte jämmerlich, wenn es um Freizeitgestaltung anderer Art ging, mit der sie viele ungeliebte Nachtstunden hätte verdrängen können, die zwangsläufig zu ihrem Element geworden waren. Natürlich fühlte sie sich in der Frühe gerädert. Natürlich war ihr Gehirn nicht durchlüftet und aufnahmebereit. Kleinigkeiten fingen an, sie zu ärgern. Sie konnte sich über einen im Alsterpark verlorenen Absatzflecken kaum beruhigen und suchte den Weg akribisch genau ab, ohne ihn zu finden, was uns nicht nur die Alsterdampferfahrt kostete, sondern auch für einige Zeit die gute Laune. Natürlich begann die Beengtheit und das Provisorium der Unterkunft an ihren Nerven zu zerren. Es war sehr heiß geworden, und da die Wohnung ebenerdig lag, konnte auch nachts nicht ungefährdet gelüftet werden, was es zusätzlich erschwerte, irgendwann auch nur einigermaßen zur Ruhe zu kommen.

Ljudmila wurde zunehmend gereizter und war auffällig ungleichmäßig in der Behandlung der Kinder. Sie übertrieb es mit ihrer Fürsorgepflicht und ging bei Nichtigkeiten furios dazwischen, als gelte es Mord und Totschlag zwischen Mascha und Katja zu verhindern. So hatte es nicht Wunder genommen, daß die hoffnungslos Übernächtigte in der Cafeteria des Ausflugsschiffes eingeschlafen war, während ich von den Kindern mit russischen, frei übersetzten Witzen verwöhnt worden war, deren Pointen unschlagbar außerhalb jeglichen Verständnisses für mich als deutsche Erwachsene gelegen hatten, während Mascha und Katja sich vor Lachen in die Arme gefallen waren und gar nicht mehr damit hatten aufhören mögen. Auch eine poetischere Form der Erholung war mir vergönnt gewesen, indem wir zwischen den einzelnen Besichtigungsstopps „Teekesselchen" gespielt hatten. „Mein Teekesselchen gibt es in fast allen Farben und fühlt sich weich an", war Maschas Aufgabe für mich gewesen. Ich wäre nie darauf gekommen, daß Blumen gemeint waren. Eine lebhafte Diskussion hatte sich angeschlossen, ob man Blumen fühlen könnte. Man könnte, war ich der Meinung gewesen, aber man dürfte nicht, während Mascha und Katja darauf beharrt hatten, daß die Erfahrung von Farbe und Gefühl unbedingt zusammen gemacht werden müßte. Für uns alle – Ljudmila ausgenommen – war der Ausflug reich an schönsten Erlebnissen gewesen.

Auch das abschließende Essen in einem nordfriesischen Landgasthof, dessen Salzwiesenlamm Ljudmila noch Wochen später rühmte, hatte nichts daran ändern können, daß der Ausflug am nächsten Tag ein Reinfall geworden war. Er war von mir als unermüdlichem Maître de plaisir zum „Kindertag" erhoben worden und hatte zu einem Vergnügungspark an der Ostsee geführt. Die Bezeichnung war jedoch keineswegs Programm und von Vergnügen keine Spur gewesen. Sonst eher für sensibles Auftreten bekannt, war Ljudmilas Verhalten von unbeherrschter Zerstörungswut ohne Rücksicht auf die Kinder oder Gastgeber gewesen. Ihre Äußerungen hatten nicht die diskrete Färbung von Hinweisen auf Mißmut gehabt, sondern hatten jegliches Wohlgefallen massiv beeinflußt. Es hatte auch kaum noch mit unserem häufigen Beisammensein in Verbindung gebracht werden können, das den Anspruch an die jeweils andere, die freundschaftliche Zuneigung noch zu vertiefen, ohne sich mit seinen Eigenarten ändern zu müssen, mehr und mehr zu steigern schien und kleine Scharmützel sowie Unmutsäußerungen zur Folge hatte.

Ich wußte ja schon, daß Ljudmila einen eingestandenen Hang zum negativen Rundumschlag hatte. Die Pizza war für sie ungenießbar pappig, die Karussells altmodisch, zu heiß war es sowieso auch gewesen. Es hatte nichts gegeben, was Ljudmila hätte zufriedenstellen, geschweige denn ihr Freude hätte bereiten können.

Auf der Rückfahrt war zu allem Überfluß auch noch Mascha schlecht geworden. Mascha hatte ohnehin einen schwachen Magen, und zu guter Letzt hatte Ljudmila den Kindern sehr viele Achterbahnfahrten erlaubt. Ich hätte die unliebsamen Folgen davon mit Gelassenheit zur Kenntnis genommen, aber es war ein Schuldvorwurf in Ljudmilas Bekanntgabe von Maschas Magenproblem versteckt gewesen. Das hatte mich geärgert, und meine Bereitschaft, den ganzen Ärger über die Miesmacherei herunterzuschlucken, um die Situation nicht noch zu verschlimmern, war aufgeweicht worden. Spätestens dann hatte ich den sehnlichsten Wunsch gehabt, Ljudmila wäre rechtzeitig mit einem definitiven „Nein" meinem deutschen Programm- und Perfektionswahn entgegengetreten.

Ich hatte zum Autotelefon gegriffen und meinen Freund und Hausarzt anrufen wollen, den Ljudmila bei mir eines Abends schon kennengelernt hatte, als Dmitrij und Tatiana nicht hatten kommen wollen. Peter war immer ein beruhigender Ratgeber und im Notfall Tag und Nacht zur Stelle. Er wäre sicherlich sofort nach Eintreffen in Hamburg herbeigeeilt. Doch die unverzügliche Handlungsbereitschaft ihrer Gastgeberin hatte Ljudmila gebremst. Sie war zur Besinnung gekommen. „Du brauchst Peter Wind nicht zu stören." Ljudmila hatte in letzter Sekunde das Telefonat verhindert. „Wir rufen nicht so schnell einen Arzt." Der heimliche Tadel war unüberhörbar gewesen. „Hast du zufällig eine Aspirin? Das reicht in der Regel." Mascha hatte die gewünschte Tablette geschluckt. Danach war müdes Schweigen eingekehrt.

Am Ende des mißglückten Tages, als von Katja, nach Ankunft vor dem Hamburger Ferienquartier mühsam aus dem Schlaf gerüttelt, beim Aussteigen noch so ganz nebenher bemerkt worden war, daß die Leute im Haus auf der anderen Seite der Straße den Weihnachtsbaum brennen hätten, war auch noch zu befürchten gewesen, das arme Kind hätte Schaden an der Sonne genommen. Immerhin war es Sommer! Doch Katja hatte, wie meistens, richtig beobachtet.

Und nun der Besuch bei Stöters nur einen Tag danach! Ljudmila hatte bis zum Schluß versucht, mir die Einladung madig zu machen, obwohl sie Bestandteil des Handels war, und erst klein beigedreht, als ihr klar wurde, daß die Veranstaltung in jedem Fall stattfinden würde, notfalls auch ohne russischen Gast. „Wie geht es dir heute? Hast du dich von gestern erholt?", fragte ich Ljudmila nicht ganz ohne Unterton, als sie zu mir in den Wagenfond stieg, um uns an die Elbchaussee bringen zu lassen. „Wieso?" Ljudmila schien wirklich überrascht zu sein. „Mir ging es auch gestern sehr gut!" Das schlug dem Faß den Boden aus! Ljudmila war es sehr gut gegangen, und trotzdem hatte sie die Wochenendausflügler mit ihrer Laune terrorisiert. Ich erinnerte Ljudmila an all das, was von ihr bemängelt worden war: „Die Pizza war ungenießbar pappig gewesen, die Karussells ..." – „Ich weiß, ich weiß", unterbrach Ljudmila mich und lachte. „Das ist leider normal bei mir. Ich war wieder furchtbar negativ. Wolodja wird richtig wütend, wenn mich diese Stimmung überkommt."

Ich hatte es mit einer ganz persönlichen Eigenschaft von Ljudmila zu tun und keiner nationalen Merkwürdigkeit, was aber offenbar ohne Einfluß auf die Unabänderlichkeit blieb. Der Knoten war durch. Genau dafür – neben vielem anderen – bewunderte und mochte ich Ljudmila so sehr: ihre Geradlinigkeit und Bereitschaft, sich durch Aussprache ins Einvernehmen zu setzen.

Marion Stöter empfing uns mit einer Herzlichkeit, die auch die widerborstigste Ljudmila sanft und nachhaltig zum Wohlfühlen zwang. Es war ihr jedoch leicht anzumerken, daß der Rahmen des Zusammentreffens mit dieser Unbekannten für sie fast noch fremder war als die Unbekannte selber. Es handelte sich um eine Art von Ästhetik, die nicht nur Ljudmila, sondern auch mancher Deutsche nur schwer nachvollziehen konnte, weil es ein Maß an geistiger Freiheit voraussetzte, die Ljudmila gerade erst anfing, sich zu erobern, und die sie zweifellos erreichen würde, weil sie dazu willens war. Auch die Nonchalance, mit der die Hausherrin zu Jeans und Bluse, ihrer aparten, kühlen Sinnlichkeit entsprechend, auffällig schönen und dennoch dezenten Schmuck trug, wie die blonden Haare auf dem Kopf gekonnt nachlässig zusammengerafft waren, die Art, ein Kaffeetrinken auf der Dachterrasse zu improvisieren, war Ljudmila zunächst höchst suspekt. Sie mochte gespürt haben, daß hier zwei Menschen auf Grund ihrer Herkunft mehr zueinander gehörten als zu ihr. Ljudmila empfand etwas wie ich es tat, wann immer Russinnen und Russen in meiner Gegenwart zusammentrafen, und diese nach meinem Empfinden ebenfalls mehr verband, was bei mir das Gefühl des Ausgeschlossenseins hervorrief. Zudem waren wir zwei Westdeutsche, deren einerseits ungezwungenes, andrerseits peinlich genau auf Einhaltung konventioneller Benimmregeln gerichtetes Verhalten zueinander auf Ljudmila widersprüchlich wirken mußte.

Dieser herrliche Sommervormittag im Stöterschen Haus wurde für alle eine Bereicherung. Die Freundinnen erzählten der interessierten Gastgeberin von dem geplanten Regelwerk und gaben Kostproben daraus. Ljudmila faßte Zutrauen zu der neuen Umgebung, bis der Plan reifte, daß ihre Freundin sie zusammen mit Marion Stöter in Moskau besuchen sollte. Nur einmal kam der Fluß der neuer Vertraulichkeit ins Stocken und ich mußte helfend eingreifen, als die Rede auf Wolodjas Beruf kam. Ljudmila kam furchtbar ins Schleudern. Ich wußte eigentlich nicht so recht, warum. Offenbar war die Vergangenheit für Ljudmila immer präsent. War das der Fluch seines ehemaligen Berufes, daß der Schritt von Zensur zur Selbstzensur noch nicht selbstverständlich war? „Politiker", antwortete ich schnell für Ljudmila, die es dankbar nickend bestätigte

BIS BALD

Schon dreimal vierundzwanzig Stunden Abwesenheit reichten mir, um Ljudmila und die Mädchen zu vermissen. Nach drei Tagen in Potsdam, wohin ich meinen Mann zu einer geschäftlich bedingten Veranstaltung hatte begleiten müssen, wurde ich auch von den Moskowiterinnen in Hamburg empfangen, als wenn ich von einer monatelangen Reise ohne Anschrift zurückgekehrt wäre. Nicht auszudenken, welche Folgen eine längere Trennung von den dreien für mich haben würde! Da war es schon tröstlich zu wissen, daß es nur wenige Wochen nach der in bedrohliche Wirklichkeitsnähe rückenden Abreise der Gäste ein Wiedersehen in Moskau geben würde.

Mein Mann und ich planten, uns dann aufzumachen, um Ljudmila und ihre Familie zu besuchen. Wird Russen, und besonders Geheimdienstlern, die alles gegen alle abgrenzend zu schützen trachten, was ihrem Land und Volk vermeintlich oder wirklich schaden könnte, oft Festungsmentalität nachgesagt, so war die Familie Putin mit Sicherheit eine Ausnahme. Sie hatte die Hamburger Gastgeber nicht nur nach Moskau eingeladen, um ihnen einen angenehmen Aufenthalt in der Stadt zu vermitteln, sondern sie sollten auch bei ihr in Archangelskoje wohnen, einem der Viertel nahe Moskau mit Regierungsdatschen, was ich allerdings freundlich ablehnte, weil ich nach dem einmaligen Abweichen von meinen Prinzipien und der darauf folgenden Erfahrung mit Galina, doch lieber auf meine alte Gewohnheit zurückgriff, in einem Hotel zu logieren.

Es wäre also absehbar, daß ich diesen Politiker kennenlernen würde, dessen Berufsbezeichnung Ljudmila so schwer über die Lippen gekommen war. Inzwischen war ich richtig neugierig auf ihn geworden und wollte außerdem die Möglichkeit haben, Verhaltensregulativen gegenüber Ljudmilas Mann Gerechtigkeit widerfahren lassen zu können.

„Beschreib mir Wolodja", forderte ich Ljudmila auf, die daraufhin in tiefes Nachdenken versank. „Er ist schwierig zu schildern, besonders seine Nase", gab sie zu. „Er ist von Statur nicht groß. Sein Haar kann man als wenig üppig und blond bezeichnen", fiel ihr noch als nicht ganz paßtaugliches, unveränderliches Kennzeichen ein. Die Schilderung geriet ins Stocken. Ljudmila kam nicht weiter und versuchte es mit einer Beschreibung von Wolodja, indem sie über seine Eigenschaften nachdachte: „Er ist ein Integrator erster Güte mit ausgeprägtem Mittlerinstinkt. Stets versucht er, Konflikte zu glätten. Immer scheint er zu gewinnen. Selbst, wenn ich manchmal denke, daß er überhaupt nicht recht hat, geben auch diejenigen nach, die vielleicht sich hätten durchsetzen sollen, und sind später nicht einmal seine Feinde, was bei uns in Rußland ganz ungewöhnlich ist. Das ist es! Er ist ungewöhnlich!" Ljudmila kaute auf dem letzten Gedanken herum, und als ob sie es nicht ganz geheuer finden würde, nur Lob über ihren Mann zu ergießen, schränkte sie die letzte Feststellung ein wenig für sich selber ein. „Er vergißt, wenn man ihm Gutes getan hat, weil er nie zurück, sondern nur nach vorne guckt. Ihn interessiert die Vergangenheit nicht und die Gegenwart nur, weil sie das Verbindungsstück zur Zukunft ist. Wolodja hat ein ganz eigene Art, in einem Moment zu verharren, und ihn vollständig mit seinem Ich auszufüllen. Auf seiner Schnellstraße der Lebens- und Erlebensdichte läßt er alles und jeden hinter sich." Das Zusammenspiel zwischen den Eigenschaften der beiden Ehepartner war nicht ganz so harmlos, wie es sich zunächst ausgenommen hatte, sondern nach Ljudmilas Empfinden auf gelegentlichen Opfern gebaut. Durch und durch zufrieden war sie auch jetzt noch immer nicht mit der Darstellung ihres Mannes und versuchte sich an einem Beispiel des täglichen Lebens: „Manchmal habe ich mir mit etwas besonders viel Mühe gegeben, was er dann auch gelobt hat, aber wenig später, wenn ich einen Fehler gemacht und gemeint habe, der könnte gegen meine gute Tat aufgerechnet werden, schien gerade diese schon in

Vergessenheit geraten zu sein. Bei falschem Verhalten kann nur eine regelrechte Korrektur Gnade vor seinen Augen finden. Das verletzt mich. Katja ist genau wie Wolodja, deshalb habe ich manchmal Schwierigkeiten, sie gerecht zu behandeln, obwohl sie ja eigentlich für ihr Verhalten nichts kann." Die ganzen Überlegungen waren kein Verheddern im Gestrüpp von geschwätzigen Widersprüchlichkeiten, sondern das Ausloten der Wirkung von Wolodjas Verhaltensweisen sowohl nach innen als auch nach außen.

Während Ljudmila versuchte, ein Bild von ihrem Mann zu malen, machten Gefühle und Bewußtsein einen Erneuerungsprozeß durch und erholten sich von ihrer Versehrtheit. Die russische Freundin versank wieder in eine gedankenschwere Pause. „Ich weiß nicht, ob ihr miteinander auskommen werdet." Irgendetwas machte sie zweifeln. „Für mich ist er genau der richtige Mann. Ich kann mir keinen besseren vorstellen." Erneut hielt sie wie selbstvergessen inne. „Ihr werdet miteinander auskommen", beschloß sie, um mit einem leichten Zweifel in den Augen und etwas schief gezogenem Mund doch das Gegenteil anzuzeigen. „Ich bin sicher. Ihr werdet miteinander auskommen." Jetzt hörte es sich definitiv und nach Eingebung an. Es hätte eine Imprägnierung gegen schädliche Einwirkungen sein können, die geeignet gewesen wären, einen Konsens mit Wolodja zu verhindern.

Was auf jeden Fall sicher zu sein schien, war zumindest die Aussicht, daß es erst Sieger im Erringen von Vertrauen geben würde, nachdem alle sich gesehen und erkannt hätten. Keinesfalls vorher. „Und was soll ich ihm mitbringen?" Die Frage war nicht unwesentlich. Ich teilte das Leid mit vielen Frauen, die Auswahl von Geschenken für Männer wegen der höchst unsicheren Billigung der Käufe als Last und nicht als Freude zu betrachten. „Etwas für den häuslichen Gebrauch kommt ja wohl kaum in Frage." Ljudmila unterbrach mich, bevor die Aufzählung der Negativauswahl an Mitbringseln fortgesetzt werden konnte. „Wieso nicht? Wolodja liebt alles, was zum Wohlbefinden im eigenen Heim beitragen kann. Er mag schönes Geschirr, auch Gläser oder Blumen und Vasen. Er mag das alles sogar lieber als ich. Und Whiskey", fügte sie hinzu. „Wenn er überhaupt etwas trinkt, dann ab und an ein Glas Whiskey." Ljudmilas Ratschläge waren Gold wert. Ich sah dem Besuch nun viel entspannter entgegen.

Die letzten Tage in Hamburg waren angefüllt mit Plänen für Moskau. Fast war ich schon dort. Ljudmila hatte mit ihrer offenen Bereitschaft zuzuhören, und Meinungen mitzuteilen, den Schimmel von der Fäulnis genommen und mir eine Portion Hoffnung serviert. Der bunte Vogel Traum, dem nach meinen Erlebnissen zuvor die Flügel unheilbar gebrochen worden zu sein schienen, schwang sich wieder in die Lüfte. Jede von uns hatte aufgehört, nur sie selber zu sein, sondern war immer etwas von der anderen dazu.

„Nimm meine Maße mit und laß mir bitte, wenn du zwischendurch nach St. Petersburg kommst, auch so ein Strickkostüm anfertigen wie das, was du im vergangenen November hier in Hamburg getragen hast". Nicht, daß ich schon für den Winter plante, aber es wäre eine gute Gelegenheit, das Kostüm mitzunehmen, wenn ich in ein paar Wochen in Moskau sein würde. Ljudmila hatte es mir ja angeboten. „Ich geh nicht mehr in das Geschäft", war die etwas ungehaltene Anwort. Ljudmila ließ einen galligen Strom an Beschwerden über die Designerin los, und wie sie die Frau beschrieb, kristallisierten sich deutlich Wesens- und Gesichtszüge dieser Person heraus. Mein Erinnerungsvermögen war zu gut. Galina stand vor mir wie ein Spukbild. Ich mußte unwillkürlich nach dem Namen der Geschäftsinhaberin fragen. „Galina D.!" Ljudmila spie es förmlich aus.

Sollte ich mich dermaßen in Ljudmilas Aufrichtigkeit getäuscht haben? Hatte Ljudmila wissentlich Kontakt mit Galina gehabt? Ich meinte, Ljudmila hätte einen boshaften Ton in der Stimme gehabt. Ich meinte, Ljudmila würde mich mit ihren Blicken aufspießen. Ich meinte, eine Faust würde sich in meinen Magen graben. So hieß Galina! Natürlich gab es Namensduplizitäten, dazu die unwahrscheinlichsten Zufälle. Diese Galina D. lebte und arbeitete in St. Petersburg. Meine Moskauer Galina D. und Strickmoden? Eine lächerliche Vorstellung! Es wäre besser gewesen, meine Angst vor der Antwort hätte es zugelassen, Ljudmila zu fragen, aber ich konnte nicht über meinen Schatten springen. Die Hinterlassenschaften meiner anderen Beziehungen zu Russinnen und Russen waren eine zutiefst mißtrauische, durch Lügen verwundete Seele und verbogene Sichtweise mit nur unsicherem Urteilsvermögen.

Ich fragte nicht und quälte mich. Beherrscht gab ich zur Antwort, daß ich gut verstehen könnte, daß Ljudmila dort nicht mehr kaufen wollte. Selbstverständlich würde ich auf das Strickkostüm verzichten können! „Was soll's!", dachte ich schließlich pragmatisch. „Sie haben sich ja ohnehin zerstritten", doch leicht fiel es mir nicht, Ljudmila mit dem Geheimnis zurück nach Moskau reisen zu lassen.

IN EILE

Ljudmila wollte noch mit den Kindern, in erster Linie als Belohnung für die beiden, weil sie in Hamburg tapfer am deutschen Schulunterricht teilgenommen hatten, während für russische Schulen schon seit einigen Wochen Sommerferien waren, einen mehrwöchigen Badeurlaub in Südfrankreich machen. Für Mascha und Katja war es das letzte Schuljahr gewesen, das sie an ihrer russischen Schule in Moskau absolviert hatten. Vom Herbst an würden sie die Schule der deutschen Botschaft in Moskau besuchen. Ljudmila hatte sich lang und breit sowohl schriftlich als auch mündlich mit mir darüber beraten und alles hin und her gedreht und gewendet, was dagegen oder dafür sprechen würde. Die ganze Familie hatte sich die Entscheidung nicht leicht gemacht, besonders weil es zwei Fraktionen gab, die jeweils einen Elternteil mit einer Tochter verband. Die russische Schule war vom Lehrplan und -körper her ausgezeichnet. Der vermittelte Lernstoff war umfangreich, und den Schülern wurde Intensität und Ernsthaftigkeit im Umgang damit abverlangt. Das Einfühlen in die Individualität der Möglichkeiten des einzelnen Lernenden blieb jedoch häufiger weitgehend auf der Strecke. Das wäre an sich noch kein Grund gewesen, die Schule zu wechseln, aber die Räume, insbesondere die sanitären Einrichtungen, waren in einem dermaßen schlechten Zustand, daß Ljudmila sie nur noch als gesundheitsgefährdend bezeichnen konnte. Nach meiner Meinung befragt, erwog ich, ob den Mädchen nicht doch die russische Lehranstalt mit ihren Methoden erhalten bleiben könnte, in der sie schon etliche Freundinnen und Freunde gewonnen hatten, indem Wolodja möglicherweise seine Beziehungen spielen lassen könnte und das Notwendigste repariert und instandgesetzt werden würde. Ich stellte mir vor, daß die Kinder sich vielleicht unerwünscht weit von ihrer eigenen Mentalität, die in vielen Nuancen über die Muttersprache transportiert wird, entfernten, wenn sie in ihrem eigenen Land an einer fremdsprachigen Schule unterrichtet würden. Ljudmila hatte Bedenken ganz anderer Art. Der Neidfaktor! „Alle werden sich sofort mißtrauisch fragen, woher und wieso diese Verbesserungen vorgenommen werden konnten. Furchtbarer Klatsch, wenn nicht gar Intrige, würde dadurch ausgelöst werden, selbst wenn es um etwas ginge, das allen zugute käme. Die beiden Mädchen hätten es nur schwerer dadurch." „In Rußland kann man nicht einfach versuchen, etwas Gutes zu tun!", war das deprimierende Fazit, was ich aus Ljudmilas Argumentation ziehen mußte. Es blieb dabei: Mascha und Katja sollten in die Schule der deutschen Botschaft gehen, was gleichzeitig ein Opfer sowohl für Ljudmila als auch für mich selber bedeutete, denn von nun an entfiel der schulische Grund, während der russischen Ferien nach Hamburg zu reisen, um Mascha und Katja durch einen zusätzlichen Unterricht zu ermöglichen, die deutsche Sprache nicht zu verlernen. Andrerseits waren Ljudmila und ich uns schon so nah, daß eigentlich kein besonderer Grund für ein Wiedersehen mehr gesucht zu werden brauchte, sondern eher der Zeitfaktor eine Rolle spielte. Ich könnte ja dann häufiger nach Moskau fliegen, war die tröstenden Erwägung gewesen. Alles hatte völlig problemlos ausgesehen. Mir waren nicht die geringsten Zweifel am Erfolg des Besuchs bei der Familie Putin gekommen, so daß weitere Aufenthalte gar nicht erst zur Debatte gestanden hatten, sondern gleich mit in das Kalkül um die Neubesetzung der Reisefahrpläne wegen der Umschulung gezogen worden waren.

Ljudmila und ich waren also beide in Eile, unsere Vorbereitungen zu treffen und telefonierten mehr, als daß wir schrieben. Doch hatte ich gemeint, einen kleinen Zeitvorsprung zu haben, weil ich ja zu Hause war und Ljudmila erst kurz vor meinem Eintreffen in Moskau dorthin zurückkehren würde, so wurde ich erneut Opfer meiner deutschen Grübeleien und erreichte den Urgrund russischer Denk- und Handlungsweise. Sie mutete mich einmal mehr irrational an, wirkte zerstörerisch und reicherte gleichzeitig mein Leben an, aber konnte von mir nicht mehr nachvollzogen werden.

Ljudmila hatte in der ihr eigenen aufreizenden Weise mich mit der Aussage konfrontiert, daß Geschäftsleute doch wohl besser in der Lage wären, ein Land zu verstehen als eine nicht berufsmäßig Interessierte wie ich es sei. Ich wußte inzwischen, daß solche Äußerungen hauptsächlich dazu dienten, durch nicht erkennbar produktive Darlegungen ihren von Zeit zu Zeit unruhig werdenden Widerspruchsgeist in Diskussionen zu befriedigen.

„*Nur*" hatte Ljudmila gesagt, „die sich *nur* aus Liebhaberei mit einem Land beschäftigen", und es war nicht herauszuhören gewesen, ob Ljudmila „nur" in Anführungsstriche gesetzt hatte. Ich brauchte eine ganze kostbare Weile von Stunden und Tagen, um diese Erkenntnis zu verdauen, und meine Antwort darauf präzise zu formulieren, bis ich schließlich dahin gelangte, Ljudmilas Aussage als „bedingt richtig" zu bezeichnen, weil in der Regel Ausgangspunkt und Zielrichtung unterschiedlich wären, wobei ich mich selber neben Wissenschaftlern und ähnlichen Berufen sowie Geschäftsleuten jeglicher Couleur in einer dritten Spalte unter der Rubrik „Interessierte" einfügte. Allerdings legte ich Wert darauf, daß die Seriosität des Willens zum Verständnis kein „nur" vertrug.

Ich gab mir sehr viel Mühe, ganz leidenschaftslos zu argumentieren, und war doch weit mehr betroffen über Ljudmilas Ansicht als über die der des deutschen Rechts unkundigen, russischen Freundin, mit der diese vormals kundgetan hatte, ein Verein würde demjenigen gehören, der als Gründer angesehen werden kann. Die deutsch-europäische Identität, worin ich mich beheimatet fühlte, und deren Wurzeln in einer Erziehung im Sinn des Humanismus begründet waren, wurde von der russischen ganz und gar in Frage gestellt, was mir besonders weh tat, weil Ljudmila inzwischen eine emotionale Schlüsselrolle für mich spielte. Ich lieferte der Zweiflerin, trotz aller durch Einschränkungen und Vorbehalte abgefederten Geschmeidigkeit, ehrliche Überlegungen und hoffte von Herzen, daß ich auf Ljudmila, die wieder so entsetzlich weit entfernt im westlichen Europa, wo sie kaum zu erreichen war, Ferien machte, positiv wirken würden.

Wäre Ljudmila nur in Moskau geblieben, das mir gedanklich so viel näher schien, und hätten wir doch in üblicher Häufigkeit Briefe faxen können! Ich grübelte und grämte mich und vermißte die Freundin mit den Kindern, die ich im warmen Mittelmeerwasser – sich selbstvergessen aalend – wähnte, derweil ich versuchte, Ljudmila mit Nachrichten und Grüßen ihrer kleinen Gemeinde von Bewunderern in Hamburg zu locken, und ein wenig Heimweh damit zu wecken. Eigentlich hätten Ljudmila die Ohren klingen müssen. Besonders mit Marion Stöter, die meine Meinung teilte, daß Ljudmila eine ungewöhnliche Frau mit großer Ausstrahlung wäre, sprach ich viel über die russische Freundin, um die Zeit bis zum Wiedersehen zu überbrücken.

Ljudmila war schon wieder zurück in Moskau, als sie mir endlich den Brief schickte, den sie in Frankreich als Antwort zu den Ausführungen über mehr oder weniger Verständnis der verschiedenen Gruppen für Völker und deren Länder verfaßt hatte. Dessen Ankündigung: „Siehst du, wie ich mich selber gequält habe? Wochenlang mußte ich mit schlechtem Gewissen herumlaufen" war keine rhetorische Glanzleistung, um ihre Verantwortung für die Freundschaft klein zu reden, sondern Ljudmilas Wahrheit. War ich nicht der Meinung gewesen, unsere unterschiedlichen Ansichten wären ein Musterbeispiel an Unvereinbarkeit? Hatte ich nicht gerade mein eigenes Gefühl revidiert, daß mir manches erspart geblieben wäre, wenn ich Ljudmila eher kennengelernt hätte? Wie falsch! In jeder Hinsicht falsch. Ohne meine Erfahrungen hätte ich Ljudmila, diesen Charakter voll kreativen Widerspruchsgeistes, der sich nicht wie Tatiana bei „ja, aber" und „ich glaube" aufhielt, sondern durch seine Widersprüchlichkeiten immer neue Situationen hervorbrachte, nicht ertragen können, denn auch der Widerspruch wurde widerrufen, und dieser war in der Regel nicht identisch mit der ursprünglichen Aussage. Eine neue Situation hatte dann das Licht der Welt erblickt, so daß schließlich alles im Gegensatz zueinander stand. Ljudmila hatte einen Horizont so weit, so vielschichtig und so bunt wie ein Regenbogen. Es hätte mich nicht Wunder nehmen sollen, daß Ljudmila sich ihrerseits auch gut in der deutschgründlichen Freundin wiedererkannte. „Mach dir nicht so viel Gedanken um Dinge, die es vielleicht gar nicht verdienen", schrieb sie, und wie und was sie dazu ausführte, war in der Tat geeignet, das Leben etwas leichter zu nehmen. Den Rest der säuberlich gefeilten Argumentation ihrer deutschen Freundin nannte sie „einen Artikel für die Literaturzeitung." Ljudmilas Spezialität war, Trost und Humor gekonnt zu vereinen, und gleichzeitig eine völlige Übereinstimmung in Frage zu stellen.

Dort in Südfrankreich hatte es einen riesigen Vergnügungspark gegeben, einen viel größeren und schöneren als den an der Ostsee. Das hatte sie nicht ausdrücklich geschrieben, aber die begeisterte Schilderung, mit der von ihr die Vorteile des Vergnügungsparks am Ferienort behandelt worden waren, hatte den Schluß zugelassen. Schade, daß Ljudmila es sich nicht verkneifen konnte, jemanden auszustechen. Dieses Gebaren war mir zuwider, aber vielleicht nahm ich auch das einfach mal wieder zu schwer.

Der Brief erreichte mich kurz vor meinem Abflug. Gut, daß wir alles andere schon in Hamburg besprochen hatten. Nur die Flugzeiten und -nummern fehlten noch und die Bitte, mir ein paar große Flaschen Mineralwasser auf das Hotelzimmer stellen zu lassen. Gerade letzteres hörte sich ein wenig an, als ob ich heimkäme und entsprach meinem Gefühl. Wo Ljudmila war, war für mich ein Großteil von meinem Zuhause.

ARCHANGELSKOJE

„Hoffentlich ist das nicht Wolodja", schoß es mir durch den Kopf, als ich neben einer äußerst gepflegten und eleganten Ljudmila, die mich und meinen Mann mit einem Blumenstrauß direkt am Flugzeug abholte, ein vierschrötiges Wesen entdeckte, dessen grobe Gesichtszüge, mitsamt der schwarzen Sonnenbrille, einem Prototypen derjenigen finsteren Gestalten glich, die stets im Zusammenhang mit mafiosen Organisationen geschildert werden. Es stellte sich schnell heraus, daß es sich um Boris, Wolodjas getreuen Fahrer handelte, der sich nun unserer Pässe und der Zollabwicklung annahm, während ich mich mit Ljudmila in den Sesseln des VIP-Warteraums niederließ, um ein Gefühl dafür zu bekommen, daß ich in Moskau gelandet war und auch tatsächlich neben Ljudmila saß.

Es war eine beinah unwirkliche Empfindung. Die Erfüllung eines für lange Zeit als eher unumsetzbar angesehenen Wunsches machte mich befangen. Da war ich also wieder! War es das Moskau voller Feindseligkeiten, das ich nie wieder betreten wollte, nachdem mich an jenem verregneten Tag, zusammen im Bus mit einer vor sich hindämmernden Touristengruppe, die Erinnerungen an Galina überwältigt hatten? Allein schon der Empfang hatte nichts mit den anderen Reisen gemein. Dieses Mal mußte ich keinen bürokratischen Hürdenlauf absolvieren, der geradezu darauf angelegt zu sein schien, der Funktion von Fluttoren nicht unähnlich, Fremde fernzuhalten. Ich mußte mich meiner Wiedersehensfreude nicht schämen und erst recht nicht, von dubiosen Gestalten umkreist, darauf warten, abgeholt zu werden. Alles war darauf zugeschnitten, mir ein Gefühl des Willkommens und der Sicherheit zu vermitteln. Galina verschwand wie in einem weit entfernten Spiegel. Kaum, daß ich meine Peinigerin noch als lebende Mahnung auszumachen wähnte.

Gastgeberin und Gäste hatten sich schnell geeinigt, daß sie samt Gepäck zu Ljudmila nach Archangelskoje, und später am Abend erst ins Hotel fahren würden. Bei den, selbst für deutsche Großstädter, schwer vorstellbaren Entfernungen, die in Moskau bewältigt werden müssen, um von einem Stadtteil in den anderen zu gelangen, und erst recht von Außenbezirken in die Innenstadt und umgekehrt, wäre der Zeitverlust zu groß gewesen. Es war ein herrlich heiterer Tag, eher vielleicht schon zu heiß, aber das Auto war klimatisiert und Archangelskoje mit seinem ländlichen Charakter dafür genau der passende Aufenthaltsort.

Der Wagen rollte schnell und sanft über die riesigen Boulevards. Moskau war am Sonntagmittag sowieso kaum belebt, und die Straßen waren darüber hinaus seit meinem letzten Besuch in einen erheblich besseren Zustand versetzt worden. Da! Ich zuckte zusammen. Wieder einmal traf es mich ganz unvorbereitet, als ich bemerkte, daß wir am Theater an der Tanganka vorbeifuhren. Es war nicht trübe grau draußen, und es regnete nicht, aber das grell weiße Sonnenlicht wirkte nicht beruhigender. Mir wurde mit brennender Deutlichkeit klar, daß wir gleich das Haus passieren würden, in dem Galina wohnte. Für einen Bruchteil von Sekunden kämpfte ich mit dem heißen Kloß der Erregung in meinem Hals. Ich kämpfte. Ich brach nicht in Tränen aus. Es war anders. Heute war nichts wie ehedem. Ich hatte einen großen Fortschritt gemacht, und stolz sollte ich sein, das Gestern mit Hilfe von Ljudmila, die wie ein leibhaftiger Schild gegen Ungemach vor mir saß, besiegt zu haben! Trotzdem waren meine Nerven zum Zerreißen gespannt. Ich stieß meinen Mann an, und wie damals machte ich ihn auf die für mich ganz persönliche Besonderheit der Straße aufmerksam, aber er war noch nie ein Meister im Wiedererkennen gewesen. Erst, als wir schon vorbei waren, fragte er, was ich gemeint hätte.

Ich tippte Ljudmila auf die Schulter und flüsterte ihr zu, daß wir soeben an dem Haus vorbeigefahren wären, wo Galina wohnte. Der Klang der Stimme mußte Ljudmila verraten haben, daß ihre Freundin am Rande einer Nervenkrise lavierte. „Es tut mir leid", bemerkte

Ljudmila trocken, „aber es gibt keinen anderen Weg nach Archangelskoje. Wir müssen immer über Kolomenskoje fahren." Ljudmila fühlte zwar mit, aber war stets sachlich und realistisch. Immerhin wußte ich jetzt, daß ich das Haus während dieses Aufenthaltes in Moskau jeden Tag wiedersehen würde. Das definitive Wissen um die Unvermeidbarkeit beruhigte mich tatsächlich. Es würde in Zukunft ein Plattenbau wie jeder andere sein. Ich versuchte, nicht mehr an die Schrecken in dem Haus zu denken. Beim Schmieden der Pläne für diese Reise nach Moskau war die Erinnerung daran noch für die Entscheidung ausschlaggebend gewesen, mir den Weg zurück nach Deutschland durch Quartiernahme in einem Hotel sichern zu wollen. Ich tat gut daran, gerade die letztere Erwägung zu verdrängen, denn das Viertel mit den Regierungsdatschen war durch hohe Stacheldrahtzäune abgesichert, und dort hineinzukommen war für mich alleine genauso unmöglich wie die Kontrollen zu überwinden, um wieder hinauszugelangen.

Wir tauchten ein in die Atmosphäre der Beschaulichkeit eines Ortes, dessen Attraktionen nicht die apfelbaumbestandenen Landstraßen und Häuser waren, deren hölzerne Giebel und Balkone sowie tiefgezogene Dächer ein wenig an Wintersportorte erinnerten, sondern die Bewohner selbst. Es war leicht zu erkennen, daß wir unser Ziel erreicht hatten. Mascha und Katja hielten vor der Haustür nach den Gästen aus Deutschland Ausschau und waren kaum mehr zu bändigen, als die Wagentüren sich öffneten und die Hamburger Freunde leibhaftig in Begleitung der Mutter und Boris ausstiegen. Während Ljudmila dem Fahrer noch Anweisungen gab, hatten die Kinder mich bereits ins Haus gelotst, wo ich nun im Windfang stand und wartete.

Gerade da kam jemand in etwas kakelig meliertem Pullover behend die hölzerne Treppe herunter, die vom Flur aus in das obere Stockwerk führte. Der Körpergröße und den Haaren nach zu urteilen konnte es nur Wolodja sein! Die ersten Stufen nahm er schnell und energisch, um dann einen winzigen Moment, ein Bein wie ein verharrendes, scheues Tier angewinkelt, stehenzubleiben, als ob er sich noch einmal neu orientieren oder die Ankömmlinge besser ins Visier nehmen wollte und gab so ein Bild des leibhaftigen Bekenntnisses zu Konzentration und Bescheidenheit ab.

„Sie sind vermutlich der Hausherr", sprach ich ihn an, was er lächelnd bejahte. Nur einmal hatte ich ganz kurz mit ihm am Telefon gesprochen und fand jetzt, daß seine Stimme sich auch in Wirklichkeit leise und wohlklingend anhörte. Er hieß mich mit ehrlichem Handschlag willkommen und wurde gleich von den Mädchen unterbrochen, die mich am Arm ergriffen und die Treppe hinaufziehen wollten, um ihre mit eigenem Dekor aus Basteleien hübsch ausstaffierten Zimmer zu zeigen, wobei es Gezerre gab, wer sein Heim zuerst vorführen dürfte. Mascha fand das ihre sowieso vorzeigenswerter, weil Katja, über intensives Ausschmücken hinaus, es nicht mehr geschafft hatte, ihre Behausung aufzuräumen. „Darf ich?", wandte ich mich an Wolodja, bevor ich dem Drängen der Kinder nachgab. Er schien entweder über die Frage, oder über das Ungestüm und die Unbefangenheit seiner Töchter, erstaunt zu sein.

„Natürlich, gehen Sie nur", antwortete er, aber mir war nicht ganz klar, ob es nicht eine Abweichung von seiner Vorstellung bedeutete. Ich hatte mir zu Herzen genommen, was Katja und Mascha mir über die Form der Anrede erzählt hatten und wollte keine unangemessene Vertraulichkeit anzeigen. Gleich von Anfang an hatte ich seinem Vornamen ein „Sie" angeschlossen. In der Tat schien es, als wäre diese Form der Anrede für ihn üblicher als Ljudmilas „Du".

Die Hausfrau war etwas verärgert über das Ausscheren der Kinder aus dem Tagesplan und rief sie nach wenigen Minuten mit der Freundin wieder hinunter in den asketisch ausgestatteten Wohnraum, der durch einen langen Eßtisch geteilt wurde, auf dem nun mit Leihgaben des Staates, bei denen die Nützlichkeit ganz offenbar die größte Rolle spielte, eingedeckt worden war. „Wir müssen erst einmal auf das Wiedersehen und Eintreffen in Archangelskoje anstoßen!" Der Champagner war lauwarm. Wolodja hatte vergessen, ihn aus dem Kofferraum zu nehmen, und Ljudmila war maßlos enttäuscht, keinen perfekten Empfang inszenieren zu können. Es war so wunderbar normal, und gerade dadurch fing ich an, mich wohl zu fühlen. Jetzt konnte ich mir vorstellen, daß ich zusammen mit der Familie in dieser Umgebung für den Zeitraum einer Woche eine kleine Gemeinschaft bilden würde. Es tat mir gut, ein Zuhause in Moskau zu wissen! Ljudmila ließ nichts unversucht, diesen Eindruck zu vermitteln. Auch der kurze Spaziergang vor dem Essen durch die Siedlung trug zu der harmonischen Entwicklung bei, mich in das Leben im langen Schatten der Vergangenheit des Ortes einzuführen, was für Ljudmila Alltag war.

Die Nachbarn: alles ehemalige oder noch amtierende Würdenträger der Regierung. Ich kannte etliche Namen aus der Presse und war erstaunt, wie wenig wichtig die meisten in Sport- oder Freizeitkleidung aussahen. Beinahe alle von ihnen waren Geschichte pur auf zwei Beinen! Die physische Begegnung mit Jahrzehnten russischer Politik war für mich faszinierend. Wir wurden oft gegrüßt. Ljudmila und Wolodja waren wohlgelittene Nachbarn. Die beiden erklärten den Gästen, wer welche Position innehatte, und wo residierte, welche Hintergründe im Machtgefüge der Regierung zu einem befristeten – manchmal auch unbefristeten – Wohnrecht oder Ausscheiden daraus führten. Alles ging viel zu schnell, aber heute hatte sogar Ljudmila einen Plan, und genau wie mir in Hamburg, lag der Gastgeberin alles daran, die Abfolge möglichst genau einzuhalten. Die Hausfrau hatte ein köstliches Menü gekocht, sogar an die Sauerampfersuppe hatte sie gedacht, die ich mir schon in Hamburg gewünscht hatte. Wolodja tat das seine, um den Empfang mit Gaben aus einem Füllhorn der Herzlichkeit, die nichts gemein hatte mit den verstümmelten Gesten, die ich vordem hatte erleiden müssen, zu einem unvergeßlichen Erlebnis zu machen. Er war nicht nur Gastgeber der Freunde seiner Frau, sondern adoptierte uns als die seinen und umsorgte uns, und hatte er zunächst ein wenig schüchtern gewirkt, entwickelte er im Laufe der Zeit einen vor perlendem Esprit sprühenden Charme.

Die Höchstform der verbalen Äußerung wurde beim Lästern erzielt. Geistesblitze wurden geschleudert. Es war kein Gespräch, das den Glanz gewitzter Bemerkungen in doch nur gelackter Oberflächlichkeit widerspiegelte. Die Kommunikation fand vielmehr im Austausch von Meinungen und Betrachtungen über andere und verschiedenes statt, durch die viel von der eigenen Persönlichkeit preisgegeben wurde, ohne sich selber zu benennen, wobei zentrales Anliegen das gegenseitige Verständnis füreinander durch Kenntnisnahme und Verinnerlichung nationaler und persönlicher Eigenarten war. Dieses Essen war dafür gemacht. Ich hatte den Eindruck, daß ein Beisammensein am Tisch für Wolodja nur dann erträglich war, wenn er nicht etwas Nutzloses zelebrieren mußte.

Die Speisen, so gut sie zubereitet waren, hatten einen niedrigeren Stellenwert als die begleitenden Gespräche. Tatsächlich hielt er es selber genau mit dieser Folge: er ließ das Essen die Unterhaltung begleiten, indem er wählerisch und langsam den einen oder anderen Bissen zu sich nahm. Ich beobachtete ihn dabei interessiert und fragte mich, warum nur Ljudmila nichts von seinen Augen gesagt hatte. Nicht die Nase war mir sofort aufgefallen, sondern die Augen hatten mich fasziniert. Sie lagen wie zwei hungrige, lauernde Raubtiere, ganz leicht zu den Schläfen hin angeschrägt, über stark ausgeprägten Backenknochen in dem etwas blassen Gesicht und schienen ein Eigenleben zu führen.

Sprache und Blick standen nicht im geringsten Einklang, so daß diese gemeinsame Mahlzeit eher zum Sehen erzog. Ich selber fürchtete mich nicht, aber ich konnte mir lebhaft vorstellen, daß es durchaus Menschen gegeben haben mochte, die während seiner geheimdienstlichen Tätigkeit Grund gehabt haben mochten, davor höllischen Respekt zu haben. Erst nach und nach gewann das Wort Oberhand und zähmte den Blick. Die unruhige Gier wich aus den Augen, sie bekamen mehr Tiefe und paßten sich durch ausdrucksvolles Glimmen und Leuchten der Stimmung an, wodurch die ganze Person erst vollends sympathisch wurde. Ich hatte das Gefühl, daß Wolodjas Augen keineswegs in erster Linie Medium für Verständnis, sondern seine Waffe sind. Ohne Furcht und mit Geduld ist man durchaus in der der Lage, seine Gedanken zu dechiffrieren..

IDEEN ODER PROGRAMM?

Die mit Respekt füreinander getragenen Betrachtungen über den vermeintlich ähnlichen Hintergrund eines Studiums, das tatsächlich aber nicht viel mehr gemein hatte als die Bezeichnung, und dessen unterschiedliche Auslegung und Anwendung Wolodja an dem Beispiel festmachte, daß entgegen allen anderen Staaten Europas Rußland als vierte Staatsfunktion neben Exekutive, Legislative und Jurisdiktion noch die Generalstaatsanwaltschaft habe, die in der Regel eine politische Macht darstelle, machten es uns leicht, an die Rampe der Weltgeschichte zu treten.

Wir nahmen gemeinsam deren in Unordnung geratene Ordnung unter die Lupe, wobei wir übereinkamen, daß der gegenwärtige Zustand des derzeitigen Weltmachtmonopols in Händen eines amerikanischen Präsidenten und dessen Regierung, sowie des Kongresses als einflußreichstem Organ der Vereinigten Staaten von Nordamerika, kaum geeignet sein könnte, auf Dauer Frieden zu sichern, weil die Einflußnahme seitens der Vereinigten Staaten ein Ungleichgewicht auslösen würde, was die Völker Europas, zu denen Wolodja Rußland zählte, nicht unbegrenzt hinnehmen können würden.

Er legte großen Wert darauf, einen politisch-ökonomischen und kulturellen Konsens mit den europäischen Ländern zu finden. Es klang nach Kapitalisierung von Kultur und Freundschaft, die höchstmögliche Zinsen tragen würden, wenn sich Kultur und Ökonomie die Waage hielten.

Nach Wolodjas Ansicht dürfte das eine nie das andere vernachlässigen und erst recht nicht aus den Augen verlieren. Kultur bedeutete für ihn eine Sprache, über die er sich, um weitgehende Gemeinsamkeit mit der des übrigen Europas wissend, hoffte verständigen zu können. So ganz schien ihm Hoffnung allein nicht zu auszureichen. Er hielt sich deshalb bei diesem Thema länger als bei allen anderen auf. Wolodja warb eindringlich um Verständnis für seinen Standpunkt und beschwor geradezu die Zusammengehörigkeit von Rußland und Europa, wobei er gedachte, Kultur massiv für einen Ausbau der Interessen an gemeinsamen Aktionen einzusetzen. Sie war für ihn deshalb ein ganz wesentlicher Bestandteil der Möglichkeiten, bessere Beziehungen zu den europäischen Nachbarn auf- und auszubauen, weil sie – ohne Assimilationszwänge oder -bestrebungen – auf möglichst großen Sympathien von Menschen füreinander fußten. Gegenseitige Sympathie stellte für ihn überhaupt erst die Basis dar, jemandem sich gut nachbarschaftlich zu nähern. Es hatte nichts von der unpersönlichen Arithmetik von Statistiken, die aufgrund von Maßeinheiten bevorzugte Behandlungen einfordert oder gar das Primat in einer Gemeinschaft Ähnlicher beansprucht.

Seine Ausführungen, daß er Kulturschaffende als verantwortliche und in die Verantwortung zu nehmende Träger eines Staates empfand, war ein Appell, man möge sich der Menschlichkeit annehmen und nicht eine egoistische Nabelschau betreiben, an der nur Ausgesuchte teilhaben könnten. Es klang danach, daß er durchaus meinte, Kulturschaffende müßten davon überzeugt werden, sich in den Dienst einer oder mehrerer politischer Ideen zu stellen, um sie aus einer besonderen Verantwortung heraus als Beratende einer Führung instrumentalisieren zu können.

Immer wieder kam Wolodja darauf zurück, daß die U.S.A. nicht nur geographisch keine direkten Nachbarn waren, es fehle ihnen auch das gemeinsame kulturelle Erbgut. Dieses verbände Rußland wiederum mit Europa, so daß die Normalität einer Beziehung schon aus diesen Gegebenheiten abgeleitet werden könne, wobei er offensichtlich nicht in seine Überlegungen einbezog, daß ein Großteil der Bevölkerung der U.S.A. seine Wurzeln in Europa hat. Es konnte sich dementsprechend nur darum handeln, wer wem nicht nahe, sondern näher ist.

Er forderte von Europa den Mut zur Entschlossenheit für eine gut nachbarschaftliche Beziehung zu Rußland ein. Rußland und Europa hieß die wünschenswerte, zukunftsweisende Verbindung. Das Abwägen und Warten auf europäischer Seite schien er nicht zu verstehen und ich meinte, daß es ihn sogar etwas verunsicherte. Kultur hatte jetzt nicht nur eine Bezeichnung, sondern auch einen ganz besonderen Inhalt: gemeinsames Handeln mit Europa. Er legte die Thematik mit viel Eindringlichkeit dar, bediente sich aber keiner räumlich-plastischen Sprache und trug überhaupt weder mit Interpunktion noch darstellerischer Intonation vor, obwohl an seiner Mimik und der Intensität des Ausdrucks seiner Augen als auch deren Farbschattierungen von wässerigem Blau bis hin zu irisierendem Grünlich zu erkennen war, daß alles, was er vorbrachte, von starken Emotionen mitgetragen wurde.

Er reihte einfach Gedanken an Gedanken, was sich nach Beliebigkeit anhörte. Tatsächlich waren die Überlegungen jedoch Fakt und schienen nur einer Erlösung durch Ausführung zu harren, wobei er mitleidlos russische Fehler einräumte. Wolodja bedauerte die Zeit der Leere in den vergangenen Jahren. Vieles sei vergeudet worden: Zeit, geistige und materielle Kräfte, Ideale. Er ging so weit, in Betracht zu ziehen, daß ein Zurücknehmen aller bisher vorgenommenen nur sogenannten und zum Teil auch echten Reformen notwendig werden könnte, um einen von allen vergangenen Fehlern entrümpelten Neuanfang schaffen zu können. Für einen Moment hörte es sich für mich nach Flucht in die Vergangenheit an. Tatsache war, daß die Goldgräberstimmung nach der Perestroika, die für ihn keinen Moment in Frage stand, sich zu einem Goldrausch gewandelt hatte, in der immenser Reichtum neben gnadenloser Armut stand. Dieses inzwischen auch von der Touristikbranche vermittelte Rußlandbild war weltweit unrühmlich als Synonym für russische Gesellschaftsstrukturen und wenig ausgeprägtes Sozialempfinden bekannt geworden, so daß ich seine Überlegungen nicht als absurd oder unerwünscht abtun konnte. Wolodja sprach sich vehement gegen die Rituale von Wohltätigkeitsaktionen aus.

Er bekannte sich zu russischen Schwächen und meinte, diese müßten als erste behoben werden, wobei er sich nach meiner Wahrnehmung nicht so sehr als Modernisierer denn als Modifizierer einer staatserhaltenden Ideologie, die weder nach der Zerstörung von Menschen trachtet noch ihm Sorgenfreiheit verspricht, gerierte.

Vielmehr machten sich ideologische Verschiebungen dahingehend bemerkbar, daß er forderte, es sollte verantwortlich für die eigene Zufriedenheit und aus sozialer Verpflichtung gegenüber den Nächsten auch zum Wohle Rußlands mehr und disziplinierter gearbeitet werden, was sich nach harten Normen anhörte und wohl auch so gemeint war. Die Bettelmentalität müßte einen Dämpfer bekommen. Ich war geneigt, ihm recht zu geben, hielt aber dagegen, daß es überlegenswert wäre, Alte und Kinder davon auszunehmen. Er stimmte sofort zu, und es war ihm anzumerken, daß gerade diese beiden Gruppen ihm sehr am Herzen lagen, für die er Hilfe von außen begrüßens- und unterstützenswert fand.

Fast jedes Thema mündete in der Forderung nach Kontinuität. Kontinuität in der Politik, in Reformen, in Ehrlichkeit gegenüber der Bevölkerung waren nach seiner Meinung das A und O einer erfolgreichen Staatslenkung. Kontinuität als Garant für Stärke, und Stärke nicht als Bedrohung, sondern als Garant für ein stabiles Verhalten nach innen und gegenüber dem Ausland, war sein Anliegen. So wie er es darstellte, war es für mich leicht nachvollziehbar, daß es für ihn und seinesgleichen schmerzlich sein mußte, von Menschen und Mächten ständig durch Häme und Kritik gedemütigt zu werden, ununterbrochen Anmaßung durch Bevormundungen westlicher Regierungen ausgesetzt zu sein, und sich nicht wehren zu können, weil zum einen das Defizit an Wissen über Rußland und um russische Mentalität nicht von heute auf morgen behoben werden kann und zum anderen, weil die Selbstdarstellung ebenfalls ungenügend ist.

Innenpolitisch müßte man, um Korruption generell zu bekämpfen – den Willen dafür sowohl in der Regierung als auch in der Bevölkerung vorausgesetzt –, Ergänzungsprojekte schaffen. Der Beamtenapparat müßte verschlankt und die verbleibenden Staatsdiener sollten ordentlich bezahlt werden. Grund und Boden sollte für alle gleichermaßen erwerbbar sein.

Es schwebte ihm eine russische Spielart deutscher Sozialdemokratie vor, wobei immer wieder die Betonung auf mentalitätsbedingten Unterschieden lag, die gewisse Abänderungen selbst – seiner Meinung nach – vorbildlichster Systeme nötig machen würden. Wenn diese Notwendigkeit erst einmal vom Ausland wahrgenommen würde, wäre manches gewonnen! Er war regelrecht empört über den Unwillen und die Beschränktheit der Vertreter vieler Länder, Verständnis zu zeigen. Ich konnte seinen Unmut nachfühlen und schlug vor, daß die russische Seite das Verständnis durch mehr Offenheit gegenüber Ausländern, durch mehr Gesprächsbereitschaft im Austausch über Eigenheiten und transparentere Vermittlung von Informationen über geschichtliche sowie kulturelle Hintergründe fördern möge. Dieser Prozeß sollte von qualifizierten Repräsentanten sowohl horizontal auf gleicher Ebene, als auch vertikal von oben nach unten, und ebenso je nach Möglichkeiten umgekehrt, getragen werden. Es wäre hilfreich, nicht mehr Menschen gegenüber zu stehen, von denen man meinte, sie nicht fragen zu können oder zu dürfen, und die sich selber lediglich im Umkreis von Wetternachrichten und antiquierten Sowjetwitzchen ergingen, oder aus eigenem Macht- oder Ohnmachtsgefühl heraus überhaupt einfach schwiegen, wie ich es zu meinem Leidwesen häufig erleben mußte. Wo vorher nur viel Rauch gewesen wäre, müßte jetzt endlich auch ein richtiges Feuer der Begeisterung entzündet werden.

Ich war offensichtlich sehr weit gegangen. Vielleicht fühlte er sich kritisiert, vielleicht wollte er sich aber auch nur noch einmal vergewissern, ob er alles richtig verstanden hätte. „Wie meinen Sie das genau?", fragte er nach, und ich nannte ihm als Beispiel die Arbeit der Deutsch-Russischen Gesellschaft in Hamburg, die ihm hinreichend bekannt sein mußte, denn er war ja stellvertretender Bürgermeister von St. Petersburg gewesen. Einer seiner Kollegen, der Kultur-Professor, dürfte ihm das eine oder andere berichtet haben. Ich wußte nicht, was für eine Rolle Wolodja in seiner Funktion als Zuständiger für ausländische Angelegenheiten gespielt, und ob er sich damals mit einer Einflußnahme gegen mich befaßt hatte. „Sie haben recht," bekannte er nach kurzem Nachdenken und fügte eindringlich hinzu: „St. Petersburg wartet auf Sie." Das hörte sich angenehm und schmeichelhaft an. Es war sicherlich etwas, das mein Herz nur zu gut verstand, aber von dem mein Verstand wußte, daß es selbst bei wohlwollender Betrachtung in den Sternen stand, was er damit gemeint haben mochte, obwohl sich über die ganzen Stunden hinweg nie das Gefühl bei mir eingeschlichen hatte, daß etwas absichtlich ungesagt geblieben wäre. War das der Glanz des Anfangs?

Seine Argumente wirkten auf mich wie Rohstoffessenzen, deren Wohlgeruch zwar schon angepriesen wurde, aber noch nicht zu Düften verarbeitet worden waren. Ich konnte mich des Eindrucks nicht erwehren, daß Wolodja keineswegs ahnungslos war, wie das bewerkstelligt werden könnte, sondern wie jemand, dessen Weg von Ideen illuminiert ist, dem er unbeirrt zu folgen gedenkt. Doch müßte dieser engagierte, aufrechte Russe noch sehr viel mehr säen, bevor er ernten könnte. Es nistete sich bei mir aber die Gewißheit ein, daß Wolodja jemand war, der es gut mit seinem Land und dessen Bevölkerung meinte.

DER ERSTE KREIS

Ich hatte den Eindruck, daß Wolodja, im Gegensatz zu Ljudmila, die entweder strikt auf Kurs ihrer Vorstellung von konventionellem Verhalten blieb oder sich kompromißlos undiszipliniert gab, gleichzeitig diszipliniert und doch unkonventionell war. Die Hausfrau genierte es, als sich die deutsche Freundin in den weiteren Ablauf des hereinbrechenden Abends einmischte. Was geplant war, entsprach nicht Ljudmilas Vorstellung von selbstverständlicher Gediegenheit einer wohlig ermatteten Unterhaltung nach einem üppigen Menü. Dabei wollte ich Ljudmila nur helfen, die Entscheidung zu treffen, mir, der einzigen Raucherin, die „Nach-Tisch-Zigarette" in den Wohnräumen entweder – entgegen russischen Gewohnheiten – zu gestatten, oder sie mir abzuschlagen.

„Laßt uns doch auf die Terrasse gehen", schlug ich deshalb vor und hatte genau daneben getroffen. Ljudmilas Haushaltshilfe hatte es nicht mehr geschafft, diesen Bereich mitsamt Sitzgelegenheiten bewohnbar zu machen. Zu sehr war sie mit den anderen Räumlichkeiten beschäftigt gewesen. „Die Deutsche kommt!", war mir als Warnruf vorausgeeilt, der die Arme eine geschlagene Woche harter Arbeit gekostet hatte, um russischer Vorstellung von deutschen Hygieneansprüchen gerecht zu werden. Ljudmila hatte den Auftrag bekommen, ihrer Zugehfrau nach dem Besuch genau zu berichten, ob die Anstrengungen sich gelohnt oder gar Bewunderung erregt hätten. Mir tat die Frau richtig leid, umso mehr, als ich mit meinem Vorschlag ausgerechnet die Schwachstelle erwischt hatte. Ich fand problemlos eine Alternative: „Wie wäre es, wenn wir uns einfach vor die Tür setzen?" Ljudmila fühlte sich überhaupt nicht wohl in ihrer Haut. „Wir haben keine Möbel dafür. Die aus dem Eßzimmer sind zu schwer." – „Dann nehmen wir eben Stühle und Hocker aus der Küche."

Ich hatte es kaum ausgesprochen, als Wolodja schon in die Küche eilte und damit begann, die Leichtgewichte der Einrichtung vor das Haus zu schaffen. Eine unkonventionellere und gleichzeitig vertraulichere Atmosphäre, die Vergangenheit unserer beider Länder und Völker neu zu definieren, und dabei eine Form der Gegenwart mit Blick zurück finden zu können, die in Vergegenwärtigung einfließen mochte, war kaum vorstellbar. Wir befanden uns in harmonischer Übereinstimmung, daß Sieger und Besiegte sich weder mit der geschichtlichen noch mit der ganz persönlichen Vergangenheit, die jedem von ihnen wie ein Fingerabdruck zueigen war, abfinden sollten, sondern sich damit identifizieren müßten, um eine Entwicklung zum Wohle aller zu ermöglichen, und daraus Energie zu schöpfen, Verbesserungen voranzutreiben.

Ich versuchte, mich von meiner Einbildungskraft freizumachen, deren Auge mir immer wieder das Bild eines Spions einblendete und vermißte die selige Unwissenheit, die gleichzeitig hätte Hinterhalt bedeuten können.

Geheimdienstangehörige in hohen Regierungsämtern waren ja auch im Westen nicht neu. George Bush sen. war Chef des CIA gewesen, und der ehemalige deutsche Außenminister Klaus Kinkel stand einstens dem BND vor. Mit wem hatten die nicht alle geredet und Kontakte unterhalten! Das Tückische, sich mit einem KGB-Mann, der von vielen dem Reich der unheimlichen und bösartigen Fabelwesen zugeordnet wird, über einen Themenkomplex sozial und kulturpolitischer Strategien zu unterhalten, lag für mich darin, daß ich nicht abschätzen konnte, wie weit die Macht seiner Gedanken mich infiltrieren könnte. Deswegen klopften Bedenken bei mir an, wie weit ich Verantwortung für ein derart offenes Gespräch übernehmen könnte. Schließlich wird der Beruf eines Geheimdienstagenten außerhalb der von ihm zu verteidigenden ethnischen und geographischen als auch soziopolitischen Grenzen deshalb angefeindet, weil man seinen geheimnisvoll unbekannten Erfolg fürchtet. Der Beruf eines Agenten teilt demnach polarisierend Nationen in brutaler Öffentlichkeit, bis hin zum demotivierenden Psychoterror, in Erfolgreiche und Unfähige. Und der KGB hatte den Ruf, erfolgreich zu arbeiten.

„Was möchtest du zuerst besichtigen", fragte Ljudmila mich am nächsten Morgen und hoffte auf einen zündenden Einfall, nachdem sie Listen von Museen abtelefoniert und herausgefunden hatte, daß am Montag rein gar nichts geöffnet zu haben schien. „Ich würde gerne zuerst zum Siegerdenkmal fahren", antwortete ich und wußte mich im Einvernehmen mit meinem Mann. Ich hatte es im Bewußtsein der Mitverantwortung für das Gedenken an unendliches Leid, das durch Deutsche über Russen gebracht worden war, ohne die Verklemmtheit eines verordneten Gefühls erbeten. Ich meinte das Denkmal zu Ehren der Opfer im Großen Vaterländischen Krieg, den die Sowjetunion durch die Stärke des Zusammenhalts seiner Völker gegenüber einem Feind, der sich weit über die Grenzen hinaus bis nach Moskau vorgewagt hatte, und dem zu trotzen zunächst als schier unmöglich angenommen worden war, doch noch gewonnen hatte.

„Wirklich?" hakte Ljudmila nach und sah mir forschend ins Gesicht als wollte sie entdecken, daß es nur protokollarisches Pflichtbewußtsein und kein aufrichtiges Anliegen wäre. Was sie sah, mußte sie beruhigt haben. Ihre Freundin gehörte nicht zu denjenigen, die nach Rußland reisen, um das durch deutsches Verschulden düstere Kapitel der Vergangenheit totzuschweigen und sich in den Schutz von Herzen kommender Gastfreundschaft von Russen zu begeben, von denen die Erinnerungen an deutsche Untaten nicht als Hauptgang serviert werden. Allerdings hatte ich Zweifel, daß Wissen um diese Menschen, die des vielfach beschriebenen Heldentodes gestorben waren, der nach russischer Vorstellung angeblich ein glücklicherer Tod ist, helfender Trost für die Hinterbliebenen bedeuten würde. Die für Russen so große Anziehungskraft des in Stein gemeißelten Vermächtnisses der Toten, Beraubten und Entehrten sollte verbinden und nicht trennen, wie es mißverständlicherweise von vielen meiner Landsleute angenommen wird, die sich an Rußland interessiert geben oder es tatsächlich auch sind. „Wenn du einverstanden bist, versuchen wir erst, im Mineralogischen Museum Einlaß zu bekommen", unterbrach Ljudmila mein Nachsinnen. „Ich habe gerade mit dem Direktor telefoniert. Angeblich haben sie für Gruppen geöffnet. Ich habe gesagt, einer deutschen Delegation wäre sehr daran gelegen, das Museum zu besichtigen." Ich lachte über diesen alten Trick, der mir schon von den Opernbesuchen mit Galina her hinreichend bekannt war, und der offenbar nach wie vor zog.

Das Museum befand sich versteckt im Erdgeschoß einer von etlichen verkommenen Mietskasernen in einem Viertel, das fast nur aus solchen oder ähnlichen Blocks bestand, die ihre äußerliche Individualität durch Narben abgefallenen Putzes und klaffender Risse bekamen. Der eindrucksvoll schwarz gekleidete Wachmann, der ein Gewehr auf einem wackeligen Tischchen vor sich im Windfang postiert hatte, ließ sich Pässe und Ausweis zeigen, um nach umständlicher Prüfung und Befragung schließlich überraschend schnell und freundlich Passierscheine auszustellen. Eigentlich hatte ich nur Ljudmila zuliebe dem Museumsbesuch zugestimmt. Mineralien hatten mich nie besonders interessiert, aber Ljudmila meinte, die Ausstellung vermittele einen umfassenden Eindruck von den wertvollen Bodenschätzen in den verschiedenen Regionen Rußlands. Das hatte mich zumindest halbwegs animiert. Mein Mann fand die Materie sowieso äußerst spannend.

Eine begeisterte Kustodin quälte Ljudmila mit langatmigen, fachkundigen Erklärungen, die meine russische Freundin so genau wie möglich ins Deutsche übersetzte, bis ich ihr zu verstehen gab, daß eine Kurzversion ausreichen würde. Ljudmila nahm es dankbar zur Kenntnis und widmete sich schließlich ganz einem Gespräch mit der Museumsangestellten, während ich mit meinem Mann die Vitrinen nach eigener Lust und Laune abschritt, um begutachtend hier länger, dort kürzer stehen zu bleiben, und vor manchen gar nicht. Wir kamen in die Abteilung der sibirischen Mineralien, die schon durch ihre Größe und üppige Ausstattung auffiel. Wie die anderen, lag auch dieser abgehoben große Raum im muffigen Halbdunkel, so daß der Schimmer der Exponate besser zur Geltung kommen konnte. Bizarre Gebirge von Halbedelsteinen warteten auf Bewunderung. Ungeahntes Farbspiel von Granat erweckte Wünsche.

Von allen Stücken, die aus Sibiriens Schatzkammer ausgestellt waren, konnte jenes eher bescheiden seitlich dekorierte Exponat mit Abstand nicht als das schönste gelten. Es war noch nicht einmal in irgendeiner Weise das auffälligste, aber es war trotzdem das, weswegen ich plötzlich meinte, mir würden die Sinne schwinden. Die Launenhaftigkeit des Zufalls wollte es, daß genau hier vor meinen Augen ein Doppelgänger des Rohsmaragds lag, den ich für Alexej Nikolaijewitsch hatte nach Deutschland schmuggeln sollen. Ich näherte mich ihm beinahe unterwürfig ängstlich wie einem alten Bekannten, der von mir schlecht behandelt worden war und dessen Rache ich fürchten müßte. Übersinnliche Erscheinungen waren eher Ljudmilas Ressort, aber jetzt meinte ich, der Dämmerzustand aus anhaltend starker Erregtheit und die ängstliche Grundstimmung hätten mich seit damals nicht wirklich verlassen. Das Fieber kehrte zurück. Die große Täuschung, Moskau unter Ljudmilas und Wolodjas Fittichen neu entdecken zu können, die schon nicht mehr ganz unbeschädigt war, seit wir an Galinas Haus mehrmals vorbeifahren mußten, wurde vollends zerstört.

Der furchterregende Knall von Wiederholungen fand nicht hintereinander, sondern im Kampf gegeneinander statt. Hier lag ein Rohsmaragd aus Sibirien in genau der Zigarrenkistengröße als schlecht koloriertes Porträt von Alexej Nikolaijewitsch, der als wissenschaftlicher Mitarbeiter des Universitätsinstituts gearbeitet hatte, dem dieses Museum angeschlossen war. Hatte er den Stein eventuell gar nicht direkt aus Sibirien beschafft? War er inzwischen reumütig gewesen und hatte ihn hierher zurückgebracht? Was für ein Zufall! Ausgerechnet dieses Museum war uns am Montag als einziges zugänglich, und ausgerechnet mit meinem Mann und Ljudmila sollte ich diesen Lokaltermin zur Beweisaufnahme wahrnehmen.

Ich zog meinen Mann vor das wenig attraktive Ausstellungsstück. „Das ist er!" Ich zeigte auf den Rohsmaragd. „Genau so ein Exemplar sollte ich schmuggeln." Mein Mann gab unumwunden zu, daß er sich den Stein nach meinen Erzählungen nicht dermaßen groß vorgestellt hatte. Wie froh ich war, ihm so spät doch noch anschaulich machen zu können, um was es damals gegangen war. Nachdem die schäbige Fassade des Hauses, wo Galina wohnte, bei ihm lediglich Bedauern hervorgerufen hatte und von Ljudmila beinahe gar nicht zur Kenntnis genommen worden war, schien mir dieses Mineral der physische Nachweis für die Richtigkeit meines Handelns während der qualvollen Woche in Galinas Wohnung zu sein.

Ich ging zu Ljudmila hinüber und entschuldigte mich, das Gespräch mit der Kustodin unterbrechen zu müssen. „Ljudmila, ich muß dir unbedingt einen Stein zeigen." Meine Aufregung war sogar noch gestiegen. Ich führte die russische Freundin mit der Erwartung an den Smaragd heran, sogleich lobenden Applaus für den Fund des Schlüsselbeweisstückes zu erhalten. „Genau so einen Rohsmaragden sollte ich mitnehmen!" Doch während ich mich über meine Entdeckung gar nicht beruhigen konnte und angespannt darauf wartete, angesichts der verkörperten Größe des Problems im nachhinein Anerkennung dafür zu finden, wie ich mich aus der Affäre gezogen hatte, lachte Ljudmila nur.

Tatsächlich: sie lachte! Es war für mich wie ein Schlag ins Gesicht. „Du hättest es bestimmt geschafft, den über die Grenze zu bringen!", war der unerwartete Kommentar. Es hätte nur noch gefehlt, Ljudmilas Satz wäre mit: „wenn Du nur gewollt hättest" beendet worden, aber auch so hatte es sich beinahe wie ein strenge Rüge angehört, daß ich nicht den Versuch unternommen hatte, den Riesenklunker außer Landes zu bringen. Ich meinte, daß Ljudmilas Augen nicht wenig wohlgefällig auf dem Objekt mancherlei Begierde lagen. Was hatte meine jetzige Gastgeberin in Moskau gemeint? War das Nachempfinden meiner damaligen Situation in dieser Stadt, für das ich der russischen Freundin von Herzen dankbar gewesen war, nur simuliert gewesen? Hatte sie denn nicht verstanden, daß es weniger um Machbarkeit denn um Skrupel gegangen war?

Hatte Ljudmila denn überhaupt nicht das vermutete ähnliche Leitbild wie ich? Der Verdacht traf mich wie eine Keule. Mir schwindelte von der Vorstellung jetzt fast mehr als von dem Wiedersehen mit Alexej Nikolaijewitschs damaligem, ständigen Begleiter in Zigarrenkistengröße. Während ich im stickigen, unangenehm nach Mineralien riechenden Dunkel des Raums stand und nach Luft rang, versuchte ich, meine Gedanken zu ordnen. Ich atmete tief und langsam, bis ich mich ein wenig beruhigte. Was hatte ich vergessen zu bedenken, daß es zu einem derart niederschmetternden Mißverständnis kam? Ich war sicher, daß es nur darum gehen konnte, als mir einfiel, daß Ljudmila in einem ihrer Briefe zu dem Schluß gelangt war, daß die Schnittstelle zum Verständnis füreinander das Verstehen des spezifischen Humors eines anderen wäre. Ljudmilas Bemerkung, die sich für meine Ohren nach unerträglich gleichgültiger Heiterkeit angehört hatte, hatte nicht die Gefährlichkeit künstlicher Sonnen, sondern war als Therapie gegen schmerzliche Erinnerungen gedacht gewesen. Es war kein Kreislauf der immer wiederkehrenden Ereignisse, sondern ein Kreis, der sich endlich geschlossen hatte.

Mein Mann kam langsam herbeigeschlendert, nachdem er weiterhin den Rohsmaragd intensiv betrachtet hatte. „Siehst du, nun hat sich der Kreis geschlossen", bemerkte er nachdenklich, ohne meine Überlegung zu kennen. Und wenn er, der Hanseat, für den normalerweise ein „Na" schon einen kompletten Satz bedeutete, das in dem Ton sagte, dann war es wohl auch so.

PFLICHT UND KÜR

Wir absolvierten in den nächsten Tagen ein anstrengendes touristisches Programm, das von Wolodjas Sekretariat organisiert und von Ljudmila pflichtbewußt absolviert wurde. Auch ich war wenig begeistert, hatte es doch hauptsächlich zum Ziel, meinen Mann nach und nach auf meinen eigenen Stand der Kenntnis von Moskauer Sehenswürdigkeiten zu bringen, den ich mir während verschiedener Besuche und zu Hause erarbeitet hatte. Ljudmila würde für Besichtigungen noch einige Jahre Zeit haben, nachdem sie gerade erst einige Monate in Moskau lebte.

Anregung und Genuß boten die Stunden der Muße nachmittags in Archangelskoje. Sie waren eine starke Lichtquelle, die meine und die Versuche der Familie Putin, gegenseitiges Verständnis zu erlangen, wesentlich erhellte, indem sowohl Wolodja als auch Ljudmila mich in ihren Tagesablauf einbezogen. Draußen auf der Terrasse, die Ljudmilas Haushaltshilfe nun bewohnbar gemacht hatte, genoß ich spät nachmittags den herben Geruch vertrocknender Pflanzen auf rissiger, knochenharter Erde, der sich mit dem wildreinen Duft von ein paar unermüdlich blühenden Rosen mischte, die Ideologie und Regierungswechsel überlebt hatten, und denen es jetzt entschieden schlechter ging denn zuvor, als Brigaden von Gärtnern sich um Rabatten und Grünflächen der Regierungsdatschen gekümmert hatten, während die neuen Bewohner dieser Arbeit in Eigeninitiative keinen Geschmack abgewinnen konnten. Das Summen und Brummen von Insekten, ganze Geschwader von Kohlweißlingen und Zitronenfaltern, herrlich reine Luft und die Ruhe beim Anschauen der Familienalben hätten vergessen lassen können, daß ich nur wenige Kilometer von der lärmenden, smogverseuchten Megametropole Moskau entfernt waren, wenn nicht Mascha und Katja gerade den Fernseher hochtourig laufen ließen oder sich die letzte Hitparade der internationalen Popszene mit ohrenbetäubendem Lärm zu Gemüte führten. Ljudmila bemühte sich zwar immer, schlimmste Auswüchse zu verhindern, aber konnte nur relativ instabilen Erfolg verzeichnen.

Auch Wolodja machte ab und an ein gequältes Gesicht und suchte Verbündete bei den Gästen für seinen Geschmack, der sich nicht so sehr an die Variationen zeitgenössischer Musikszene als traditioneller Klassik und Volksmusik anlehnte. Kein Zweifel: wir litten zusammen, wie wir auch darin übereinstimmten, daß Kindern und Jugendlichen in weiter gesteckten Grenzen eine ganz eigene Entwicklung auch auf diesem Gebiet zugebilligt werden müßte. Ich konnte mir aber vorstellen, daß Popmusik eher die Ausnahme war, bei der Wolodja bereit war, ein Schattendasein russischen Wesens auf eigenem Territorium zuzulassen. Fast Food und Coca Cola hatten im Land schon im Übermaß Einfluß gewonnen und zu einer kulturellen Kolonialisierung in dieser russischen Welt geführt, die sich doch ansonsten schwer mit jener vertrug, die dergleichen Beiwerk zu ihrer Lebensart zählt.

Mein Gefühlszustand wurde, ausgleichend zu den Extremen früherer Erlebnisse, die einen Versuch des Verständnisses für Russen und Rußland beinahe gänzlich zum Scheitern gebracht hatten, durch die Teilnahme an einer nachvollziehbaren Normalität des Zusammenseins um gute, neue Eindrücke aufgestockt. Anders als bei meinen russischen Bekannten in Hamburg, die sich entweder hinter einem Bollwerk von Lügen und Protokollvorschriften verschanzt oder mich überhaupt nur an der Haustür abgefertigt hatten, so daß anzunehmen gewesen war, ich als Fremde würde geradezu dämonisiert und der Kontakt zu Russen ganz allgemein wäre eine Mutprobe, wurde ich im Putinschen Haushalt überhaupt nicht ausgeschlossen.

Wolodja und auch Ljudmila gestalteten die Steuerung der Beziehung zu ihren Freunden und Bekannten, die manchmal einfach mitgebracht wurden, in großen Linien, so daß ich automatisch in den Kreis integriert wurde. Alles andere ergab sich dann je nach individueller Sympathie. Wolodja, der Gastfreundschaft geradezu als Lebensform zu betrachten schien, brachte Besuch zum Leidwesen Ljudmilas auch sehr spät abends, manchmal nachts, mit nach Hause, wo dann, mit wechselnder Belegschaft um den langen Eßtisch sitzend, diskutiert wurde, während Ljudmila noch für nahrhafte Unterlegung der Gespräche mit herzhaftem Sauerteigbrot, Gurken, Fisch und anderen Kleinigkeiten sorgen mußte, was den Eindruck erweckte, das Ehepaar würde zum Wohl der Gäste in einer Art Schichtbetrieb arbeiten.

Wolodja hatte allem Anschein nach ein großes Bedürfnis nach der Nähe von Menschen und einen geradezu unstillbaren Durst nach Informationen und Austausch von Meinungen. Soweit ich beobachten konnte, schälten sich dabei nicht wirkliche Visionen heraus. Aus Spaßmacherei, losem Mundwerk und geläuterten Ansichten machte sich Wolodja mit freiem Kopf daran, daraus praktikable Nebenprodukte von Visionen abzuleiten, deren Quintessenz stets bei mir den Eindruck hinterließ, er wäre nicht so sehr auf der Suche nach einer russischen Reproduktion der Neuen Welt, sondern nach einer neuen Alten Welt mit für Rußland bekömmlichen Elementen, wobei er sich an diese Vorstellung durch Fragen und Betrachtungen herantastete, ohne daß seine Ansichten jemals einen demagogischen Zungenschlag bekommen hätten, und diejenigen, die mit ihm am Tisch saßen – gleich welchen Ranges sie waren, und welchen finanziellen oder politischen Hintergrund sie hatten –, die samt und sonders wertvolle Fundstücke der kürzlichen Vergangenheit waren, was sie von gewöhnlichen Russen unterscheiden mochte, zollten Wolodja besonderen Respekt. Auf gleicher Ebene unter den dort Gewöhnlichen wurde er als ungewöhnlich anerkannt.

Nach meinem Eindruck war das nicht vorwiegend seinem beschleunigten politischen Aufstieg zu verdanken. Zwar hatte er in der Reihe der Wichtigen des Landes schon einen beachtlichen Platz inne, aber von der unantastbaren Nummer eins trennten ihn etliche Ränge. Wolodja war jemand, den so etwas nicht zu interessieren schien, sondern ihn eher motivierte, ohne Kompetenzgerangel beste

Arbeit für die Nummer eins zu leisten. Die Nummer eins aber war der Präsident, und der wiederum war dem Volk verantwortlich, und das Volk war Rußland. Jede Arbeit im Dienste Rußlands bedeutete ihm eine Chance für die Zukunft Rußlands und, darin eingebettet, seine eigene. Er war zudem ein Mann, der den Eindruck vermittelte, die mit steilerem Aufstieg zunehmend dünne Luft würde ihn mehr und mehr beflügeln, eigene Grenzen zu sprengen und neue zu suchen, ohne seine Fähigkeiten in kleinlich beengendem Strebertum zu ersticken.

Ljudmila kam wieder zum Einsatz, wenn Wolodja zwischendurch aufbrach, um einen Teil seines Sportprogramms zu absolvieren oder sich mit Bekannten und Freunden im Sportzentrum von Gazprom, das schnell erreichbar in der Siedlung lag, zum politisch erweiterten Fitneßprogramm zu treffen. Wolodja war so schnell im Umkleiden, in den Bewegungen, in Reaktionen auf Gesehenes und Gehörtes, daß er schon wieder langsam wirkte, wie es bei sich irrwitzig drehenden Rotorblättern der Fall ist, und war er noch so umtriebig, so vermittelte er doch nie das Gefühl, in Zeitnot zu sein. Hatten wir mittags in einem von Ljudmila und ihm sorgfältig nach Qualität und Originalität ausgewählten Restaurant Platz genommen, so kam er wenigstens auf eine Vorspeise und ein Glas Mineralwasser vorbei, um sich nach den Eindrücken des Morgens zu erkundigen, bevor er sich dann zu einem anderen Termin fahren ließ. Traf er mich ohne meinen Mann in den Wohnräumen an, erkundigte er sich auch sofort nach ihm. Irgendwie war er ständig auf angenehme Weise präsent.

Für mich war Wolodja eine Art zentrale Leitstelle. Mehrmals rief er mich über das Autotelefon an, wenn er einen seiner beiden Fahrer mit dem deutschen Besuch losgeschickt hatte, um sich zu erkundigen, ob alles in Ordnung wäre. Die Art, jemandem lautlos auf der Spur zu bleiben, mochte eine Hinterlassenschaft seines ehemaligen Berufs sein, aber diese Art der Fürsorge entsprang mit Sicherheit nicht der Übermacht des Bösen. Alles was er für mich tat, kam meinem Sicherheitsbedürfnis sehr entgegen. Ljudmila war da schon etwas nachlässiger und überließ mich gelegentlich für ein paar Stunden meinem eigenen Schicksal, was verständlich war, da sie, außer für den Besuch aus Deutschland zu sorgen, noch anderes zu erledigen hatte. Es stellte sogar eine angenehme Abwechslung dar, da ich mir dort Eindrücke verschaffen konnte, wo es für meine Interessen am sinnvollsten schien und es mir am besten gefiel, was sicherlich nicht mit den Vorstellungen eines kulturbeflissenen Touristenführers übereingestimmt hätte.

Bei Wolodja erzeugte das kaum sichtbares Stirnrunzeln, aber er wies weder mich noch Ljudmila zurecht, so wie er überhaupt eine äußerst diskrete Art hatte, seinen Wunsch und Willen kundzutun oder durchzusetzen. Ich meinte, daß nur jemand dazu in der Lage wäre, der in Übereinstimmung mit sich selber ist, und dessen innere Unsicherheiten durch die Fähigkeit geglättet werden, lernen zu wollen, Erfahrungen anderer anzunehmen und praktisch umzusetzen. Mehr als Ljudmilas Leben, das durch ihre eigene Wesensart und die meistens familiären und häuslichen Ansprüche in seiner individuellen Entfaltung gehemmt wurde, war Wolodjas identisch mit seiner Denkweise: eigenständig selbstbewußt, dabei schnell, offen und intensiv, und alles mit großer Verläßlichkeit.

MEHR ALS NUR BESICHTIGUNGEN

Ähnlich wie ich mich jetzt fühlte, mußte es Ljudmila manchmal in Hamburg ergangen sein, als sie von dem fragwürdigen Eifer ihrer Gastgeberin vereinnahmt worden war, die gemeint hatte, der russischen Freundin mit einem prallen Besuchsprogramm keine Gelegenheit für einen Augenblick der Nachdenklichkeit, der Regeneration geben zu dürfen. Jetzt war ich es, die von den Zirkusnummern einstudierter, mit Zahlen befrachteter und umso weniger anschaulicher Führungen übersättigt war. Die Sprache dieser Vorführungen stammte zudem noch immer aus dem dumpfen, aber gewaltig hallenden Gewölbe der vergleichsorientierten Sowjetideologie und verteilte in erster Linie ganz profane Rangplätze an Größe, Höhe und materiellem Wert, wobei Schönheit kaum Erwähnung fand. Dies schrieb ich nicht unbedingt der Weisheit zu, daß die Erfüllung der Kriterien für ästhetisches Ebenmaß im binationalen Vergleich erst recht schwer erfaßbar ist.

Meine körperliche und seelische Verfassung war den Erwartungen an mich als Gast kaum noch gewachsen, wozu auch die langen Angstpartien in Ljudmilas kleinem, altem Wägelchen beitrugen, das Kühlung durch heruntergekurbelte Scheiben als Alternative zum Erstickungstod durch Autoabgase bot. Es brachte uns jedoch brav, von Ljudmila wie von einer Kriegsstrategin gnadenlos vorangetrieben, im Zickzackkurs durch die Schlachten auf den Verkehrsschlagadern dieser cholerischen Stadt gelenkt, von einem Besichtigungsort zum anderen. Allein diese Unternehmungen im Stile von Himmelfahrtskommandos taten das ihre, um mich zu einer ungenießbaren Besucherin zu machen, wie auch Ljudmila es gelegentlich gewesen war. Und genau wie meine russische Freundin vor nicht allzu langer Zeit in Hamburg, wußte ich um meine Unleidlichkeit, ohne sie ändern zu können. Ich hatte das Gefühl, viel und nichts gesehen zu haben, was sich in einem immensen Ruhebedürfnis äußerte, um die künstliche Unruhe zu vertreiben.

Der Ausflug nach Sergijew Posad war nicht dazu angetan, diese Stimmung wesentlich zu verbessern. Zwar fuhren wir mit dem brandneuen und klimatisierten Saab von Ljuba, einer von Ljudmilas dienstältesten Freundinnen, die – jedenfalls in Ljudmilas Augen – außer ein absolut verkehrstüchtiges, komfortables Fahrzeug zu besitzen, noch den Vorteil hatte, Religionsexpertin zu sein. Im Gegensatz zu Ljudmila hatte sie bereits problemlos den Wechsel von einem überzeugten Saulus zu einem nicht minder eifrigen Paulus geschafft. Aber nicht nur mir als beobachtender Berichterstatterin, sondern ebenso manchem russisch-orthodoxen Geistlichen mochte scheinen, daß Bekenner und Windmacher sich gelegentlich sehr ähnlich sind. Für mich selber war Ljuba noch aus einem dritten Grund interessant: Sergej, Ljubas Mann, hatte als Angehöriger der alten Elite wie Wolodja zum Schutze des Sowjetreiches im Dienste des KGB gestanden und mit ihm zusammen in Dresden gearbeitet. Die Familien waren dort Nachbarn in einem Haus gewesen, wo sie, in Folge der Ghettoisierung von Angehörigen der KGB-Mitarbeiter, eine enge Gemeinschaft gebildet hatten. Ljuba war die gute Seele gewesen, die es mit Geschick und anerkannten Organisations- und Kochkünsten verstanden hatte, die wichtigen Feste ihres Landes auszugestalten und sie, zusammen mit ihrem Mann, der nach Ljudmilas Schilderungen eine rechte Stimmungskanone sein mußte, regelmäßig zum Erfolg gemacht hatten.

Obgleich ich Wolodja ein Großteil mehr Lagerfeuermentalität zutraute als seiner Frau, waren es doch beide gewesen, Wolodja und Ljudmila, die diese Feste geliebt und gerne an ihnen teilgenommen hatten, ohne sich mit Begeisterung an den Vorbereitungen beteiligt zu haben. Das Aufflammen von Ljubas Religiosität und die Veränderungsgeschwindigkeit ihrer Persönlichkeit, bewirkte bei der alten Freundin Ljudmila noch nicht einmal ein leichtes Glühen. Für uns deutsche Gäste wirkte ihre Art des Bekenntnisses zum Christentum eher befremdlich, da sie sich nicht als ausreichend festes Band der Herzlichkeit erwies, womit zumindest der Durchbruch zu besserem Verständnis untereinander hätte erreicht werden können. Ljudmilas Glaube an die Übermacht von Seelenkräften, mit oder ohne Unterstützung astrologisch versierter Gurus, war mir um einiges geheurer als das verhuschte Fanatikertum, das aus Gewissensnot geborene Hinwendung an etwas Göttliches sein mochte, um eine in Brüche gehende Welt damit heilen zu können, wobei Riten und Symbole für etwas herhalten mußten, das als Glaube mißverstanden wurde. Ljubas missionarischer Vortrag, der darauf gezielt war, eine Bastion der Ungläubigkeit zu Fall zu bringen, warf durch dessen wenig beeindruckendes Resultat vielmehr die Frage auf, ob ein derart heiliger, erlauchter Ort wie Sergijew Posad überhaupt das richtige Ausflugsziel war. Die deutschen Gäste hatten die Klosteranlage ja schon in der Vergangenheit mehrfach besichtigt. Ich kämpfte mit mir in aufrechtem Zwiespalt, so viel Unvoreingenommenheit wie möglich gegen eine sich hartnäckig haltende Unlust zu verteidigen, da ich das Kloster nun sogar schon zum vierten Mal besuchte.

Wir standen in der schattenlosen Hitze und warteten auf die Führerin, die von Wolodja bestellt worden war, und während wir uns umschauten, versuchte ich die Herkunft einer Darstellung der Heiligen Dreifaltigkeit über einem Torbogen zu enträtseln. „Ist das eine Ikone von Rubljow?", fragte ich und bemerkte gar nicht, daß ich gegen meinen Grundsatz verstoßen hatte, nie wieder ein russisches Wort oder einen russischen Eigennamen zu benutzen, ohne daß er mir nicht genau vorgesprochen worden wäre, und meine Aussprache dann als richtig die Zensur passiert hätte. Zu oft war ich von Dmitrij und Tatiana kleinlich bemäkelt worden. Nie waren die beiden auf Inhalte eingegangen. Meine Kenntnis wurde etwa darum erweitert, daß der Nachname des Schriftstellers Boris Pilnjak auf der zweiten Silbe betont wird. Nützliche Hinweise, warum seine Werke in der Sowjetunion einerseits Bewunderung und auch heftige Kritik ausgelöst hatten, oder auf vergleichbare, vielleicht auch dazu im Gegensatz stehende Literatur, waren ganz und gar ausgeblieben.

Ich hatte bei vielem Hintergründe erfragen wollen und war stets gleich zu Beginn durch Kritik an falscher Aussprache gehindert worden, was bei mir den Eindruck hinterlassen hatte, Dmitrij und Tatiana betrachteten mich im Umgang mit ihnen als intellektuell nicht angemessen. Für die beiden war lediglich von Interesse gewesen, wo die entsprechenden Bücher in meiner Wohnung zu finden wären, als wenn deren physische Anwesenheit Beweis für Konsum und gar Verstehen darstellte. Nach langer, langer Zeit fragte ich jetzt wieder gezielt außerhalb meiner ganz persönlichen Belange, was unbewußt Beweis für ein Vertrauen war, das ich absichtlich – zu meiner eigenen Drangsal – versucht hatte zu negieren.

Der Schock der Konfrontation mit der Erkenntnis von der Übermacht des Unterbewußtseins traf mich wie ein Himmelsfeuer. Es war geradezu, als wenn diese Ikone tatsächlich Gefäß göttlicher Energie wäre, die durch mich hindurch punktgenau zwischen Ljudmila und deren russische Freundin traf und dort verlöschte. Keine von beiden konnte mir Auskunft geben. Ich versuchte, Vergleiche zu anderen Ikonen heranzuziehen, die ich früher einmal in der Tretjakow-Galerie gesehen hatte, um mich an Wiedererkennungsmerkmalen zu orientieren, aber es blieb nichts als ein stümperhafter Versuch, mich selber innerhalb der Klostermauern zurechtzufinden.

„Du meine Güte", rief Ljudmila schließlich aus, „du weißt wirklich mehr über Rußland als wir!" Die Erinnerungsfalle hatte zugeschnappt. Ljudmilas wohlgemeinte Bemerkung war Auslöser für das Überlaufen von Emotionen, deren Anforderungen ich nicht mehr gewachsen war. Ein Strom von Tränen brach aus mir hervor. Die unendliche Erleichterung und das fragile Glück, den bedrohlichen Klumpen des Unverständnisses endlich losgeworden zu sein, bemächtigte sich meiner wie eines geschlagenen Opfers. „Was ist los? Habe ich etwas Falsches gesagt?" Ljudmila war zutiefst betroffen über die Reaktion ihres deutschen Gastes. „Es ist nur", begann ich schluchzend und erzählte, was Dmitrij damals bei dem unseligen Abendessen im Generalkonsulat mir ins Gesicht geschleudert hatte: „Nie wirst du etwas von Rußland verstehen …"

Ljudmila, und auch Ljuba, versuchten, meinen Tränen durch Trost Einhalt zu gebieten. Sie sagten nichts anderes als das, was alle sagen, wenn sie hilflos sind: „Es war nicht so gemeint." Und hätte ich diesen Trost früher abgelehnt, so gelang es ihnen an diesem Ort, das Unglück damit zu bändigen. Sergijew Posad war schon besonders. In jeder Beziehung.

Dafür sorgte auch wieder Wolodja, dessen unsichtbare Allgegenwart auch hier zu spüren war. Nicht nur, daß er eine Führerin organisiert hatte, deren Erklärungen fast nichts gemein hatten mit den unpersönlich gleichförmigen Informationen für Touristen, und die das Geschehen um den Heiligen Sergios von Radonesch mit leuchtenden Augen geradezu intonierte, als wenn ihr in einem inbrünstigen Gebet Erscheinungen gekommen wären und davon zu berichten wäre, so daß ihre schlichte Gläubigkeit bei allen einen nachhaltig tiefen Eindruck hinterließ, er hatte – nicht ohne Absicht – auch einen Empfang durch den stellvertretenden Leiter der geistlichen Akademie vorbereitet.

Das Patriarchat befand sich zur Zeit unserer Reise mit der Regierung Rußlands über die Frage der Zulassung von Sekten im Dissens. Die Entsendung von Wolodjas Frau in Begleitung von Freunden war eine gute Gelegenheit, ein positives Signal zu geben, ohne daß es als Anbiederung hätte verstanden werden können. Dieses Signal wurde von Ljudmila durch gehörige Lebensnähe geadelt, während die deutschen Gäste sich bemühten, Wolodjas mühselige Kleinarbeit zur Erreichung eines Ausgleichs mit dem Patriarchat zu unterstützen, indem sie durch Kenntnisse in deutschem Kirchenrecht und russischer Orthodoxie den Eindruck vermitteln halfen, daß kirchliche Belange im Hause Putin durchaus ein Thema wären. Wolodja war kein Knecht der Politik, sondern sowohl listiger als auch behutsam virtuoser Gestalter.

„Michail Stepanowitsch", redete ich den stellvertretenden Leiter der geistlichen Akademie etwas gestelzt, aber zutreffend und korrekt an, und erntete dafür von ihm einen für mich unverständlichen Heiterkeitsausbruch, dessen Stimmung bis zum Schluß das Gespräch beherrschen sollte. „Unsere Bonzen haben schon immer versucht, Humor zu zeigen, selbst wenn er tatsächlich höchstens lauwarm war oder das Lachen sogar im Halse stecken blieb", kommentierte Ljudmila später die entspannte Atmosphäre und lieferte sowohl ein weiteres Beispiel für ihren Realitätssinn als auch, allein durch die lapidare Anmerkung, gleichzeitig einen schwarzen Witz. Ich erinnerte mich, daß Dmitrij gerne im Zusammenhang mit großen Künstlern als von „unseren" gesprochen, so daß es sich angehört hatte, als wären sie zumindest ein klein wenig sein Eigentum gewesen. „Unsere Bonzen" war treffend. Die hatten zwar auch nicht allen gehört, aber fast alle gehörten ihnen.

Wir verließen Sergijew Posad, und hatte ich insgeheim den nunmehr vierten Besuch als langweilig geschmäht, so mußte ich Abbitte leisten und sprach es laut aus. Diese Besichtigung war für mich von einer Erhellung gewesen, als ob ich zum allerersten Mal das Wunder der Heiligkeit des Ortes erlebt hätte, in dem Glaube gedeiht. Erst jetzt empfand ich die tränenlose, kühle Genugtuung für Dmitrijs Beschimpfung. Erst jetzt hatte ich mit Hilfe des über Jahre angeeigneten Wissens eine Bahnsteigkarte für den Zug gelöst, der mich auf den Weg bringen könnte, bei allem Wissen Rußland auch zu verstehen.

AUSKLANG

Wolodja hatte eigentlich zusammen mit der ganzen Familie und den Gästen aus Deutschland an der kunst- und religionsgeschichtlichen Besichtigung des Danilow-Klosters teilnehmen wollen, dann aber kurzfristig abgesagt, als von der Klosterverwaltung auf Geheiß höchster Stelle zusätzlich zur Besichtigung eine Essenseinladung ausgesprochen worden war. Ljudmila ließ durchblicken, daß Wolodja die Teilnahme daran ein Jota zuviel der Signale gefunden hätte, die unter den derzeit gegebenen Umständen als Blinkfeuer hätten mißverstanden werden können. Aufmunterung und indirekt entscheidende Anstöße geben, war dagegen in Wolodjas Sinn, wobei er eher bereit zu sein schien, die bittere Pille zu schlucken, nicht sofort den ganz großen Wurf landen zu können, als sich des Eventualtreffers durch Abwarten des bestmöglichen Zeitpunkts zu entsagen.

In diesen Schicksalsjahren Rußlands, wo es auf breiter Ebene darum ging, andere zu schlucken oder selber gefressen zu werden, verlangte es einem temperamentvollen Charakter wie Wolodja, dem es gelegentlich schwer fallen dürfte, sich zu zügeln, besonders viel Geduld ab, nicht aktiv mit Brachialgewalt einzugreifen, sondern sich als Unterhändler der nach allen Seiten offenen Vielseitigkeit zunächst unabsehbarer Möglichkeiten zu verstehen. Immer häufiger meinte ich beobachtet haben zu können, daß der anfängliche Eindruck von Kälte und Berechnung in Wolodjas Augen und Gesichtsausdruck, die steife Körperhaltung, eine Hand oft etwas verkrampft zur Faust geballt und das eingefrorene Lächeln sein eigenes Bemühen reflektierte, sich nicht in Reaktionen aufgrund seines eigentlich jähen, ungebärdigen Naturells zu verfangen. Der gelegentliche Gebrauch von deftigem, aber in meiner Gegenwart nie unanständigem Vokabular schien mir einerseits Freude am Provozieren und andrerseits Erleichterung nach Phasen starker Beherrschung zu sein.

Wir sahen ihn erst am nächsten Mittag wieder, als sein Fahrer die Gäste nach einem Besuch des Puschkin-Museums zu einer Verabredung mit ihm in einen feudalen Moskauer Klub brachte. Genau genommen sah wir ihn selber zunächst nicht. Es bot sich ein szenisches Bild, das in Hinblick auf seine geheimdienstliche Vergangenheit nicht sinnfällig komischer hätte ausfallen können. Wolodja saß in einem Speiseraum edelster Ausführung auf einem thronähnlichen Louis-XV.-Sessel, wo von ihm, hinter einer oberkörper- und gesichtverdeckenden Zeitung, nur Hände und Beine auszumachen waren. Ich vermutete, daß die manschettenbewehrten und in schwer definierbarem blau-grün-grauen Farbton behosten Körperteile zu Wolodja gehören müßten, weil der operettenhaft pompös livrierte, dienstbare Geist mich lautlos über den dicken Teppichboden, der in kürzeren Abständen von kostbaren Brücken unterbrochen wurde, zu dem Leser führte und sonst keine Menschenseele außer dem unsichtbaren Wesen mit Händen, Beinen und einer Zeitung als markantestem Erkennungsmal weit und breit auszumachen war. Überhaupt hatte die ganze Atmosphäre etwas Konspiratives. Ein in normalem Tonfall gesprochenes Wort wäre als laut, und damit als Sündenfall, empfunden worden. Was man sich hier zu sagen hatte, konnte nur persönlich oder streng vertraulich sein, wahrscheinlich aber beides, und die beinah vollständige Lautlosigkeit der Anwesenden würde es notwendig machen, selbst solches nur von Mund zu Ohr, oder gar von Hand zu Hand, weiterzugeben. Tatsächlich wurde die Zeitung schon bedächtig und sauber zusammengefaltet, als wir erst die Hälfte des Weges zurückgelegt hatten.

Wolodja hatte sich sozusagen selbst decouvriert und stand mit einer energischen Bewegung auf, die nicht mehr ganz so viel von der Eigenschaft Unsterblicher hatte, keine Fußspuren zu hinterlassen und ohne Schatten zu sein, um uns gleich darauf durch angedeutetes Entgegenkommen formvollendet zu begrüßen, als ob er die ganze Zeit freie Sicht auf die Neuankömmlinge gehabt hätte. Wir entschieden uns schnell für Speisen und Getränke und kamen umso eher zum Gespräch, das sich während unseres Aufenthaltes als zentrales Bindeglied zwischen uns erwiesen hatte. Schwerpunkt war aufs neue die Diskussion über Zulassung von Sekten und die Rolle der Kirche sowohl im nationalen Vergleich als auch, unter erweiterten Gesichtspunkten, ganz allgemein in der westlichen Hemisphäre. Wolodja zeigte dabei immer wieder Konsequenz in kleinen Dingen. Er gab zu, nichts über die gesellschaftliche und rechtliche Stellung und Behandlung von Sekten in Deutschland zu wissen und genierte sich genausowenig, sich nach der Bedeutung von Begriffen wie „Impressionismus" und „Expressionismus" zu erkundigen, die in der begeisterten Schilderung von meinen Eindrücken aus dem Museum auftauchten, oder bei mir den Umgang mit einem „amuse bouche" abzugucken und meinen Mann den Wein zuerst kosten zu lassen, was Wolodja wahrscheinlich für besonders höflich erachtete.

Für ihn war es eine Schande, nicht zu wissen, und dennoch Lernen zu verweigern. Diese Einstellung war einer seiner großen Stärken, die ihn hungrig machte und ihm auf dem Weg zur sättigenden Befriedigung seiner Bedürfnisse nach mehr Wissen schon ein enormes Potential an Kennertum zugeführt hatte.

Der Gedanke, Religion als Teil der Zukunft für Rußland zu betrachten, um die Stimmung gegen mangelnde Kontinuität in der Staatsmacht abzumildern, unterlag – Wolodjas Gesichtsausdruck zu urteilen – im Gesamtkomplex von allen derzeitigen Konflikten mit dem russisch-orthodoxen Patriarchat, der Zeitlichkeit. Ich meinte heraus zu hören, daß es ein Gebot der Stunde sei, die Rolle der Kirche in Rußland als wichtig für die Erhaltung einheimischen Bewußtseins hinsichtlich national religiöser Werte, und damit als unverzichtbares Gelenk für jeglichen Ausdruck russischer Kultur zu erkennen. Der historische Kontext schien für ihn Priorität zu haben. Diese Einstellung war von weniger drastisch prestigedrückendem Einfluß auf die Regierung mit dem Präsidenten an der Spitze und würde den Gewinn aus einer Aufbruchstimmung für beide Seiten verstärken.

Wolodja blieb stets Förderer von Ideen durch Außenstehende und keineswegs ausschließlich Konsument, indem er sich selber einbrachte, wobei er es nicht so sehr darauf anlegte, die Akzeptanz seiner Gedanken durch Begeistern und Mitreißen durchzusetzen als durch Überzeugungsarbeit im Austausch und durch Darstellen ihrer Entstehung und Entwicklung. Lediglich das Lächeln, das am Ende eines Gedankenganges um seine Lippen spielte, verriet, daß er sich einer Zustimmung sicher wähnte, ohne es je zwischendurch offenkundig gemacht zu haben, daß er sich unter Umständen seinen Gesprächspartnern durch geschickte Diskussionsführung überlegen gefühlt haben mochte.

Wolodjas Lebenstempo entsprechend, verabschiedeten wir uns nach kurzen, intensiven Stunden, um uns abends in Archangelskoje wiederzutreffen, wo von Ljudmila, während wir mit Wolodja im Klub gespeist hatten, zum Abschied ein Grillfest vorbereitet worden war, zu dem auch Ljuba und Sergej kamen, und war ich Ljudmila mitsamt den Kindern schon immer herzlich zugetan gewesen, so schloß ich inzwischen Wolodja mit ein. Am Ende des Abends war ich gewiß, daß ich in Abständen wiederkehrende Zusammentreffen mit der Familie Putin nicht mehr würde entbehren mögen. Angesichts des Abschieds machten Ljudmila und ich viele Versprechungen, machten sie schneller und ängstlicher, als ob wir damit einer Schlucht entkommen würden, deren Ende noch nicht erkennbar ist und das Ablegen von Gelübden dazu angetan sein könnte, überirdische Kräfte meines Glaubens oder Ljudmilas Aberglaubens gnädig zu stimmen. Wir konnten getrost durch die unübersichtlich begrenzte Schlucht gehen. Alle Voraussetzungen dafür waren in dieser Woche geschaffen worden. Sie war mehr gewesen als die Erfüllung des Solls, das Ljudmila und Wolodja sich vorgenommen hatten. Es war ihr Anliegen gewesen, an der deutschen Freundin gutzumachen, was diese vorher an Unannehmlichkeiten durch russische Landsleute hatte erleben müssen. Die gemeinsame Woche sollte für das künftige Verhältnis zu Rußland und seinen Bewohnern wegweisend werden. Ljudmila und ich würden schreiben und telefonieren.

Wir planten, uns bald irgendwo in Europa wiederzusehen, und Wolodja versprach: „Das nächste Mal, wenn Sie kommen, werden Sie nicht nur Klöster und Friedhöfe, sondern richtige Kultur erleben", was mich neugierig machte, sein Verständnis davon kennenzulernen. Es war kein Schlußgesang. Im Gegensatz zu den anderen, vergangenen Beziehungen zu Russinnen und Russen, in denen wir uns gegenseitig fremd geblieben waren, hatte diese Freundschaft eine definierbare Zukunft, und das wurde offenbar nicht nur von mir so empfunden. Wir hatten ein großes Maß an Verständnis und Vertrautheit erreicht. Ljudmila und Wolodja, beide, hatten dafür Sorge getragen, daß ich und mein Mann nicht einen Moment am Katzentisch der Freundschaft gesessen hatten.

Dazu gehörte zum Schluß noch, daß Wolodja es sich nicht nehmen ließ, uns am nächsten Tag zusammen mit Ljudmila und den Kindern vom Hotel abzuholen und uns zum Flughafen zu chauffieren. Wir konnten auf dem Wege dahin die Lubjanka sehen. Wolodja machte uns auf das Gebäude und seine Bedeutung aufmerksam, wo Furcht und Grauen eine Adresse gehabt hatten und Persönlichkeiten zu Unpersonen degradiert worden waren. Sein unbeteiligter Ton, mit dem er bemerkte, daß hier der Standort seines früheren Arbeitgebers wäre, hätte jedoch nie vermuten lassen können, welch inniges Verhältnis er tatsächlich einst als Angehöriger der alten Zunft von Meistern im gegenseitigen Ausspionieren dazu gehabt hatte. Vielmehr hörte es sich an, als wenn er lediglich auf die exzellente Verkehrslage hätte aufmerksam machen wollen. Es war ein Grenzfall.

Ein Grenzfall wie das Bernsteindöschen, das Ljudmila mir mitgegeben hatte. Ich mußte es zurückgeben. „Ich kann es nicht mitnehmen", gab ich zu bedenken. „Ich habe keine Rechnung dafür", und Ljudmila, die sonst als wandelnde Protestbewegung ständig Um- und Auswege wußte, war jetzt in rechter Verlegenheit. Es tat mir leid. Ich hatte Ljudmila nicht in Schwierigkeiten bringen wollen, aber Rußlands Grenzen waren für mich unverändert respektheischend. Für Ljudmila – in Gegenwart von Wolodja – ebenso. Ich reichte Ljudmila das Geschenk. „Du kannst es mir mitbringen, wenn wir uns das nächste Mal sehen", schlug ich vor. Ljudmila hatte die Rechnung schon weggeworfen, aber meinte, sich eine neue besorgen zu können.

Nach wie vor war meine russische Freundin nicht bereit, vor Formalitäten die Waffen zu strecken. Es war gut, einen Menschen zur Freundin zu haben, der vor Schwierigkeiten durch Be- und Eingrenzungen nicht zurückschreckte.

WARTEN

Zunächst verging die Zeit sehr schnell. Mein eigenes Sommerprogramm war prall gefüllt mit Verabredungen und Reisen, während Ljudmila einerseits zwischen Moskau und St. Petersburg hin und her pendelte oder nach Kaliningrad fuhr und andrerseits die Schulferien mit den Kindern an sonnigen Stränden verbrachte. Unsere Briefe stellten einen schnellen Wechsel zwischen aktivem und passivem Warten auf das nächste Treffen dar, aber erst, als der Herbst ins Land zog, die Nächte länger wurden und wir beide merkten, daß Termin um Termin verstrich, ohne daß wir Gelegenheit fanden, uns wiederzusehen, bekam die Sehnsucht wirklich Nahrung, der Freundin näher zu sein, und ernsthafte Planungen erhielten einen neuen Schub. Der Kontakt wurde wieder intensiver.

Manchmal quälten wir die Briefe, wie Ljudmila es nannte, wenn ein langer Brief in Etappen geschrieben wurde und schließlich in Tagebuchart mehr und mehr mahnender Beleg für verronnene Stunden wurde, öfters aber quälten wir uns selber mit grundsätzlichen Gedanken. Nichts war locker hingeschrieben. Dabei schätzten wir die Abwesenheit der physischen Unmittelbarkeit und den damit verbundenen, alle Sinne umfassenden Trost, falsch ein. Hypothetische Betrachtungen und theoretische Untersuchungen wurden manchmal plötzlich als persönliche Kritik aufgefaßt. Die Urheberin blieb dabei ahnungslos. So vermutete Ljudmila eines Tages, ihre deutsche Freundin würde alle Russen dreckig finden. Ljudmila hatte eine Grobunterteilung der Bevölkerungsgruppen vorgenommen, die wann Schmutz in welchem Stadium zulassen, ohne den inneren Drang zu verspüren, ihn beseitigen zu müssen. Von der deutschen Freundin war diese Theorie nationen- und mentalitätsübergreifend mit Hinblick auf möglicherweise psychoneurotische Komponenten bei jedem Individuum erweitert und kommentiert worden. Das hatte dann offenbar Ljudmilas unrichtige Annahme gezeitigt. Die Frage der Unordnung und des Schmutzes beschäftigte die Freundinnen als Anliegen ihres ausgeprägten Gemeinschaftssinns auch in den folgenden Briefen weiterhin unverändert und in einem Umfang, mit einer Ernsthaftigkeit, als ginge es um staatserhaltende Ideen. In mancherlei Hinsicht wären sie in der Tat dafür brauchbar gewesen. Umgekehrt war für mich einer von Ljudmilas Briefen besonders schmerzhaft, nach dessen Lektüre ich mich von der bisher so verständnisvollen, russischen Freundin im Stich gelassen fühlte. Ich konnte deren Mutmaßung nicht verwinden, daß vielleicht sprachliche Schwierigkeiten zu den Querelen mit Tatiana geführt hätten. Meine Verletzungen war zu groß, als daß ich ausschließlich einen derart einfach erkennbaren Grund dafür hätte gelten lassen mögen. Ljudmila und ich pflegten eine unverblümte Sprache miteinander, aber die Diskrepanz zwischen vorgestellter und tatsächlicher Nähe machte dünnhäutig, und die Offenheit hinterließ gelegentliche Kratzspuren. Die Wahrhaftigkeit unserer Anliegen wiederum verlangte jedoch Nachsicht und erhielt sie gerne und reichlich, wobei Richtigstellungen, Vertiefungen oder Eilfälle telefonisch erledigt wurden, bis die Drähte glühten, eine Lösung, von der wir mit Verstreichen der Monate seit unserem letzten Treffen immer häufiger Gebrauch machten.

„Was bedeutet Angeber?", hinterfragte Ljudmila beispielsweise. Sie begehrte eine Antwort, ohne zunächst die Karten offen auf den Tisch zu legen, oder anzudeuten, was sie wirklich bewegte. Klassenkameraden in der Schule der deutschen Botschaft wären mit der Bemerkung „Dein Vater ist ein Angeber" über Katja hergefallen. Nach Katjas Empfinden hätte das Wort so bösartig geklungen, daß Ljudmilas Jüngste deshalb schon überzeugt gewesen war, der Inhalt des Ausdruckes könnte nicht anders als beleidigend sein. Ich versuchte, Ljudmila den reinen Sinn des Ausdrucks zu erklären, und gleichzeitig eine Vermutung mitzuliefern, warum die Schüler in Wolodja einen Angeber sähen. Wahrscheinlich war es ihnen nicht entgangen, daß Mascha und Katja mit einem chauffeurgesteuerten Regierungswagen zur Schule gebracht wurden. Wahrscheinlich war auch, daß der Fahrer, um sich selbst wichtig zu machen, manchmal das Blaulicht in Gang gesetzt hatte. Ich selbst hatte es in Moskau erlebt, obwohl Wolodja es seinen beiden Fahrern untersagt hatte. Ljudmila stimmte zu, daß dieses die Ursache für die Beschimpfung gewesen sein könnte.

„Und was soll ich tun? Was soll Katja sagen?" Ljudmila wußte in diesem Fall wirklich nicht, welche Reaktion angesagt war. Im Umgang mit deutschen Lehrern und den Gepflogenheiten an einer deutschen Schule fühlte sie sich noch unsicher. „Nichts", riet ich ihr. „Gar nichts sollst du unternehmen. Auch Katja soll nach Möglichkeit nichts sagen. Neid kann nicht mit Rechtfertigungen bekämpft werden. Sie würden nur immer neue und schlimmere Auswüchse nach sich ziehen. Ihr seid eine besondere Familie, und eine eurer Qualitäten muß darin bestehen, so etwas kommentarlos zu ertragen." Ljudmila war baff. „Ich hätte genau das Gegenteil getan!", bekannte sie. „Ich hätte gesagt, daß wir fünf Autos und Fahrer haben, obwohl es gar nicht stimmt!" Sie redete sich richtig in Rage: „Ich hätte noch hinzugefügt, daß eines größer und teurer ist als das andere! Gut, daß ich dich gefragt habe! Stell dir vor, ich hätte Katja so einen falschen Rat gegeben!" Wir lachten über die unterschiedliche Umgangsweise mit diesem Problem und hatten beide eine Menge gelernt. Es waren Gelegenheiten, unsere Beziehung noch zu verfeinern und Zeichen zu setzen, der Freundin Hilfestellung zu geben, sich in der jeweiligen, von einer anderen Mentalität bestimmten Welt zurechtzufinden. Gelegentlich waren sie als Spiegelungen unserer nationalen, und besonders auch unserer persönlichen Lebensumstände schwer erkennbar.

Überhaupt empfand ich Ljudmila als Keimzelle für alles Verstehen, das ich für Russisches erreichen konnte. Allmählich machte Bewunderung Platz für ein Gefühl der emotionalen Abhängigkeit, die gegenseitig war. Pläne, sich die Ansammlung von Feiertagen zwischen dem deutschen und dem russischen Weihnachten am 7. Januar für ein Treffen zunutze zu machen, bekamen wieder erheblich Auftrieb. Aber wir waren wie zwei Söldner im strammen Dienst von Terminkalendern und zu Wichtigkeit erhobenen Ereignissen. Die daraus entstehende Frage war, ob die Familie Putin wieder nach Frankreich und dann nach Davos, oder wieder nach Davos und dann nach Frankreich, oder nur nach Frankreich, oder nur nach Davos, fahren würde, und wenn nach Frankreich, dann würde es noch der Klärung bedürfen: wohin überhaupt? Der einzig klare Punkt schien zu sein: wenn für die Schweiz gestimmt würde, konnte es nur Davos bedeuten. Wir wollten so viel Gutes für unsere Freundschaft erreichen. Was uns hinderte, es tatsächlich auch zu erreichen, faßte Ljudmila in einem Zitat zusammen: „Bringen wir einen Trinkspruch darauf aus, daß unsere Wünsche und Möglichkeiten übereinstimmen." Sie stimmten nicht überein.

Das war schlimm. Wir telefonierten zwar häufig, aber die Briefe zeigten mehr und mehr, daß uns der persönliche Kontakt fehlte. Immer wieder beklagten wir diesen Weg nicht zuletzt deshalb als ungenügend für unseren Gedankenaustausch, weil spontane Gefühlsäußerungen so schnell, wie wir sie empfanden, nicht schriftlich niedergelegt werden konnten. Gerade Ljudmila, die sich als fatalistische Dulderin ihrer eigenen Unzulänglichkeiten fühlte und – eingedenk ihrer Deutschlehrerin in Dresden, die nie ein Lob für sie über die Lippen gebracht hatte – zunehmend von dem Selbstvorwurf gequält wurde, daß ihre Sprachkenntnisse nicht ausreichen, um all das auszudrücken, was ihr wichtig war, erprobte unverhofft und ohne Vorwarnung den normalen Postweg, was die Pein des ungeduldigen Wartens noch weniger erträglich machte, allerdings dafür den Vorteil hatte, schließlich einen Brief in den Händen zu halten, der sehr viel mehr von der Persönlichkeit der Schreiberin wiedergab als ein Fax. Ich selber hatte zwar Fax- und Telefonnummern von Ljudmila, aber keine Postanschrift. Die Versicherung, sie würde, trotz des Mediums Fremdsprache, ihre Gefühle derart gut zum Ausdruck bringen, daß unbedingt der Eindruck entstünde, weder an den Meinungen noch an den Gefühlen wäre etwas zu rütteln, erreichte Ljudmila daher wie per Telefax. Ich schrieb das nicht zur bloßen Beruhigung und Motivationstherapie. Streicheleinheiten ohne Substanz, auf denen zunächst überschwengliche Zuneigung gedeiht, um jedoch in vielen Fällen bald zu verdorren, hatten wir uns nämlich nie gegönnt. Eine Verminderung oder Ausbleiben derartiger verbaler Wohltaten könnte dann zwangsläufig nur als Strafe verstanden werden. Folglich waren unsere Briefe anschaulich erzählende und kommentierte Tatsachenberichte, und alles, was die russische Freundin zu Papier brachte, konnte ich als ihre unbedingte Überzeugung auffassen. Ljudmila war – bis zur Schmerzgrenze – unbeirrbar ehrlich in ihrem Bemühen, andere zu verstehen, und sich eine möglichst gerechte Meinung zu bilden. Genau das wurde in den Ausdrücken deutlich, die sie mit Bedacht in einer ihr fremden Sprache wählte, obwohl ihr der Umgang damit, deutlich erkennbar, nicht leicht fiel.

Die Erholung durch den Skiurlaub, die sowieso nicht gerade eine Rundumerneuerung an Leib und Seele gewesen war, verflog schnell in Moskau. Ljudmila hatte sich, bevor Wolodja über die Feiertage ebenfalls in den französischen Wintersportort gekommen war, wie zuvor in Israel, schlechter Behandlung durch das Hotelpersonal ausgesetzt gesehen, und später – genau wie bei ihrem Badeurlaub in Eilat – den Verdacht gehegt, überall und durch jeden Ressentiments gegen Russen zu begegnen, was sie äußerst ungerecht fand, ohne nur im geringsten zu ventilieren, ob und woher diese Haltung wohl kommen könnte.

Sie hatte mich deshalb diverse Male angerufen, mir Vorfälle geschildert und Rat erbeten. Tatsächlich machte Ljudmila das durch, was ich als Deutsche schon einige Jahrzehnte länger erlitt: sie gehörte einer international nicht sehr gut gelittenen Nation an. Es war für mich schwierig, diese Problematik am Telefon zu erörtern, zumal ich gemeint hatte herauszuhören zu können, daß Ljudmilas Aufnahmebereitschaft für generelle Diskussionen ganz und gar von der Angst verdrängt worden war, Wolodja könnte eintreffen und die herabwürdigende Behandlung würde auch ihn treffen.

Ljudmila setzte die Dunkelheit des langen russischen Winters arg zu. Das Leben schien ihr eintöniger als sonst, und immer öfter überfiel sie nicht nur die geheime Sehnsucht, die vielen Russen im Blut zu pulsieren scheint, irgendwie wichtig zu werden. Ljudmila hatte keinen ausgeprägten Geltungsdrang. Sie wollte in erster Linie nützlich sein und fing an, dieses vermeintliche Defizit als Leiden anzunehmen. Die Suche nach einer eigenen Bedeutung wurde immer schwerwiegender, wobei sie in Unentschlossenheit verharrte, was und wie es zu bewerkstelligen sein könnte, ihr Dasein – über die wöchentlich wenigen Stunden Bürotätigkeit hinaus – mit etwas mehr unabhängiger Normalität zu veredeln, was innere Zufriedenheit und Lob bedeuten könnte. Sie unterlag einer Selbsttäuschung, indem sie immer häufiger und länger verreiste, und damit ihren eigenen Bezug zu Beständigkeit in Gefahr brachte. Diese Reaktion auf das Scheitern ihrer Versuche, durch eine eigene Unternehmung aus dem Schatten Wolodjas herauszutreten, schien eher unbewußt vor sich zu gehen, in der fälschlichen Annahme, es wäre etwas, was ihr am wenigsten schaden würde. Ljudmilas Briefe zeugten allerdings vom Gegenteil. Sie wirkte mehr und mehr davon erschöpft, bis sie meinte zu spüren, überhaupt nichts mehr für sich zu haben, noch nicht einmal Zeit. Sie listete ihre Aktivitäten auf und entlockte mir damit, bei allem Verständnis für die Beschwernisse des russischen Lebens, Schmunzeln und Kopfschütteln.

Wie ich es sah, befand Ljudmila sich nicht nur in permanenter Kollision mit den Hindernissen, die ihr durch äußere Verhältnisse in den Weg gelegt wurden, sondern mit ihrer eigenen Mentalität. In Moskau verbrachte sie Stunden im Auto, um die Kinder, deren Musiklehrer, oder immer wieder Gäste hin- und her zu kutschieren und andere Besorgungen zu machen. In St. Petersburg wiederum hatte sie – nach subjektivem Empfinden – nie Zeit für sich und geriet ständig in Terminnot, weil sie für Stunden am Telefon hing, um die Kontakte zu pflegen, die sie fürchtete sonst wegen ihrer längeren Abwesenheiten zu verlieren. Nach Ljudmilas Vorstellung war alles, was sie tat, lediglich dazu angetan, Schlimmeres zu verhindern oder gerade eben das Notwendigste im Lot zu halten. Zugegebenermaßen war das keine zufriedenstellende Perspektive. Wir tauschten uns ständig darüber aus, was Flickschusterei blieb. Einen wirkungsvollen Grad an Nützlichkeit würden wir erst erreichen, wenn Ljudmila im März mit den Kindern nach Hamburg käme und wir über die Schwierigkeiten sprechen könnten. Wenigstens dieser Plan war noch nicht wieder revidiert worden.

ZUGVÖGEL

Schon die Vorbereitungsphase von Ljudmilas neuerlichem Besuch in Hamburg schien aus einem empfindlichen Stoff gemacht zu sein, der bei unsachgemäßer Pflege beschädigt werden könnte. Ljudmila war von nervöser Unkonzentriertheit und beschied Vorschläge und Erkundigungen zum Verlauf der gemeinsamen Tage dermaßen abweisend, als ob alles nur darauf angelegt wäre, dem trägen Igel Beine zu machen. Ich fragte mich, ob unsere Beziehung angefangen hätte zu gilben oder einfach Frischluftzufuhr brauchte. Bisher hatte ich geglaubt, gerade die vielen und langen Briefe hätten eine noch gediegenere Grundlage geschaffen, als zuvor angenommen. Ich strafte mich schließlich selber mit Schweigen und wartete ab. Die Vorfreude, die mich hätte beflügeln können, eine auch von mir nicht gerade besonders geliebte Jahreszeit zu überwinden, schmolz früher dahin, als Frühlingssonne hätte Einfluß nehmen können.

Die verschwendete sich dieses Jahr mit vorwitzig verausgabender Kraft, als Ljudmila in Begleitung der beiden Mädchen und erstaunlich wenig Gepäck zum Ausgang strebte. Wegen der vermuteten winterlichen Temperaturen war sie dieses Mal in ein besonders dickes Strickkleid gezwängt, als ob sie mit ihren Reizen besonders sparsam umgehen müßte, das Gesicht wirkte wieder einmal blaß und übermüdet unter strähnig fallenden, ungewaschenen Haaren. Sie begrüßte mich schließlich ermattet und merkwürdig unverbindlich. „Ljudmila hat es wieder nicht rechtzeitig geschafft, die Koffer zu packen", dachte ich und mußte innerlich nachsichtig lächeln. „Fahren wir zuerst zum Generalkonsulat?" fragte ich laut in der Annahme, daß die drei Ankömmlinge dort logieren würden. „Habe ich dir nicht gesagt, daß wir dieses Mal nicht im Konsulat wohnen?", gab Ljudmila lammfromm und doch irgendwie doppelzüngig zurück. Ich konnte mir nicht recht vorstellen, daß bei Ljudmila wirklich in Vergessenheit geraten sein sollte, diesen Tatbestand mit keinem Wort erwähnt zu haben. Zwar hatte ich Ljudmila danach gefragt, aber nur einen flüchtigen Hinweis bekommen, es wäre so wie immer, was mich etwas ratlos zurückgelassen hatte. „Wir haben ein Zimmer in einem Hotel an der Außenalster reserviert", gab sie ihrer Hamburger Freundin Auskunft. Mir selber war das sehr recht. Zwar hatten Dmitrij und Tatiana inzwischen Hamburg verlassen, aber seitdem vermied ich Berührungspunkte mit Angehörigen des Generalkonsulats. Mir war nicht nach einer eventuellen Neuauflage der gerade verabschiedeten Schwierigkeiten.

Die späte Auskunft über die Unterbringung war der Anfang von etlichen Unberechenbarkeiten. Nicht nur, daß ich dazu noch am ersten Abend erfuhr, der Aufenthalt wäre lediglich für insgesamt vier Tage vorgesehen, die keinerlei Raum für Gedankenaustausch bieten würden, auch die Vorstellung, Ljudmilas Lebensplanung besprechen zu können, die es galt, zu allen anderen Aufgaben im häuslichen Bereich mit anerkennungsfähigen Zielen auszufüllen, war geplatzt.

Von Beginn an drohte der ganze Abend zu einer einseitigen, wenn auch in mancherlei Hinsicht nicht ganz grundlosen Anklage Ljudmilas gegenüber Deutschen und deren Praktiken, zu mißraten. Sie rührte dabei im Bodensatz alter Antipathien und erging sich – einer russischen Nabelschau gleich – in harschen Beurteilungen, wobei sie gegen sich selbst in verworrenem Widersprüchlichen wütete, mit unverständlich dreister Unbekümmertheit auf mehrere Fettnäpfchen zusteuerte und auch in wenigstens eines hineintrat. Der Fall eines russischen Austauschschülers in Maschas Alter, der für seine Reise nach Süddeutschland von der Visaabteilung der deutschen Botschaft in Moskau einen taggenau begrenzten Sichtvermerk in seinen Paß gestempelt bekommen hatte, erregte sie besonders und war Anlaß, wütender Kritik die Zügel schießen zu lassen. „Das hat Dmitrij auch so mit uns gemacht, als wir letztes Jahr zu euch geflogen sind", gab ich ruhig zur Antwort und erinnerte mich nur ungern an die herabwürdigende Art, mit der unsere Visaanträge, die eigentlich für den Zeitraum einer Schiffsreise von Moskau bis Rostow am Don hatten gelten sollen, behandelt worden waren. Wir hatten die Reise letztendlich storniert, als von uns bemerkt worden war, daß die Visa genau den Zeitraum umfaßten und Dmitrij uns nicht einen Tag Spielraum für Eventualitäten zugebilligt hatte. Daraufhin waren wir nur noch für die eine Besuchswoche zu Putins nach Moskau geflogen. Dafür hatte das Visum dann komfortabel Platz gelassen. Waren bis dahin Ljudmilas Sätze stets mit einem durch viel Luft angeschobenes „Nein" oder einem entrüsteten „Ganz im Gegenteil" angefangen worden, wobei die Augen einen herausfordernd trotzigen Ausdruck bekommen und die Lippen leicht vorgestülpt sich zu einem Lächeln der Überlegenheit verzogen hatten, so schwieg Ljudmila jetzt und kämpfte mit Kontrolle über sich selber.

Ich mußte mir derweil die Augen reiben. Was war von meiner Ljudmila übrig geblieben? Ljudmila war nie frei von Rätseln für mich gewesen, aber dieser Anfall geradezu rauschhafter Unsachlichkeit, deren ständig wiederkehrend geäußerte Zweifel nicht aus Redlichkeit vorgebracht wurden, sondern aus Rechthaberei, hatte sich sehr leidvoll in die Länge gezogen. Ljudmila vermittelte inzwischen den Eindruck, aus einer ihr selbst unverständlichen Verfremdung aufzutauchen. Sie sah sich suchend um. Kopf- und Körperhaltung zeigten sie als Strategin, als sie dann völlig unvermutet und zusammenhanglos bekundete: „Ich kann mich an kein einziges Bild erinnern, was bei dir hängt! Ich wußte, daß du viele Bilder hast, aber ihre einzelnen Darstellungen waren bei mir in einem schwarzen Loch verschwunden." Die mir bekannte, kraftvoll ehrliche und plastische Sprache der russischen Freundin übte wie immer eine große Faszination auf mich aus. „Mein Mitbringsel wird nicht passen." Ljudmila reichte mir ein Päckchen, aus dem sie zwei Bilder mit botanikgenau gestrichelten, kolorierten Blumen wickelte. Die russische Freundin hatte Recht. Die Bilder paßten in keinster Weise. Der Fehlgriff tat mir für Ljudmila leid. „Ich werde schon einen Platz finden", log ich Ljudmila zu Gefallen, die ihn gleich als Mißbildung der Wahrheit abschmetterte: „Sie passen nirgendwo hin. Wir haben beide Pech gehabt!" Das war meine vertraute Ljudmila, die der Unbestechlichkeit immer dicht auf den Fersen blieb. Sie war also doch nur müde und hatte sich nicht verändert! Keine Aschefahnen über lieben Erinnerungen!

Tatsächlich begann der nächste Tag wie so mancher zuvor, wenn wir uns getroffen hatten, und endete auch so. Darüber hinaus hatte er das ebenso hinlänglich bekannte wie offenbar unvermeidliche Mittelstück. Nur schien im Vergleich zu früheren Besuchen, Niveauschwankungen eingerechnet, alles mehr von einer inzwischen etwas peinlichen Leidenschaft für Essen und Stadtbummel besetzt zu sein, wobei ich meinte, gelegentlich Anspruchsdenken und Standesdünkel bei Ljudmila durchschimmern zu sehen. Das hatte ich vorher nicht bei ihr entdecken können! Die Stimmung wurde leicht gereizt. Mascha hatte beim ersten Abendessen über einen Teller Spaghetti mit Steinpilzen ausgiebig gemeckert und Ljudmila hatte sich zu der Vermutung hinreißen lassen, das Essen wäre vielleicht vergiftet. Ich mußte zum ersten Mal Ljudmila bitten, von dergleichen Spinnerei Abstand zu nehmen. Als am nächsten Abend Mascha sich zum zweiten Mal etwas noch weit Ausgefalleneres als Steinpilze im März auf der Speisekarte aussuchte, war meine Geduld fast am Ende. Mascha konnte bestellen, was sie wollte, wenn nötig auch Ikebana von Kaviar, aber nicht wieder eine Szene am Tisch veranstalten wie beim Abendessen des Vortages! Aus schlichter Angst vor meiner eigenen, möglichen Reaktion, fragte ich Mascha unnötig bissig, ob sie die Erfahrung mit den Steinpilzen, die sie trotz der für Pilze unpassenden Jahreszeit für frisch gehalten habe, nicht beherzigt hätte, was mir sofort leid tat, als ich Maschas ehrliche Unschuldsmiene sah. Ich entschuldigte mich bei Ljudmila und den Kindern für meine scharfe Mahnung und erklärte den Hintergrund. Die russische Freundin beruhigte mich. Mascha hatte Schnecken bereits in Frankreich gegessen, wußte also wie sie aussahen und mochte ihren Geschmack.

Dennoch fand ich die Vorspeisenwahl nach wie vor etwas versnobt. Vielleicht war Mascha aber auch nur ein trendbewußtes kleines Mädchen mit erlesenem Geschmack, das sich nicht von Ekelgefühlen leiten ließ. Dafür war es diesmal Katja, die sich ein Gericht mit Pilzen aussuchte, wie um die Nervenkraft der Gastgeberin zu testen. Gleich darauf schämte ich mich, daß ich überhaupt in Erwägung gezogen hatte, Katja würde das Essen stehen lassen. Katja war doch sowieso diejenige, die einen respektvollen Umgang mit Nahrungsmitteln bezeugte, als wenn ihr der Gedanke eingepflanzt wäre, daß Brot in vielen Ländern der Erde ein Synonym für Menschenwürde ist! Überhaupt war die Stimmung, nach Klärung der anfänglichen Mißverständnisse, völlig unverkrampft. Gelegentlich stimmten die russischen Gäste ein kleines Lied an, es wurde gescherzt und gelacht, und das Vertrauen in die Zuverlässigkeit von Ljudmilas mir verschwenderisch zugewandten Gefühlen, das ich schon gemeint hatte bröckeln zu spüren, war neu erstarkt. „Essen ist sinnlich und macht sinnlich", dachte ich bei mir, als ich Ljudmila beobachtete, mit welcher Hingabe sie sich in den Genuß der Speisen vertiefte und selbstvergessene Entspannung das schöne Profil zur Geltung brachte, während sich ihr Körper, leicht intim anmutend, intensiv aufmerksam, wie in verhaltener Einladung, darbot. Es waren Augenblicke der Nähe, in denen wir uns unsere Eifersucht gestanden, die wir gegenüber Freunden und Bekannten empfanden, von denen in den Briefen häufiger die Rede gewesen war, und von denen wir fürchteten, als Vertraute abgelöst zu werden.

Was Marion Stöter für Ljudmila in Hamburg war, war Jana für mich in Moskau, obwohl Jana eigentlich aus St. Petersburg kam, aber ab und an, für eine Woche oder länger, bei Ljudmila in Moskau lebte und auch schon mit ihr und den Kindern Strandferien gemacht hatte. Ljudmila und ich waren beide geradezu besessen von der Idee, jemand könnte der anderen näher sein als sie selbst.

Was ich Ljudmila nicht beichtete, war meine Angst vor Einflußnahme der Dresdner Freunde aus Wolodjas KGB-Zeit auf Ljudmilas Denkweise. Nach wie vor fühlte ich gerade dann einen bohrenden Ärger in mir, wenn ich die Namen las oder hörte, die nicht gerade selten auftauchten, weil die Dresdner ganz offenbar zu den wenigen Freunden sowohl Ljudmilas, aber auch Wolodjas, zu zählen schienen, denen beide gleichermaßen eine fast unbegrenzte Vertraulichkeit gönnten.

Das Mittelstück eines Tages, der Stadtbummel, brachte altbekannte Schwierigkeiten. Ljudmila hatte ein schlechtes Gewissen, weil sie die wenigen Stunden in Hamburg hauptsächlich damit zubrachte, Kaufhäuser und andere einschlägige Geschäfte abzuklappern. Es artete zum Schluß dermaßen aus, daß Ljudmila in ihren festen Schuhen nicht mehr laufen konnte und sich Gesundheitssandalen kaufte, um ihrer Kauflust weiter frönen zu können. „Du schämst dich!", stellte Ljudmila einmal mehr und nicht ganz zu Unrecht fest, als sie mit der – zumindest für die Jahreszeit und mit Blick auf Ljudmilas sonstiges Aussehen, das ganz der noch kalendarisch winterlichen Jahreszeit angepaßt war – ungewöhnlich luftigen Fußbekleidung in eine Edelboutique trat, wo wir uns verabredet hatten.

Das Schamgefühl hatte sich jedoch im Laufe des Umgangs mit Ljudmila erheblich abgeschwächt, als ich gelernt hatte zu akzeptieren, daß die Freundin als Russin anders dachte, fühlte und auch handelte. Solange es mich nicht direkt anging und störte, fühlte ich mich inzwischen frei von Verantwortung für die Selbstdarstellung Ljudmilas. Zwei Tage hatte ich versucht, meiner Freundin nicht von der Seite zu weichen, um wenigstens einen Abglanz physischer Präsenz zu spüren. Jetzt am dritten Tag hatte ich die Segel gestrichen und war nur noch zu den Resteinkäufen erschienen. Aber auch in der vergleichsweise ruhigen Umgebung eines feinen Damenoberbekleidungsgeschäfts war an Unterhaltung kein Gedanke, und hätte Ljudmila mich mit der Begründung weggeschickt, sie habe etwas anderes im Kopf als ihre deutsche Freundin, so wäre das überflüssig gewesen. Es war leicht zu sehen.

Dieser neuerliche Druck des Hin- und Hergerissenseins zwischen dem Anspruch, während der kurzen Tage möglichst viel Zeit mit der überflüssigen Begleiterin zu verbringen und andrerseits den Nachholbedarf an Einkäufen zu befriedigen, die sie in Moskau unter anderem wegen der winterlichen Witterung nicht erledigt hatte, die Unbeholfenheit, sich schnell bewegen zu müssen und es weder zu wollen noch zu können, brachte in fließendem Übergang wieder die andere Seite der janusköpfigen Ljudmila zum Vorschein. Reue und Einsicht waren nicht verhandelbar. Ljudmila wurde ungerecht. Sie schimpfte über Wolodja, der ihr eine Kreditkarte verweigerte, was verständlich war, wenn man die sich türmenden Behältnisse mit Erworbenem betrachtete, schimpfte über unfähige Verkäuferinnen, und hatte sie sonst eine bemerkenswerte Treffsicherheit bei der Einschätzung von Menschen, so flüchtete sie sich jetzt nur noch in alberne Vergleiche mit Sternkreiszeichen und deren auf das jeweilige Subjekt oder Objekt ihres Widerwillens angewandte Typisierung. Es klang, als ob sie jegliche verstandesmäßige Erfassung von irgendetwas damit ein für allemal auszumerzen gedächte.

Wie sich bald herausstellen sollte, vermutete ich zu Recht, daß Ljudmilas schwankende Stimmungen auf einem derzeit konstant fallenden Barometer nicht nur mit der angeblich mangelhaften Beratung von Verkaufspersonal in deutschen Geschäften zu tun hatten. Meine russische Freundin schien auch massive Angst zu haben, die sie geradezu in Bann zu schlagen schien, aber nicht paralysierte. Ganz im Gegenteil: je mehr sich eine Lage zuspitzte, desto unruhiger wurde Ljudmila innerlich, was sich in äußerlichen Exzessen wie Gier nach Konsum jeglicher Art niederschlug.

Gerade erst war Viktor Tschernomyrdin von Boris N. Jelzin entlassen worden. Nur ein kleiner Hinweis auf die Merkwürdigkeit dieses Schrittes und das Auftreten des Präsidenten reichte, um mir zu zeigen, daß Ljudmila Moskau in einer Zeit verlassen hatte, als ihr Leben einmal mehr heftigen Schwankungen, oder gar einer Wende, ausgesetzt war und es nicht sicher schien, bei welchem Neigungswinkel es schließlich zur Ruhe kommen würde. Den Präsidenten verteidigte sie vehement. Er habe schlechte Berater. Beresowskij trage die Schuld an dergleichen bedrohlichen Entscheidungen wie Tschernomyrdins Entlassung. Ich konnte nicht umhin zuzugeben, daß auch mir Beresowskij nicht als besonders sympathisch aufgefallen war, aber wollte der Gerechtigkeit ein wenig Genugtuung verschaffen, als Ljudmila wieder anfing, das Handeln dieses Mannes mit seiner jüdischen Herkunft zu begründen. „Vielleicht ist die Familie Jelzin erpreßbar geworden", gab ich zu bedenken.

Ljudmila bewies wieder einmal unwandelbare Treue zum Wahrheitsgehalt einer Aussage. „Vielleicht", antwortete sie und umging damit eine mechanische Wiedergabe der Aussage ihrer deutschen Freundin, die sie selber eventuell einer unangebrachten Illoyalität hätte überführen können. Ljudmila war nachdenklich geworden. „Ich weiß wirklich nicht, wie Tatiana es mit Beresowskij aushält! Sie ist doch eine Frau, die vom Verstand geleitet wird! Schließlich ist sie Steinbock!" Nicht Ljudmilas Wissen um Tatiana Djatschenkos Sternkreiszeichen gab der Aussage den Anstrich eines sehr persönlichen Umgangs mit dem direkten Machtzentrum um Jelzin. Es war die Art, wie Ljudmila den Vornamen von Jelzins Tochter gebrauchte, und daß sie ihn überhaupt im Zusammenhang mit Beresowskij erwähnte. Ich machte mir so meine Gedanken, in welcher Beziehung Ljudmila und Wolodja zur Jelzin-Familie stehen könnten. Inzwischen hatte sich Ljudmila von dem Angriff auf ihre Ratio erholt. Ein alter Mann wäre Jelzin. An dem zuvor angesprochenen Tag, als er bei seinem Auftritt in der Öffentlichkeit gewisse Unsicherheiten gezeigt hätte, wären furchtbar herz- und kreislaufbelastende Wetterbedingungen gewesen. Es war die Resteverwertung der Diktion aus alten Zeiten. Ich versuchte mir vorzustellen, in welcher Abhängigkeit Ljudmila sich befand. Ich meinte, die indirekte Kritik an dem russischen Präsidenten abmildern zu können, indem ich zum Ausgleich ein paar Witze über den amerikanischen Präsidenten erzählte, mit denen zur Zeit gerade dessen Liebesaffären veralbert wurden, aber soviel Respektlosigkeit rief bei Ljudmila nur blankes Entsetzen hervor. Sie war für nichts dergleichen offen. Das Leben strengte sie an.

Schließlich verabschiedeten wir uns, nunmehr von einer eindrucksvollen Kofferinstallation umgeben und unter Zurücklassung von zwei Spannbettüchern in apricotfarbenem Jersey, die ich in Hamburg bis zum nächsten Besuch aufbewahren sollte. Sie hatten selbst nach größerer Umpackaktion auf dem Flughafen, nachdem Ljudmilas Gepäck von der Fluglinie nicht angenommen worden war, nicht mehr in einen der Koffer gepaßt. Es war eigentlich kaum zu glauben, daß Hamburg nur Zwischenstopp für die drei Zugvögel gewesen war. Ljudmila ließ ihre Blicke zufrieden über ihre Habe schweifen und freute sich weiterzufliegen. Die Eintracht war wieder in schönster Ordnung. Auch dieses Mal hatte kein Hader uns wirklich trennen können.

HILFERUF

„Habe ich dir wirklich nicht gesagt, daß wir erst nach Wien fliegen?" Ljudmila hatte genauso schlecht Erstaunen gespielt wie zu Beginn des Aufenthaltes, als das Geheimnis um die Unterbringung in Hamburg gelüftet worden war und ich außerdem feststellen mußte, daß Ljudmilas Zimmer von genau der deutschen Großbank reserviert worden waren, deren Name nun schon häufiger im Zusammenhang mit Ljudmila und Wolodja aufgetaucht war. Es beschlich mich das dumme Gefühl, von der Kenntnis der Reisepläne absichtlich ausgeschlossen worden zu sein. Die Ferienplanung schien aus den Tiefen der Geheimhaltungskultur zu stammen und glich auf dem Weg zum Zielort einer Schnitzeljagd.

Schon im Winter hatten sich Ljudmila und ihre Entourage eines Umwegs nach Frankreich bedient. Nur sehr zögerlich hatte sie zugegeben, daß sie zunächst nach Finnland reisen und dort ein paar Tage bleiben würden. Angeblich wußten sie noch nicht, wie es von dort weitergehen würde. Sie war damit herausgerückt, als ihre Hamburger Freundin Anstalten gemacht hatte, tatsächlich ebenfalls in den Wintersportort reisen zu wollen, um sie zu treffen. Dazu war zumindest die Information notwendig gewesen, wohin die Reise überhaupt gehen sollte.

„Finnland?", hatte ich vor einigen Monaten – angestrengt überlegend – gefragt. Mir war schon früher aufgefallen, daß Wolodja häufiger nach Finnland fuhr. „Mal wieder Finnland?" hatte ich dann etwas spitz bemerkt, weil ich mich um ein Treffen absichtlich betrogen gefühlt hatte. Ljudmila hatte das sofort begriffen und zu einer Erklärung ausgeholt. „Wolodja fährt immer nach Finnland, wenn er etwas Wichtiges zu besprechen hat. Er ist der Ansicht, daß man in ganz Rußland nichts ungehört besprechen kann." „Wolodja muß es ja wissen", hatte ich gedacht und vorgeschlagen, man könne ja im Sommer einen gemeinsamen Urlaub in Rußland machen.

Tatsächlich konnte ich mir nichts Ursprünglicheres vorstellen, als Rußland zusammen mit Russen zu bereisen, die ihr Land lieben und in der Lage sind, andere damit zu infizieren. Ljudmila hatte sich zunächst davon begeistert gezeigt, aber mich später von Moskau aus wissen lassen, daß Wolodja die Ausführung eines derartigen Plans zum gegenwärtigen Zeitpunkt für zu gefährlich hielt.

Und nun Wien. Ljudmila und die Kinder sollten dort erst von einem Bekannten erfahren, wohin die Reise weiter gehen sollte und ihnen die Flugscheine dafür aushändigen. Es war das erste Mal nach dem Verlust von Ljudmilas Adreßbuch in den gefräßigen Flammen der Datscha und der Kontakthilfe von Dmitrij, daß ich keine Adresse oder Telefonnummer von Ljudmila hatte und wirklich darauf angewiesen war, daß – wie Ljudmila beim Abschied versprochen hatte – sie sich melden würde, wenn sie in Moskau zurück wäre.

Es sollte sich bald als völlig überflüssige, freundschaftszersetzende Geheimniskrämerei erweisen. Erdumspannende Mobilität von Menschen und deren Nachrichten, die auf frappierende Weise immer wieder Zufälligkeiten ermöglichen, halfen, die Löcher in der vermeintlich kunstvollen Verschleierung sehr schnell zu erkennen. Die drei Moskowiterinnen hatten ihre Ferien auf Mauritius verbracht, ohne daß Ljudmila ihre Rückkehr vermeldet hatte. Ein Hamburger Immobilienkaufmann war Ljudmilas Reisegefährte auf dem Rückflug gewesen. Statt ihn links liegen zu lassen, hatte sie ihn in redseliger Urlaubsstimmung unbekümmert damit beauftragt, den Hamburger Freunden Grüße auszurichten und sich an der Besonderheit der Situation erfreut, Tausende von Kilometern von Hamburg entfernt, jemanden getroffen zu haben, der uns kannte, ohne zu ahnen, daß sie mit der Preisgabe des Namens ihrer Freunde diese in eine unangenehme Situation bringen würde.

Mein Mann wurde auf einem Empfang von besagtem Herrn im Tonfall gezielter Indiskretion auf Ljudmila angesprochen. Die Tatsache der Reisenachbarschaft hatte er dazu mißbraucht, sich in einem schlüpfrig doppeldeutigen Wortspiel zu ergehen, als hätte er ein zweifelhafte Damenbekanntschaft gemacht. Es war schon merkwürdig, daß ich Ljudmila als Frau eines ehemaligen KGB-Mitarbeiters beim nächsten Telefonat daran erinnern mußte, etwas vorsichtiger im Umgang mit Fremden zu sein. Ljudmila, die sich zwischen den Zeiten – einerseits verbraucht und andrerseits unfertig – befand, war nicht wirklich leichtsinnig, aber nach Jahren der Unterdrückung individueller Entfaltungsmöglichkeiten und anderer Restriktionen, fühlte sie sich herrlich ungebunden.

Sie meinte wirklich, Normalbürgerin zu sein, und es bedurfte ab und an einer Erinnerung daran, daß weder ihre Vergangenheit in den Augen von Bewohnern der westlichen Hemisphäre normal war, noch der gegenwärtige Status ihrer Familie so bezeichnet werden konnte. Überhaupt wäre es ein großes Mißverständnis zu glauben, versuchte ich Ljudmila, die nur ein sehr unvollständiges Bild der kapitalistischen Gesellschaftsstruktur hatte, zu veranschaulichen, daß politische und soziale Freiheit einen ungehemmt vertraulichen Umgang mit seinen Mitmenschen erlaubt. Die freundliche Gesichtolosigkeit unserer Gesellschaft machte die Einschätzung mindestens so schwierig wie die unfreundliche des Sozialismus, von der nichts Gutes erwartet, aber vielleicht dennoch gelegentlich gekommen war. Ljudmila hörte zwar die Worte, aber verstehen konnte sie erst viel später.

Wir wuchsen in unseren Briefen wieder näher zusammen. Ljudmilas wurden zunehmend bemerkenswert, weil sie – im Gegensatz zu früheren – richtige Antworten enthielten, in denen Gedanken mit großem Einfühlungsvermögen ausgefeilt kommentiert und eigene eingebracht wurden, so daß ein regelrechter Dialog entstand, der sowohl emotional als auch intellektuell ein Genuß war und physische Nähe simulierte. Doch dieser anspruchsvolle Zustand dauerte nicht lange, dann war Ljudmila schon wieder unterwegs. Die großen Ferien sollten in Südfrankreich verbracht werden. Eigentlich war das eine gute Nachricht, denn die Briefe würden noch persönlicher ausfallen, die Telefonate von noch stärkerer Intensität sein. Es würde keine Rücksicht auf eventuelle Mitleser oder Mithörer genommen werden müssen.

Das Lebensroulette drehte sich parasitär schneller und schneller.

Ljudmila fand keine Zeit zum Schreiben, und was ich von ihr am Telefon erfuhr, hörte sich an, als ob die russische Urlauberin sich Tag für Tag, einem dubiosen Herdentrieb folgend, an den bunten Herrlichkeiten eines Jahrmarkts delektierte, in der Annahme, sie stellten Innenansicht und Ausblick einer Erneuerung ihres Lebens dar. Die Erfahrung einer kompletten Magenentleerung durch den oberen Ausgang als Folge von Übersättigung, um dann erst zu wissen, was ihr nicht bekam, hatte sie noch nicht gemacht.

Mir war die Steuerung von Ljudmilas Leben auf unübersichtlichem Gelände nicht mehr geheuer. Losgelöst von ihrer ureigensten Umgebung, ohne Erziehung zu eigener Verantwortung, die gedacht war, Restriktionen von außen auf günstigste Weise mit denen von innen zu verbinden, wurden von ihr meine Hinweise auf gemeinsame, ehrgeizige Zukunftprojekte – wie das Regelwerk über russische und deutsche Eigenarten – selbstgewiß als Verhinderung eines glänzenden Ausgangs der sommerlichen Vergnügungen mit prickelnden, unerwarteten Inhalten geschmäht. Auch mit wohlmeinenden Ratschlägen der Besorgnis stand ich, obwohl mehr Schlichterin denn Mahnerin, zwischen grotesk unterschiedlichen Welten auf verlorenem Posten. Ich konnte nur hoffen, daß Ljudmila sich von der Schwemme verbotener Früchte wenigstens die halbwegs verträglichen aussuchen würde. In solchen Gesprächen wurde Ljudmilas Stimme dann häßlich spitz, wie mit kleinen, scharfen Kristallen belegt, die schmerzhaft blutige Pusteln hinterlassen. Der Kontakt wurde trotz häufiger Telefonate und Ljudmilas riesigem, inhaltslosem Mitteilungsbedürfnis Opfer hohltönender und altklug nichtsahnender Orientierungslosigkeit. Er ebbte ab, während ich hoffte, daß Ljudmila nicht gänzlich vom Sog der Oberflächlichkeit erfaßt würde. Die Situation schien vorläufig verfahren. Mir blieb wieder einmal nichts als abzuwarten.

Der Schwebezustand hielt nicht lange an. Es wetterleuchtete.

Ljudmila hatte die Sicherheitszone des Instinkts verlassen, und ihre zutiefst russische Seele konnte den Turbulenzen westlicher Versuchungen nicht standhalten. Sie fand sich in ihren eigenen Illusionsräumen nicht mehr zurecht. Ljudmila litt. Der Lichtstrom, den sie gemeint hatte als Befreiung von unselbständigem Denken und Handeln entdeckt zu haben, hatte sich als bedrohlicher Mahlstrom herausgestellt, und das Licht war allenfalls aus der Steckdose gekommen. Als sie in tiefer Verzweiflung anrief, nachdem der Bedarf an irdischen Vergnügungen gedeckt war, schien sie damit ihre Trauer zu bekunden, nicht gefunden zu haben, was sie gemeint hatte, zu ihrem Glück zu brauchen, und es war Furcht vor Gnadenverlust.

„Glaubst du an Gott?" fragte Ljudmila mich eindringlich wie eine um Hilfe Bangende, die bereit wäre, sich für Erlösung auf eine Wallfahrt zu begeben. Ich meinte, Ljudmila stochere hilflos im Dunkel der Illusionslosigkeit nach Worten, so dünn und zögerlich kamen sie aus dem Hörer. Es war die tiefste und persönlichste Frage, die meine russische Freundin je gestellt hatte, und die herzzerreißend bittend klang. Ich bejahte und tat mich nicht leicht damit, sondern wählte die Antwort mit Bedacht, weil es mir widerstrebte, die Frage des Glaubens zu segmentieren. Ljudmila, die sich bisher ganz der Obhut des Ketzertums der Handleser und Kartenleger anvertraut zu haben schien, die weder von der Vitalität des Kreuzes noch von der Kultur der Religion in täglichen Bezügen und ihren künstlerischen Werten berührt gewesen war, wollte ein neues Bündnis schließen und schöpfte aus der einfachen Faßbarkeit der Antwort Mut, so daß ich meinte, auch Ljudmila habe die Gnade der Auferstehung erreicht. „Eigentlich habe ich schon immer an Gott geglaubt", brach es aus Ljudmila hervor. „Ich wußte es nur nicht!" Und was ich zunächst meinte, als einen für Ljudmila typischen Anachronismus abtun zu können, brannte sich schließlich in mein Bewußtsein. Glauben ohne zu wissen! War das nicht der wirkliche Glaube? Ljudmila war einmal mehr zur Dolmetscherin von Gefühlen geworden. Und einen Schutzengel hatte sie auch gehabt, ohne es zu wissen.

DIE ENTSCHEIDUNG

Gleich nach Ljudmilas Bekenntnis zum Gottesglauben überschlugen sich die Ereignisse, wie um uns zu prüfen. Wolodja war im südfranzösischen Feriendomizil nicht nur später als verabredet eingetroffen, sondern verließ es auch früher. Er mußte sich einer unumgänglichen, lebenswichtigen Entscheidung stellen, die alle mit beeinflußte.

Ljudmila hatte an diesem Sonntag vielmals versucht, mich telefonisch zu erreichen und jedes Mal eine kurze Nachricht auf den Anrufbeantworter gesprochen, wobei die Stimme ängstlich, wie nach angekränkeltem Heimatgefühl oder mutlosem Wunsch nach Errettung, geklungen hatte. Ich lauschte in diese Stimme genau hinein. Der zittrigen Aufgeregtheit nach zu urteilen, mußte ich Ljudmila in höchsten Nöten vermuten. Ich hatte Angst um meine Freundin und belegte mich mit Selbstvorwürfen, dem Duftcocktail von Sommergerüchen gefolgt zu sein und den ganzen Tag in der frischen Luft des überfüllten Alsterparks verbracht zu haben. Keine Ahnung, keine Schwaden von Übersinnlichkeit, hatten mich vor dem frühen, in allen Farben schillernden Abend in die Wohnung gelockt, wo ich jetzt umso ungeduldiger eines weiteren Anrufs harrte, den Ljudmila avisiert hatte und schon vor Anspannung mehr ermattet war, als wenn ich den ganzen Tag wartend neben dem Telefon verbracht hätte.

„Ich möchte, daß du und dein Mann es wißt, bevor es durch die Medien geht", eröffnete Ljudmila das Gespräch wie die Einleitung zu einer folgenschweren Verkündung, so daß ich eine Gänsehaut bekam. Die getragene Seriosität, die verhaltene Sprache und sorgsam gewählten Worte wiesen darauf hin, daß etwas ganz Einschneidendes passiert sein mußte. „Wolodja ist zum Geheimdienstchef ernannt worden", fuhr Ljudmila fort und machte dann eine Pause, die mir dermaßen lang vorkam, daß ich unsicher wurde, ob damit auch das Ende des Telefonats überhaupt schon erreicht worden war und ich mich eigentlich nur noch verabschieden müßte. Ich ignorierte den Eindruck und hakte nach: „Von St. Petersburg?" – „Nein, von Rußland!", kam die Antwort und unterstrich in ihrer Kürze die sowieso schon unerträgliche Dramatik des Inhalts um ein Vielfaches mehr. Mir stockte der Atem. Von der Wucht der Bedeutungsschwere dieser Nachricht hätte eigentlich der Apparat detonieren müssen. Ich wiederholte die Meldung langsam und wie benommen, damit mein Mann, der sich neben mich auf das Sofa gesetzt hatte, als er mir angesehen hatte, daß ein ungewöhnlicher Gesprächsgegenstand das Telefonat beherrschte, im Bilde wäre, um was es ging. „Wolodja ist also Geheimdienstchef von Rußland!" Ich ahnte: das konnte nichts Gutes für meine Beziehung zu Ljudmila bedeuten. Der immaterielle Schaden war noch nicht einschätzbar. Doch jetzt schon einen Nachruf auf unsere Freundschaft zu entwerfen, ohne von Ljudmila Näheres erfahren zu haben, wäre Verrat gewesen.

„Was bedeutet das für dich?", wollte ich als erstes von der Hauptbetroffenen wissen. Ljudmila fing an, bitterlich zu weinen. „Es ist furchtbar", schluchzte sie. „Alles fängt von vorne an. Er hat es mir damals in die Hand versprochen, nie wieder dorthin zurückzukehren, wo er herkam. Dabei hatte ich den Eindruck, daß er selber froh war, die Zeit beim KGB hinter sich gebracht zu haben." Ljudmila konnte kaum weitersprechen. „Warum verfolgt er nur seine Interessen und nimmt keine Rücksicht auf mich und die Kinder?" Ljudmila war tief davon getroffen, erkennen zu müssen, daß sie in Wolodjas kühl professioneller Entscheidungswelt, die sicher nichts mit materieller Begierde, sondern mit der Erkenntnis zu tun hatte, daß Rußland an einem Wendepunkt angekommen war, an dem er dank seines Intellekts und der elitären Ausbildung eingreifen konnte und mußte, um Ordnung zu schaffen und damit die Stellung seines Landes in der Welt zu stärken, offenbar ein Leichtgewicht war.

Ljudmila schien sich zu sammeln und sprach nun aus, was ich befürchtet hatte: „Wir dürfen keinen Kontakt mehr haben!" Es gibt

Organisationen, die keine Ausnahme zulassen, obwohl ich die meisten Nonkonformisten unter Russen angetroffen hatte und ich mir die Berücksichtigung von Emotionen am ehesten noch dort hätte vorstellen können.

Innerlich wuchs ich. Die Aussichten waren zwar auch für mich als den deutschen Part des Freundschaftsdramas trübe, aber um ein Vielfaches trüber waren sie für Ljudmila, die wieder anfing zu weinen und ein paar Mal die Nase heftig hochzog. „Alles fängt von vorne an!" schniefte sie. „Diese entsetzliche Isolation! Nicht mehr reisen können, wohin man will, nicht mehr sprechen können, was man will, nicht mehr Freundschaften pflegen, mit wem man will. Ich habe doch gerade erst angefangen zu leben!" Der Jammer kam vom Grunde des Herzens. „Du kannst dir nicht vorstellen, wie furchtbar mein Leben vorher war. Ich habe gar nicht richtig gelebt!

„Kannst Du zwei Jahre warten?" begehrte sie dann gefaßt zu wissen, und wie sie es fragte, hörte es sich an, als wenn es sie wunderte, bekäme sie positive Antwort. Ich fühlte mich in der Verantwortung für meine russische Freundin. Was waren zwei Jahre des Wartens, wenn ich damit deren Leiden mindern könnte? Auch eine erzwungene Auszeit würde schließlich ein Ende haben. Geduld und Abwarten hatten mich die ganzen Jahre hindurch begleitet, in denen ich mich um Verstehen und Verständnis mit Russen bemüht hatte. Zwei Jahre mehr! Was sollte ich mich hetzen? Das Ziel blieb doch bestehen. Ich konnte mich glücklich schätzen, daß Ljudmila mich überhaupt bat, zwei Jahre zu warten und die Freundschaft nicht gleich als erledigt betrachtete.

Ljudmila war es, die jetzt wieder in sehnsuchtsvoller Hoffnung zwischen Vergangenheit und Zukunft versuchen müßte, die Mitte zu beherrschen, und die Schwankungen für sich erträglich zu machen. Das Stundenglas der Erinnerung war randvoll. Es tropfte schwer und langsam. Wir beide wurden nachdenklich. „Natürlich kann ich warten", gab ich Ljudmila zur Antwort. Ljudmila, die so todtraurig war, daß ich meinte, meine russische Freundin könnte daran sterben, sah die zwingende Notwendigkeit, aber ließ den Tränen wieder freien Lauf. Zwei Jahre! Zwei Jahre waren von nun an ein neuer, zeitlicher Orientierungspunkt, der sich langjähriger anhörte, als er wirklich war. „Es wäre besser, wenn Ljudmila wütend würde", ging es mir durch den Kopf, „Wut schützt vor Niedergeschlagenheit." Doch Wut kostete Kraft, die Ljudmila, deren Kronzeugin ich gegen ein Aggression erzeugendes System und deren Häuptlinge wurde, nicht mehr aufbringen konnte. „Du wirst es schaffen", ermutigte ich Ljudmila. „Du bist noch jung. In deinem Alter zählen zwei Jahre viel weniger als in meinem." Ljudmila seufzte so tief, daß es den Härtesten gebarmt hätte. Ihre Stimme schrumpfte. Der Atem wurde leiser. „Ich bin zwar nach Jahren viel jünger als du, aber meine Seele ist schon hundert!", gab sie bitter zu bedenken, und hatte ich bisher vielleicht nur eine verschwommene Vorstellung von dem gehabt, was Ljudmila alles bewegt haben mochte während der Jahre von Wolodjas aktiver KGB-Tätigkeit, so reichte dieser eine Satz, um es mir zu veranschaulichen. Ljudmila war inzwischen ruhig und gefaßt. „Wirst du auch keine Schwierigkeiten deswegen haben, wenn du zu mir hältst?" Ljudmila dachte sehr weit. Es rührte mich, daß sie in dieser Situation an die Folgen von Wolodjas Beförderung für mich als Deutsche dachte. „Nein", gab ich forsch zurück und vermied bewußt jeglichen pastoralen Ton, mit dem eventuelle Zweifel hätten zugedeckt werden können, daß ich in den erbetenen zwei Jahren eine zuverlässige Freundin der Reserve sein würde. Ich war mir wirklich keines Unrechts dadurch bewußt. Mein Glaube in die Kraft der Demokratie des Staates, dessen Bürgerin ich bin, war sehr groß, so daß ich keine ernsthaften Schwierigkeiten allein aus der Tatsache meinte befürchten zu müssen, daß der Mann meiner Freundin russischer Geheimdienstchef war und damit zu dem politischen Personal zählte, das im Dienst eines nicht gerade aufgeklärten Monarchen stand, dem bestenfalls Scheinliberalismus nachgesagt werden konnte, weil ich für die Zeit seiner Tätigkeit keinen Kontakt mit Ljudmila unterhalten würde. Keiner konnte ernsthaft der Annahme sein, die Autorität des deutschen Staates würde durch diese ruhende Freundschaft unterwandert.

Das Gespräch wanderte rastlos zwischen dilettantischen Möglichkeiten und nervöser Abwicklung des normalen Lebens hin und her. Wolodja hatte Ljudmila und den Kindern immerhin zugestanden, noch den Rest der Ferien, wie ursprünglich geplant, in Südfrankreich zu bleiben. Ljudmila fand das erwähnenswert, was für mich Indikator war, mit welcher Rigidität ansonsten die Einhaltung von Regeln beachtet werden mußte. „Sieh mal", versuchte ich, der Situation wider besseren Wissens etwas Positives abzugewinnen, obwohl gerade Wolodjas neue Position dem Abgehörtwerden eine gefährliche Qualität gegeben hatte, die nicht nur den Sprechenden eine neue Bewußtseinsbildung abverlangte, sondern die Gesprächspartnerinnen auch verstärkt der Willkür von Interpretationen auslieferte. „Allein die Tatsache, daß wir so ein Telefonat führen können, ist doch ein Riesenfortschritt! Das wäre vor wenigen Jahren noch undenkbar gewesen! Die zwei Jahre werden nicht so schlimm werden, wie du es befürchtest!" Dieser Satz war der eigentliche Fortschritt! Er war geradezu ein Markstein im gegenseitigen Verstehen und von wegbereitender Versöhnlichkeit! Ich als Deutsche, als Angehörige des Volkes der ehemaligen Kriegsgegner, machte der Frau des russischen Geheimdienstchefs Mut! Wäre ich selber unbeteiligt gewesen und hätte mir jemand davon berichtet, ich wäre davon ausgegangen, daß so ein Gespräch nicht hätte stattfinden können.

Ljudmila war eine Frau mit starkem Willen, nie Hasenherz, immer noch voller Eigensinn, obwohl sie schon Fallstricke um die Gelenke hatte und die Maschinerie der Grenzverteidigung schon in Anschlag gebracht worden war. Sie gedachte nicht, sich kampflos in den Stupor vorgegebener Muster einzufügen, selbst wenn sie dafür Sturm ernten würde. Sie handelte und feilschte, erwog und prüfte. Doch ihr Vorschlag, sich im Oktober in Moskau zu treffen, regte den Verdacht, daß Ljudmila in Träume eingetaucht war und deren Barmherzigkeit suchte, die bald in Fetzen hängen würden, wenn sie Wolodja fragen müßte, ob der Plan realisierbar wäre. Ljudmila war von dem Gedanken wie elektrisiert. Selten hatte ich meine russische Freundin so erfolgsgetrieben kennengelernt, als gelte es, durch die

Verwirklichung des Besuchs eine tragende Säule ihres Lebens zu erhalten. Ich konnte zwar Verständnis dafür aufbringen, war mir aber sicher, daß wir beide für Wolodjas Beförderung mitbezahlen würden müssen und der Plan zum Scheitern verurteilt war. Ljudmilas Gedanken sprangen jetzt fiebrig hin und her: „Frag deinen Mann, ob er Benachteiligungen befürchten muß, wenn ihr euch nicht ganz von mir lossagt." Sie hätte auch sagen können: „Wenn ich den Namen des Mannes trage, der Chef der Nachfolgeorganisation des KGB und ehemaliger Mitarbeiter ihrer Vorläuferin ist, die nach wie vor im In- wie im Ausland mit der Erinnerung an Angst und Schrecken verbunden ist." – „Ich rufe gleich an, wenn ich wieder in Rußland bin. Dann können wir alles weitere besprechen." Wie es sich anhörte, war Ljudmila trotz allem überschwenglich und irrational festen Willens, die zwei Jahre Wartezeit nicht untätig zu durchschreiten.

Ich wunderte mich daher nicht wirklich, als Ljudmila nach nicht allzu langer Zeit aus St. Petersburg anrief. Ljudmilas Schwiegermutter war gestorben, als sie mit den Kindern die Ferien in Südfrankreich verbracht hatte, aber Ljudmila hatte kein Verlangen gehabt, den Aufenthalt am Mittelmeer abzubrechen und zur Beerdigung nach St. Petersburg zu fliegen, auch nicht Wolodja zu Gefallen, der seine Mutter sehr geliebt hatte. Das Verhältnis zur Schwiegermutter war äußerst gespannt gewesen, manchmal hatte in den Erzählungen sogar Haß durchgeklungen. Ljudmila war sich treu geblieben. Es wäre ihr wie eine Lüge vorgekommen, Trauer zu bezeugen.

„Heute ist... Wir gedenken heute Wolodjas Mutter." Ljudmila überlegte. „Warum überlegst du?" Ich wußte nicht, was Ljudmila noch dazu erklären wollte. „Ich suche den richtigen Ausdruck für das, was wir heute begehen." Ljudmila wühlte in ihrem Wortschatz. Ich half nach. „Gedenkfeier", schlug ich vor. „Nein, keine Feier", widersprach Ljudmila. Ljudmila beschrieb den Ablauf des Zusammentreffens von Verwandten und Freunden. „Gedenkfeier", wiederholte ich. „Wie sagen auch ‚Trauerfeier'. Nach deutschem Verständnis und im deutschen Sprachgebrauch wäre es eine ‚Feier'." Ljudmila wurde richtig ungehalten. „Es ist auf gar keinen Fall eine

Feier!", bestimmte sie. Die Freundinnen ergingen sich weiter in Rhetorik über die Bedeutung einer Feier im Verständnis der Völker. Seit langem hatte wir uns nicht mehr so intensiv und interessant ausgetauscht. „Nach russischem Verständnis ist eine Feier, wenn man sich zuprostet. Heute werden wir trinken, ohne Trinksprüche auszubringen", erklärte sie gerade, und hatte damit endlich den Unterschied herausgearbeitet, als ein Rumpeln und Schaben zu hören war. „Sie sind da", bemerkte Ljudmila lakonisch und meinte die Leute von dem Cateringunternehmen, das Wolodja mit der Organisation und Ausstattung des Gedenkessens zu Ehren seiner Mutter betraut hatte, aber so wie Ljudmila einfach sagte: „Sie sind da", erinnerte es mich an Beschreibungen bekannter russischer Schriftsteller vom Schrecken erwarteter und unerwarteter Verhaftungen. „Dann müssen wir jetzt unser Gespräch beenden?" fragte ich bedauernd. Ljudmila verneinte: „Ich habe nichts zu tun. Ich muß nur warten." Von vielen Wahrheiten war diese sicher eine der schmerzlichsten. Einmal noch, so hatte die russische Freundin mir erzählt, einmal noch hatte sie Wolodja einen Plan unterbreitet, etwas Eigenes auf die Beine zu stellen, aber Wolodjas Augen wären leer gewesen.

Es war das einzige Mal gewesen, daß ich Ljudmila hatte Wolodjas Augen erwähnen hören und feststellen können, daß auch Ljudmila Wolodjas Augen als wirkungsvolles Medium betrachtete, um sich mitzuteilen. Der Ausdruck seiner Augen hatte in Ljudmilas Leben eingegriffen. Sie hatte sich nicht mehr um eine eigenständige Aufgabe bemüht. Wolodja hatte Ljudmilas Liebe zur Wahrheit jedoch nicht behindern können, obwohl ihr Hang zur manchmal selbstzerstörerischen Ehrlichkeit eines Tages von Wolodja mit einer zynischen Bemerkung bedacht worden war, die Ljudmila zutiefst verletzt hatte: „Wen interessieren schon deine Wahrheiten", hatte er seine Frau angeherrscht und dabei übersehen, daß – im Gegensatz zu vielen anderen – Ljudmila keine Lebenslüge, sondern eine Lebenswahrheit hatte, an der sie genauso laborierte wie jemand anders an einer Lüge.

So wie ich Ljudmila kennengelernt hatte, wartete meine russische Freundin nie, bis Wahrheit sich Mittel und Wege suchte, sondern wurde stets selbst aktiv.

Als Ljudmila mir – auch nach etlicher Zeit, die seit dem Vorfall verstrichen war und noch immer gegen Tränen kämpfend – davon erzählt hatte, war bei mir die Frage aufgetaucht, ob für Wolodja Wahrheit eventuell lediglich alles das umfaßte, was ihm nützen konnte. Ljudmila selber hatte ihr Unvermögen, Wolodja verständlich zu machen, daß Wahrheit für sie zu den Lebensnotwendigkeiten zählt wie Anerkennung und Respekt, als eine ihrer schlimmsten Niederlagen gegenüber ihrem Mann betrachtet. An den beiden letzteren Notwendigkeiten schien es Ljudmila nach eigenem Empfinden selbst erheblich zu mangeln. So hatte ich Ljudmila jedenfalls verstanden, als sie von ihren persönlichen Schwierigkeiten mit dem Personal erzählt hatte.

Die beiden Fahrer, die Haushaltshilfe in Moskau und auch die Ärztin, die sich bei der Familie Putin ein Zubrot als Putzhilfe verdiente, indem sie die Wohnung in St. Petersburg in Ordnung hielt, schienen ausschließlich auf Wolodjas Kommando zu hören. Ljudmila stritt ständig mit ihnen und war verletzt, daß sie keine Unterstützung von Wolodja bekam, sondern – ganz im Gegenteil – Wolodja ihr sogar vorwarf, nicht mit Menschen umgehen zu können. Ljudmila hatte sich oft und ausführlich über dieses Problem ausgelassen. Ich hatte versucht, mich in Ljudmilas Problematik einzufühlen und war zu dem Ergebnis gekommen, daß meine russische Freundin sich als Arbeitgeberin fühlte, die im Sinne Wolodjas darauf achten mußte, daß alle anfallenden Aufgaben – sowohl ihren als auch Wolodjas Ansprüchen genügend – erledigt wurden. Das Verständnis von „Ansprüchen" driftete bei den Eheleuten aber wohl erheblich auseinander, besonders was den häuslichen Bereich betraf.

Ich hatte Ljudmila trösten können, daß sie keine Ausnahmesituation durchleiden würde. Männer, die wie Wolodja sehr stark in ihrem Beruf engagiert sind, hatte ich versucht, Ljudmila klar zu machen, dürfte es kaum interessieren, wie die häuslichen Belange geregelt werden und wollen von Streit mit Hauspersonal erst recht verschont bleiben.

Was Ljudmilas Verhalten gegenüber der Ärztin betraf, so hatte ich erschreckend wenig Einfühlsamkeit darin gefunden. Ljudmila fehlte das Verständnis dafür, daß eine Ärztin nicht in ihrer Zusatzaufgabe als Putzfrau aufging und Probleme damit hatte, Ljudmila als Vorgesetzte zu akzeptieren.

Die Zeit rann unaufhaltsam. Bald würden die ersten Gäste eintreffen. Ljudmila war es ein dringendes Anliegen, noch die Antwort auf ihre letzte Frage während des Telefonats von Frankreich aus zu erfahren. Sie war erleichtert, daß auch mein Mann gemeint hatte, der Kontakt brauche nicht offiziell abgebrochen zu werden, wenn er ruhe. Ljudmila war dadurch animiert, gleich wieder von dem Besuch in Moskau zu sprechen, als wenn sie versuchte, den bunten Schmetterling Traum zu fangen, und ihn fest in ihrer Hand zu halten. Doch wenn es ihr gelänge, würde sie ihn töten.

Ich hätte mich ins Einvernehmen mit den entsprechenden deutschen Organen setzen müssen, eine Erwägung, die mein Mann und ich bisher vom Tisch gewischt hatten. Dieser Schritt wäre dann für immer das definitive Aus unserer von Mißtrauen weitgehend unbelasteten Freundschaft gewesen. Es war an der Zeit, der russischen Freundin gegenüber deutlicher zu werden, und ihr zu verstehen zu geben, daß es doch nicht so ganz normal wäre, die Frau des russischen Geheimdienstchefs in Moskau zum Kaffeekränzchen zu treffen. „Augen zu und durch" wäre in dieser Situation ein gefährlicher Ratschlag gewesen. Ich hatte jedoch gehofft, Ljudmila würde mich nicht zwingen, die Vergeblichkeit des Plans auszusprechen. Doch die frisch gebackene Geheimdienstchefgattin war keineswegs erschlagen von dem Einwand. Sie kämpfte um ihre Normalität mit dem Mut einer Verzweifelten: „Ich habe eine Idee", wich sie aus und umging weiter das tiefe Tal, in das sie bald würde hinabsteigen müssen, um dort unter Artenschutz gestellt zu werden.

„Wir treffen uns in Wien! Ich frage Wolodja!" Ljudmila war überaus wohlgemut und versprach, mir gleich das Resultat der Unterredung mit Wolodja mitzuteilen, wenn sie zurück in Moskau wäre, während ich nicht an die Aufhebung geschriebener und ungeschriebener Gesetze glauben mochte, nur weil zwei Freundinnen sonst unglücklich würden. Selten hatte ich um etwas gebeten, und seltene Bitten, so meinte ich, hätten Grund, erhört zu werden. „Vergiß mich nicht", bat ich Ljudmila und gab damit zu verstehen, daß ich dieses Telefonat als vorläufig letztes ansah. Ljudmila wurde sehr ruhig. Ich vermutete, daß in diesem Augenblick ihr Widerstand gebrochen wurde und mit der Demut vor Gottes Willen, vor dem Tag, den er werden läßt und dem daraus erwachsenen Vertrauen, sich dem Geschehen ohne Angst und Groll hinzugeben, verabschiedete sie sich von mir. Es gab nur noch das Heute und die Vergangenheit, zu der unser Abschied das Eingangstor war. Wir konnten hoffen, daß dieses Tor eine Schwingtür war, die sich nicht nur nach innen, sondern auch nach außen öffnen ließ, nach draußen in die Weite, in die Zukunft. „Vergiß mich nicht", schloß sich Ljudmila meiner Bitte an.

Es klang fest und zuversichtlich, aber die Stimme kam von sehr weit her. Ein dicker Kloß hatte sich in meinem Hals festgesetzt, und mit meiner Fassung war es nicht mehr weit her. Ich würde immer Sehnsucht nach meiner russischen Freundin haben, nach den Lehren, im Guten wie im Schlechten mit Gefühlen zu leben, die ihr Volk, als dessen hervorragendste Botschafterin mit Takt und Einfühlungsvermögen für alles Fremde ich Ljudmila kennengelernt hatte, zu einem der wertvollsten Teile Europas machen.

Es kam keine Entwarnung aus Moskau. Das Schweigen setzte ein, und wenn mein Herz wummerte: „Som-mer, Som-mer", dann meinte es den Juli im Jahre 2000, wenn die zwei Jahre vorbei sein würden.

EPILOG

„Schreib das auf", hatte Ljudmila mir als Refugium der aufrichtigen Freundschaft angeboten, als wir in der Oase der Beschaulichkeit und Ruhe gegenseitigen Mitgefühls zusammensaßen, und gedacht, mir ein Wiedersehen mit dem eigenen Ich unter erweitertem Blickwinkel und ohne Beklemmungen zu ermöglichen.

Ich hatte keinen Augenblick daran gezweifelt, daß meine russische Freundin mir nicht aus einer Laune heraus – lediglich als Ohrschmeichlerin – Mut dazu gemacht hatte. Dazu waren die Erinnerungen zu quälend gewesen, die gerade jetzt den Reiz der Entfernung bekommen hatten, mittels dessen ich in der Lage war, sie durch die Gespräche mit Ljudmila näher heranzuholen, ohne weiteren Verletzungen ausgesetzt zu sein. Dennoch zögerte ich, weil ich mich noch nicht in der Lage fühlte, die Erfahrungen mit gebotenem Abstand bewerten zu können. Noch immer konnte ich nicht die ineinander verzahnten Zusammenhänge trennen, ohne daß sie von mir nicht in „gut" oder „schlecht" parzelliert worden wären. Doch um Ljudmila nicht zu enttäuschen, schickte ich ihr anläßlich des vierzigjährigen Jubiläums der Städtepartnerschaft Hamburg – St. Petersburg eine Erzählung, in der ich mir die Änderung des Städtenamens von St. Petersburg in Petrograd und Leningrad, und dann wieder in St. Petersburg zunutze machte, um Hamburgs Partnerstadt in die Rolle einer geschiedenen Dame aus dem Zarengeschlecht mit – geheimdienstlicher – Verwandtschaft schlüpfen zu lassen:

„Sie war eine kühle Schöne mit noch immer ebenmäßigen und hochmütigen Gesichtszügen. Viele hatten um ihre Zuneigung gebuhlt, manche wegen ihrer überaus reichen Mitgift, andere wegen ihres berühmten Scharfsinns und ihrer großen musischen Neigungen. Ihre Launen waren berüchtigt, ihre Beziehungen oft kalt und mitleidlos, wie man es den Reichen und Schönen ihres Landes nachsagt. Keiner hatte sie je für sich vollständig vereinnahmen können und die Verbindung, die am engsten zu sein schien, war am ehesten geschieden worden. Sie hatte zuletzt den Namen dieses Partners wie eine Last getragen. Müde und enttäuscht hatte sie schließlich wieder ihren Mädchennamen angenommen, der sie als Mitglied der nobelsten Familie dieses Landes auswies.

Sie brauchte Ruhe und dachte zurück. Glücklicherweise waren ihr Freunde geblieben. Darunter befanden sich gerade die, denen sie und ihre Familie am meisten Skepsis entgegengebracht hatte. Zunächst war es einfach das Prickeln des fast Verbotenen gewesen, das sie so neugierig gemacht hatte. Sie hatte alle Mahnungen und Warnungen in den Wind geschrieben und – wie so oft – gemacht, was sie wollte. Sie hatte die Fremden zu sich eingeladen. Die ersten Besuche waren sehr anstrengend gewesen, die Atmosphäre gehemmt. Sie hatte damals mit ihrem letzten Partner zusammen gelebt und noch nicht an Scheidung gedacht, obwohl sie sich da in der Verbindung schon sehr eingeengt gefühlt hatte und es ihm äußerst suspekt gewesen war, daß sie sich mit Ausländern traf und ihnen interessiert zuhörte, was sie ihr über das Leben in dem anderen Land und in der großen Stadt am Strom zu erzählen hatten. Die neuen Bekannten waren ihr so ernsthaft und wenig poetisch vorgekommen. Alles schien auf ein imaginäres Konto gebucht zu werden – vieles auf die Minusseite, aber noch mehr ins Plus, was sie erstaunlich gefunden hatte, denn ehrlich waren diese Hanseaten, manchmal lächerlich und öfter ärgerlich ehrlich. Sie schüttelte mit dem Kopf, als sie daran dachte. Wie wenig diese Menschen von weither anfangs verstanden hatten! Viel Zeit war vergangen. Sie und ein paar Angehörige hatten Gegenbesuche gemacht, doch der Widerstand gegen die unpassende Bekanntschaft war ungebrochen geblieben. Sie hatte darüber hinaus gehört, daß die Verbindung auf der anderen Seite auch nicht ausschließlich gutgeheißen wurde, und da sie es gewohnt war, Gerüchten Glauben zu schenken, war sie mißtrauisch und zurückhaltend geworden. Sie hatte ein paar enge Verwandte gebeten zu prüfen, ob es stimme, was die Gerüchte ihr zugetragen hatten, wohl wissend, daß der gerade beschrittene Weg von einer Bekanntschaft zur Freundschaft dadurch noch steiniger werden oder sich gar im Nichts verlieren könnte. Warum hatte sie denn nur immer Vorbehalte gehabt und damit das Mißtrauen anderer geweckt? Trotz allem hatte man ihre Zuneigung erobern wollen.

Lange, sehr lange Jahre waren darüber ins Land gegangen. Selbst, als sie längst von der Ehrlichkeit und Beständigkeit dieser Bekanntschaft überzeugt gewesen war, die sie ganz für sich heimlich schon „Freundschaft" genannt hatte, war es immer noch schwierig gewesen, ihre Familie zu bekehren. Ihre ursprüngliche Neugierde war in trotzigen Widerstand gegen Kritiker umgeschlagen. Es war empfundene Freundschaft gewesen, die nicht ausgesprochen werden mußte, die aber dabei leise und unspektakulär gewachsen war und sich zu einer ungewöhnlichen und schwierigen Beziehung entwickelt hatte. Es war das Verdienst von wenigen gewesen.

Sie hielt inne in ihren Erinnerungen und machte ein sorgenvolles Gesicht. Jetzt schien es ihr, die Zeit sei rasend schnell vergangen. Sie war schon seit einigen Jahren geschieden und kam in den Genuß der neuen Freiheit und ihres besonderen Ansehens als Folge davon. In offenen Gesprächen mit Freunden erfuhr sie, daß nicht nur sie Sorgen hat: der Unterhalt der Paläste, die Kosten für das Personal – Adel verpflichtet in allen Belangen! Auch ihre Freunde krankten an einigen problematischen Leiden. Sie kicherte fast ein wenig mädchenhaft, als sie daran dachte, was man ihnen verordnet hat: alle und alles sollen schlanker werden!

St. Petersburg und Hamburg: eine durch Impulse des Wandels der Zeit jünger gewordene Beziehung mit den Qualitäten einer über vierzigjährigen erfahrungsreichen und verständnisvollen Partnerschaft. Das Verdienst von vielen!"

Ljudmila rief sehr bald nach Erhalt des Faxes mit der Erzählung an. Nicht nur sie, sondern auch Wolodja hatte die Geschichte gelesen. Er stand wieder einmal am Schaltbrett, um in den weiteren Verlauf mit einem Vorschlag einzugreifen, der es ermöglichen sollte, gleich zwei Fliegen mit einer Klappe zu schlagen. „Sag Irene", ließ er mir ausrichten, „daß sie mehr schreiben soll." Das war der mir zugedachte Teil. Aber auch Ljudmila sollte mit von der Partie sein. Ihr hatte er zugedacht, die Übersetzung ins Russische zu besorgen. Die Freundschaft könnte Zinsen tragen.

EINE ANDERE ZEIT

Als mein Mann und ich vor beinahe genau drei Jahren von dem Besuch bei der Familie Putin in Moskau zurückkehrten, geschah etwas, was mein Bild vom Hanseatentum schwer erschütterte. Mein Mann, der alles andere als ein Verschwender von Gefühlen und Worten ist, dem Phantasterei genau so fern liegt wie die Gabe, das zweite Gesicht zu haben, was er im übrigen auch nie von sich behauptet hat, dieser Urhanseat meinte allen Ernstes, daß er sich Wolodja als nächsten Präsidenten Rußlands vorstellen könnte.

Ich dachte darüber nach und meinte, daß die Präsidentschaft vielleicht nicht unbedingt dem Wesen Wolodjas entsprechen würde. Er wäre nach meiner Einschätzung jemand, der seine Bedeutung absichtlich im Trübgrau und auch in einem Rahmen aus Schweigen beläßt. Ich meinte, Wolodja wäre eher ein Mensch, der lautlos und einflußreich im Hintergrund wirkt, könnte mir aber vorstellen, daß er aus so einer Position heraus fähig und willens wäre, Präsident Boris N. Jelzin zu stürzen, wenn er es unerläßlich fände, um Rußland vor Schlimmerem zu bewahren. Ich hing dem Gedanken noch etwas nach und verstieg mich dann sogar zu der Vermutung, daß Wolodja wahrscheinlich überhaupt der einzige wäre, der dazu Wissen und Mittel hätte.

Ich hatte dabei meine Eindrücke von seinem Wesen, seinen Ideen und politischen Folgerungen, seinen Vorstellungen von Rußlands Stellung in der Welt und seinem Talent, Beziehungen zu knüpfen, und auch zu pflegen, zu dem Bild zusammengefaßt, was ich dann in der kühnen Formulierung vom einzig möglichen Umstürzler zum Wohle Rußlands zusammenfaßte.

Wladimir W. Putins Ernennung zum Geheimdienstchef war eher eine Enttäuschung, weil weder mein Mann noch ich darin den Weg erkannten, den wir ihm als Freunde wünschten. Erst ein Jahr später, als er mit dem Amt des Ministerpräsidenten betraut wurde, zeichnete sich ab, daß zumindest mein Mann eine echte Vision gehabt zu haben schien, und Silvester 1999 zeigte sich: er hatte sie gehabt, während sich die Richtigkeit meiner eigenen Prognose, so sie überhaupt den Tatsachen entsprach, in der Zone zwischen Dichtung und Wahrheit befand, von den einen mal mehr ernsthaft kolportiert, von den anderen mal weniger glaubwürdig dementiert ...

Für meinen Mann und mich änderte sich einiges durch diese rasante Karriere. Gleich nach Wladimir W. Putins Ernennung zum Interimspräsidenten, der bereits zu dem Zeitpunkt mit an Sicherheit grenzender Wahrscheinlichkeit der nächste gewählte Präsident Rußlands werden würde – so sah es jedenfalls bis kurz vor den Wahlen aus –, lief eine Hetzkampagne ohnegleichen in den westlichen Medien an. Ich hörte und las Ungeheuerliches über diesen Mann, ohne daß jemand ihn gekannt hätte. Ich hörte Experten in Talkshows ihn zerlegen und Vermutungen äußern, daß mir die Haare zu Berge standen, und ich hatte große Bewunderung für Gerd Ruge, der einmal mehr bewies, daß er im Umgang mit Russen und Betrachtungen über Russen und ihr Land sehr viel Fingerspitzengefühl hat, der sich nie dazu hinreißen ließ, Stellungnahmen abzugeben, als wüßte er wirklich Bescheid. Er bewegte sich immer in einer Betrachtungsweise, die seinem Wissensstand und Erfahrungen angemessen war. Auch Alexander Rahr und Peter Scholl-Latour fielen nicht in das haßerfüllte, faktenentstellende Geschrei ein. Ich war dankbar dafür, konnte es aber nur zur Kenntnis nehmen.

Mein Buch, in dem all das zur Sprache kommt, was unser Freund Wolodja mir in Moskau schon erzählt hatte, als er noch weit davon entfernt schien, als Präsident Wladimir W. Putin den Staat Rußland lenken zu wollen oder zu müssen, und das einigen Erklärungsbedarf hätte abdecken können, war noch nicht ganz fertig. Es hatte ursprünglich eine ganz andere Konzeption gehabt und mußte, der Entwicklung um die Person Wladimir W. Putins entprechend, eine neue, andere Gewichtung bekommen, wobei leider andere, für das

Verständnis von Russen und Rußland wesentliche Betrachtungen und Beschreibungen von Personen und Ereignissen unter den Tisch fallen mußten.

Mein Mann und ich konnten jetzt erst den vollen Sinn von Ljudmilas dringender Frage verstehen, ob wir mit Schwierigkeiten zu rechnen hätten, wenn wir zu ihnen stehen würden. Ljudmila mußte wohl sehr genau aus eigenen Erkenntnissen gewußt haben, wovon sie sprach. Tatsächlich hatte ich mir nicht vorstellen können, daß ich so schrill an die ersten Seiten meines Buches erinnert werden würde. Es hatte sich seit damals, als Harro gemeint hatte, aus den Zeichen der Zeit die Notwendigkeit gesehen zu haben, mit anderen zusammen die Deutsch-Russische Gesellschaft gründen zu sollen, fast nichts geändert. Es gab einige Jahre dazwischen, die moderatere Töne kannten, aber jetzt wurde der Sprachgebrauch aus Zeiten des Kalten Krieges aktiviert, und das beinahe ausschließlich auf westlicher Seite. Ich hoffte nur, daß Ljudmila und die Kinder nicht allzu viel davon mitbekommen würden. Ich sah die möglichen seelischen Verletzungen für diese Menschen und konnte mir sogar vorstellen, daß es auch für den Betroffenen selbst nicht einfach sein würde, derartige Attacken wegzustecken.

Wir sahen uns genötigt, unsere Zurückhaltung aufzugeben und uns als Freunde der Familie Putin zu erkennen zu geben. Wir gingen absichtlich kritisch und vorsichtig in Diskussionen mit Freunden und Bekannten, um ja nicht unsere Glaubwürdigkeit durch den Eindruck zu erschüttern, wir wären auf Stimmungsmache für einen berühmten Freund aus. Die häufigste Frage war, ob der Westen den neuen russischen Präsidenten fürchten müßte, die sensibelste kam von Marion Stöter. Sie wollte wissen, ob Wladimir W. Putin es gut mit Rußland meine. Zumindest das glaubte ich mit einem ganz klaren „Ja" beantworten zu können. Der Weg für eine Wende zum Besseren in Rußland mag im Westen nicht immer nachvollziehbar sein, er mag sich unter Umständen auch hier und da anders – und vor allem schwieriger – gestalten, als Wolodja es sich vor drei Jahren in unseren Unterhaltungen vorgestellt hatte, aber ich bin nach wie vor der

Überzeugung, daß er bei allem, was er tut, das Wohl Rußlands im Sinn hat. Mein Mann und ich versuchten, im Dienste einer deutsch-russischen Verständigung soweit Überzeugungsarbeit zu leisten, daß reine Ablehnung sich bei etlichen schließlich in Bereitschaft zu wandeln schien, nicht mehr – den meisten Medien gleich – bei der Beurteilung von Wladimir W. Putins Tun und Lassen mit zwei oder mehr verschiedenen Maßen zu messen.

Die persönliche Beziehung zu der Familie Putin erholte sich nicht wieder nach der Unterbrechung des Kontaktes. Ich gratulierte Wolodja, als er zum Ministerpräsidenten ernannt wurde, wofür er sich mit herzlichen Worten in einem Schreiben persönlich bedankte. Ich gratulierte ihm auch, nachdem er zum Präsidenten der Russischen Föderation vom Volk gewählt worden war, aber dieses Mal ließ er durch einen seiner Pressesprecher einen Dank schicken, was mich betroffen machte.

Von Ljudmila bekam ich überhaupt kein Zeichen. Sie schien zunächst unter ihrem wiederum nur geliehenen Ansehen zu leiden, was es mir leichter machte, ihr das Schweigen zu verzeihen. Der Staatsbesuch des Präsidentenpaares in Berlin war jedoch eine harte Prüfung. Die Freunde waren so nah und dennoch unerreichbar. Sie waren wiedergekehrt, aber zu anderen und mit zweckdienlichen Absichten, in denen für ihre Freundschaft kein Platz mehr war. Ljudmila, nunmehr mit zufriedenem Lachen und brillantengeschmückt auf den Zeitungsseiten, war keine Allegorie auf die Unverbrüchlichkeit von Versprechen, und auch Wolodjas Augen zeigten bei aller inszenierten Lockerheit nicht den mir bekannten spitzbübischen Schalk, sondern eher listiges Kalkül.

Wolodja, der vor drei Jahren erschrocken ungläubig gewesen war, als ich ihm gesagt hatte, daß nach meiner Meinung mit einem Sieg der SPD bei den Bundestagswahlen zu rechnen wäre, weil viele Deutschen das Vertrauen in Helmut Kohl verloren hätten, hatte sich inzwischen ganz offensichtlich über des neuen Kanzlers Vorlieben und Attitüden – gekonnt ist gekonnt – bestens informiert und war zur Eroberung angetreten.

Ich hätte mir gewünscht, dieses Buch, von dessen Entstehung Ljudmila wußte, mit ihr in einzelnen Passagen durchsprechen zu können. Die von ihr erbetenen zwei Jahre sind nun herum und ich hoffe, daß die von mir aus unserem Briefwechsel gewählten Betrachtungen sowie die Beschreibung einiger Ereignisse und Erfahrungen helfen können, ein kritisch verständnisvolles Verhältnis zu Russen und ihrem Land zu finden. Vielleicht wird Ljudmila dieses Buch lesen können. Ich würde es mir deshalb wünschen, damit sie erkennen kann, daß ich für meinen Teil das Versprechen gehalten habe: ich habe sie nicht vergessen.

Hamburg, im August 2000